Cómo usar tu libro *Fuen...* escritura para Texas

Con tu libro *Fuente de escritura para Texas* aprenderás mucho sobre la escritura. El libro contiene una gran cantidad de información útil que puedes consultar, en especial la sección "Guía del corrector" que se encuentra al final del libro donde se explican las reglas del lenguaje y la gramática.

También te resultarán muy útiles las tres unidades que describen los tipos de escritura que puedes encontrar en las pruebas del estado o del distrito. Al final de cada unidad, hay ejemplos y sugerencias para la escritura en el ámbito de las ciencias, los estudios sociales o las matemáticas.

Con tu libro *Fuente de escritura para Texas* también podrás ejercitar otras destrezas de aprendizaje, como hablar y escuchar, hacer presentaciones y dar una prueba. Por eso el libro *Fuente de escritura para Texas* es una guía de escritura y aprendizaje muy valiosa para todas tus clases.

Guías de *Fuente de escritura para Texas*

Con un poco de práctica, podrás usar las siguientes pautas como guía para buscar información en este libro y encontrarla con rapidez.

En la tabla de **CONTENIDO** se enumeran las secciones principales del libro y los capítulos que conforman esas secciones.

En el **ÍNDICE** (que comienza en la página **645**) aparecen los temas del libro ordenados alfabéticamente. Usa el índice cuando quieras saber dónde encontrar información sobre un tema específico.

El **CÓDIGO DE COLORES** es una guía para que puedas diferenciar las etapas del proceso de escritura y las características de la escritura en Texas. Con el código de colores, podrás encontrar fácilmente las secciones de "Gramática básica y redacción", "Recursos para el escritor" y "Guía del corrector".

Las **REFERENCIAS DE PÁGINA ESPECIALES** del libro te indicarán a dónde ir si quieres obtener más información sobre un tema determinado.

TEXAS FUENTE DE ESCRITURA

Autores
Dave Kemper, Patrick Sebranek y Verne Meyer

Autora de consulta
Gretchen Bernabei

Ilustrador
Chris Krenzke

GREAT SOURCE®

HOUGHTON MIFFLIN HARCOURT

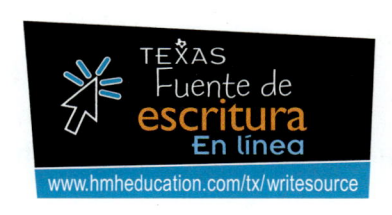

TEXAS
Fuente de
escritura
En línea

www.hmheducation.com/tx/writesource

Trademarks and trade names are shown in this book strictly for illustrative purposes and are the property of their respective owners. The authors' references herein should not be regarded as affecting their validity.

Copyright © 2012 by Houghton Mifflin Harcourt Publishing Company

All rights reserved. No part of this work may be reproduced or transmitted in any form or by any means, electronic or mechanical, including photocopying or recording, or by any information storage and retrieval system, without the prior written permission of the copyright owner unless such copying is expressly permitted by federal copyright law. Requests for permission to make copies of any part of the work should be addressed to Houghton Mifflin Harcourt Publishing Company, Attn: Contracts, Copyrights, and Licensing, 9400 South Park Center Loop, Orlando, Florida 32819.

Printed in the U.S.A.

ISBN-13   978-0-547-42252-7   4500305872

2 3 4 5 6 7 8 9 10 0868 19 18 17 16 15 14 13 12 11

B C D E F G

If you have received these materials as examination copies free of charge, Houghton Mifflin Harcourt Publishing Company retains title to the materials and they may not be resold. Resale of examination copies is strictly prohibited.

Possession of this publication in print format does not entitle users to convert this publication, or any portion of it, into electronic format.

Guía rápida

Contenido

Fuente de escritura para Texas

Las formas de escritura

ESCRITURA PERSUASIVA

RESPONDER A LA LECTURA DE TEXTOS

ESCRITURA CREATIVA

ESCRITURA DE INVESTIGACIÓN

Las herramientas del lenguaje

Gramática básica y redacción

TRABAJAR CON LAS PALABRAS

Recursos para el escritor

Guía del corrector

¿Por qué escribimos?

Escribir no te ayudará a convertirte en el velocista estrella del equipo de atletismo ni te dará una hermosa voz para cantar. Sin embargo, escribir te *ayudará* de cuatro maneras importantes.

Escribir te ayuda a . . .

- **ser un mejor estudiante.** Escribir en un diario de aprendizaje sobre los temas que estás estudiando te ayuda a comprender y recordar mejor las cosas. Al escribir ensayos y párrafos claros, muestras a tus maestros lo que aprendiste.

- **entender tus experiencias.** Escribir en un diario personal te ayuda a ordenar tus pensamientos sobre lo que sucede en tu vida cotidiana.

- **relacionarte con los demás.** Escribir mensajes de correo electrónico y cartas amistosas te mantiene en contacto con las personas que son importantes para ti.

- **disfrutar la vida.** Escribir poemas, cuentos y obras de teatro te permite ser creativo y divertirte con el lenguaje.

Recuerda . . .

Puedes llegar a ser un escritor muy bueno. Solo tienes que practicar. Por eso, todo lo que escribes es importante, ya sea para ti mismo o para una tarea escolar.

El proceso de escritura

Enfoque de la escritura

- Cómo usar el proceso de escritura
- Comprender las características de la Escritura en Texas
- Evaluar tu redacción

Aprendizaje del lenguaje

Trabaja con un compañero. Lean los significados en voz alta y respondan juntos las preguntas.

1. Un proceso es una serie de pasos que tienen un cierto resultado.
   Describe el proceso para preparar un delicioso refrigerio.

2. Si usas bien una destreza, muestras dominio de ella.
   ¿Cómo puedes lograr el dominio de una destreza cuando estás aprendiendo a hacer algo nuevo?

3. Una visión global analiza las cosas como un todo en vez de considerar las partes por separado.
   ¿Por qué podría ser útil un enfoque global para resolver un problema?

4. Las personas presumen de algo de lo que están orgullosas. **Menciona algo de lo que te gustaría presumir.**

Cómo usar el
proceso de escritura

No es fácil para un jugador de béisbol tratar de golpear una pelota que llega a gran velocidad con un bate pequeño y redondeado. Aun los mejores jugadores lo logran solo tres de cada diez veces que batean.

Tampoco es una tarea fácil la de escribir. Los escritores rara vez logran su mejor trabajo en el primer intento. De hecho, es probable que un escritor tenga que pararse muchas veces en el plato antes de conseguir un "golpe increíble". Esta es la razón por la que a menudo se habla de la escritura como un proceso. Los mejores relatos y ensayos han atravesado una serie de pasos o etapas antes de publicarse.

Este capítulo explicará los pasos del proceso de escritura y te ayudará a adquirir buenos hábitos de escritura.

A continuación

- Convertirse en un escritor
- El proceso de escritura
- El proceso en acción
- Trabajar con las características de la Escritura en Texas

Convertirse en un escritor

Puedes convertirte en un gran escritor, pero debes trabajar con empeño para lograrlo. Las siguientes sugerencias te ayudarán a empezar.

¡Lee y sigue leyendo!

Lee libros, revistas y periódicos, ¡y léelos a menudo! Al leer, aprenderás lo que hacen los escritores profesionales y cómo lo hacen.

> "Lee como come un lobo hambriento".
>
> Gary Paulsen, escritor estadounidense

Escribe para ti mismo... y para los demás.

Escribe un diario personal, cuentos, poemas, ¡incluso obras de teatro! Asegúrate de mostrar tus trabajos a amigos y miembros de tu familia.

> "El deseo de escribir aumenta a medida que se escribe".
>
> Erasmo de Rotterdam, pensador holandés del s. XVI

¡Disfruta el lenguaje!

Aprecia todas las maravillosas palabras de nuestro idioma y úsalas en tus redacciones.

> "Triunfos son de sus dos palmas/Almas que a su sueldo alista;/Lista de diez alabastros,/Astros que en su cielo brillan".
>
> Sor Juana Inés de la Cruz, poeta mexicana

 **Escribe acerca de una cita.** Dedica de tres a cinco minutos a escribir sin parar acerca de una de las citas anteriores. Piensa en lo que significa para ti. Comenta lo que piensas con un compañero.

TEKS 5.15A, 5.15C

El proceso de escritura

Los buenos escritores siguen un proceso paso a paso para escribir sus trabajos. A continuación se describen los pasos del proceso de escritura.

Los pasos del proceso de escritura

Prepárate Al comienzo del proceso de escritura, piensa en el propósito y en el público para decidir cuál es la forma de escritura, o género, más apropiado. Luego escoge un tema, recopila detalles sobre ese tema y prepara un plan para organizarlos.

Escribe Durante este paso, escribes el primer borrador. Esta es la primera oportunidad que tienes de volcar todas tus ideas sobre el papel considerando el propósito, el público y la forma.

Revisa Después de revisar el primer borrador, considera lo bien que se han tratado las cuestiones del propósito, el público y la forma, o género. Luego cambia todo aquello que resulte confuso o incompleto.

Corrige Luego comprueba que no haya errores en la redacción y escribe la versión final.

Publica En el último paso, presenta tu versión final.

Piensa en la escritura. Imagina que un estudiante dice: "Escribir es fácil. Simplemente escribes todo en una hoja y luego entregas tu trabajo". ¿Qué consejo le darías a este estudiante? Comenta tu respuesta con un compañero.

 TEKS 5.15A

El proceso en acción

Prepararse

Escoger un tema

- Piensa en tu tarea de escritura: ¿Qué quieres lograr en tu redacción (compartir, informar, persuadir, entretener, ser creativo)? ¿Quién es tu público? ¿Qué forma, o género, de escritura vas a usar? Estas son las cuestiones del propósito, el público y la forma que debes considerar.
- Escoge un tema específico que te interese.

Recopilar detalles

- Investiga o recopila información sobre el tema.
- Piensa en un enfoque o idea principal sobre el tema que quieras destacar.
- Identifica los detalles que apoyan tu enfoque y planifica cómo organizarlos.

Hacer un borrador

Hacer el primer borrador

- Usa la preparación para la escritura como guía.
- Vuelca todas tus ideas sobre el papel.
- Incluye un comienzo, un desarrollo y un final.
- Piensa en el propósito, el público y la forma, o género, mientras escribes.

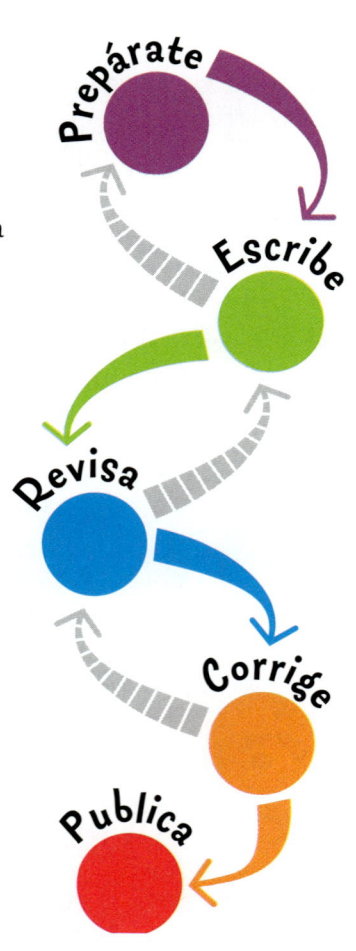

Revisar Mejorar la redacción

- Lee el primer borrador una vez en voz alta y otra en silencio.
- Considera lo bien que has tratado las cuestiones del propósito, el público y la forma, o género.
- Usa estas preguntas como una guía básica de revisión:
  - ¿Son claras mis ideas? ¿Están completas?
  - ¿Atrae mi comienzo el interés del lector?
  - ¿Están organizados los detalles en el desarrollo? ¿Son fáciles de seguir?
  - ¿Aporta el final algo importante sobre el tema?
  - ¿Uso palabras específicas?
  - ¿Parezco interesado en el tema?
- Pide a un compañero, a un familiar o al maestro que lea tu trabajo y comente sus reacciones.
- Para mejorar tu trabajo, agrega, suprime, mueve o reescribe teniendo en cuenta las reacciones que recibiste.

Corregir Comprobar que se respeten las convenciones

- Corrige errores en la gramática, las convenciones mecánicas (puntuación y uso de las letras mayúsculas) y la ortografía.
- Pide también a otra persona que te ayude a revisar los errores.
- Escribe una versión final en limpio. Comprueba que no haya errores.

Publicar Presentar tu redacción

- Presenta la redacción acabada a otras personas.
- Decide si incluirás la redacción en tu portafolio.

 **Crea un pequeño cartel.** Diseña un cartel sobre el proceso de escritura. Incluye un título, un enunciado breve sobre el proceso de escritura y un elemento gráfico interesante.

Trabajar con las características de la Escritura en Texas

Como escribir es un proceso, no tienes que pensar en todo a la vez. En cambio, puedes abordar las cinco características de la Escritura en Texas (que se detallan a continuación) a medida que cobran importancia. Por ejemplo, el *enfoque* y la *coherencia* son importantes desde el comienzo, mientras que la *voz* cobra importancia más adelante. Estos son algunos de los puntos clave que debes tener en cuenta al escribir.

¿Está mi redacción enfocada en una idea principal?

Enfoque y coherencia

¿Cómo debo organizar los detalles?

Organización

¿Están suficientemente desarrolladas las ideas para que el lector las entienda?

Desarrollo de las ideas

¿Parezco interesado en el tema?

Voz

¿He comprobado que no haya errores?

Convenciones

Usa el proceso. En una hoja aparte, empareja cada actividad de la izquierda con el paso correcto del proceso de escritura de la derecha.

_____ 1. Reescribe algunas de las oraciones.

_____ 2. Escoge un tema interesante.

_____ 3. Coloca tu relato en tu página web.

_____ 4. Revisa que no haya errores en la redacción.

_____ 5. Desarrolla un comienzo creativo.

A. Prepararse

B. Hacer un borrador

C. Revisar

D. Corregir

E. Publicar

El proceso de un escritor

Samuel Johnson, escritor inglés del s. XVIII, dijo: "Si no se ha puesto esfuerzo en la escritura de una obra, difícilmente sea placentera su lectura". Afortunadamente, el proceso de escritura puede dividirse en pasos, lo que hace que el "esfuerzo" sea menor. Los pasos del proceso de escritura son *prepararse*, *hacer un borrador*, *revisar*, *corregir* y *publicar*.

Este capítulo te muestra cómo usó Mario Cortés el proceso de escritura para escribir un ensayo expositivo sobre la importancia de los amigos. A medida que Mario fue siguiendo cada uno de los pasos del proceso, su ensayo se volvió más detallado, interesante y preciso.

A continuación

- **Dar un vistazo a los objetivos**
- **Prepararse**
- **Hacer un borrador**
- **Revisar**
- **Corregir**
- **Evaluar la versión final**
- **Evaluar y analizar tu redacción**

Dar un vistazo a los objetivos

Antes de empezar a escribir, Mario leyó los objetivos de la tarea. Estos objetivos lo ayudaron a comenzar. También repasó la rúbrica, o pauta de calificación, de *Fuente de escritura* de las páginas **34** y **35**.

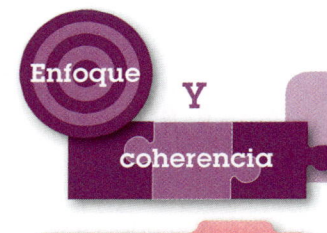

Enfoque Y coherencia

Concéntrate en una idea e incluye información solo sobre esa idea.

Organización

Asegúrate de que tu ensayo sea fácil de leer desde el comienzo hasta el final.

Desarrollo de las ideas

Explica o describe tus ideas con detalles significativos y meditados.

Voz

Permite que el lector perciba que el tema realmente te interesa.

Convenciones

Respeta las normas de la gramática, la estructura de las oraciones, las convenciones mecánicas y la ortografía.

Responde estas preguntas sobre la tarea de escritura de Mario. Comenta tus respuestas con un compañero. Asegúrate de explicar tus opiniones, ideas y sentimientos.

1 ¿Qué tipo de tema debe escoger Mario?

2 ¿Qué impresión debe dar su ensayo?

3 ¿Qué debe recordar sobre las oraciones?

Prepararse **Escoger un tema**

A Mario le asignaron la siguiente tarea: *Escribe un ensayo expositivo que explique algo que sea muy importante para ti.* Para pensar en temas, Mario escribió libremente sobre la tarea.

Escritura libre

> Muchas cosas son importantes para mí. Me encantan los deportes, sobre todo el fútbol y el béisbol. Por supuesto, mi familia es importante para mí. Mi mamá me ayuda de muchísimas maneras. ¿Y cómo podría vivir sin mis amigos? Esteban es...

Mario decidió escribir sobre la importancia de los amigos. Sabía que sus compañeros podrían identificarse con este tema.

Recopilar detalles

La Sra. Lorenzo, la maestra de Mario, ayudó a la clase a pensar en una variedad de estrategias para explicar un tema. Podían...

✔ **1.** definir el tema,
   2. mencionar una cita relacionada con el tema,
✔ **3.** explicar lo que el tema significa para ellos,
✔ **4.** contar lo que otras personas piensan sobre el tema,
   5. relacionar el tema con algo que habían leído o
✔ **6.** mostrar el tema en acción.

Mario marcó cuatro estrategias que le gustaría usar. Luego recopiló detalles para su ensayo. Buscó la palabra *amigo* en un diccionario común y en un diccionario de sinónimos. Además, pensó en la importancia de los amigos en su propia vida y preguntó a otras personas lo que pensaban sobre la amistad. Tomó apuntes interesantes durante este proceso.

Hacer un borrador Completar el primer borrador

Cuando Mario escribió el primer borrador, incluyó las ideas que había recopilado durante la preparación para la escritura de la página 11. Trató de escribir todos sus pensamientos. (Por supuesto, hay algunos errores en el primer borrador de Mario).

> El párrafo inicial presenta la idea principal, o enfoque, de la redacción. (subrayada)

El diccionario dice lo que significa la palabra amigo. Algunos sinónimos de amigo son compañero y camarada. También puedes usar las palabras "friends" o "pals" para referirte a los amigos. Eso es genial. Un amigo es una de las cosas más importantes que puedes tener.

> El escritor expresa sus pensamientos.

Para mí, tal vez un amigo es como un guante de béisbol en el que puedes confiar. Así es como creo que deve ser un amigo: confiable, simpático y amable. Yo confío, en mi guante. Nunca me defrauda. Me ayuda a jugar bueno. Creo que tener amigos hace que mi vida sea más divertida, y ellos me levantan el ánimo cuando tengo un mal día.

> El escritor también incluye los pensamientos de otras personas.

Los amigos significan diferentes cosas para cada persona. Mi hermanita cree que a una amiga deve gustarle nadar y montar en bicicleta. La idea de mi mamá de una amiga es la Sra. Milanovich que camina y habla mucho con mi mamá. Los amigos de mi papá son vecinos que hacen proyectos con él.

El escritor agrega detalles de su propia experiencia.

Esteban es definitivamente mi mejor amigo. Jugamos al fútbol salimos y hablamos sobre deportes. Yo me quebré una pierna. Él siempre vino a mi casa a jugar a los videojuegos. En la escuela llevaba mi mochila y trae mi bandeja del almuerzo. Siempre puedo contar con Esteban. Él sabe que puede contar conmigo.

Un pensamiento final apoya la idea principal.

Alguno amigos entran y salen de tu vida. Otros estarán contigo mucho tiempo, tal vez para siempre Odiaría mudarme, a menos que pudiera yevarme a mis amigos conmigo. Así de importantes son.

Práctica

Repasa los objetivos de organización, ideas y voz de la página 10. ¿Cumple Mario estos objetivos en su primer borrador? Explica tu respuesta a un compañero. Escucha los comentarios de tu compañero.

 **TEKS** 5.15C

Revisar Mejorar la redacción

Después de leer el primer borrador, Mario hizo los siguientes cambios en su ensayo.

Agregó frases para clarificar el significado.

Suprimió palabras para que la voz transmita más confianza.

Combinó las oraciones para incluir oraciones compuestas.

El diccionario dice lo que significa la palabra

amigo. Algunos sinónimos de amigo son compañero

y camarada. ~~También~~ En inglés, puedes usar las palabras

"friends" o "pals" para referirte a los amigos.

Eso es genial. En cualqier idioma Un amigo es una de las cosas más

importantes que puedes tener.

Para mí, ~~tal vez~~ un amigo es como un guante

de béisbol en el que puedes confiar. Así es como

creo que deve ser un amigo: confiable, simpático

y amable. Yo confío, en mi guante. y Nunca me

defrauda. Me ayuda a jugar bueno. ~~Creo que~~ tener

amigos hace que mi vida sea más divertida, y ellos

me levantan el ánimo cuando tengo un mal día.

Práctica

Repasa los cambios que hizo Mario. Haz un cambio para clarificar el significado. Revisa el borrador de Mario para incluir otra oración compuesta. Explica tus elecciones a un compañero. Escucha las reacciones de tu compañero.

Revisar Cómo usar las reacciones de un compañero

Mario usó las reacciones de un compañero de clase para clarificar su ensayo y mejorar el estilo. Agregó, suprimió y reorganizó oraciones.

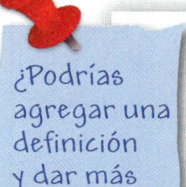

¿Podrías agregar una definición y dar más sinónimos?

¿Podrías suprimir las oraciones innecesarias?

¿Podrías reorganizar algunas oraciones para que el orden sea más lógico?

El diccionario dice ~~lo~~ que ~~significa~~ la palabra significa "una persona a la que alguien conoce bien y aprecia" amigo. Algunos sinónimos de amigo son compañero, conocido y aliado ∧ ~~y~~ camarada. En inglés, puedes usar las palabras "friends" o "pals" para referirte a los amigos. ~~Eso es genial.~~ En cualqier idioma, un amigo es una de las cosas más importantes que puedes tener.

Para mí, un amigo es como un guante de béisbol en el que puedes confiar. Así es como creo que deve ser un amigo: confiable, simpático y amable. Yo confío, en mi guante y nunca me defrauda. Me ayuda a jugar bueno. Tener amigos hace que mi vida sea más divertida, y ellos me levantan el ánimo cuando tengo un mal día.

Práctica

Sugiere otras maneras en las que Mario podría agregar, suprimir, combinar o reorganizar las oraciones para clarificar su ensayo. Explica tus ideas a un compañero.

Corregir comprobar que se respeten las convenciones

Antes de escribir la versión final, Mario revisó que en su ensayo no hubiera errores en la gramática, las convenciones mecánicas, la estructura de las oraciones y la ortografía. (Consulta las marcas editoriales y de corrección en el interior de la contracubierta).

Las palabras que se usaron de manera especial están subrayadas.

Se colocaron comas entre las palabras de una enumeración y se eliminó la coma entre el verbo y su complemento.

Se corrigieron los errores de ortografía y de uso.

El diccionario dice que la palabra <u>amigo</u> significa "una persona a la que alguien conoce bien y aprecia". Algunos sinónimos de <u>amigo</u> son <u>compañero</u> camarada <u>conocido</u> y <u>aliado</u>. En inglés, puedes usar las palabras "friends" o "pals" para referirte a los amigos. En cualquier idioma, un amigo es una de las cosas más importantes que puedes tener.

Para mí, un amigo es como un guante de béisbol en el que puedes confiar. Yo confío en mi guante y nunca me defrauda. Me ayuda a jugar bien bueno. Así es como creo que debe ser un amigo: confiable, simpático y amable. Tener amigos hace que mi vida sea más divertida, y ellos me...

Práctica de gramática

Repasa las correcciones de Mario. Luego comenta estas preguntas con la clase: ¿Cometes alguno de estos errores? ¿Usas marcas editoriales? ¿Revisas que no haya errores de la misma manera cada vez que corriges tu redacción?

La versión final de Mario

Mario se sintió muy satisfecho con su ensayo final. Logró expresar lo importantes que son los amigos en su vida.

Mario Cortés

El poder de los amigos

El diccionario dice que la palabra amigo significa "una persona a la que alguien conoce bien y aprecia". Algunos sinónimos de amigo son compañero, camarada, conocido y aliado. En inglés, puedes usar las palabras "friends" o "pals" para referirte a los amigos. En cualquier idioma, un amigo es una de las cosas más importantes que puedes tener.

Para mí, un amigo es como un guante de béisbol en el que puedes confiar. Yo confío en mi guante y nunca me defrauda. Me ayuda a jugar bien. Así es como creo que debe ser un amigo: confiable, simpático y amable. Tener amigos hace que mi vida sea más divertida, y ellos me levantan el ánimo cuando tengo un mal día.

Los amigos significan diferentes cosas para cada persona. Para mi hermanita, una amiga es alguien a quien le gustar nadar y montar en bicicleta. La idea de mi mamá de una amiga es la Sra. Milanovich, que camina (y habla) con mi mamá todas las mañanas. Los amigos de mi papá son vecinos que lo ayudan con proyectos como construir cobertizos y plantar árboles.

Esteban es mi mejor amigo. Jugamos al fútbol, salimos y hablamos sobre deportes. Cuando me quebré una pierna, siempre venía a casa a jugar a los videojuegos. En la escuela, llevaba mi mochila y me traía la bandeja del almuerzo. Sé que siempre puedo contar con Esteban y él sabe que puede contar conmigo.

Algunos amigos tal vez estén en tu vida solo por un tiempo. Otros estarán contigo mucho tiempo, tal vez para siempre. Odiaría mudarme, a menos que pudiera llevar a mis amigos conmigo. Son demasiado importantes para abandonarlos.

Evaluar la versión final

La maestra de Mario usó la rúbrica, o pauta de calificación, de *Fuente de escritura* de las páginas **34** y **35** para evaluar la versión final. Un 4 es la mejor calificación que puede recibir un escritor. La maestra también comentó sus reacciones sobre la redacción.

Mario, la calificación de tu redacción es de 3 puntos porque expresa bien tus ideas, pero necesita algunas mejoras. El uso del enfoque y la coherencia es excelente. Mantuviste la redacción enfocada en la importancia de tener amigos, y todas las ideas guardan una relación estrecha con la idea principal y entre sí. La organización es bastante adecuada para el propósito y el público. En general, las ideas están conectadas con fluidez, pero sería más lógico si intercambiaras el tercer párrafo con el cuarto para que tus ideas personales sobre los amigos estén juntas. Además, si usaras más palabras o frases de transición sería más fácil entender cómo se relacionan las ideas. Fundamentaste tus ideas con detalles específicos, pero quisiera saber más sobre los amigos de tu hermana y de tu papá. La redacción capta la atención del lector y es original. El manejo de la gramática, la estructura de las oraciones, las convenciones mecánicas y la ortografía es muy bueno. En general, ¡hiciste un gran trabajo!

Comenta la evaluación con un compañero. ¿Estás de acuerdo con la calificación y las reacciones de la maestra de Mario? ¿Por qué? ¿Qué te gusta del ensayo? ¿Qué harías de diferente manera?

Evaluar y analizar tu redacción

Después de terminar su ensayo, Mario completó una hoja de análisis.

> Reflexionar sobre tu redacción hace que te des cuenta de cómo puedes mejorar como escritor.

Mario Cortés

Mi ensayo expositivo

1. La mejor calificación para mi ensayo expositivo es...
   3.

2. Es la mejor calificación porque...
   mantuve el enfoque y la coherencia, y desarrollé bien mis ideas, pero necesito mejorar la organización.

3. La parte que aún debo mejorar es...
   la organización. Tendría que haber intercambiado el tercer párrafo con el cuarto. Así podría haber desarrollado mis ideas sobre los amigos todas juntas, seguidas de las ideas de los demás sobre los amigos.

4. Lo más importante que aprendí acerca de escribir un ensayo expositivo es...
   que se debe pensar e investigar mucho sobre el tema. También debes incluir información interesante.

5. La próxima vez que escriba un ensayo expositivo, me gustaría...
   comparar mis dos deportes favoritos: el fútbol y el béisbol.

Comprender las
características de la Escritura en Texas

Para preparar una pizza deliciosa, debes usar los mejores ingredientes: una masa casera, un queso sabroso y los condimentos adecuados. Para escribir un gran relato o informe, también debes trabajar con los mejores "ingredientes". Estos incluyen buenas ideas, detalles específicos, palabras expresivas y oraciones fluidas.

Este capítulo repasa las características que tiene toda buena redacción. Después de que aprendas a usar estas características, o ingredientes, transformarás tu redacción "insulsa" en una redacción "sabrosa" en un abrir y cerrar de ojos.

A continuación

- **Presentar las características de la Escritura en Texas**
- **Comprender las características de la Escritura en Texas**

Presentar las características de la Escritura en Texas

Cuando escribas, ten presentes las siguientes características. Si las pones en práctica, harás un excelente trabajo.

Enfoque y coherencia

La mejor redacción está enfocada en una sola idea principal y todas las oraciones dicen algo sobre esa idea. El lector entiende fácilmente cómo se relacionan las ideas de la composición. La redacción transmite una sensación de unidad.

Organización

Una buena redacción está ordenada de manera lógica. Las palabras y frases de transición son claras y hacen que sea fácil seguir las ideas desde el comienzo hasta el final.

Desarrollo de las ideas

Una redacción excelente desarrolla las ideas con detalles específicos. Las ideas se presentan de manera que el lector pueda entenderlas y apreciarlas.

Voz

Una redacción atractiva logra captar la atención del lector. Es original y refleja la personalidad del escritor.

Convenciones

Una buena redacción sigue las normas de la gramática, la estructura de las oraciones, las convenciones mecánicas (uso de las letras mayúsculas y puntuación) y la ortografía.

Sugerencia

Una característica adicional que debes considerar es la **presentación** de tu redacción. Una buena redacción tiene una presentación ordenada y sigue las normas en cuanto a márgenes, espaciados y sangrías. (Consulta las páginas **44** a **46**).

Comprender el enfoque y la coherencia

Una buena redacción está enfocada en una idea importante y solo incluye información que se relacione con esa idea. Todas las oraciones se complementan para lograr el objetivo del escritor. La redacción transmite una sensación de unidad.

¿Cómo puedo lograr un enfoque claro?

Puedes lograr un enfoque claro si te aseguras de que el comienzo contenga la idea principal. Esta oración se llama oración de enfoque. (Consulta la página **507**).

Párrafo inicial

Comienzo interesante

Oración de enfoque (subrayada)

Créase o no, una vez me sumergí en un lugar lleno de tiburones. Pero no estaba asustado, porque estaba dentro de una embarcación submarina con mi papá y un guía. Tuve la oportunidad de hacerlo cuando estaba en Florida visitando a mis abuelos. Nunca olvidaré el increíble paisaje submarino.

¿Cómo puedo mantener enfocada mi redacción?

Una buena redacción se mantiene enfocada en el tema. El escritor no incluye información que no se relacione con la idea principal.

Párrafo intermedio de ejemplo

Omite los detalles que no se relacionen con el tema.

A medida que nos sumergíamos, todo se iba oscureciendo y las luces de nuestra embarcación iluminaban el mar. Peces de colores brillantes cruzaban a gran velocidad delante del grueso vidrio de la ventana. Un tiburón nodriza golpeó la ventana con un ruido sordo. Los tiburones nodriza se desplazan lentamente y les gusta descansar en el fondo del mar. Las langostas se alejaban, resbalándose entre las rocas. Con la ayuda de nuestro guía, hicimos una lista de los nombres de las criaturas que vimos.

¿Cómo puede el final terminar de definir el enfoque?

El final es muy importante porque apoya el enfoque de tu redacción y le da sensación de unidad. Permite al lector dar un último vistazo a tus ideas. Un final efectivo cumple con uno o más de estos puntos:

- Recuerda al lector la idea principal.
- Resume los puntos clave.
- Pone énfasis en un punto.
- Responde cualquier pregunta final que pueda tener el lector.
- Deja al lector pensando en el tema.

Párrafo final

Resumen de los puntos clave y recordatorio de la idea principal

Desde nuestra embarcación submarina, vimos un mundo entero de criaturas marinas. Había animales y plantas extraños que la mayoría de las personas nunca ven. Algunas de las criaturas eran muy raras y no se parecían en nada a los peces que vemos en el lago Erie. Mi aventura en las profundidades del mar es una experiencia que recordaré durante muchos años.

Práctica

Vuelve a leer una o dos de tus últimas redacciones. Reescribe el final de una de las redacciones, usando como guía el método de resumen o una de las otras estrategias de la lista anterior. Comparte tu revisión con un compañero.

Si tienes problemas para terminar tu redacción, espera un rato. Luego lee lo que has escrito hasta el momento. Una mirada descansada a lo que escribiste puede darte ideas para el final.

Comprender la **organización**

La organización es la manera en que los escritores ordenan sus ideas. El escritor francés Gustave Flaubert dijo: "Los libros [...] se hacen [...] como las pirámides, con un diseño premeditado, y añadiendo grandes bloques, uno sobre otro, a fuerza de riñones, tiempo y sudor". En un ensayo organizado, las ideas están conectadas con fluidez.

¿Cómo debo organizar las ideas?

Antes de empezar a escribir, piensa en el público y en el propósito de tu redacción.

- **¿Quieres narrar una historia?** Organizar los eventos en el orden en que ocurrieron ayudará al lector a seguir la acción.

- **¿Quieres describir algo fuera de lo común?** Compararlo con un objeto conocido puede ser una manera eficaz de organizar la descripción.

- **¿Quieres persuadir a otros para que participen?** Expresar lo que quieres lograr y las razones para ello puede darte resultado.

- **¿Quieres explicar cómo hacer algo?** Enumerar los pasos en el orden en que se deben seguir es un buen plan.

Párrafo persuasivo

¿Estás buscando una manera emocionante de pasar una tarde de sábado al aire libre? Monta en tu bicicleta y únete a los Voladores Fantásticos. Todas las semanas, recorremos un sendero diferente y exploramos un lugar interesante. ¡No encontrarás otra manera mejor de vivir aventuras, mantenerte en forma y conocer nuevos amigos!

Práctica

¿Cómo están organizadas las ideas en el párrafo persuasivo de arriba? ¿Crees que esta organización es efectiva? Explica tus ideas a un compañero.

¿Cómo se conectan mis ideas?

Tu redacción será más efectiva si el lector puede entender cómo están relacionadas tus ideas. ¿Presentaste tus pensamientos en un orden lógico? ¿Se conecta cada idea naturalmente con la siguiente? Los buenos escritores usan palabras o frases de transición para mostrar cómo se conectan las ideas.

- Las palabras y frases de transición que indican **tiempo y orden** se usan en la escritura narrativa y expositiva para mostrar el orden en que ocurren los eventos.

  Durante la tormenta, **los truenos retumbaban y los relámpagos iluminaban el cielo.**

- El **orden espacial** se usa a menudo en la escritura descriptiva para ayudar al lector a visualizar los detalles que se describen.

  Carlos observó una pequeña flor rosada que crecía entre **las rocas.**

- El **orden lógico** puede usarse en la escritura expositiva para organizar los detalles de una manera que tenga sentido.

  Los pingüinos son excelentes nadadores. De hecho, **algunos pingüinos pasan hasta el 75 por ciento de su vida en el agua.**

Aprendizaje del lenguaje

Algunas palabras y frases de transición te ayudan a entender el orden en el que ocurren los eventos de un cuento. Trabaja con un compañero para resumir oralmente los eventos que ocurren en el siguiente párrafo. Explica cómo te ayudaron las palabras y frases de transición a seguir el relato.

> Todos los años, María y su abuela cultivan toda clase de verduras en una maravillosa huerta en el patio trasero. El trabajo comienza a principios de la primavera. En cuanto el sol calienta la tierra, las jardineras preparan la tierra. Luego, siembran las semillas en largas hileras: tomates, habichuelas, zanahorias y calabazas. Pronto, aparecen los pequeños brotes y, en poco tiempo, comienzan a crecer las verduras. Finalmente, llega el momento de cosechar los cultivos.

Comprender el **desarrollo de las ideas**

Los buenos escritores desarrollan sus ideas con detalles específicos basados en sus propios pensamientos y experiencias.

¿Qué detalles debo incluir?

Incluye datos interesantes y detalles descriptivos que permitan al lector entender y apreciar tus ideas.

Explica: Escribe datos interesantes sobre el tema.

Elabora: Presenta ideas desde tu propio punto de vista.

Describe: Incluye detalles sensoriales sobre el tema.

Juan aspiró el aroma a tierra mientras desmenuzaba algunos terrones húmedos entre sus dedos.

¿Qué palabras debo usar?

Como escritor, tu objetivo es usar las mejores palabras para expresar tus ideas. Los sustantivos específicos y los verbos de acción expresivos darán al lector una imagen clara y más detallada.

Sustantivos y verbos atractivos

Palabras generales: Un animal caminaba hacia arriba por la colina.

Sustantivos y verbos precisos: La **llama** subía por la **ladera**.

Modificadores apropiados

Modificadores generales: El perro ladró cuando sonó el timbre.

Adjetivos y adverbios expresivos: El **frenético** perro ladró **salvajemente** cuando sonó el timbre.

Práctica

En uno de tus relatos, encierra en un círculo los sustantivos, verbos y modificadores más expresivos. Luego cambia tres palabras que podrían ser más específicas. Explica los cambios a un compañero.

Comprender la **voz**

> Desarrollar tu propia manera de decir las cosas puede llevar un tiempo, pero como decía Montesquieu, pensador francés del s. XVIII: "El hombre que escribe bien escribe, no como los demás, sino como él mismo". Simplemente lee y escribe cuanto puedas.

¿Por qué es tan importante la voz?

Cuando una redacción tiene voz, es interesante para el lector. Una voz definida contribuye a que los pensamientos y las ideas del escritor cobren vida y hace que el lector diga: "Oye, esto me gusta".

Escritura sin voz

Una vez conseguí el autógrafo de una buena jugadora de tenis. La jugadora era Venus Williams. Yo estaba feliz.

Escritura con voz

De pronto, allí estaba Venus Williams escuchando por los auriculares. Me temblaba la mano cuando me acerqué a pedirle un autógrafo. En realidad, estaba como atontado cuando me firmó el papel. Mientras volvía a mi asiento, me pellizqué para asegurarme de que no estaba soñando.

¿Cómo puedo escribir con voz?

Sigue estas sugerencias para que tu redacción tenga una voz efectiva:

- **Lee mucho.** Leer te muestra cómo se expresan otras personas.
- **Escribe mucho.** Tu voz se desarrollará a medida que escribas.
- **Escoge buenos temas.** Escribe sobre temas que realmente te interesen.

Práctica

Escribe libremente de tres a cinco minutos sobre lo más emocionante que te haya sucedido en la vida. Cuando termines, subraya las palabras y las frases que reflejan tu personalidad. Comenta tus sensaciones con un compañero.

Comprender las **convenciones**

Las convenciones incluyen las normas de la gramática, las convenciones mecánicas (puntuación y uso de las letras mayúsculas), la estructura de las oraciones y la ortografía. Una buena redacción se disfruta cuando sigue las normas y las oraciones están conectadas con fluidez.

¿Cómo puedo lograr que mis oraciones fluyan?

Si combinas las oraciones cortas y poco fluidas, la redacción será más fácil de leer. (Consulta las páginas **479** a **481**).

Oraciones cortas y poco fluidas

Hemos organizado un concurso familiar. ¿Quién puede planificar el mejor viaje? Mi hermano quiere ir de campamento. Yo quiero ir de campamento. Mi hermana quiere visitar la ciudad de New York.

A papá le gusta pescar. Su plan es alquilar una cabaña cerca del lago.

Oraciones combinadas

Hemos organizado un concurso familiar para ver quién puede planificar el mejor viaje. Mi hermano y yo queremos ir de campamento, pero mi hermana quiere visitar la ciudad de New York. A papá le gusta pescar, así que su plan es alquilar una cabaña cerca del lago.

Aprendizaje del lenguaje

A menudo puedes agregar una palabra o frase clave para combinar las oraciones cortas y poco fluidas. Combina oralmente algunas de las oraciones del siguiente párrafo para que sean más fluidas. Comenta tus ideas con un compañero.

Estoy en un equipo de fútbol. El equipo se llama Las Panteras. Escuchamos a nuestro entrenador. El entrenador tiene paciencia. El entrenador nos enseña nuevas destrezas. Inventa nuevas jugadas. Podemos ganar. Podemos perder. Siempre somos buenos deportistas.

Los buenos escritores siempre tienen presentes las convenciones cuando corrigen una redacción. Si sigues las normas de la gramática, las convenciones mecánicas (puntuación y uso de las letras mayúsculas), la estructura de las oraciones y la ortografía, tu redacción será clara y fácil de entender.

¿Cómo me puedo asegurar de que mi redacción sigue las normas?

Puedes usar una lista de control de las convenciones como la siguiente como guía cuando edites y corrijas tu redacción. Cuando no estés seguro de una norma, consulta la "Guía del corrector". (Consulta las páginas **522** a **637**).

Convenciones

GRAMÁTICA

_____ **1.** ¿Uso las formas correctas de los verbos (*había escrito,* no *había escribido*)?

_____ **2.** ¿Uso las palabras correctas (*habría, abría*)?

CONVENCIONES MECÁNICAS

_____ **3.** ¿Uso puntuación de apertura y cierre en las oraciones?

_____ **4.** ¿Uso las comas correctamente en una enumeración?

_____ **5.** ¿Empiezo todas las oraciones con letra mayúscula?

_____ **6.** ¿Empiezo con letra mayúscula los nombres de las personas y de los lugares?

ESTRUCTURA DE LAS ORACIONES

_____ **7.** ¿Combino las oraciones cortas y poco fluidas?

_____ **8.** ¿Me aseguro de que las oraciones sean fluidas?

ORTOGRAFÍA

_____ **9.** ¿He escrito todas las palabras sin errores de ortografía?

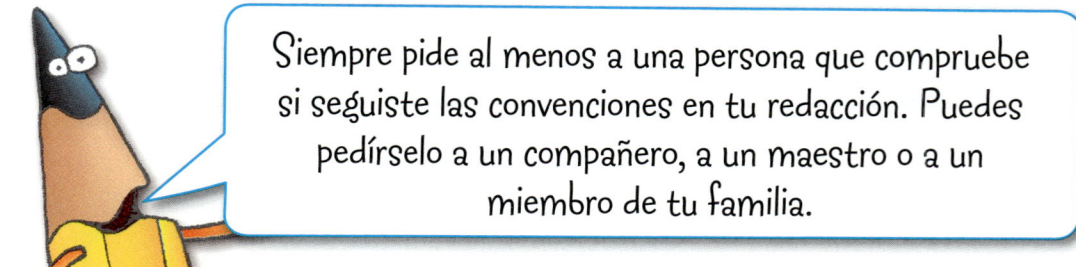

Siempre pide al menos a una persona que compruebe si seguiste las convenciones en tu redacción. Puedes pedírselo a un compañero, a un maestro o a un miembro de tu familia.

Evaluar tu redacción

Los mecánicos de carros tienen suerte. Pueden usar una máquina para evaluar el rendimiento general de un motor. Si la máquina detecta un problema, el mecánico sabe lo que hay que reparar.

Si eres escritor, en vez de una máquina, puedes usar una rúbrica, o pauta de calificación, para evaluar tus cuentos y ensayos. La rúbrica de calificación de *Fuente de escritura* ofrece cuatro calificaciones y describe las características de la Escritura en Texas para cada una de ellas. Este capítulo explica cómo usar una rúbrica de calificación global para calificar y "reparar" tu redacción.

A continuación

- **Entender la calificación global**
- **Leer una rúbrica**
- **Rúbrica de calificación de** *Fuente de escritura*
- **Ensayo de ejemplo**
- **Evaluar un ensayo**

Entender la calificación global

Después de ver una película, es probable que puedas decir inmediatamente si te gustó o no. Puedes darte cuenta de si las actuaciones son buenas, si tiene decorados verosímiles o diálogos divertidos. Sin embargo, los actores no hubieran resultado tan encantadores si los diálogos no fueran buenos y el deslumbrante vestuario no importaría si el argumento fuera aburrido. En una gran película, todas estas cosas se complementan y se realzan entre sí.

La calificación global funciona de la misma manera. Tu redacción se evalúa como un todo. La voz y el dominio de la gramática y de las convenciones mecánicas influencian el enfoque, la organización y el desarrollo de las ideas. Estas características individuales de la escritura se combinan para formar la impresión general.

Cuando la maestra evaluó el ensayo de Diego sobre su experiencia al subirse al autobús escolar equivocado (de las páginas 36 y 37), usó la calificación global y las características de la Escritura en Texas. A continuación se muestran sus comentarios.

Diego, tu relato captó inmediatamente mi atención gracias a los detalles que usaste para describir dónde estabas y cómo te sentías. Tu redacción merece una calificación de 4 puntos porque pude oír tu voz durante el desarrollo del cuento y porque organizaste tus pensamientos y experiencias para generar interés. ¡Realmente sentí tu ansiedad! Mantuviste el enfoque en el tema de subir al autobús equivocado y conectaste todos los eventos con fluidez. También escogiste palabras interesantes que contribuyeron al desarrollo de las ideas. La descripción de los sonidos y los movimientos conocidos del autobús creó un contraste agradable con el miedo que sentías al estar en un ambiente desconocido. Tu manejo de las normas de gramática, estructura de las oraciones, convenciones mecánicas y ortografía es excelente y tus oraciones son interesantes y variadas. Por último, el final fue significativo. No solo hallaste el camino de regreso a tu casa, sino que, gracias a esta experiencia, pudiste llamar hogar a este nuevo lugar. ¡Gran trabajo!

Leer una rúbrica

La rúbrica de calificación de las páginas **34** y **35** tiene un código de colores para las cuatro calificaciones. Cada calificación incluye cinco características con descripciones que te ayudarán a evaluar tu redacción.

Rúbrica de calificación de *Fuente de escritura*

Calificación

Descripción de las características

4
Una redacción con esta calificación es muy buena.

Enfoque y coherencia
El enfoque se sostiene en todo el texto. Las ideas guardan una relación estrecha unas con otras y con la idea principal. La introducción y la conclusión son coherentes y dan profundidad a la composición.

Organización La organización es la más adecuada para el propósito y el público. Las ideas están conectadas con fluidez y coherencia por transiciones que facilitan la lectura.

3
Una redacción con esta calificación es bastante buena.

Enfoque y coherencia
El enfoque se sostiene durante la mayor parte del texto. La mayoría de las ideas guardan una relación estrecha unas con otras y con la idea principal. La introducción y la conclusión son coherentes y dan bastante profundidad a la composición.

Organización La organización es bastante adecuada para el propósito y el público. En general, las ideas fluyen, pero faltan algunas transiciones. Algunas palabras no se relacionan con la idea principal o son repetitivas.

En detalle

Cuando uses la rúbrica de calificación global, sigue estos pasos:

1. Primero, lee la descripción de la calificación de 3 puntos.

2. Decide si tu narración debería obtener 3 puntos.

3. Si no es así, lee la descripción de las calificaciones de 4, de 2 y de 1 punto hasta hallar la que mejor se ajuste a tu trabajo.

4. Si todavía estás en la etapa de revisión y tu calificación es un 2 o inferior, haz los cambios necesarios para mejorar tu calificación.

Repasa la rúbrica de calificación al completo. Repasa la rúbrica de las páginas **34** y **35**. ¿Qué características te resultarían más difíciles para obtener una calificación de 3 ó 4 puntos? ¿Cuáles serían las más fáciles? Comenta tus ideas con un compañero.

Rúbrica de calificación de
Fuente de escritura

Usa las descripciones de cada calificación para evaluar de forma global tu redacción o la de un compañero.

Una redacción con esta calificación es muy buena.

Enfoque y coherencia
El enfoque se sostiene en todo el texto. Las ideas guardan una relación estrecha unas con otras y con la idea principal. La introducción y la conclusión son coherentes y dan profundidad a la composición.

Organización La organización es la más adecuada para el propósito y el público. Las ideas están conectadas con fluidez y coherencia por transiciones que facilitan la lectura.

Una redacción con esta calificación es bastante buena.

Enfoque y coherencia
El enfoque se sostiene durante la mayor parte del texto. La mayoría de las ideas guardan una relación estrecha unas con otras y con la idea principal. La introducción y la conclusión son coherentes y dan bastante profundidad a la composición.

Organización La organización es bastante adecuada para el propósito y el público. En general, las ideas fluyen, pero faltan algunas transiciones. Algunas palabras no se relacionan con la idea principal o son repetitivas.

Una redacción con esta calificación es relativamente buena.

Enfoque y coherencia El enfoque solo se sostiene en algunas partes. Hay saltos bruscos de una idea a otra, pero mantienen la relación. Algunas ideas no aportan nada. La introducción y la conclusión no dan profundidad al texto.

Organización La organización no es adecuada para el propósito y el público. Las ideas no siempre fluyen y a veces no tienen sentido. Hay palabras sueltas o repetidas que interfieren con las ideas.

Una redacción con esta calificación es pobre.

Enfoque y coherencia No hay enfoque. El texto incluye gran cantidad de información que no guarda ninguna relación con la idea principal. Falta una introducción y/o una conclusión.

Organización No hay organización, o no es coherente. No hay transiciones, o no tienen sentido. Hay palabras sueltas o repetidas que interfieren con las ideas.

Desarrollo de las ideas
Todas las ideas están bien expuestas con detalles de apoyo específicos. Se incluyen ideas profundas o creativas que añaden calidad al texto.

Voz La voz logra captar la atención del lector a lo largo de todo el texto. Es original y refleja la personalidad y el punto de vista del escritor.

Convenciones El manejo de las normas de gramática, estructura de las oraciones, convenciones mecánicas y ortografía es muy bueno.

Desarrollo de las ideas
Todas las ideas están bien expuestas, pero faltan algunos detalles de apoyo. Probablemente haya ideas profundas pero poco creativas o viceversa.

Voz La voz logra captar la atención del lector durante la mayor parte del texto. Es original y refleja el punto de vista del escritor.

Convenciones El texto presenta pocos errores de gramática, estructura de las oraciones, convenciones mecánicas y ortografía.

Desarrollo de las ideas
La exposición de ideas es general o poco profunda. A veces, solo hay una lista de ideas de apoyo. Falta información. El mensaje puede no ser claro.

Voz La voz capta la atención del lector en algunas partes del texto. Solo es original en ciertos lugares y no refleja un único punto de vista.

Convenciones El texto presenta varios errores de gramática, estructura de las oraciones, convenciones mecánicas y ortografía. Los errores pueden impedir la comprensión.

Desarrollo de las ideas
Las ideas no están bien expuestas o la exposición es poco clara. Se omite información importante. El mensaje es poco claro.

Voz La voz no capta la atención del lector. No es original y no refleja un único punto de vista.

Convenciones El texto presenta errores graves de gramática, estructura de las oraciones, convenciones mecánicas y ortografía. Los errores impiden la comprensión.

Ensayo de ejemplo

Este ensayo es un ejemplo de redacción que se ajusta a una calificación de 4 según la rúbrica de calificación de *Fuente de escritura*. Lee la descripción de una calificación de 4 en las páginas **34** y **35**. Luego lee el ensayo. Recuerda que has de pensar en la calidad general de la redacción. Decide cómo hubieras calificado este ensayo. Luego lee la evaluación de la maestra de esta redacción en la página **32**.

Una redacción con una calificación de 4 es muy buena.

Una introducción y una conclusión coherentes crean el enfoque y la coherencia.

Los detalles y el diálogo interior ayudan a construir la voz.

Nuevo y perdido

Después de un día de pasillos desconocidos y caras nuevas, me sentí aliviado al hundirme en el chirriante pero conocido asiento de un autobús. Este autobús gruñía y carraspeaba al encenderse el motor, como solía hacerlo el autobús de mi antigua escuela.

Salimos a la calle con gran estruendo y miré hacia afuera, distraído. En solo unos pocos minutos llegaría a casa. Al fin.

Al golpearme el hombro contra la ventanilla, salí de mi ensoñación. Pero esta vez, al mirar por la ventanilla, vi tiendas y edificios de oficinas. Mi corazón comenzó a latir más rápido y estiré el cuello para ver el número del autobús en el parabrisas.

—¡Ay, no! —farfullé—. Estoy en el autobús equivocado.

Se suponía que tenía que tomar el autobús tres, no el autobús ocho. Me ardía la cara de vergüenza. ¡Qué manera de terminar mi primer día!

Hacía apenas una semana que vivíamos en Austin, por lo que no conocía a muchas personas. Ya era bastante difícil ser el niño nuevo del cuarto grado. No necesitaba que mis compañeros descubrieran que había hecho algo tan tonto. ¡Subirse al autobús escolar equivocado era algo que haría alguien de primer grado!

Nada en las calles me parecía conocido. Probablemente nos estábamos alejando millas y millas. Tenía ganas de llorar. Gotas de sudor cubrían mi frente y el pánico se había adueñado de mi estómago. Podía sentir los ojos de mis compañeros perforándome. ¿Cómo iba a salir de este embrollo?

Las ideas organizadas se conectan con fluidez y de manera lógica.

De pronto, alcancé a divisar la biblioteca (mi lugar favorito). El autobús se detuvo bruscamente en una parada en el medio de la ciudad y yo salté como si tuviera resortes. No hay nada que me guste más que acurrucarme con un libro, por lo que sabía que estaría a salvo en la biblioteca.

La bibliotecaria del mostrador supo lo que pasaba en cuanto vio mi cara asustada y sudorosa. Se ofreció a llamar a mi mamá inmediatamente. Nunca estuve tan contento de oír la voz de mi mamá.

Cuando llegó mi mamá, me dijo que estaba orgullosa de mí.

Buen dominio de las convenciones y variedad en las oraciones

—Estabas en un lugar nuevo pero supiste qué hacer exactamente —me dijo—. Perderse no es algo grave.

Tenía que darle la razón. Después de esta experiencia, sabía que podría orientarme en Austin. Muy pronto lo sentiría mi hogar.

Evaluar un ensayo

A medida que leas el siguiente relato personal, presta especial atención a los puntos fuertes y a los puntos débiles de la redacción. Luego sigue las instrucciones al final de la página.

El primo Juan

—¿Tengo que ir a la reunión familiar? —le pregunté a mi mamá. Cada verano, siempre es lo mismo.

—Sí, tienes que ir —contestó mi mamá.

Entonces, subimos las maletas al carro y nos dirigimos a Montana.

Cuando llegamos a la casa del tío Pedro, vi a un niño nuevo que caminaba por allí. Tenía aproximadamente mi edad, pero no parecía pertenecer a nuestra familia. La mayoría de nosotros somos altos y pelirrojos. Este niño era bajo y tenía el pelo negro y rizado. Su nombre era Juan ¡y era mi nuevo primo! El tío Pedro se había casado y Juan era el hijo de su nueva esposa.

Durante toda la reunión, Juan y yo nos divertimos. Me dejó hacer volar su cometa japonesa. Construimos una rampa para patinetas, montamos en bicicleta y jugamos al béisbol. Una noche, Juan, algunos de sus amigos y yo dormimos al aire libre en una gran tienda. Juan era un niño estupendo y me sentía feliz de que formara parte de mi familia.

Cuando llegó el momento de irnos a casa, me sentí triste. No veo la hora de que llegue el próximo año. Con Juan, las reuniones familiares serán mucho más divertidas.

 **Usa la rúbrica de calificación de *Fuente de escritura*.** Evalúa el relato personal que acabas de leer con la rúbrica de calificación de las páginas 34 y 35. Anota tu calificación y tus comentarios en una hoja aparte.

Comentar el trabajo de los compañeros

Tarde o temprano, los escritores necesitan que alguien lea lo que han escrito. En la escuela puedes decir: "Laura, lee mi informe, por favor". En casa puedes pedir la opinión de tus padres. Si lo haces, te estás comportando como un verdadero escritor.

Las reacciones o comentarios de otras personas pueden ayudarte a mejorar el primer borrador. En este capítulo, se explica el proceso de presentar las redacciones en conferencias para comentar el trabajo de los compañeros.

A continuación

- **Pautas para comentar el trabajo de los compañeros**
- **Hacer comentarios constructivos**
- **Hoja de comentarios sobre el trabajo de los compañeros**

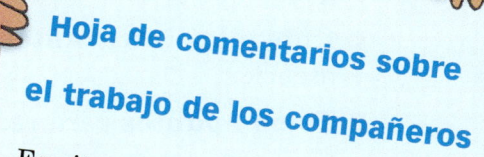

Hoja de comentarios sobre el trabajo de los compañeros

Escritor: Carlos Sánchez   Compañero:

Título: "Peces voladores, acróbatas del océano"

Lo que me gustó de tu redacción:

* Hay mucha acción en el párrafo inicial.

* Los detalles me ayudaron mucho a aprender acerca de los peces voladores.

* El relato del pescador es interesante.

Mis preguntas...

* ¿Qué sabes acerca de sus enemigos?

* ¿De qué otras maneras podrías comenzar algunas de tus oraciones?

Pautas para comentar el trabajo de los compañeros

Cuando comentes el trabajo de tus compañeros por primera vez, puedes trabajar con un solo compañero. Luego puedes intentarlo con un grupo pequeño de compañeros. Cualquiera que sea el caso, debes saber cómo presentar y comentar una redacción.

El papel del escritor

Cuando eres el escritor, muestra una redacción en la que estés trabajando. Si es posible, haz una copia para cada integrante del grupo.

- **Presenta tu redacción,** pero no cuentes demasiado.
- **Lee en voz alta tu redacción** o pide a los integrantes del grupo que la lean en silencio.
- **Pide a los integrantes del grupo su opinión.** Escucha con atención.
- **Toma apuntes** para recordar las reacciones de tus compañeros.
- **Pide ayuda** si tienes problemas específicos.

El papel del compañero

Como compañero, asegúrate de mostrar respeto por el escritor. Sigue también estas pautas:

- **Escucha (o lee) con atención.** Toma apuntes para recordar tus reacciones.
- **Di qué funciona** bien en la redacción.
- **Haz preguntas** si tienes dudas acerca de algo o si encuentras alguna parte que se pueda mejorar.

Asegúrate de hacer comentarios constructivos al escritor. Si tu reacción es "¡Buen trabajo!", tal vez hagas sentir bien al escritor, pero no lo ayudarás a mejorar su trabajo. Sé más específico.

Hacer comentarios constructivos

Las reacciones de tus compañeros son importantes cuando te dispones a revisar tu redacción. Tus compañeros pueden señalarte qué partes funcionan bien y cuáles no. Usa sus reacciones al revisar tu redacción.

Sé específico

Las reacciones o comentarios constructivos ayudan al escritor a mejorar su redacción. Trata de enunciar tus reacciones en forma de pregunta.

En lugar de . . .	Prueba con . . .
✗ Tu redacción es aburrida.	✔ ¿De qué otras maneras podrías comenzar algunas oraciones?
✗ Algunos datos son incorrectos.	✔ ¿"Vuelan" realmente los peces voladores?
✗ El tercer párrafo no agrega nada nuevo.	✔ ¿Qué sabes acerca de sus enemigos?

Haz preguntas interesantes

Las mejores preguntas no son las que se responden simplemente con sí o no, sino las que obligan al escritor a pensar.

- ¿Qué te llevó a interesarte en el tema?
- ¿Cuál es el tema principal en el que te quieres concentrar?
- ¿Qué quieres que sienta el lector con respecto al tema?

Aprendizaje del lenguaje

Habla con un compañero acerca de las reacciones que te resultan más constructivas durante las conferencias en que comentan el trabajo de los compañeros. Entre todos, hagan un gráfico con preguntas o reacciones constructivas y colóquenlo en el salón de clases.

Hoja de comentarios sobre el trabajo de los compañeros

Tu maestro puede pedirte que completes una hoja de comentarios como la siguiente. (Se incluyen ejemplos de reacciones o comentarios).

Hoja de comentarios sobre el trabajo de los compañeros

Escritor: Carlos Sánchez   Compañero: Cati López

Título: "Peces voladores, acróbatas del océano"

Lo que me gustó de tu redacción:

* Hay mucha acción en el párrafo inicial.

* Los detalles me ayudaron mucho a aprender acerca de los peces voladores.

* El relato del pescador es interesante.

Mis preguntas . . .

* ¿Qué sabes acerca de sus enemigos?

* ¿De qué otras maneras podrías comenzar algunas de tus oraciones?

Práctica

Intercambia un ensayo o un cuento con un compañero. Luego completen una hoja de reacciones o comentarios como la anterior sobre la redacción de cada uno.

Publicaciones y portafolios

Publicar es el último paso importante del proceso de escritura. Hace que el esfuerzo que hiciste al prepararte para la escritura, hacer el borrador y revisarlo valga la pena. Tu redacción está lista para que la publiques una vez que diga exactamente lo que tú quieres que diga.

En este capítulo aprenderás a preparar tus redacciones para publicarlas. Te mostrará cómo diseñar una versión final espectacular y cómo armar un portafolio de la clase.

A continuación

- Diseñar la redacción
- Tipos de portafolios
- Partes de un portafolio
- Análisis del portafolio de ejemplo

Diseñar la redacción

Una vez que hayas terminado tu redacción, piensa cómo quieres que se vea tu trabajo. Las siguientes pautas y el ejemplo de las páginas **45** y **46** te ayudarán a diseñar y publicar tu redacción con una computadora.

Tipografía

■ Usa un tipo de letra que sea clara y fácil de leer para el cuerpo y los encabezamientos.

■ Usa títulos y encabezamientos breves. Sigue las reglas del uso de las letras mayúsculas en los títulos y encabezamientos. (Consulta la página **556.2**).

Espaciado y márgenes

■ Usa espacios dobles en tu redacción.

■ Comienza cada párrafo con sangría.

■ Deja un espacio después de cada punto.

■ Evita dejar líneas viudas y huérfanas. Por ejemplo, no dejes un encabezamiento o la primera línea de un párrafo solos en la parte inferior de una página.

Elementos gráficos

■ Usa listas con números o viñetas para destacar puntos importantes.

■ Incluye una tabla, un gráfico o una ilustración si ayuda a clarificar una idea. Asegúrate de que haya suficiente espacio para cualquier elemento gráfico que uses.

Práctica

Busca una página en uno de tus libros de texto (incluido este) que creas que tiene un buen diseño. Muestra la página a tus compañeros y señala al menos tres características que te gusten.

Un diseño espectacular en acción

Raúl Costa

Salvar a un halcón en peligro

El tipo de letra es fácil de leer.

Imagina un pájaro que desciende del cielo a 200 millas por hora. Esto es lo que hace que el halcón peregrino sea un ave de presa fascinante. De hecho, el halcón es la mascota oficial de la Academia de la Fuerza Aérea. El halcón peregrino estuvo en la Lista de especies en peligro de extinción hasta 1999. Se ha logrado salvar a estas asombrosas aves gracias a un esfuerzo de reintroducción bien planificado.

¿Por qué estuvieron los halcones en peligro de extinción?

Si bien una pareja de halcones puede criar hasta cuatro polluelos, solo dos suelen sobrevivir al primer año de vida. La pérdida de polluelos debido a diversas causas puso en peligro la continuidad de la especie. A continuación se enumeran los principales problemas.

Una lista con viñetas sirve para organizar el ensayo.

- **Caza y extracción de huevos**: Antes de 1950, los halcones se cazaban. Era habitual quitar los huevos de los nidos para cetrería o como alimento.
- **Pesticidas**: Los halcones se alimentaban de aves que habían comido insectos envenenados. El veneno principal, DDT, afectaba el grosor de la cáscara de los huevos. Los huevos se resquebrajaban y los polluelos morían antes de salir del cascarón.

Costa 2

¿Qué necesitaban los halcones?

Era necesario que los halcones peregrinos pudieran criar suficientes polluelos para así recuperarse en número. También necesitaban alimento sin pesticidas.

Los márgenes miden al menos una pulgada.

¿Cómo se salvó a los halcones?

Varias organizaciones ecologistas y programas gubernamentales colaboraron para que se pudiera recuperar la población de halcones peregrinos.

Una lista numerada permite que sea más fácil seguir las ideas.

1. Se colocó a los halcones en la Lista de especies en peligro de extinción.
2. Se prohibieron los pesticidas como el DDT, que pueden perdurar mucho tiempo en la naturaleza.
3. Se desarrollaron pesticidas más seguros.
4. Se tomaron huevos de aves en cautiverio.
5. Se alimentó y protegió a las aves recién nacidas.

Se han criado y liberado más de 6,000 halcones.

Se incluye una ilustración.

Viven perfectamente en áreas silvestres así como también en ciudades con edificios altos. Esta recuperación de las aves más veloces del aire demuestra lo que se puede hacer cuando las personas se comprometen.

Tipos de portafolios

Un portafolio es una colección de tus redacciones recopiladas con un propósito específico. Existen cuatro tipos básicos de portafolios.

Portafolio de selecciones

Un portafolio de selecciones incluye tus mejores redacciones durante un período de calificación. Este es el tipo más común de portafolio. (Consulta la página 48).

Portafolio cronológico

Un portafolio cronológico muestra tu progreso como escritor. Contiene tareas de escritura que muestran cómo se van desarrollando tus destrezas de escritura a lo largo del año.

Portafolio personal

Un portafolio personal contiene redacciones que deseas conservar y compartir con otras personas. Puedes incluir diferentes tipos de redacciones: poesía, cuentos, informes, ensayos. Puedes organizarlo por tema: amigos, animales, pasatiempos, deportes.

Portafolio electrónico

Un portafolio electrónico se presenta en un sitio web o se guarda en un disco. Además de tus redacciones, puedes incluir elementos gráficos y archivos de sonido. Con un portafolio electrónico, muchas personas pueden leer tus redacciones.

Práctica

Escribe un párrafo breve acerca de tu experiencia con los portafolios. ¿Cuándo preparaste uno? ¿Qué te pareció cuando lo terminaste?

Partes de un portafolio

Es posible que te pidan que prepares un portafolio de selecciones. Debe incluir las partes que se detallan a continuación, pero verifícalo con tu maestro para estar seguro.

- **Una tabla de contenidos** detalla las redacciones que has incluido en tu portafolio.

- **Un ensayo breve o una carta** presenta tu portafolio. Cuenta de qué manera lo preparaste y cómo te sientes al respecto.

- **La selección de redacciones** refleja tus mejores trabajos. Tu maestro puede pedirte que incluyas todas las etapas de tu trabajo, desde la preparación para la escritura hasta la corrección, para una o dos de las redacciones.

- **Las hojas de análisis o las listas de control** identifican las destrezas de escritura que has dominado y las destrezas que aún debes mejorar.

- **Una portada creativa para tu portafolio** puede incluir elementos gráficos y dibujos que expresen algo acerca de ti como escritor.

Sugerencias para recopilar redacciones

- **Escribe la fecha y guarda todos tus trabajos,** incluidos los apuntes que tomaste antes de escribir, los primeros borradores y las revisiones de cada nueva tarea de redacción.

- **Conserva tus redacciones en una carpeta pequeña.** Así tendrás todo lo que necesitas en un solo lugar.

- **Enorgullécete de tu trabajo.** Prepara un portafolio que muestre lo mejor de ti.

Práctica

Prepara una portada para un portafolio de selecciones. Escribe tu nombre y un título. Luego agrega tus propios dibujos y elementos gráficos.

Análisis del portafolio de ejemplo

Para reflexionar sobre tus redacciones, piensa en el proceso que seguiste para escribirlas. Los siguientes ejemplos te ayudarán a empezar.

Análisis de los estudiantes

Mi relato "Las dos caras del Día de Acción de Gracias" me enseñó una lección de vida importante. Las personas cambian de un año a otro y no hay nada que podamos hacer para evitarlo.

Tina Silva

Me resultó difícil escribir "¿Flotar o pescar?" porque se trataba de un ensayo de comparación. Tuve que decidir cómo organizar los detalles de mis dos temas: el lago Superior y el Gran Lago Salado.

Juan Morales

Análisis profesionales

"Hice esta [carta] más larga, pues no he tenido tiempo de hacerla más breve".

Blaise Pascal, matemático francés del s. XVII

"Y si alguno quisiere tratar de sueño cuanto he escrito, [...] no me quejaré por ello; pues es justo que los demás gocen en creer la libertad que yo me tomo en escribir".

Fray Benito Feijoo, ensayista español del s. XVIII

Escritura descriptiva

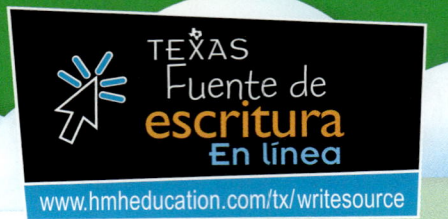

TEXAS
Fuente de
escritura
En línea
www.hmheducation.com/tx/writesource

Enfoque de la escritura

- **Párrafo descriptivo**
- **Ensayo descriptivo**

Aprendizaje del lenguaje

Trabaja con un compañero. Lean los significados en voz alta y respondan juntos las preguntas.

1. Un párrafo descriptivo presenta una imagen detallada de una persona, un lugar, un objeto o un evento.
   ¿Qué palabras descriptivas usarías en un párrafo sobre tu lugar favorito?

2. En los detalles sensoriales se usan los cinco sentidos para describir algo (vista, oído, olfato, gusto, tacto).
   ¿Cómo puedes usar detalles sensoriales para describir un objeto del salón de clases?

3. Una cualidad es una característica especial de una persona, un lugar o un objeto.
   ¿Qué cualidad especial tienes?

4. Alguien o algo es único cuando no existe nada parecido.
   Nombra a alguien o algo que sea único y di por qué.

Escritura descriptiva
Párrafo descriptivo

No existen dos personas que sean exactamente iguales. Cada persona posee una personalidad especial, un aspecto especial y una mente única. Escribir una descripción es una de las mejores maneras de capturar las cualidades individuales de una persona.

En este capítulo, escribirás un párrafo en el que describas a una persona. Tu objetivo es lograr que el lector "vea" a la persona que has escogido y que conozca algo especial que haya en él o ella.

Pautas para escribir

Tema: Una persona que ves a menudo
Propósito: Describir a una persona
Forma: Párrafo descriptivo
Público: Tus compañeros

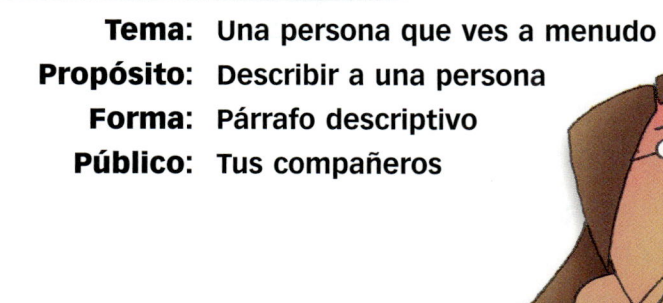

 TEKS 5.15B

Párrafo descriptivo

Un párrafo descriptivo presenta una imagen detallada de una persona, un lugar, un objeto o un evento. Comienza con una **oración temática** que indica de qué trata el párrafo. Las **oraciones de apoyo** dan todos los detalles sobre el tema. En el siguiente párrafo, Juanita usa muchos detalles sensoriales para describir a un conserje escolar especial. La **oración de conclusión** cierra el párrafo.

Limpieza absoluta

Oración temática (subrayada)

El Sr. Ruiz, el conserje escolar, es la persona más limpia de la escuela. Con su altura de seis pies y tres pulgadas, nos mira a todos desde arriba. Su cabeza redonda y calva brilla bajo las luces del pasillo. Su amplia sonrisa nos da la bienvenida

Oraciones de apoyo

todos los días. La camisa azul almidonada de su uniforme resalta sus anchos hombros. Del cinturón que ajusta sus pantalones color caqui pende un llavero dorado y tintineante. Sus zapatos lustrosos crujen cuando limpia el desordenado comedor.

Oración de conclusión (subrayada)

Es increíble que alguien que limpia todo lo que ensuciamos esté siempre tan limpio.

Responde a la lectura. Responde las siguientes preguntas en una hoja aparte. Comenta las respuestas con un compañero.

- **Desarrollo de las ideas** (1) ¿Cómo presenta el tema la autora?

- **Organización** (2) ¿Qué método de organización usa la autora: orden de importancia, orden espacial u orden cronológico? Explica tu respuesta.

- **Voz** (3) ¿De qué manera logra la autora que el párrafo suene auténtico o real? Da un ejemplo.

Prepararse **Escoger un tema**

Primero, debes escoger a una persona sobre la que quieras escribir. Puedes usar un "gráfico de personas" como el que usó Juanita para escribir el párrafo de la página 52.

Gráfico de personas

Vecinos	Personal de la escuela	Familiares	Amigos
Héctor (Díaz)	Sra. Islas	tío Ramón	Sonia
Sra. Reyes	Sr. Ruiz	prima María	Francisco
Chin y Tai		abuelo Juan	

Escoge un tema. Crea un gráfico para enumerar personas que conoces. Luego encierra en un círculo el nombre de la persona que te gustaría describir en el párrafo.

Recopilar detalles

Cuando escribas el párrafo descriptivo, tu objetivo será crear una imagen realista para el lector. Un diagrama como el que está a continuación te puede servir para recopilar detalles sobre la persona que planeas describir.

Diagrama de recopilación

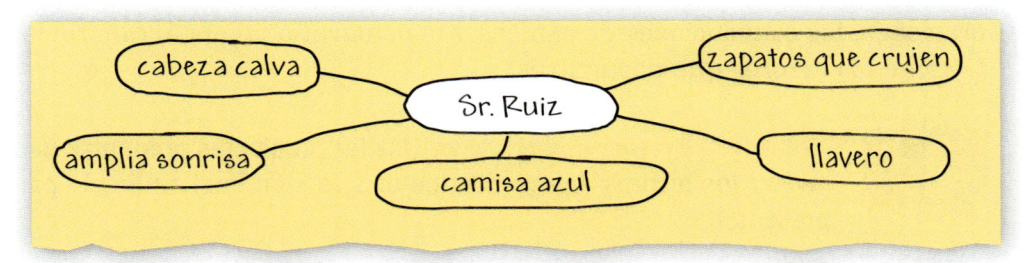

Crea un diagrama. Escribe el nombre de la persona en el centro de la hoja y enciérralo en un círculo. Luego escribe detalles de la persona y conéctalos con el círculo central.

 **TEKS** 5.15B-D

Hacer un borrador Crear el primer borrador

El primer borrador de tu párrafo te da la oportunidad de volcar todas tus ideas en una hoja de papel. Comienza con una oración temática que capte el interés del lector. Luego, ordena las oraciones de apoyo (detalles) por ubicación, de la cabeza a los pies. Termina con un comentario personal que concluya el párrafo.

Escribe el primer borrador. Asegúrate de incluir los detalles más importantes sobre la persona que describes.

Revisar Mejorar el párrafo

Mientras revisas, puedes añadir o reacomodar detalles. Debes eliminar los detalles que no le sirvan al lector para visualizar a la persona que estás describiendo.

Revisa el párrafo. Puedes usar las siguientes preguntas.

1. ¿Capta el interés del lector la oración temática?
2. ¿He organizado mis detalles en orden espacial?
3. ¿Parezco interesado en la persona que describo?
4. ¿Uso palabras específicas para describir a la persona?

Corregir Comprobar que se respeten las convenciones

Comprueba que no haya errores en la gramática, la estructura de las oraciones, las convenciones mecánicas y la ortografía en el párrafo revisado. Corrige los errores que encuentres.

Corrige y mejora tu párrafo. Usa las siguientes preguntas para revisar los errores. Luego escribe una versión final en limpio para presentarla.

1. ¿Uso correctamente la puntuación y las letras mayúsculas?
2. ¿Escribí todas las palabras sin errores de ortografía?
3. ¿Uso las palabras correctas (este, esté)?
4. ¿Son completas mis oraciones? ¿Son fluidas?

Escritura descriptiva

Ensayo descriptivo

Observa el salón de clases. Algunos de tus compañeros quizá tengan el cabello castaño y lacio o negro y rizado; otros tal vez lleven gafas o pendientes; probablemente algunos sonrían o parezcan soñar despiertos... No hay dos compañeros exactamente iguales.

En este capítulo, escribirás un ensayo en el que describas a una persona que admiras. Además de las características físicas, describirás alguna actividad o actitud de esa persona que te provoque admiración. Todos estos detalles le servirán al lector para "ver" a esa persona y conocer su personalidad.

Pautas para escribir

Tema:	Una persona que admiras
Propósito:	Describir a una persona
Forma:	Ensayo descriptivo
Público:	Tus compañeros

Ensayo descriptivo

En el siguiente ensayo, Natalia describe a uno de sus familiares favoritos. Las notas que están al margen te ayudarán a comprender las diferentes partes de este ensayo.

La tía Francisca

Comienzo
El escritor capta la atención del lector y nombra a la persona que se describe en el ensayo.

¿Alguna vez has comido masa de pastel tibia y crujiente, espolvoreada con canela y azúcar? Si alguna vez vienes a visitar a mi tía favorita, la probarás. ¡La tía Francisca es una señora divertida, atareada y amorosa!

Lo que más me gusta de mi tía Francisca es que siempre está dispuesta a divertirse. Después de un largo día de trabajo, suele llegar a casa cantando una melodía. A veces, me enseña un nuevo paso de baile. Otras veces, me cuenta algo interesante mientras se apresura a cambiarse la ropa del trabajo.

Desarrollo
Cada párrafo intermedio describe un aspecto diferente de la tía Francisca.

La tía Francisca es una mujer a la que le gusta estar cómoda. Con una altura de cinco pies y tres pulgadas, sale enérgicamente de la habitación con su cabello brillante color castaño oscuro atado en una cola de caballo. Se acomoda los cabellos sueltos detrás de sus pequeñas orejas y me sonríe con esos ojos azules y chispeantes y sus labios finos, que encajan a la perfección en su rostro angosto. Casi siempre lleva una camiseta blanca suelta y pantalones cortos rosados y desgastados. Suele andar descalza y en los dedos de los pies brilla un barniz de uñas color morado.

El pasatiempo favorito de la tía Francisca es cocinar pasteles y galletas. Es experta en mezclar huevos, harina, leche y sal. Lo aprendió de su madre y prometió enseñarme algún día. Una vez que tiene todos los ingredientes, prepara la masa rápidamente y la estira. Enseguida el aroma a canela y azúcar invade el ambiente.

Final
El final agrega un último pensamiento acerca de la tía Francisca.

Por último, se sienta a mi lado. Con sus manos todavía pegajosas, me toma la mano y me pregunta cómo fue mi día, cómo me va en la escuela y si he hecho nuevos amigos. Al final del día, la tía Francisca siempre tiene tiempo y delicias para compartir.

Responde a la lectura. Después de leer el ensayo, responde y comenta las siguientes preguntas con un compañero.

- **Desarrollo de las ideas** (1) ¿Qué detalles del comienzo captan la atención del lector?

- **Organización** (2) ¿Cómo organiza la información la autora en el tercer párrafo? ¿En orden de importancia o en orden espacial?

- **Voz** (3) Menciona tres palabras de los tres párrafos intermedios que muestren qué piensa la autora sobre la tía Francisca.

TEKS 5.15A

Prepararse **Escoger un tema**

Para escribir tu ensayo descriptivo, debes escoger a una persona que conozcas y admires. Un gráfico como el siguiente puede servirte de ayuda.

Gráfico de temas

Persona	Cualidades que admiro
Sra. González, dueña de la tienda de comestibles	generosa amable con los clientes mantiene la tienda limpia y ordenada
tío Alex, hermano de mamá, carpintero	inteligente juega a la pelota conmigo construye casas
Ramón, el cartero ✳	actitud positiva le gusta su trabajo se preocupa por las personas

Prepárate

Crea un gráfico de temas. Incluye a tres personas y las cualidades que admiras de ellas. Pon un asterisco (✳) junto al nombre de la persona que escojas. Comenta tu elección con un compañero.

Recopilar detalles

Piensa en la personalidad, el aspecto físico y las cualidades de la persona que escogiste.

Prepárate

Recopila detalles. Responde las siguientes preguntas.

1. ¿Qué palabra describe mejor la personalidad de esa persona? ¿Por qué?
2. ¿Cómo describirías a esa persona de la cabeza a los pies?
3. ¿Qué cosas hace esa persona que te provocan admiración?

Usar detalles sensoriales

Un gráfico que contenga los cinco sentidos te puede servir para recopilar detalles específicos sobre tu tema.

Gráfico de los sentidos

Vista	Oído	Olfato	Gusto	Tacto
cabello negro y rizado	silba	colonia	agua fresca	mochila
insignia con un águila	alegre		galletas	pesada
camisa azul	cuentos			

Prepárate

Crea un gráfico de los sentidos. Usa la tabla anterior como guía para crear tu propio gráfico de los sentidos.

Organizar los detalles

Cada párrafo de tu ensayo cumple una función diferente. Una lista como la que está a continuación te puede servir para organizar los detalles de tus párrafos.

Instrucciones   Lista organizada

Nombra a la persona. → Ramón, el cartero

Enumera los rasgos de su personalidad. → 1. alegre, amable

Describe el aspecto físico. → 2. cabello negro y rizado, camisa azul con insignia, calcetines largos

Menciona lo que admiras de la persona. → 3. se preocupa por las personas, visita a la Sra. Juárez

Prepárate

Crea una lista organizada. Sigue las instrucciones anteriores y crea una lista organizada para tu descripción.

Hacer un borrador Comenzar el ensayo

El párrafo inicial debe captar la atención del lector y presentar a la persona que describirás.

```
Comienzo
Desarrollo
Final
```

Párrafo inicial

■ **Establece una conexión con el lector.**

> Todos soñamos con hacer algo importante. Ramón soñaba con ser un baterista famoso. En una época formó parte del grupo de rock Árboles Retorcidos. Cuando la banda se separó, tuvo que buscar otro empleo. Ahora Ramón es el cartero de mi vecindario y es importante para todos los vecinos.

■ **Comienza con un dicho conocido.**

> "Si no tienes lo que quieres, quiere lo que tienes" es el lema de Ramón. De pequeño, Ramón soñaba con ser baterista en un grupo de rock. Hoy vive un sueño diferente siendo el mejor cartero que hemos conocido.

Escribe

Escribe tu párrafo inicial. Puedes escoger uno de los enfoques anteriores para comenzar. Mantén tu redacción enfocada en el tema.

Enfoque en las características de la Escritura en Texas

Voz Se llama *voz* a la manera especial en que expresas tus ideas. La voz de tu ensayo debe mostrar que conoces a la persona que estás describiendo y que es importante para ti.

Elaborar el desarrollo

El desarrollo de tu ensayo debe tener tres párrafos que sigan el orden de la lista organizada (de la página **59**). Consulta las notas al margen que están a continuación.

Párrafos intermedios

Se describe la personalidad de la persona.

Ramón siempre está contento. Saluda a todo el mundo con una amplia sonrisa y un amistoso "Hola, ¿cómo estás?". Lo sorprendente es que ¡realmente le interesa saber cómo estás! Es difícil no alegrarse al oírlo silbar mientras recorre las calles.

Se describe el aspecto físico de la persona.

Nuestro cartero se asegura de estar siempre impecable. Ramón usa una gorra gris de golfista que cubre su cabello negro y rizado, y unas gafas de sol plateadas colgadas de una cadena que lleva al cuello. En la manga izquierda de la camisa azul de su uniforme se puede ver una insignia, como la que llevan los exploradores. Tiene un águila y una bandera de Estados Unidos de fondo. Un par de tirantes azules sujetan sus pantalones cortos de color gris. Calza zapatos y calcetines negros, largos hasta la rodilla.

El escritor cuenta una historia acerca de la persona.

Ramón se preocupa mucho por las personas que ve durante su recorrido. Todos los días llama a la puerta de la Sra. Juárez y le pide un vaso de agua fresca. En realidad, no tiene sed, pero la Sra. Juárez es anciana y él simplemente quiere asegurarse de que ella esté bien.

Escribe los párrafos intermedios. Consulta tu lista organizada (de la página **59**) mientras escribes los tres párrafos intermedios.

 TEKS 5.15B, 5.15E

Hacer un borrador **Terminar tu ensayo**

Comienzo
Desarrollo
Final

En el párrafo final de tu ensayo debes compartir con el lector una última reflexión interesante.

Párrafo final

El autor incluye una reflexión final acerca de la persona.

El Servicio Postal de Estados Unidos cuenta con un empleado extraordinario. Las personas dependen de Ramón para recibir la correspondencia y aguardan impacientes su visita amistosa de cada día. En nuestro vecindario, Ramón es mucho más que un simple cartero.

Escribe

Escribe el párrafo final. Procura dejarle al lector una reflexión final interesante acerca de la persona.

Revisar y corregir

Revisa

Revisa tu descripción. Usa las siguientes preguntas como guía cuando revises tu ensayo.

- **Enfoque y coherencia** ¿Mantengo el enfoque en el tema?
- **Organización** ¿Son claros el comienzo, el desarrollo y el final?
- **Desarrollo de las ideas** ¿Incluí detalles sensoriales?
- **Voz** ¿Expresa mi voz mi interés en el tema?
- **Convenciones** ¿Son fluidas mis oraciones?

Corrige

Corrige tu descripción. Usa la lista de control de la página 30 como guía para corregir tu ensayo. Escribe una versión en limpio y pide a un compañero que te ayude a mejorarla. Ten en cuenta sus reacciones para hacer los cambios que sean necesarios.

Escritura descriptiva

Conexión con otras materias

"¡Quiero que me cuentes todo!" Los amigos siempre quieren saber qué hiciste el fin de semana o cómo estuvo el partido. Quieren saber acerca del aspecto, el olor y el sabor de las cosas. Por eso, es importante saber hacer buenas descripciones.

También tendrás que hacer descripciones para las materias de la escuela. Tal vez tengas que describir a un personaje histórico para estudios sociales o la manera en que un tema de ciencias se relaciona con tu vida cotidiana. Este capítulo te ayudará a mejorar tus destrezas de descripción.

A continuación

- **Estudios sociales:** Describir un personaje histórico
- **Ciencias:** Describir un cambio químico

Estudios sociales:
Describir un personaje histórico

Es posible que tu maestro te pida que escribas acerca de un personaje histórico famoso. Observa cómo se usa la escritura descriptiva en el siguiente ejemplo.

En el **comienzo** se explica por qué es importante el personaje.

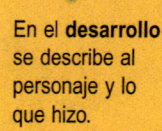

En el **desarrollo** se describe al personaje y lo que hizo.

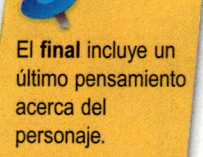

El **final** incluye un último pensamiento acerca del personaje.

Molly, la del jarro

Durante la Guerra de Independencia, a Mary Hays McCauly la apodaron "Molly, la del jarro" en la batalla de Monmouth, en 1778. Fue una mujer valiente, respetada por George Washington y sus tropas.

Mary se vestía como cualquier joven de su época. Llevaba el cabello largo y rubio recogido, cubierto por una cofia. Solía usar una blusa blanca y una falda color óxido. Así estaba vestida el día de la batalla de Monmouth, New Jersey.

El 18 de junio hacía muchísimo calor. Los soldados se asaban en sus gruesos uniformes de lana y tenían mucha sed. Los cañones metálicos de las armas estaban tan calientes que los soldados no los podían ni tocar. Mary ayudó a las tropas llevándoles un jarro de agua fresca tras otro. Una y otra vez, atravesaba corriendo el campo de batalla con su falda flameando como una bandera. Aun ahogándose con el aire cargado de humo y con las balas casi rozándole el cuerpo, Mary seguía corriendo.

De pronto, Mary dejó caer el jarro. Como su esposo se había desplomado a causa de la insolación, ella ocupó su lugar y se puso a disparar el cañón junto con la tropa. Ayudó a disparar el cañón contra el enemigo una y otra vez. Los soldados se sintieron motivados por la fortaleza y el coraje de Mary. Desde ese día se la conoce como Molly, la del jarro.

Sugerencias para la redacción

Antes de escribir...

- **Escoge un personaje histórico.**
  Escoge un personaje de una época que hayas estudiado.

- **Investiga.**
  Busca información e ilustraciones del personaje y sobre lo que hizo para ganarse un lugar en la historia.

- **Toma apuntes.**
  Concéntrate en el aspecto y las acciones del personaje.

Mientras haces el borrador...

- **Organiza los detalles.**
  Presenta el tema en el comienzo. En el desarrollo, da detalles acerca del personaje. Termina con una reflexión final acerca del personaje.

- **Muestra, no cuentes.**
  Usa detalles descriptivos que ayuden al lector a visualizar al personaje y a comprender por qué es importante.

- **Demuestra entusiasmo.**
  Usa palabras específicas que muestren que sabes mucho acerca del personaje.

Después de escribir el primer borrador...

- **Comprueba que esté completo.**
  Asegúrate de que el lector tenga una imagen clara del personaje.

- **Comprueba que no haya errores.**
  Corrige errores en la gramática, la estructura de las oraciones, las convenciones mecánicas y la ortografía.

Planifica y escribe un ensayo. Escoge un personaje histórico y escribe una descripción detallada siguiendo estas sugerencias para la redacción.

TEKS 5.15B

Ciencias: Describir un cambio químico

Es posible que tu maestro de ciencias te pida que describas de qué manera la ciencia influye en tu vida cotidiana. En el ejemplo que está a continuación, Ravi usa la escritura descriptiva para contar qué papel cumplió la ciencia en una fogata familiar.

El **comienzo** presenta un tema de ciencias.

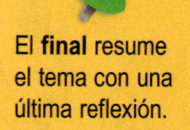

En el **desarrollo** se relaciona la experiencia personal con el tema.

El **final** resume el tema con una última reflexión.

Dulces cambios

El martes pasado, el maestro de ciencias nos habló de los cambios químicos. Cuando se produce un cambio químico, se crea una sustancia nueva con propiedades diferentes. Por ejemplo, al quemar algo se produce un cambio químico. Cuando quemas leña, sus propiedades se transforman en las propiedades que se encuentran en el humo, los gases y las cenizas.

Este fin de semana encendimos una fogata con mi familia e hicimos galletas de chocolate y malvaviscos. Para hacer estas galletas, colocas un malvavisco en la punta de un pincho y lo calientas sobre el fuego. Esperas hasta que el malvavisco esté blando y pegajoso. Entonces, lo pones entre dos galletas integrales junto con un poco de chocolate y obtienes una galleta dulce y crocante. Si dejas que se enfríe, se pueden volver a separar las partes con cuidado.

Sin embargo, yo tenía mucha prisa y puse el malvavisco demasiado cerca del fuego. Se prendió fuego y quedó negro como el carbón. En lugar de blando y pegajoso, estaba quebradizo y seco. Había perdido el olor dulce y sabía a cenizas.

Así aprendí que si caliento un malvavisco lentamente, no se produce un cambio químico. Sus propiedades no cambian de forma permanente. En cambio, un malvavisco quemado es el resultado de un cambio químico porque nunca volverá a ser blando, dulce y pegajoso.

Sugerencias para la redacción

Antes de escribir...

- **Escoge un tema que te interese.**
  Escoge algo que hayas estudiado en la clase de ciencias y que también hayas experimentado en tu vida cotidiana.

- **Haz una lista de las ideas principales que quieres incluir.**
  Piensa en lo que sabes sobre el tema y en las experiencias que has tenido relacionadas con él.

Mientras haces el borrador...

- **Escribe un comienzo, un desarrollo y un final claros.**
  Presenta el tema en el comienzo, describe la experiencia en el desarrollo y termina con un resumen de los resultados.

- **Organiza los detalles.**
  Escoge la mejor manera de organizar la descripción: en orden espacial, en orden cronológico o en orden de importancia.

- **Usa palabras específicas.**
  Escoge sustantivos, verbos de acción y adjetivos específicos.

Después de escribir el primer borrador...

- **Comprueba que esté completo.**
  Agrega detalles para que el tema quede más claro.

- **Comprueba que no haya errores.**
  Corrige errores en la gramática, la estructura de las oraciones, las convenciones mecánicas y la ortografía.

Describe una experiencia relacionada con las ciencias.
Usa estas sugerencias como guía para tu descripción.

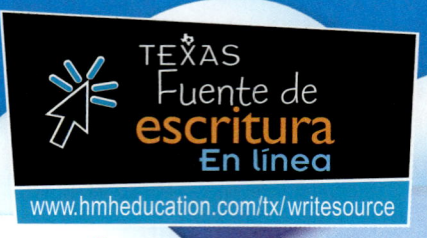

www.hmheducation.com/tx/writesource

Escritura narrativa

Enfoque de la escritura

- **Párrafo narrativo**
- **Relato personal**

Enfoque gramatical

- **Concordancia del sujeto y el verbo en oraciones sencillas**
- **Concordancia del sujeto y el verbo en oraciones compuestas**

Aprendizaje del lenguaje

Trabaja con un compañero. Lean los significados en voz alta y respondan juntos las preguntas.

1. Un ensayo narrativo relata una historia. **¿En qué se diferencia un ensayo narrativo de un ensayo descriptivo?**

2. Un desafío es algo que resulta difícil de hacer. **Cuenta algún desafío que hayas tenido que enfrentar el verano pasado.**

3. Tener éxito significa lograr un objetivo. **¿En qué tuviste éxito últimamente?**

4. Cuando las personas se sienten motivadas, muestran entusiasmo e interés por algo. **¿Alguna vez te ha sucedido algo que te hiciera sentir motivado?**

Escritura narrativa
Párrafo narrativo

Cada vez que enfrentas un desafío y sales airoso, tienes éxito. Piensa en alguna experiencia exitosa que hayas vivido. Puede ser una ocasión en la que actuaste en una obra escolar, cuando tocaste bien un solo de trombón o cuando obtuviste excelentes calificaciones en una prueba de matemáticas. Logros como esos te hacen sentir orgulloso de ti mismo.

Puedes escribir una narración para contar a otras personas tus experiencias exitosas. Las siguientes páginas te ayudarán a escribir un párrafo narrativo acerca de alguna oportunidad en que resolviste con éxito algo que considerabas un desafío.

Pautas para escribir

Tema: Una experiencia exitosa
Propósito: Entretener
Forma: Párrafo narrativo
Público: Tus compañeros

 TEKS 5.15A, 5.15B

Párrafo narrativo

Un párrafo narrativo relata un evento o una experiencia. Comienza con una **oración temática** que presenta la idea principal. Las **oraciones de apoyo** del párrafo incluyen detalles de lo que sucedió y la **oración final** deja una reflexión para el lector. En el siguiente párrafo, Teresa relata un éxito inesperado en la clase de gimnasia.

Oración temática (subrayada)

Oraciones de apoyo

Oración final (subrayada)

Una carrera exitosa

Nunca me había considerado una buena corredora hasta el día en que gané la carrera de una milla en la clase de gimnasia. El recorrido estaba marcado con banderas de colores y al verlas me sentí motivada. Cuando la Sra. Hernández, nuestra maestra de gimnasia, hizo sonar su silbato, salí corriendo a toda velocidad. Para mi sorpresa, al cabo de unos metros, yo era una de las que lideraba la carrera. Al llegar a la mitad del recorrido, vi que algunos niños comenzaban a sentir el esfuerzo físico. Incluso algunos niños comenzaron a caminar. Yo también me sentía cansada, pero seguí corriendo. La Sra. Hernández me felicitó por ser la primera corredora en cruzar la línea de llegada. Yo le agradecí con una sonrisa. Ahora quiero correr todo el tiempo. Tal vez algún día tenga la posibilidad de participar en las Olimpíadas.

Responde a la lectura. Responde las siguientes preguntas en una hoja aparte. Comenta tus ideas con un compañero.

- **Organización** (1) ¿Organiza la escritora los detalles en orden cronológico o espacial?

- **Desarrollo de las ideas** (2) ¿Cuál es la idea principal de este párrafo?

- **Voz** (3) ¿Qué palabras reflejan los sentimientos personales de la escritora? Menciona dos o tres.

Prepararse Escoger un tema

La escritora de "Una carrera exitosa" usó un gráfico de temas para anotar sus experiencias exitosas.

Gráfico de temas

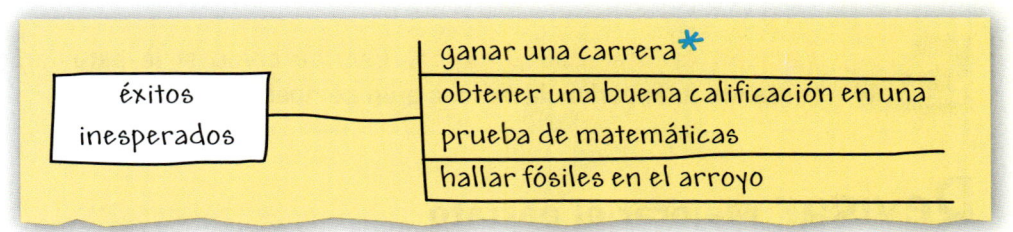

éxitos inesperados

ganar una carrera *

obtener una buena calificación en una prueba de matemáticas

hallar fósiles en el arroyo

Prepárate

Crea un gráfico como el anterior. Primero, escribe "éxitos inesperados" en un cuadro. Luego escribe tres ejemplos en las líneas. Pon un asterisco (*) junto a la experiencia exitosa sobre la que quieras escribir.

Recopilar detalles

Después Teresa usó una cuadrícula para recopilar detalles. Escribió uno de sus momentos exitosos, los eventos que la llevaron a obtenerlo y cómo se sintió después.

Cuadrícula de recopilación

Momento exitoso	Eventos en orden cronológico	Cómo me sentí después
• gané una carrera	• carrera de una milla en la clase de gimnasia • recorrido marcado con banderas • seguí corriendo y sobrepasé a otros niños • terminé en primer lugar	• feliz • quería correr más carreras • soñaba con participar algún día en las Olimpíadas

Prepárate

Haz una cuadrícula de recopilación. Escribe un momento exitoso que hayas tenido, los eventos que te llevaron a lograrlo y cómo te sentiste después. Comenta tus ideas con un compañero.

TEKS 5.15B, 5.15D

Hacer un borrador Hacer el primer borrador

Tu párrafo narrativo debe incluir una oración temática, que presenta la idea principal, oraciones de apoyo, que relatan lo que sucedió, y una oración final, que deja una reflexión para el lector.

Escribe el primer borrador. Escribe como si le estuvieras contando tu experiencia exitosa a un compañero.

Revisar Mejorar el párrafo

Las siguientes sugerencias serán útiles para revisar tu borrador.

- **Muéstralo, no lo cuentes.** En lugar de escribir "Estaba feliz", escribe "Daba saltos de alegría".
- **Usa el orden cronológico.** Asegúrate de que las acciones o detalles estén en el orden en que sucedieron.

Revisa el párrafo. Usa las sugerencias anteriores cuando hagas cambios para mejorar el primer borrador de tu párrafo narrativo.

Corregir Comprobar que se respeten las convenciones

Es importante que busques y corrijas errores en la gramática, la estructura de las oraciones, las convenciones mecánicas y la ortografía.

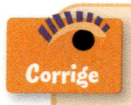

Corrige y mejora tu trabajo. Usa las siguientes preguntas como guía cuando corrijas. Luego escribe la versión final en limpio y revísala.

1 ¿Usé correctamente las letras mayúsculas y los signos de puntuación de apertura y de cierre?

2 ¿Escribí todas las palabras sin errores de ortografía?

3 ¿Concuerdan los sujetos y los verbos?

4 ¿Están completas todas mis oraciones?

Escritura narrativa
Relato personal

    ¿Cómo completarías la siguiente oración? "Me sentí muy orgulloso cuando..." Cada vez que tienes éxito en algo, ya sea que se trate de un logro grande o pequeño, debes sentirte orgulloso.

    Este capítulo te ayudará a recordar alguna ocasión en la que tuviste éxito en algo que hiciste. También te servirá como guía para escribir un relato personal sobre esa experiencia exitosa.

Pautas para escribir

Tema:	Una ocasión en que tuviste éxito
Propósito:	Compartir una historia real
Forma:	Relato personal
Público:	Tus compañeros

TEKS 5.17

Comprender el objetivo

En este capítulo, tu objetivo es escribir una narración acerca de un éxito personal. Las características que aparecen en el siguiente gráfico te ayudarán a lograrlo. También te puede ayudar a mejorar tu redacción la rúbrica, o pauta de calificación, de las páginas 34 y 35.

Enfoque y **coherencia**

Escribe acerca de un éxito personal importante. Concéntrate en contar lo que sucedió y las razones por las que esa experiencia te hizo sentir orgulloso.

Organización

Escribe un comienzo interesante para captar la atención del lector. Ordena cronológicamente los detalles del evento. Usa palabras de transición para conectar las ideas.

Desarrollo de las ideas

Incluye detalles específicos para que el lector comprenda por qué la experiencia fue importante para ti. Usa sustantivos específicos y verbos expresivos.

Voz

Expresa tus pensamientos y sentimientos de manera natural, como si estuvieras contando tu historia a un amigo.

Convenciones

Asegúrate de que la gramática sea correcta. Escribe oraciones completas. Revisa el uso de las letras mayúsculas, la puntuación y la ortografía.

Conexión con la literatura: Encontrarás un ejemplo de relato personal en la sección "Cómo llegué a ser un famoso diseñador", en *Nadie te creería*, de Luis Pescetti.

Relato personal

En esta narración, Jamaal relata un logro personal importante: ganó un premio en un concurso de arte.

¿Qué es?

Comienzo
El comienzo describe la escena.

Cuando pinto, me gusta usar colores brillantes y crear diseños exóticos en el papel. Es mi estilo. El mes pasado, mi maestra de arte, la Sra. Romero, me contó que habría un concurso de arte escolar.

—Jamaal, creo que sería una buena experiencia que participaras en este concurso —me sugirió.

—¿Por qué? —pregunté—. La mayoría de las personas piensan que mi estilo artístico es raro.

—Yo no —respondió la Sra. Romero.

El tema del concurso era "El mundo: Continentes y países". Inmediatamente pensé en África. Por mi cabeza pasaron fugazmente imágenes de atardeceres brillantes y los colores únicos del pelaje de los animales salvajes. En ese mismo instante, decidí participar en el concurso.

Desarrollo
El desarrollo incluye detalles variados (en azul).

Hice un bosquejo de mi idea y trabajé con empeño en mi pintura. Pronto, en el papel aparecieron líneas rojas, anaranjadas, doradas y amarillas. Pinté rayas de cebra en zigzag, hice enormes manchas de jirafa y agregué montañas grises de piel de elefante. Entre los colores y los diseños escondí las letras Á, F, R, I, C, A. Después de muchas horas de trabajo, tomé distancia y le di una última mirada. Vi a África en mi pintura

Al día siguiente, llevé mi pintura a la escuela. La Sra. Romero la miró y dijo:

—A decir verdad, Jamaal, tu pintura no me sorprende para nada.

TEKS 5.15B

Desarrollo
Cada párrafo agrega suspenso al relato.

—¿Es eso bueno o malo? —pregunté.

En lugar de responderme, simplemente tomó mi pintura y la colgó junto a las demás.

Durante todo el día, me pregunté qué opinarían los jueces de mi pintura. Por la tarde, recibí un sobre. Mi corazón latía con fuerza cuando lo abrí. Los primeros tres jueces decían que les habían gustado mis colores y la audacia de mis diseños. Al llegar a la última hoja, fijé la vista en las palabras escritas con tinta anaranjada y brillante: "¡África! Puedo ver cómo se pone el sol en las llanuras del Serengueti". Me quedé muy sorprendido.

¡Recibí una cinta roja por obtener el segundo lugar! Pero fue como si hubiera obtenido el primer lugar porque alguien realmente vio el continente africano en mi pintura. Después de esta experiencia, mi entusiasmo por la pintura aumentó. Ahora, cuando alguien me pregunta "¿Qué es?", le contesto con orgullo.

Final
El final cuenta cómo se sintió el escritor.

Responde a la lectura. Responde las siguientes preguntas sobre la narración. Luego, comenta tus reflexiones, opiniones e ideas con un compañero.

- **Organización** (1) ¿Cómo está organizado el desarrollo: en orden cronológico o por orden de importancia?

- **Desarrollo de las ideas** (2) ¿Qué ejemplo específico de éxito relata el autor?

- **Voz** (3) ¿Qué palabras y frases revelan los sentimientos personales del escritor? Menciona dos o tres.

Prepararse

Lo primero que debes hacer es escoger una experiencia personal sobre la que quieras escribir. Después debes recopilar muchos detalles.

Claves para prepararte para escribir

1. **Piensa** en varias experiencias exitosas que hayas tenido.

2. **Escoge** una experiencia que pueda convertirse en un gran relato.

3. **Usa** una cronología para organizar el relato.

4. **Recopila** detalles sensoriales sobre la experiencia.

5. **Piensa** en el diálogo que incluirás.

 TEKS 5.15A

Prepararse **Escoger un tema**

Ana, la autora del ensayo de las páginas 85 a 88, usó el inicio de oración "Me sentí orgullosa cuando..." para pensar en los logros de su vida.

Inicio de oración

Éxitos personales

Me sentí orgullosa cuando...

aprendí a tocar la guitarra.

✳ preparé tacos yo sola.

mejoré mis calificaciones en ciencias.

participé en un maratón.

> Tu redacción será mucho mejor si escoges un tema que realmente te interese.

Prepárate

Haz una lluvia de ideas para escoger un tema.
En una hoja aparte, completa el inicio de oración "Me sentí orgulloso(a) cuando...". Escribe cuatro o cinco logros personales. Pon un asterisco (✳) junto a la experiencia que te parezca más interesante de contar.

Analizar tu tema

Una parte importante de la preparación para la escritura es pensar en el tema. Escribir libremente acerca de tu éxito es una forma de hacerlo. Comienza explicando por qué la experiencia es especial para ti. Continúa escribiendo todas las ideas que se te ocurran al respecto.

Prepárate

Analiza tu tema. Escribe libremente durante cinco minutos acerca del tema. Comenta tus ideas con un compañero.

Dar con lo esencial

Puedes usar un gráfico de las cinco preguntas para recopilar los detalles esenciales de tu relato. También puedes agregar al gráfico una pregunta que comience con "¿Cómo?" para añadir más información. Ana usó el siguiente gráfico para recopilar detalles.

> Los organizadores gráficos te ayudarán a recopilar los detalles más interesantes para tu relato.

Gráfico de las cinco preguntas

Tema: Preparar tacos yo sola

¿Quién?	mi mamá, mi hermana y yo
¿Qué?	Preparé la cena cuando mi mamá se torció el tobillo.
¿Cuándo?	aproximadamente a la hora de la cena
¿Dónde?	en mi casa
¿Por qué?	Quería cocinar yo sola y ayudar a mi mamá.

Prepárate

Crea un gráfico. Haz un gráfico de las cinco preguntas como el anterior para tu narración.

Enfoque en las características de la Escritura en Texas

Desarrollo de las ideas Una narración atractiva incluye (1) *detalles esenciales* de lo que sucedió; (2) *detalles sensoriales* de lo que viste, sentiste y oíste; y (3) *diálogo* que exprese lo que dijeron las personas.

Prepararse Ordenar los eventos

De la misma manera en que un gráfico de las cinco preguntas te ayuda a recopilar detalles esenciales, una cronología te permite registrar detalles específicos en el orden en que ocurrieron.

Cronología

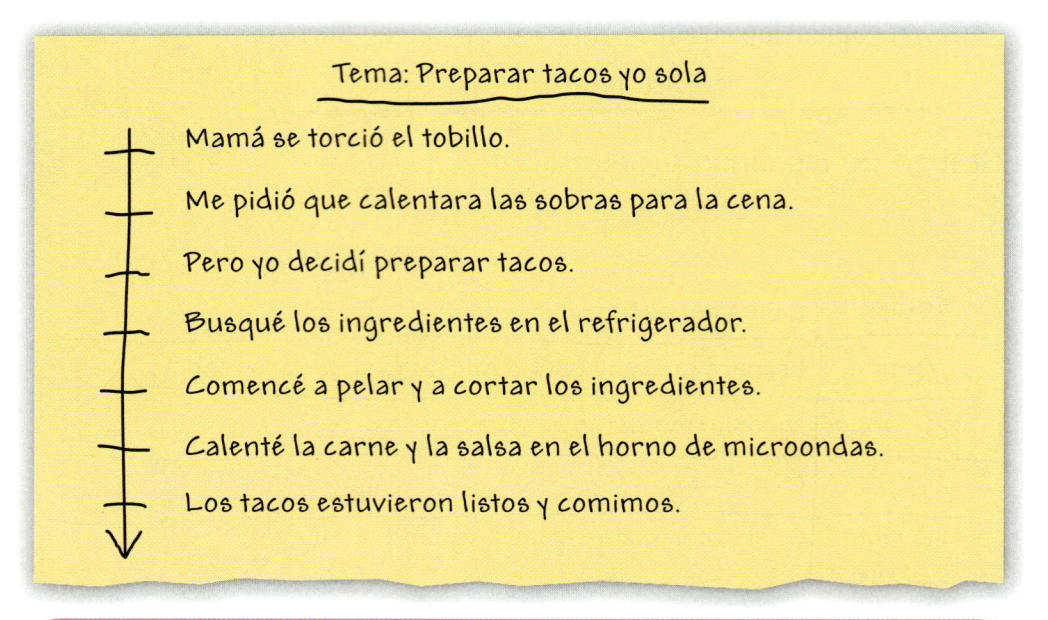

Tema: Preparar tacos yo sola

Mamá se torció el tobillo.

Me pidió que calentara las sobras para la cena.

Pero yo decidí preparar tacos.

Busqué los ingredientes en el refrigerador.

Comencé a pelar y a cortar los ingredientes.

Calenté la carne y la salsa en el horno de microondas.

Los tacos estuvieron listos y comimos.

Prepárate

Crea una cronología. En una hoja aparte, haz una cronología como la anterior. Escribe los detalles principales en orden cronológico.

Escritura en Texas

Enfoque en las características de la Escritura en Texas

Organización En una narración, debes organizar los detalles en orden cronológico, tal como sucedieron. Desde la primera vez que te contaron un cuento, has ido aprendiendo a usar este método básico de organización.

Recopilar detalles sensoriales

Escribir una narración no es solo relatar qué sucede en primer, segundo y tercer lugar. Una narración debe incluir detalles sensoriales que hagan que el lector vea, sienta, huela y oiga una experiencia.

Oraciones con detalles sensoriales eficaces:

> **Con un cuchillo** de mesa sin punta, **corté el tomate. ¡Paf! ¡El jugo** rojo **del tomate** salpicó **mi camiseta** blanca nueva**!**

La autora de la narración de las páginas 85 a 88 usó un gráfico circular para recopilar detalles sensoriales para su relato.

Gráfico circular de detalles sensoriales

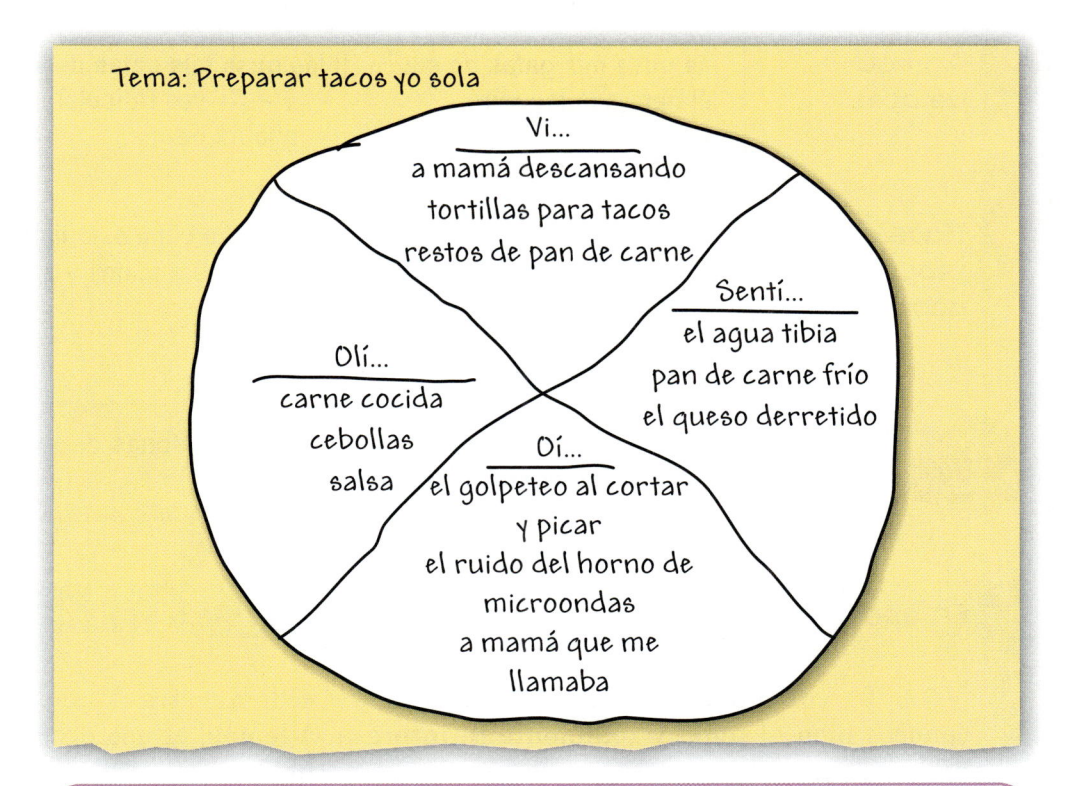

Tema: Preparar tacos yo sola

Vi...
a mamá descansando
tortillas para tacos
restos de pan de carne

Sentí...
el agua tibia
pan de carne frío
el queso derretido

Olí...
carne cocida
cebollas
salsa

Oí...
el golpeteo al cortar
y picar
el ruido del horno de
microondas
a mamá que me
llamaba

Prepárate

Escribe detalles sensoriales. Haz un gráfico circular y rotúlalo con los mismos encabezados del ejemplo anterior. Luego escribe los detalles sensoriales que se relacionan con tu propia experiencia.

Prepararse **Pensar en el diálogo**

El diálogo hace que la experiencia cobre vida para el lector. El siguiente gráfico muestra las tres cosas más importantes que puede lograr el diálogo.

		Sin diálogo	Con diálogo
1	Muestra un rasgo de la personalidad del hablante.	Mamá se sentó en la sala mientras yo trabajaba en la cocina. Le pedí a mi mamá que se quedara sentada.	—¿Cómo andan las cosas por ahí? —me preguntó mamá. —¡Bien! —dije—. Quédate ahí y descansa.
2	Agrega detalles.	Me puse mis gafas de sol. Mi hermana me miró.	Me puse mis gafas de sol. —¡Te ves ridícula! —dijo mi hermana.
3	Hace que progrese la acción.	Era la hora de la cena.	—¡La cena está lista! —les avisé a mamá y a mi hermana.

Prepárate

Planea los diálogos. Piensa en lo que dirían las personas de tu relato. Asegúrate de que el diálogo suene real.

Enfoque en las características de la Escritura en Texas

Voz Tu voz narrativa será clara y definida si demuestras que conoces bien el tema y realmente te interesa. Además, el uso de diálogos puede lograr que tu voz suene más natural.

Hacer un borrador

Ahora que ya has recopilado los detalles para tu narración, estás listo para escribir el primer borrador. El objetivo es poner por escrito todas tus ideas sobre el tema.

¡En línea!

Prepárate · Escribe · Revisa · Corrige · Publica

Claves para hacer un borrador

1. **Escribe** un párrafo inicial y un párrafo final atractivos. Mantén el enfoque en tu tema.

2. **Organiza** los eventos en orden cronológico.

3. **Escribe** teniendo presente el propósito, la forma y el público. Pregúntate lo siguiente:
   - ¿Estoy presentando un relato verdadero sobre un momento de mi vida?
   - ¿Incluí en el relato mis pensamientos y sentimientos?
   - ¿Capto el interés de mis compañeros?
   - ¿Necesito explicar algo que no saben?

Hacer un borrador Tener una idea general

El siguiente gráfico muestra cómo se relacionan las partes de un relato personal. (Los ejemplos fueron tomados de la narración de las páginas 85 a 88). Estarás listo para escribir el ensayo una vez que hayas . . .

- organizado los eventos de tu relato en orden cronológico y
- recopilado detalles para expresar tus pensamientos y sentimientos.

Comienzo

En el **comienzo** debes captar la atención del lector.

Oración inicial

Un día, mamá se torció el tobillo y no podía estar de pie.

Desarrollo

En el **desarrollo** debes presentar los detalles sobre lo que pasó en la experiencia.

- Teníamos todo lo que me hacía falta.
- Primero, me lavé las manos.
- En nuestra cocina, los niños no pueden. . .
- Con mucho cuidado, comencé a pelar. . .
- Luego tuve que preparar. . .
- Finalmente, era hora de comer.

Final

En el **final** debes explicar cómo te hizo sentir esta experiencia.

Oración final

Me sentí genial por haber hecho algo especial para mamá, y ella estaba orgullosa de mí porque pude preparar la cena yo sola.

Comenzar un relato personal

En el primer párrafo, deberás captar la atención del lector y presentar tu experiencia personal. Hay tres maneras de comenzar el párrafo.

- ■ **Comienza con un diálogo.**
  —Me torcí el tobillo —dijo mamá—. Esta noche tendrás que preparar la cena.

- ■ **Comienza con un enunciado o un hecho interesante.**
  Un día, mi mamá se torció el tobillo y no podía caminar.

- ■ **Ubícate en medio de la acción.**
  Cuando mamá me pidió que recalentara las sobras para la cena, tuve una idea. ¡Decidí sorprenderla y preparar tacos!

| Comienzo |
| Desarrollo |
| Final |

Párrafo inicial

La escritora comienza con un enunciado interesante.

Un día, mi mamá se torció el tobillo y no podía estar de pie. Me pidió que preparara la cena. Mamá dijo que podía calentar los restos del pan de carne en el horno de microondas, pero quise sorprenderla con su comida favorita: ¡tacos!

Recuerda mostrar interés en el tema cuando escribes.

Escribe

Escribe el párrafo inicial. Usa las ideas de esta página para escribir dos o tres comienzos para tu primer párrafo. Luego escoge el que más te guste y completa el párrafo.

 TEKS 5.15B, 5.17

Hacer un borrador **Elaborar el desarrollo**

En el desarrollo de una narración debes contar la historia. Debe aparecer en orden cronológico o temporal. También debes tener en cuenta otras cosas.

- **Organiza los detalles** de un modo lógico y coherente para el lector.

- **Usa diálogos.**

- **Expresa los pensamientos y sentimientos** que experimentaste.

Párrafos intermedios

La escritora comienza el relato inmediatamente.

Teníamos todo lo que me hacía falta. Había visto una caja de tortillas para tacos en el armario, y en el refrigerador había restos de pan de carne. También teníamos muchos tomates, cebollas, lechuga y salsa. Además encontré una caja de queso, ese que se derrite en las hamburguesas. ¡No veía la hora de empezar!

Las palabras de transición (en azul) ordenan el relato cronológicamente.

Primero me lavé las manos. Luego desmenucé el pan de carne frío en trozos pequeños. Planeé calentar la carne y la salsa cuando fuera la hora de comer. Después deshice la lechuga en trozos pequeños y la puse en una fuente.

En nuestra cocina, los niños no pueden usar cuchillos filosos o la cocina a menos que mamá esté allí para supervisar. No hay problema. Con un cuchillo de mesa sin punta corté el tomate. ¡Paf! ¡El jugo rojo del tomate salpicó mi camiseta blanca nueva! Espero que mamá no haya escuchado mis gruñidos.

El diálogo da vida a los personajes.

—¿Cómo andan las cosas por ahí? —me preguntó mamá.

—¡Bien! —dije—. Quédate ahí y descansa.

Con cuidado comencé a pelar la cebolla. ¡Ay, cómo me ardían los ojos! Los lagrimones se deslizaban por mis mejillas como una catarata. Me puse mis gafas de sol.

—¡Te ves ridícula! —dijo mi hermana.

—¡Es que me duelen los ojos! —exclamé. Me di cuenta de que las gafas no servían.

Los detalles sensoriales (en verde) ayudan al lector a "ver" y "sentir" la experiencia.

Luego tenía que preparar el queso. Pensaba que sería la parte más fácil. Traté de rallarlo, pero era demasiado blando. Muy pronto el queso se me había pegoteado en las manos y el rallador estaba todo empastado. Terminé usando el cuchillo también para el queso. Tardé una eternidad en cortarlo en trozos pequeñitos.

Finalmente, era hora de comer. Calenté en el horno de microondas la carne y la salsa y luego armé los tacos. En el último momento me acordé de llevar la crema agria. Mamá adora ponerle una gran cucharada a su taco.

—¡La cena está lista! —les avisé a mamá y a mi hermana.

Escribe

Escribe los párrafos intermedios. Antes de comenzar, revisa los detalles para estar seguro de que expresaste tus pensamientos y sentimientos.

TEKS 5.15B, 5.17

Hacer un borrador Terminar tu relato personal

El párrafo final debe ser el cierre de tu relato. Hay tres estrategias que puedes usar para el final de tu relato.

- **Cuenta lo que aprendiste con la experiencia.**

  Mis tacos estaban muy sabrosos y a mamá le encantó la sorpresa. Al principio, no estaba segura de poder hacer tacos sin ayuda. Pero aprendí que, si lo intento, puedo preparar la cena para mi familia.

- **Explica en qué cambiaste a causa de la experiencia.**

  ¡Mamá dijo que eran los mejores tacos que había probado! Esto me hizo sonreír de oreja a oreja. Le demostré que soy responsable. Ahora quiero ayudar a preparar las comidas más a menudo.

- **Cuenta cómo te hizo sentir la experiencia.**

Párrafo final

La escritora muestra cómo se siente.

> Mamá sonrió cuando vio mis tacos. No se parecían a los tacos que hace mamá, pero dijo que eran una sorpresa maravillosa. Me sentí genial por haber hecho algo especial para mamá, y ella estaba orgullosa de mí porque pude preparar la cena yo sola. Aprendí que puedo hacer la cena para mi familia y le demostré a mi mamá que soy responsable.

Escribe

Escribe el final. Prueba una de las tres estrategias anteriores para terminar la narración. Recuerda incluir tus pensamientos y sentimientos acerca de la experiencia.

Revisar

Revisar es un paso muy importante en el proceso de escritura. En este paso, puedes mejorar el relato agregando detalles o cambiando las partes que resultan confusas.

Claves para revisar

1. **Lee** tu relato en silencio.

2. **Pregúntate** lo siguiente:
   - ¿Presenté un relato verdadero sobre un momento de mi vida?
   - ¿Incluí mis pensamientos y sentimientos en el relato?
   - ¿Comprenderán mis compañeros mi relato? ¿Querrán leerlo?

3. **Revisa** el enfoque y la coherencia, la organización, el desarrollo de las ideas y la voz.

 **Revisar:**  Enfoque y coherencia

Cuando revisas *el enfoque y la coherencia,* te aseguras de haber escrito sobre un solo evento. Todos los detalles, las descripciones y los diálogos de la narración deben referirse a ese evento. Asegúrate de que el párrafo inicial, los párrafos intermedios y el párrafo final se relacionen entre sí y con la idea principal. Una introducción interesante y una conclusión lógica también ayudarán a que tu relato sea coherente.

¿Me he enfocado en un evento?

Te das cuenta de que te has enfocado en un solo evento si todas las ideas de tu relato están conectadas con ese evento. Asegúrate de no incluir detalles que no estén relacionados con ese evento.

Práctica

Lee este párrafo sobre una experiencia personal. Identifica las oraciones que no se relacionan con esa experiencia.

Cuando por fin llegó el día de mi presentación oral, pensé en fingir una enfermedad. Soy alérgica a algunos alimentos. El único problema con este plan era que mi madre sabía que debía dar un discurso. ¡Lo había escuchado tantas veces que probablemente ya lo sabía de memoria! Aunque me sentía segura cuando hacía la presentación frente a mis padres, un salón lleno de estudiantes era otra historia. No tenía otra opción más que salir de la cama y dar lo mejor de mí. Mi mejor amigo también daría su discurso hoy. Me puse mi camisa favorita, un par de pantalones nuevos y mi anillo de la suerte. Si iba a impresionar a mis compañeros con mi discurso, también tendría que impresionarlos con mi aspecto.

 **Revisa el enfoque.** Lee tu primer borrador o pide a un compañero que lo lea. ¿Todas las ideas se relacionan con tu experiencia personal? ¿Hay ideas que no se relacionan y que deberías suprimir?

¿Cómo sé si la introducción y la conclusión tienen sentido y le dan coherencia a mi redacción?

Si tu introducción atrae el interés de los lectores y presenta la idea principal, entonces tiene sentido. Si tu conclusión refuerza el enfoque del relato y hace que esté completo, entonces tu conclusión tiene sentido.

Tu conclusión es buena si

- comienza con un diálogo.
- comienza con un enunciado o un hecho interesante.

Una buena conclusión puede

- recordar al lector la idea principal.
- explicar cómo te sentiste con respecto a la experiencia.

Revisa la introducción y la conclusión. ¿Son adecuados el comienzo y la conclusión? Si no es así, vuelve a escribirlos. Usa una de las sugerencias anteriores.

Revisión en acción

En la siguiente conclusión de ejemplo, Ana agregó una oración sencilla y una oración compuesta. Estos cambios mejoran el estilo de la narración y aportan sentido a la conclusión.

Mamá sonrió cuando vio mis tacos. No se parecían a los tacos que hace

Me sentí genial por haber hecho algo especial para mamá, y

mamá, pero dijo que eran una sorpresa maravillosa. Ella estaba orgullosa de

Aprendí que puedo hacer la cena para mi familia y le demostré a mamá

mí porque pude preparar la cena yo sola. que soy responsable.

 TEKS 5.15C

Revisar la organización

Cuando revises la *organización,* asegúrate de que el lector pueda seguir las ideas de tu relato con facilidad. El orden de las ideas debe tener sentido para él. Es importante que las ideas estén relacionadas unas con otras. Deben fluir con naturalidad de una oración a otra y de un párrafo a otro.

¿Cómo sé si mis ideas están bien ordenadas?

En un relato personal, las ideas se organizan en orden cronológico. Los detalles deben estar organizados en el orden en el que sucedieron.

Práctica

Lee esta narración sobre un logro personal. Identifica qué oración está en el orden incorrecto. Identifica dónde debería ir para que la narración sea fácil de seguir.

Derribé dos vallas, lo que me hizo perder velocidad. Había practicado todos los días después de que me quitaron el yeso. No estaba seguro de poder correr bastante rápido después de haberme fracturado el tobillo en la primavera. Me preparé, se oyó el ruido de la pistola de largada y salí a toda velocidad. Cuando crucé la línea de llegada, me di cuenta de que era el segundo en llegar. No estaba mal para un niño que se había fracturado el tobillo hacía cuatro meses. Creo que la práctica dio sus frutos.

Revisa el orden. ¿Está organizado tu relato de forma lógica? ¿Es fácil de seguir? Si no es así, revisa el orden de las oraciones.

TEKS 5.15C, 5.20A(viii)

¿Cómo sé si mis ideas fluyen fácilmente?

Las ideas fluyen fácilmente cuando una oración o un párrafo se relacionan con el siguiente. Las palabras, las frases y las oraciones de transición ayudan a relacionar las ideas. Las siguientes secuencias de palabras de transición se pueden usar en un relato.

primero	luego	a continuación	antes	después	por último
ahora	entonces	pronto	tan pronto como	por fin	al final

Revisa las oraciones de tu borrador. Si ves que no has usado palabras de transición, busca en qué parte del relato debes agregarlas para que el lector pueda relacionar una idea con otra.

Revisión en acción

En este ejemplo, la autora agrega tres palabras de transición y suprime una idea no relacionada para que un párrafo se relacione con el siguiente.

Primero ∧Me lavé las manos. Luego ∧Desmenucé el pan de carne frío en trozos pequeños.

Planeé calentar la carne y la salsa cuando fuera la hora de comer.
Después ∧Deshice la lechuga...

~~Mi vecino adora los tacos.~~ En nuestra cocina, los niños no pueden usar cuchillos filosos o la cocina a menos que mamá esté allí para supervisar.

 **TEKS** 5.17

 **Revisar** el

desarrollo de las ideas

Cuando revisas el *desarrollo de las ideas,* debes asegurarte de que los ejemplos y detalles ayuden a contar el relato y expresen tus pensamientos y sentimientos al lector.

¿Dan mis detalles movimiento al relato?

Todos los detalles deben contribuir al progreso de tu relato de principio a fin. En conjunto, los detalles deben responder las preguntas importantes que un lector se plantea sobre tu experiencia. Si un detalle no aporta nada a tu relato, debes suprimirlo.

Práctica

Lee el siguiente párrafo. Luego identifica las dos oraciones (detalles) que el autor debería suprimir ya que no mejoran el relato.

1   Papá dijo que me llevaría de campamento si mis calificaciones de

2   matemáticas mejoraban. Realmente quería ir, entonces decidí esforzarme

3   mucho más en mi tarea de matemáticas. Todas las noches después de

4   la cena, iba a mi habitación y me ponía a trabajar. A veces comíamos

5   hamburguesas con queso en la cena, que me gustan mucho. De inmediato,

6   comencé a comprender mejor las cosas. En las reuniones de padres

7   y maestros, el Sr. Cruz les dijo a mis padres que mi calificación había

8   mejorado y que era una B. El Sr. Cruz es un maestro nuevo. El siguiente fin

9   de semana mi papá me llevó de campamento.

Revisa

Revisa los detalles de tu relato. ¿Agregan algo importante a tu relato los detalles? Suprime los detalles que no lo hacen.

¿Logran mis detalles que el relato sea verosímil?

El relato parecerá más real si contiene suficientes detalles sensoriales. Los detalles sensoriales permiten al lector ver, oír, sentir, saborear u oler una experiencia. Agrega o suprime oraciones si es necesario.

Práctica

Señala un detalle para cada sentido en el siguiente párrafo.

1 Por fin mi mamá me dejó tomar el metro sola. El asiento me enfría las
2 piernas. Todo se ve un poco sucio. El aire huele a perfume y sudor. Frente a
3 mí, un hombre sin hogar está hablando solo. Parece una pila de harapos. De
4 repente, el tren se detiene con un fuerte chirrido.

Revisa los detalles. ¿Usaste detalles sensoriales en tu relato? Si no es así, asegúrate de agregar algunos.

Revisión en acción

En el siguiente ejemplo, la autora agrega detalles sensoriales y suprime un detalle innecesario para lograr que el relato sea verosímil.

¡Ay, cómo me ardían los ojos!

Con cuidado comencé a pelar la cebolla. Los lagrimones se

deslizaban por mis mejillas como una catarata. ~~Fue odioso.~~

Me puse. . .

Revisar la  voz

Cuando revisas la *voz,* te aseguras de que tu redacción sea natural, como si estuvieras contando el relato a un compañero.

¿Tiene "voz" mi relato?

Tu relato tendrá voz si (1) te entusiasma la experiencia y (2) quieres contársela a tus compañeros.

Escribir con voz

En ese momento, sentí una ráfaga de viento y caí de cara al suelo. Pero Ariel me agarró de la camiseta y me levantó. Enfocó su linterna hacia una rama grande. Entonces lo vi. Un búho americano gigante giraba su cabeza hacia nosotros. ¡Qué increíble! Estaba observando un par de ojos de color amarillo oro muy espeluznantes.

Práctica

Escribe libremente durante cuatro minutos a partir de la siguiente idea:

Mi amigo y yo . . .

Cuando termines de escribir, subraya las partes que te parezcan emocionantes o que reflejen tu personalidad.

Revisa la voz. Revisa tu relato para ver si refleja entusiasmo e interés. Cambia las partes que te parezcan aburridas.

¿Cómo sé si el diálogo es adecuado?

El diálogo es adecuado si hace que las personas parezcan reales y te ayuda a contar el relato. Agrega más diálogo si es necesario.

Diálogo de ejemplo

Habíamos subido a la casa del árbol, que estaba a unos 20 pies de altura.
—¡Fabuloso! ¿Es seguro aquí arriba? —pregunté.
—Más seguro que en las calles —rió Ariel.
Entonces, escuché un pájaro graznar.
—¿Qué le pasa? —pregunté.
—Es un cuervo que vio un búho —susurró Ariel.

 **Revisa el diálogo.** ¿Es el diálogo adecuado para tu relato? Si no es así, vuelve a escribirlo para que suene más real.

Revisión en acción

El diálogo agrega personalidad y voz en el siguiente ejemplo.

—¡Te ves ridícula! —dijo
Me puse mis gafas de sol. Mi hermana
—¡Es que me duelen los ojos! —exclamé.
dijo que me veía ridícula. Me di cuenta de que las gafas no

ayudaban.

Revisar Cómo usar una lista de control

Comprueba tu revisión. Escribe los números del 1 al 10 en una hoja. Si puedes contestar "sí" a una pregunta, haz una marca junto al número. Si no es así, sigue trabajando en esa parte de tu ensayo.

Enfoque y coherencia

_____ **1.** ¿Se mantiene enfocada mi redacción durante todo el relato?

_____ **2.** ¿Se relacionan todas mis ideas con la idea principal?

_____ **3.** ¿Está mi relato contado de manera clara y lógica?

Organización

_____ **4.** ¿Son apropiados el comienzo, el desarrollo y el final?

_____ **5.** ¿Uso palabras de transición para que las ideas fluyan?

_____ **6.** ¿Está ordenado mi relato de un modo lógico para el lector?

Desarrollo de las ideas

_____ **7.** ¿Hay suficientes detalles que apoyen mis ideas?

_____ **8.** ¿Incluye mi narración detalles sensoriales?

Voz

_____ **9.** ¿Demuestra mi voz interés y emoción?

_____ **10.** ¿Suena real el diálogo?

Escribe el texto en limpio. Pide a un compañero que lea tu relato y lo comente. Escribe el texto en limpio para corregirlo.

Corregir

Corregir es el próximo paso del proceso de escritura. Cuando corriges, te aseguras de haber seguido las reglas de la gramática, la estructura de las oraciones, las convenciones mecánicas y la ortografía. Estas reglas se llaman "convenciones" de escritura.

Claves para corregir

1. **Usa** un diccionario, un diccionario de sinónimos y la "Guía del corrector" que está al final de este libro como ayuda.

2. **Corrige** en una copia impresa si usas computadora. Luego haz los cambios en la computadora.

3. **Usa** las marcas editoriales que se encuentran en el interior de la contracubierta de este libro.

4. **Pide** a otra persona que también revise tu relato para corregir errores.

Corregir para respetar las convenciones

Gramática

Cuando corriges la *gramática,* debes asegurarte de usar los sujetos y los verbos correctamente.

¿Cómo hago para que los sujetos y los verbos concuerden?

Decide si el sujeto de la oración es singular o plural y a qué persona corresponde. Luego asegúrate de que el verbo de la oración concuerde en número y persona con el sujeto. Si hay más de un sustantivo en el sujeto, el verbo deberá ir en plural. (Consulta también las páginas **453**, **454** y **472**).

■ Si el sujeto es singular, el verbo debe ser singular.

Carlos come espagueti en el almuerzo.

(El sujeto *Carlos* es singular y tercera persona, y el verbo *come* está en tercera persona del singular).

■ Si el sujeto es plural, el verbo debe ser plural. Recuerda tener en cuenta todo el sujeto.

Los frijoles y los chícharos brotaron en mi jardín.

(El sujeto *Los frijoles y los chícharos* es plural y tercera persona, y el verbo *brotaron* está en tercera persona del plural).

Práctica de gramática

Decide si el sujeto de estas oraciones está en singular o plural y a qué persona corresponde. Luego escribe las oraciones usando el verbo que concuerda.

1. Mis hermanos (va, van) a la piscina todos los sábados.
2. Juan (practicamos, practica) saltos complicados.
3. Carlos (hace, hago) saltos hacia atrás en el aire.
4. Martín y Raúl (observamos, observan) con interés.

Corrige

Revisa la concordancia del sujeto y el verbo. Asegúrate de que los sujetos y los verbos de tus oraciones concuerden.

¿Concuerdan los sujetos y los verbos?

Cuando corriges la gramática, debes asegurarte de haber usado el sujeto y el predicado completo y de que el sujeto y el verbo de cada parte de una oración compuesta concuerden.

- **Suri quiere un cachorro nuevo, pero sus padres no lo quieren.**
  (*Suri* y *quiere* están en singular y en tercera persona; *padres* y *quieren* están en plural y en tercera persona).

- **Las plantas de la ventana están saludables y la otra del rincón también lo está.**
  (*plantas* y *están* están en plural y en tercera persona; *otra* y *está* están en singular y en tercera persona).

Práctica de gramática

Vuelve a escribir las siguientes oraciones de manera que el verbo de cada parte de la oración concuerde en número y persona con el sujeto que le corresponde.

1. Mis hermanas planean ir a caminar, pero yo quiere quedarme en casa.
2. Lidia empaquetan los almuerzos y Juana reunimos el equipo.
3. Mamá las ayudan y luego van rápido hacia el sendero.

 Corrige

Revisa la concordancia del sujeto y el verbo. Cambia los sujetos o los verbos de tu relato si no concuerdan en número y persona. Asegúrate de haber usado el sujeto y el predicado completo en las oraciones.

Aprendizaje del lenguaje

Lee las siguientes palabras con un compañero. Digan si una palabra está en singular (una cosa) o en plural (más de una cosa). Luego unan un sujeto con un verbo para formar una oración. Digan la oración en voz alta.

Sujetos	gatos	carro	maestros	médico
Verbos	leen	duerme	corre	revisa

Convenciones mecánicas: Puntuación

¿Está correcto el espaciado en el diálogo?

Debes comenzar un párrafo nuevo cada vez que habla una persona diferente.

Diálogo con una sola sangría al comienzo

—Todos en fila —ordenó el maestro Bravo—. Es hora de hacer las pruebas de aptitud física. —¿Tenemos que hacer flexiones de brazos recostados o con la barra? —preguntó Samuel. —Las van a hacer con la barra —respondió el maestro Bravo.

Diálogo con sangría para cada interlocutor

—Todos en fila —ordenó el maestro Bravo—. Es hora de hacer las pruebas de aptitud física.

—¿Tenemos que hacer flexiones de brazos recostados o con la barra? —preguntó Samuel.

—Las van a hacer con la barra —respondió el maestro Bravo.

Práctica

Vuelve a escribir el siguiente diálogo. Comienza un párrafo nuevo para cada interlocutor.

—¿Ya terminaste de empaquetar todo? —preguntó mamá desde la otra habitación—. ¿Necesitas algo más? —Necesito más cajas —respondí. —Apenas pueda, traeré algunas más —me aseguró mamá.

Corrige

Comprueba que el espaciado en el diálogo sea correcto. Asegúrate de comenzar un párrafo nuevo cada vez que habla una persona distinta.

Estructura de las oraciones

Cuando corrijas *la estructura de las oraciones*, usa distintos tipos de oraciones.

¿Cómo puedo lograr que mis oraciones sean más variadas?

Puedes agregar variedad a tu redacción y mejorar el estilo si usas distintos tipos de oraciones.

Tipos de oraciones

Afirmativas	Quiero formar un equipo de voleibol.
Interrogativas	¿Quién va a practicar conmigo?
Imperativas	Practica el saque.
Exclamativas	¡Anoté el punto ganador!

 **Corrige**

Comprueba que las oraciones sean variadas. Si solo has usado oraciones afirmativas, cambia algunas. Añade o elimina oraciones según sea necesario.

Corrección en acción

En el siguiente ejemplo, se hicieron algunos cambios para mejorar las oraciones.

En el refrigerador
Había restos de pan de carne~~ en el refrigerador~~.
teníamos.
También ~~había~~ muchos tomates, cebollas, lechuga

y salsa. Además encontré una caja de queso, ese
¡No veía la hora de empezar!
que se derrite en las hamburguesas. ~~Tenía tanta~~

~~hambre. Era hora de empezar.~~

⭐ **TEKS** 5.15D

Corregir Cómo usar una lista de control

Corrige

Revisa tu corrección. Escribe los números del 1 al 10 en una hoja. Si puedes contestar "sí" a una pregunta, haz una marca junto al número. Si no es así, corrige esa convención.

Convenciones

GRAMÁTICA

_____ **1.** ¿Concuerdan los sujetos y los verbos?
(Él y yo *corríamos* y no Él y yo *corrían*).

_____ **2.** ¿Uso los términos correctos (*porque* o *por qué*)?

CONVENCIONES MECÁNICAS

_____ **3.** En los diálogos, ¿uso el guión largo o raya antes de las palabras de cada interlocutor?

_____ **4.** ¿Empiezo un párrafo nuevo cada vez que habla una persona diferente?

_____ **5.** ¿Empiezo todas las oraciones con letra mayúscula?

_____ **6.** ¿Puse en todas las oraciones un signo de puntuación al final (y al principio si fuera necesario)?

ESTRUCTURA DE LAS ORACIONES

_____ **7.** ¿Uso distintos tipos de oraciones?

_____ **8.** ¿Eliminé las oraciones innecesarias?

ORTOGRAFÍA

_____ **9.** ¿Escribí todas las palabras sin errores de ortografía?

_____ **10.** ¿Volví a revisar las palabras que la función de verificar la ortografía pudo haber pasado por alto?

Crear el título

- Usa palabras atractivas y expresivas: **Mi receta para el éxito**
- Trata de que las palabras tengan ritmo: **La cena sorpresa**
- Usa la imaginación: **¡Tacos tentadores para todos!**

Publicar

Prepárate · Escribe · Revisa · Corrige · Publica ✓

Una vez que hayas terminado de comprobar que no hay errores en tu relato, escribe la versión final en limpio para que otros la lean. También puedes presentarla en línea, hacerla como una entrevista o leerla en voz alta. (Consulta las sugerencias que están a continuación).

Presentación

- ■ Usa tinta azul o negra y escribe con letra clara.

- ■ Escribe tu nombre en el extremo superior izquierdo de la primera página.

- ■ Deja un renglón y escribe el título en el centro; deja otro renglón y comienza a escribir.

- ■ Deja sangría en todos los párrafos y un margen de una pulgada a cada lado.

- ■ Escribe tu apellido y el número de página en el extremo superior derecho de cada página después de la primera.

Presenta una entrevista.
Graba un vídeo de un compañero entrevistándote acerca de tu exitosa experiencia. Muestra el vídeo a la clase.

¡En línea!
Sube tu relato personal al Internet para que otras personas lo lean.

Lee tu relato a otras personas.
Lee tu relato a una clase de estudiantes más pequeños. Explica por qué fue importante tu experiencia exitosa.

Publica

Escribe la versión final. Sigue las instrucciones del maestro o las pautas de arriba. (Si usas una computadora, consulta las páginas 44 a 46). Escribe la versión final y comprueba que no haya errores.

Evaluar una narración

Para evaluar una narración, usa la rúbrica, o pauta de calificación, de las páginas **34** y **35** y las narraciones que están a continuación. Hay un ejemplo para cada calificación de la rúbrica de calificación global.

Observa que el primer relato personal obtuvo una calificación de 4 puntos. Lee la descripción de la calificación de 4 puntos. Luego lee "En busca de Félix". Sigue los mismos pasos para analizar los demás ejemplos. Ten presente que debes pensar en la calidad general de la redacción.

Una narración con una calificación de 4 es muy buena.

Los detalles específicos ayudan a desarrollar las ideas y a construir la voz.

Todos los párrafos contribuyen al desarrollo del relato.

En busca de Félix

Estaba arrastrando la basura hacia el callejón cuando alcancé a ver la cola anaranjada de Félix, el gato que tenemos como mascota. El miedo me dejó sin aliento y no pude articular ni una sola palabra al ver a Félix desaparecer entre los oscuros y frondosos arbustos. ¡Se había perdido en medio de la noche por mi culpa!

¡Pum! La puerta mosquitera se cerró de golpe detrás de mí cuando entré corriendo en la casa y llamé a gritos a mi mamá para que me ayudara a encontrar a Félix. Rápidamente, revolví en el armario de debajo del fregadero y, entre los paños de cocina y los atomizadores, encontré una linterna enorme. Mamá pasó corriendo con una lata abierta de atún maloliente. Si eso no atraía a Félix, ¡nada lo haría regresar!

Mamá encendió la luz del porche trasero y los rayos de luz amarillenta iluminaron el jardín. Llamábamos a Félix a gritos con tanta desesperación que nuestra entrometida vecina, la Sra. García, encendió la luz de su jardín y asomó la cabeza por la ventana de la cocina para ver qué pasaba.

Al iluminar los arbustos de bayas con la linterna, las hojas puntiagudas me rayaron los brazos, pero ni siquiera me preocupé por el dolor. Todo lo que sentía era lo fuerte que latía mi corazón al pensar que nunca más vería a Félix.

"¡Cálmate!", me ordené a mí mismo. "Entrar en pánico no hará regresar a Félix".

Cerré los ojos para pensar con claridad. Cuando los abrí otra vez, vi algo importante en el suelo, delante de mí. ¡Huellas de patas! ¡Félix había dejado un rastro en el jardín para que lo siguiéramos!

Buen dominio de las convenciones.

Me sentía como un detective; iluminé el suelo con la linterna y busqué a Félix debajo de los arbustos, en el jardín de la Sra. García y debajo de su cerca trasera. Y allí estaba Félix, ¡buscando restos de pescado en el cesto de basura de la Sra. García!

Me puse tan contento que abracé a Félix y lo acerqué a mi cara sin siquiera preocuparme por el olor a bacalao podrido y salsa tártara que desprendía su pelaje. Maulló con alegría al verme, aunque creo que se puso aún más contento al ver la lata de atún que tenía mamá cuando lo llevé de regreso a casa.

El enfoque se mantiene en toda la redacción.

Dejar que Félix se escapara fue terrible, pero me siento orgulloso de mí porque mantuve la calma y usé la inteligencia para encontrarlo.

Una narración con una calificación de 3 es bastante buena.

3

Un susto no tan susto

Apenas nos mudamos con mi familia, estaba segura de que jamás volvería a dormir. Todas las noches me quedaba en la cama con los ojos abiertos. Cada vez que cerraba los ojos, se volvían a abrir con otro ruido. ¡Cataplum! ¡Pum! ¡Toc! ¡Paf! ¡Fiu!

Primero, era el tren y su traqueteo. Cuando pasaba por las vías que están cerca de mi casa, se oía un estruendo seguido de un rugido. Causaba una gran conmoción. Cada vez que pasaba, me sentaba en la cama de un salto.

Las palabras y frases de transición organizan las ideas.

Después, se añadieron los portazos de mis vecinos. Las personas que vivían en los otros apartamentos entraban y salían de sus casas muy tarde por la noche. ¡No les importaba que quizá otras personas estuvieran durmiendo! ¡Pum! A veces incluso golpeaban a la puerta sin parar si se habían olvidado las llaves.

Como si fuera poco, mi papá roncaba. ¡Es una broma! Es cierto que hace muchos ruidos, como si tuviera un enjambre de abejas enojadas viviendo en la nariz, pero yo ya estaba acostumbrada a este sonido. En realidad, me hacía recordar las noches en que dormía en mi antigua habitación en la otra casa.

El enfoque se presenta avanzada la narración.

Lo que más me inquietó, sin lugar a dudas, fueron unos ruidos raros que oí cerca de la ventana. ¡Me asusté tanto al oírlos! Era como si un montón de carteles metálicos se hubieran estrellado contra el suelo, justo al lado de la ventana. Oía chirridos y tintineos y el ruido de vidrios rotos. ¿Qué estaba pasando?

Algunos errores en las convenciones.

¡Ay, no! Había alguien intentando entrar en la casa? Me cubrí la cabeza con las mantas. Hacía calor y las mantas me daba picazón. Tenía la garganta seca porque el miedo me había dejado boquiabierto.

Después, me di cuenta de que mi idea era ridícula. Incluso si había un hombre malo o un ladrón afuera, alguien lo tenía que ver y llamar a la policía. Entonces, me arrastré por el suelo y me asomé por la ventana.

Los pensamientos y la personalidad crean la voz.

¡No me van a creer lo que vi! ¡Ni en un millón de años! No era un hombre malo ni un ladrón, si bien tenía puesta una máscara. ¡Era un mapache!

El mapache había volteado los cestos de basura y estaba revolviendo los desperdicios. Había roto unas botellas que habíamos tirado. Ese era el ruido de vidrios rompiéndose que había oído. Se detuvo, se dio vuelta y me miró. Parecía sentirse culpable.

—¡Fuera, mapache viejo! —grité golpeando la ventana.

Me lanzó una mirada hostil. Podía ver cómo brillaban sus ojos en la noche y yo estaba tan asustada que contuve la respirasión durante un minuto. Pero luego dio un salto y se alejó balanceándose de un lado a otro por la entrada para carros. Respiré hondo, aliviada, y me sentí orgullosa de mí misma.

El final contiene ideas completas.

Eso era lo que tanto miedo me daba y logré espantarlo. Volví a la cama y esa noche dormí muy bien.

Una narración con una calificación de 2 es relativamente buena.

2

El enfoque se presenta claramente.

Algunas ideas no se relacionan con el tema.

Varios errores en las convenciones.

Los detalles contribuyen al desarrollo.

La estrella del espectáculo

Era el momento más importante. Yo era la estrella de la obra de la clase. O estaba por serlo. Todo lo que debía hacer era subir al escenario. Pero no podía mover los pies. Parecían ladrillos enormes, los sentía tan pesados.

Nos habíamos presentado a una prueba y yo sabía que haría bien el papel del vaquero principal. Ojalá hubiéramos hecho una obra sobre animales. También sería divertido ser el rey de la selva. Pero solo teníamos disfraces de vaqueros, así que hicimos la obra sobre el rodeo. Dije mi parlamento realmente bien y hasta me salió el grito de vaquero.

Ojalá no me ubiera ido tan bien. Era mucho el texto que tenía que recordar y mi familia estaba entre el público. No me acordaba si mi primera oración era sobre obejas, o vacas.

María me dio un golpecito en la espalda. Su dedo me indicaba que era mi turno. La música también me indicaba que era mi turno. Tragué saliva con tanta fuerza que casi me ahogo. Después salí al escenario bajo las luces brillantes. Dije mi primera oración. No me salió tan mal. ¡La gente se reía! En ese momento, supe que todo iba a salir bien. Me sentía mejor y entonces dije mi segunda oración con toda la fuerza de mi voz.

Me fue realmente bien y María estaba celosa porque tenía que actuar de oveja. Una vez que empecé a hablar dije bien todos mis diálogos. Incluso tampoco me caí del esenario. Al año siguiente, sería la estrella de la obra otra vez estaba tan orgulloso.

Una narración con una calificación de 1 es pobre.

¡Sorpresa!

Es difícil organisar una fiesta sorpresa, pero mi fiesta fue una buena fiesta sorpresa. Papá consiguió un trabajo nuevo y estábamos orgullosos y ojalá yo también trabajara. Quiero bañar mascotas y cobrar por ello. Me gusta estar con los perros y los gatos sobretodo cuando no me muerden ni arañan. Mamá dice que puede ser cuando sea grande pero quiero ser grande ahora y quiero decir ahora mismo.

Bueno, volvamos a la fiesta. Ayudé a mamá a planear la fiesta. Conseguí algunas cosas para la fiesta como serpentinas azules y plateadas por que esos son los colores de su equipo de fútbol faborito. Conseguí unos platos negros fabulosos y un cartel. Y por supuesto muchísimos globos. Casi olvido las cornetas. Claro que no pueden faltar! Las probé para asegurarme de que sonaran fuerte. En una fiesta sorpresa, las cornetas tienen que sonar fuerte.

Escondimos la comida de la fiesta y también nos escondimos nosotros. Papá llega a casa y nosotros salimos de un salto y gritamos ¡SORPRESA! y papá se sorprende y le mostramos la comida. ¡Sorpresa! Había muchas personas y comieron la comida les gustaron las cornetas y les gustó mucho los globos.

Me gusta aparecer de un salto y sorprender a mamá y a mis amigos y a mi perro. ¡Sorpresa! Es lo que más me gusta haser.

El enfoque no es claro.

Los detalles y la personalidad crean la voz.

Muchos errores en las convenciones.

En el final se pierde el enfoque.

Evaluar y analizar tu redacción

Tómate un momento para pensar en tu redacción. En una hoja aparte, completa los inicios de oración que están a continuación. Para calificar la redacción, consulta la rúbrica, o pauta de calificación, que se encuentra en las páginas **34** y **35** y los ejemplos que acabas de leer.

Mi relato personal

1. La mejor calificación para mi relato personal es ...

2. Es la mejor calificación porque ...

3. La mejor parte de mi relato personal es ...

4. La parte que aún debo mejorar es ...

5. Lo más importante que aprendí acerca de escribir un relato personal es ...

Escritura narrativa

Conexión con otras materias

El mundo está lleno de historias y la escritura narrativa te puede servir para contarlas. Por ejemplo, puedes escribir una narración sobre un evento histórico importante. También puedes escribir acerca de tus experiencias personales con una materia difícil como matemáticas. Hasta puedes escribir una carta para contarle a un compañero que estuvo ausente lo que hicieron en clase.

En las páginas siguientes, aprenderás a usar la escritura narrativa en las clases de estudios sociales y matemáticas. También aprenderás a responder a un tema de escritura en una prueba en el tiempo asignado.

A continuación

- **Estudios sociales:** Narrar un momento histórico
- **Matemáticas:** Contar una experiencia personal
- **Escritura práctica:** Hacer el borrador de una carta amistosa

Estudios sociales:
Narrar un momento histórico

En la siguiente narración, Diego describe el momento en que dos exploradores, Lewis y Clark, lograron llegar al océano Pacífico. Diego escribe su narración desde el punto de vista de William Clark.

Lewis y Clark llegan al Pacífico

Comienzo
Se presentan los personajes principales.

Me seco la cara empapada por la lluvia torrencial. La mayoría de los exploradores esperan llegar a tierra firme, pero Meriwether Lewis y yo, William Clark, vinimos desde Saint Louis para llegar al océano Pacífico. Me doy vuelta y miro al resto de nuestra tripulación, el Cuerpo de Descubrimiento.

—¡Lo logramos! —exclamo. Los gritos de entusiasmo de todos tapan el sonido de las olas gigantes al chocar contra la costa rocosa—. Hemos remado contra la corriente, hemos caminado por montañas nevadas, hemos padecido hambre y nos hemos enfrentado a muchos otros peligros.

Desarrollo
La historia avanza mediante la acción y el diálogo.

Por el rabillo del ojo, veo a Sacagawea. Está tranquila, como siempre.

—Por supuesto, no lo habríamos logrado sin la ayuda de nuestra amiga india, Sacagawea. Gracias, Sacagawea.

Los hombres vitorean otra vez y Sacagawea esboza una tímida sonrisa.

Final
Un giro inesperado en el relato lo hace más interesante.

Miro otra vez el Pacífico y me doy cuenta de que Meriwether parece desanimado. Puedo entender perfectamente por qué. Teníamos la esperanza de encontrarnos con barcos mercantes de Asia, pero no hay ningún barco a la vista. Pensábamos volver a casa por mar. Quizá los barcos estén por llegar. Si no es así, tendremos que regresar por la misma ruta.

Prepararse Escoger un tema

Para escoger un tema, puedes hojear tu libro de estudios sociales y buscar eventos históricos interesantes. Diego hizo la siguiente lista.

Lista de temas

–Thomas Jefferson escribe la <u>Declaración de Independencia.</u>
–George Washington es elegido primer presidente.
–Meriwether Lewis y William Clark llegan al Pacífico.✱

 **Prepárate**

Haz una lista de temas. Hojea tu libro de estudios sociales y haz una lista de tres o cuatro eventos importantes y de las personas que participaron en ellos. Pon un asterisco (*) junto al evento sobre el que te gustaría escribir.

Recopilar detalles

Para recopilar detalles acerca de tu tema, consulta tu libro de estudios sociales e investiga en el Internet. Diego usó las cinco preguntas como ayuda.

Gráfico de las cinco preguntas

¿Quién?	Meriwether Lewis, William Clark, Cuerpo de Descubrimiento
¿Qué?	Llegaron al Pacífico.
¿Dónde?	en la desembocadura del río Columbia
¿Cuándo?	noviembre de 1805
¿Por qué?	El presidente Jefferson quería que encontraran una ruta al Pacífico.

 **Prepárate**

Recopila detalles. Responde las cinco preguntas sobre tu tema. Repasa los nombres escritos junto a "quién". Escoge una persona que quisieras ser en tu narración. Explica tu elección a un compañero.

Prepararse Hacer que el relato cobre vida

A continuación, deberás pensar en detalles que sirvan para que las personas de tu relato cobren vida. Para lograrlo, Diego hizo el siguiente diagrama de detalles.

Diagrama de detalles

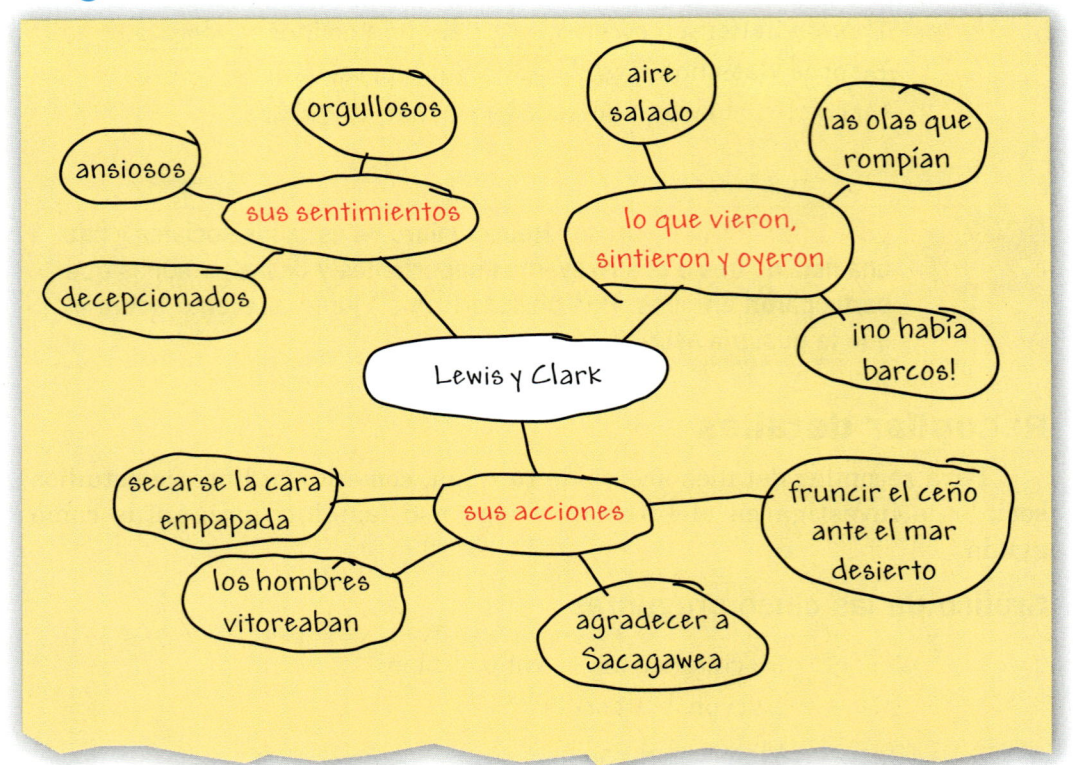

Prepárate

Crea un diagrama de detalles. Sigue estas instrucciones:

1 Escribe el nombre del personaje o los personajes principales en el centro de la hoja y enciérralos en un círculo.

2 Dibuja círculos para "sus sentimientos", "lo que vieron, sintieron y oyeron" y "sus acciones". Une los círculos.

3 Enumera tres o cuatro detalles para cada círculo nuevo.

Hacer un borrador Hacer el primer borrador

Imagina que eres uno de los personajes de tu relato y comienza a escribir. En el primer párrafo, presenta a los personajes y el evento. En los párrafos intermedios, incluye sentimientos, detalles sensoriales y acciones. En el último párrafo, incluye un pensamiento final.

Escribe

Escribe el primer borrador. Usa la preparación para la escritura como guía para hacer que el evento cobre vida.

Revisar Mejorar la redacción

Ten en cuenta las siguientes características mientras revisas tu narración.

- **Enfoque y coherencia** ¿Guardan todas mis ideas relación entre sí y con la idea principal?
- **Organización** ¿Uso en mi relato palabras y frases de transición para que el lector entienda el orden de los eventos?
- **Desarrollo de las ideas** ¿Elegí detalles específicos para apoyar y desarrollar mis ideas?
- **Voz** ¿Expresa mi voz mi punto de vista? ¿Parezco la persona que está contando el relato?

Revisa

Mejora la redacción. Hazte las preguntas anteriores mientras revisas tu relato. Haz los cambios que sean necesarios.

Corregir Comprobar que se respeten las convenciones

Cuando hayas terminado de revisar la redacción, corrige errores en las convenciones.

- **Convenciones** ¿He revisado que no haya errores en la gramática, la estructura de las oraciones, las convenciones mecánicas y la ortografía?

Corrige

Corrige tu trabajo. Pide a otra persona que también revise tu trabajo. Luego escribe la versión final en limpio y comprueba que no haya errores.

Matemáticas: Contar una experiencia personal

Una narración de matemáticas presenta una aventura, o una desventura, que hayas tenido con las matemáticas. En la siguiente narración, Victoria escribe sobre una ocasión en la que usó las matemáticas en la vida cotidiana.

El **comienzo** describe la escena.

El **desarrollo** da detalles sobre la experiencia.

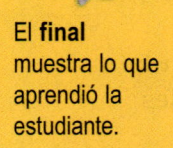

El **final** muestra lo que aprendió la estudiante.

Anécdota matemática

Uso mucho la suma y la resta en mi vida cotidiana, pero ahora estoy aprendiendo cosas más difíciles, como la multiplicación de fracciones. ¿Cuándo iba a necesitar usarla? Pues bien, la semana pasada se organizó una venta de pasteles en la escuela y yo quería ayudar a mi mamá a cocinar mis galletas preferidas. Entonces fue cuando descubrí lo importante que es saber multiplicar fracciones.

Mamá dijo que era necesario hacer una horneada doble de galletas. Primero, multiplicamos la medida de cada ingrediente por dos. Después, redujimos las medidas al denominador más pequeño. Por ejemplo, 1/4 multiplicado por dos es igual a 2/4. Entonces, 2/4 se pueden reducir a 1/2. Mi mamá me mostró cómo 1/4 de taza de azúcar morena cabe dos veces en 1/2 taza. Comprobamos que lo habíamos hecho bien. Las galletas estaban deliciosas.

Cuando uso las matemáticas en mi vida cotidiana, me resulta más fácil entender la tarea de la escuela. Puedo recordar lo que aprendí y obtener la respuesta correcta. Las matemáticas pueden ser difíciles al principio, pero una vez que las entiendo, no me las olvido.

Sugerencias para la redacción

Antes de escribir...

- **Piensa en cómo usas las matemáticas en la vida cotidiana.**
  Haz una lista de las veces que has usado las matemáticas fuera de la escuela.

- **Escoge un evento específico para tu narración.**
  Escoge un momento que te haya quedado grabado en la memoria. Puede ser una ocasión en la que entendiste un concepto matemático. Piensa en cómo te sentiste con la experiencia.

Mientras haces el borrador...

- **Describe la escena.**
  En el primer párrafo, proporciona la información importante del contexto para presentar la experiencia.

- **Concéntrate en los detalles.**
  En el desarrollo, da detalles sobre cómo usaste las matemáticas.

- **Muestra tus sentimientos.**
  En el final, analiza de qué manera la experiencia cambió tu forma de pensar.

Después de escribir el primer borrador...

- **Revisa la redacción.**
  Agrega los detalles importantes que falten.

- **Revisa la organización.**
  Asegúrate de haber organizado los detalles de la mejor manera.

- **Corrige para respetar las convenciones.**
  Pide a un compañero que lea tu trabajo. Corrige errores en la gramática, la estructura de las oraciones, las convenciones mecánicas y la ortografía teniendo en cuenta sus reacciones.

Escribe tu narración de matemáticas.
Enfócate en un momento específico en el que hayas usado las matemáticas en tu vida cotidiana.

 TEKS 5.18B

Escritura práctica:
Hacer el borrador de una carta amistosa

Alicia envió una carta amistosa a un amigo sobre una clase en la que él no estuvo. Observa de qué manera Alicia sigue los principios de la escritura narrativa.

El **encabezamiento** indica la dirección del remitente y la fecha.

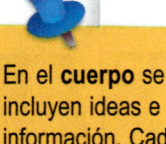

El **saludo** comienza con letra mayúscula y termina con dos puntos.

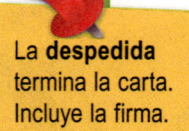

En el **cuerpo** se incluyen ideas e información. Cada párrafo nuevo comienza con sangría.

La **despedida** termina la carta. Incluye la firma.

Calle Waller 2400
El Paso, TX 79925
8 de noviembre de 2010

Querido Jerónimo:

Lamento que te sintieras mal antes de la clase de ciencias de hoy. Pensé que sería bueno que sepas qué hicimos para que no te atrases. Hoy hablamos del planeta Marte.

Primero, la maestra Álvarez repartió hojas de datos. Allí decía que Marte tiene la mitad del tamaño de la Tierra, es muy rocoso y está cubierto de polvo. Como la atmósfera es tan fina, ¡la temperatura media es de −81 grados Fahrenheit!

Luego la maestra Álvarez nos mostró un vídeo sobre las misiones a Marte. El primer amartizaje fue en 1971 y el último, en 2008. Hallaron indicios de que alguna vez hubo agua.

Por último, la maestra Álvarez nos dio una tarea. Cada estudiante debe imaginar que es el primer astronauta en llegar Marte y escribir un relato. Tenemos que entregarlo el viernes.

Espero que te mejores pronto. ¡Nos vemos mañana en la escuela!

Tu amiga,
Alicia

Sugerencias para la redacción

Antes de escribir...

- **Establece tu objetivo.**
  Piensa en la razón por la que escribes y qué necesita saber el lector.

Mientras haces el borrador...

- **Escribe un encabezamiento.**
  Incluye tu dirección y la fecha.
- **Escoge un saludo.**
  Saluda a la persona a la que estás escribiendo y usa dos puntos.
- **Organiza los detalles.**
  Asegúrate de que el lector comprenda la información.
- **Despídete amablemente.**
  Informa al lector sobre qué hacer, escribe una despedida e incluye tu nombre en señal de cortesía.

Después de escribir el primer borrador...

- **Lee tu mensaje con atención.**
  Asegúrate de que usaste correctamente las letras mayúsculas y la puntuación en tu carta antes de enviarla.

Escribe una carta amistosa. Escribe a un amigo para contarle lo mejor que sucedió hoy en la escuela.

Escritura narrativa

Escribir para la evaluación de Texas

En las pruebas estatales de Texas, muchas veces tienes que escribir. El tema de escritura te indica sobre qué tienes que escribir y te da algunos datos que debes recordar. Lee el siguiente tema de escritura.

Tema de escritura

> Escribe una composición sobre una ocasión en la que fuiste responsable.

Usa la siguiente información como ayuda para escribir tu composición.

RECUERDA QUE DEBES . . .

- [ ] escribir sobre una ocasión en la que fuiste responsable y contar qué aprendiste de esa experiencia.

- [ ] asegurarte de que cada oración le sirva al lector para entender tu composición.

- [ ] escribir sobre tus ideas en detalle para que el lector comprenda bien lo que quieres decir.

- [ ] respetar la estructura de las oraciones y las convenciones de la gramática, la puntuación, el uso de las letras mayúsculas y la ortografía.

Prepararse   Escoge una forma

El tema de escritura no te indica qué forma o género de escritura debes usar. ¿Cómo puedes escoger una? Piensa en cuál es la mejor forma para lo que quieres decir.

¿Quieres . . .

- describir a una persona o un lugar?
- proponer una solución a un problema?
- explicar cómo funciona un objeto?
- contar una experiencia personal?
- dar información?
- persuadir a alguien de que haga algo?

Responder estas preguntas te ayudará a escoger una forma, o género. (Consulta también la página 503).

Héctor vio que en el tema de escritura se le pedía que contara algo que le había sucedido. Como quería contar una experiencia, decidió que la mejor forma era una narración.

Ordenar los eventos

Héctor decidió escribir sobre una ocasión en la que cuidó al perro del vecino. Pensó que había sido muy responsable porque fue una tarea ardua y tuvo que acordarse de cuidarlo todos los días. Para planificar el borrador, usó una cronología. Le sirvió para escoger los eventos y organizarlos en orden cronológico.

Cronología

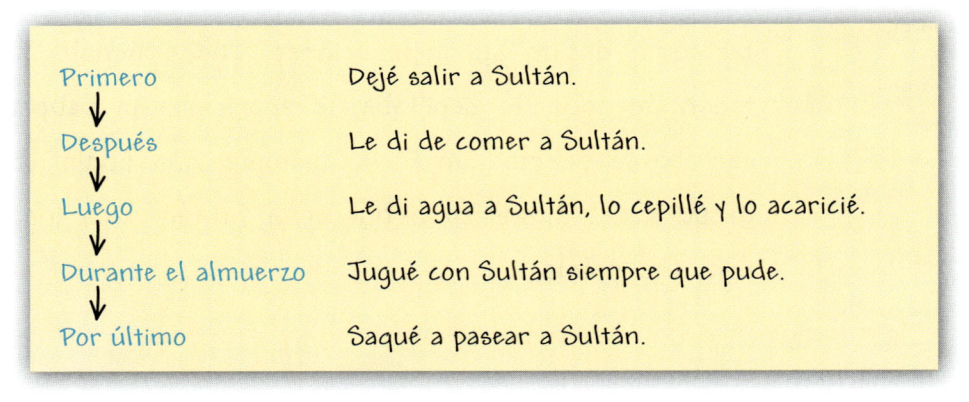

Primero	Dejé salir a Sultán.
Después	Le di de comer a Sultán.
Luego	Le di agua a Sultán, lo cepillé y lo acaricié.
Durante el almuerzo	Jugué con Sultán siempre que pude.
Por último	Saqué a pasear a Sultán.

Hacer un borrador   **Escribir la narración**

Luego Héctor usó la cronología para escribir su relato personal. Lee la narración de Héctor.

¡Puedes contar conmigo!

El verano pasado tuve una oportunidad increíble cuando nuestros vecinos, los Ortega, me pidieron que cuidara a su perro mientras ellos estaban de vacaciones. Siempre quise tener un perro, así que pensé que sería divertido. La Sra. Ortega me dio la llave de la casa e indicaciones para cuidar a Sultán, un labrador dorado. Cuidar a Sultán sería una gran responsabilidad, pero sabía que podría hacerlo bien.

Todas las mañanas, dejaba salir a Sultán al jardín de los Ortega. Después de que lo hacía entrar de nuevo, le daba dos tazas de alimento balanceado tal como decían las instrucciones. Luego llenaba su tazón de agua, lo cepillaba, le acariciaba la cabeza y cerraba la puerta con llave. Siempre que podía, iba después del almuerzo a buscar a Sultán para jugar con una pelota.

El **comienzo** presenta el enfoque (subrayado).

Los párrafos **intermedios** relatan la experiencia.

Los eventos del desarrollo están ordenados cronológicamente.

Lo último que hacía todos los días era pasear a Sultán por el vecindario. Le gustaba detenerse y olfatear el suelo como loco. Quizá olía el rastro de una liebre. Después de que volvíamos a su casa, le daba una taza de alimento y llenaba su tazón de agua antes de irme. Me aseguraba de que la puerta estuviera cerrada con llave.

El final cuenta lo que aprendió el escritor.

Mis dos semanas con Sultán pasaron rápidamente, aunque fue mucho trabajo. Estuvo bien que la Sra. Ortega me pagara por el trabajo. Espero poder cuidar a Sultán la próxima vez que se vayan de vacaciones. ¡Aprendí que ser responsable significa que las personas y las mascotas pueden contar conmigo!

Responde a la lectura. Contesta las siguientes preguntas sobre la narración. Comenta tus respuestas con un compañero.

- **Enfoque y coherencia** (1) ¿Cuál es el tema de la narración? (2) ¿Qué palabras clave del tema de escritura se usaron?
- **Organización** (3) ¿Cómo organiza el escritor los detalles de la narración?
- **Voz** (4) ¿Qué palabras y frases ayudan a que el escritor dé la impresión de ser responsable?

Conexión con la literatura: Encontrarás un ejemplo de relato personal en el Capítulo 1 de *El libro invisible*, de Santiago García-Clairac.

 **TEKS** 5.15A, 5.15C

Sugerencias para la redacción

Antes de escribir...

● **Comprende el tema de escritura.**
Asegúrate de que entiendes lo que debes escribir. Piensa en tu propósito y en el público. Escoge la forma, o género, que mejor te sirva para transmitir el significado.

● **Usa tu tiempo con inteligencia.**
Planifica tu narración antes de empezar a escribir.

Mientras haces el borrador...

● **Busca palabras clave.**
Usa palabras del tema de escritura para presentar la experiencia.

● **Escoge cuidadosamente.**
Escoge detalles que mantengan el enfoque y la coherencia de tu relato en un solo evento.

● **Mantente enfocado y organizado.**
Asegúrate de que tus ideas estén bien enfocadas, estén organizadas en el orden correcto y sean fluidas.

● **Escribe un buen final.**
Explica la importancia de esta experiencia para ti.

● **Vuelve a pensar en la forma.**
Asegúrate de haber escogido la forma correcta según el propósito y el público.

Después de escribir el primer borrador...

● **Revisa tu trabajo comparándolo con el tema de escritura.**
Asegúrate de haber escrito lo que indica el tema de escritura.

● **Comprueba que se respeten las convenciones.**
Corrige todos los errores que encuentres.

 **Planifica y escribe una respuesta.** Escribe una respuesta al tema de escritura de la página 122. Recuerda escoger una forma y usar las sugerencias anteriores mientras escribes.

Repaso de la escritura narrativa

En la escritura narrativa, relatas una historia sobre algo que sucedió. Puedes escribir sobre tus experiencias personales.

Escoge un tema relacionado con tus experiencias que te interese. (Consulta la página **78**).

Recopila detalles importantes sobre las personas y los eventos de tu narración. Usa un organizador gráfico. (Consulta las páginas **79** a **81**).

En el comienzo, da información del contexto y presenta el tema. (Consulta la página **85**).

En el desarrollo, usa diálogo y detalles sensoriales para contar la historia. (Consulta las páginas **86** a **87**).

En el final, explica qué aprendiste de la experiencia, en qué te cambió o cómo te hizo sentir. (Consulta la página **88**).

Primero, revisa el enfoque y la coherencia, la organización y **el desarrollo de las ideas.** Luego revisa **la voz.** (Consulta las páginas **90** a **98**).

Comprueba también si tu narración respeta las convenciones. Corrige errores en la gramática, la estructura de las oraciones, las convenciones mecánicas y la ortografía. (Consulta las páginas **100** a **104**).

Escribe la versión final y comprueba que no haya errores antes de publicarla. (Consulta la página **105**).

Usa la rúbrica de calificación para evaluar tu narración terminada. (Consulta las páginas **34** y **35**).

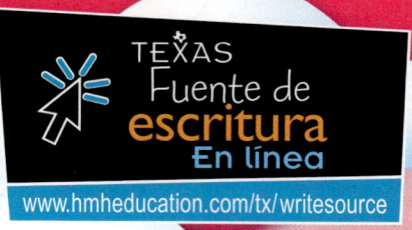

www.hmheducation.com/tx/writesource

Escritura expositiva

Enfoque de la escritura
- **Párrafo expositivo**
- **Ensayo expositivo**

Enfoque gramatical
- **Cómo usar la palabra correcta**
- **Pronombres indefinidos**

Aprendizaje del lenguaje

Trabaja con un compañero. Lean los significados en voz alta y comenten sus respuestas a las preguntas.

1. Un ensayo expositivo se escribe para explicar algo. **¿Qué información incluirías en un ensayo expositivo sobre tu pasatiempo favorito?**

2. Una estrategia es un plan para lograr un objetivo. **Describe una estrategia que funcione bien en algún juego o deporte que practiques.**

3. Tienes una idea general de algo cuando comprendes cómo se relacionan todas sus partes para que tenga sentido. **¿De qué manera te puede servir un diagrama para entender la idea general cuando armas un modelo de avión a escala?**

Escritura expositiva
Párrafo expositivo

Piensa en alguno de tus juegos favoritos: la roña, el fútbol, la guerra de pulgares, el tres en línea, la rayuela… Ahora imagina que un amigo de otro país quiere aprender las reglas. ¿Podrías explicarle cómo se juega en un solo párrafo?

Un párrafo expositivo ofrece mucha información en un espacio pequeño. En el capítulo siguiente, escribirás un párrafo expositivo para explicar uno de tus juegos favoritos.

Pautas para escribir

Tema:	Tu juego favorito
Propósito:	Explicar las reglas
Forma:	Párrafo expositivo
Público:	Tus compañeros

Párrafo expositivo

Un párrafo expositivo comienza con una **oración temática** que contiene la idea principal y explica el significado general del párrafo. Las **oraciones de apoyo** desarrollan la idea principal al dar detalles importantes. La **oración final** completa la explicación. En el siguiente párrafo, Marco explica cómo era su juego favorito cuando vivía en Chile.

Oración temática (subrayada)

Oraciones de apoyo

Oración final (subrayada)

Golpear la moneda

En Chile, los niños juegan a un juego que se llama "golpear la moneda". Para jugar se necesitan solamente algunas monedas de un centavo y un palo con un extremo plano. Primero, hay que insertar el palo en el suelo. Luego se debe poner una moneda en el extremo plano del palo. Alrededor del palo, hay que marcar un círculo de aproximadamente seis pies de ancho. Luego los jugadores deben pararse fuera del círculo y turnarse para lanzar una moneda e intentar que caiga la que está en la punta plana del palo. Si la moneda que estaba en el palo cae dentro del círculo, el jugador obtiene un punto y, si cae afuera, obtiene dos puntos. "Golpear la moneda" es un juego que se aprende en pocos minutos, ¡pero se necesita mucha práctica para jugarlo bien!

Responde a la lectura. Responde las siguientes preguntas en una hoja aparte. Comenta tus respuestas con un compañero.

- **Enfoque y coherencia** (1) ¿Cuál es la idea principal?
- **Organización** (2) ¿Qué transiciones conectan las oraciones de apoyo? Menciona dos.
- **Desarrollo de las ideas** (3) ¿Cómo se logra obtener puntos en este juego?

Prepararse Escoger un tema

Hagan una lluvia de ideas con sus compañeros para escoger temas. Marco trabajó con un compañero para crear el siguiente diagrama sobre sus juegos favoritos.

Diagrama de temas

Crea un diagrama de temas. Con un compañero, hagan un diagrama como el anterior e incluyan sus juegos favoritos. Pongan un asterisco (✱) al lado del juego sobre el que quieren escribir. Asegúrense de escoger un tema que puedan explicar por completo en un párrafo.

Escribir una oración temática

Para que sea una introducción efectiva para tu párrafo, en una oración temática se debe mencionar el juego e incluir algún dato interesante sobre él.

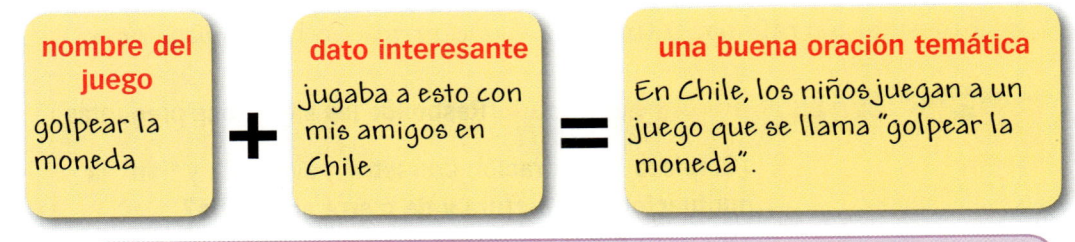

nombre del juego	dato interesante	una buena oración temática
golpear la moneda	jugaba a esto con mis amigos en Chile	En Chile, los niños juegan a un juego que se llama "golpear la moneda".

Escribe la oración temática. Sigue las pautas anteriores para escribir la oración temática para tu párrafo. Escribe dos o tres versiones diferentes hasta que la oración te resulte adecuada.

Hacer un borrador Crear el primer borrador

Debes escribir el primer borrador como si le explicaras tu juego favorito a un amigo. Comienza con una oración temática y agrega otras ideas para crear un párrafo bien organizado y enfocado en un solo tema. Incluye el equipo que se necesita para el juego, cómo preparar todo para comenzar a jugar, las reglas que se deben seguir y cómo se juega. Termina con un detalle que anime a los lectores a jugar.

Escribe el primer borrador. Usa las sugerencias anteriores para escribir un párrafo en el que expliques tu juego favorito.

Revisar Mejorar el párrafo

Al revisar el párrafo, ten en cuenta *el enfoque y la coherencia, la organización, el desarrollo de las ideas* y *la voz* del párrafo.

Revisa el párrafo. Usa las siguientes preguntas como guía:

1 ¿Expresa la oración temática la idea principal del párrafo?
2 ¿Usé transiciones para conectar las oraciones de apoyo?
3 ¿Usé sustantivos y verbos específicos?
4 ¿Demuestra mi voz interés en el tema?

Corregir Comprobar que se respeten las convenciones

Revisa el párrafo por última vez. Concéntrate en las *convenciones*.

Corrige y mejora tu trabajo. Responde las siguientes preguntas.

1 ¿Empieza cada oración con letra mayúscula y tiene la puntuación de apertura y de cierre adecuada?
2 ¿He comprobado que no haya errores de ortografía?
3 ¿Usé las palabras correctamente (*vayas, vallas, bayas*)?
4 ¿Son las oraciones claras y completas?

Escritura expositiva

Ensayo expositivo

¿Sabes cómo crece una semilla? ¿Sabes cómo fabrican las hojas alimento para los árboles? ¿Sabes cómo se convierten las flores en frutos? Cuando explicas cómo funciona algo, estás explicando un proceso.

En este capítulo, escribirás un ensayo expositivo en el que expliques cómo funciona algo. Tu objetivo es compartir información interesante con el lector. Y es probable que, en el proceso, aprendas algo tú también.

Pautas para escribir

Tema: Un proceso (cómo funciona algo)
Propósito: Informar
Forma: Ensayo expositivo
Público: Tus compañeros

Comprender el objetivo

En este capítulo, tu objetivo es escribir un ensayo en el que expliques claramente un proceso (cómo funciona algo). Las características que aparecen en el siguiente gráfico te ayudarán a lograrlo. También te puede ayudar la rúbrica, o pauta de calificación, de las páginas 34 y 35. Consúltala con frecuencia para mejorar tu redacción.

Enfoque y coherencia

En el comienzo, presenta el tema con una oración de enfoque clara. Luego, en el desarrollo, explica el proceso. En el final, asegúrate de apoyar la idea principal.

Organización

Ordena la información de una manera lógica para que resulte fácil de seguir. Usa transiciones para mostrar cómo se conectan las ideas.

Desarrollo de las ideas

Incluye datos, detalles y ejemplos interesantes que expliquen claramente el proceso.

Voz

Usa una voz que mantenga la atención del público y que demuestre que conoces bien el tema.

Convenciones

Asegúrate de no cometer errores gramaticales. Usa oraciones variadas. Comprueba que no haya errores en el uso de las letras mayúsculas, la puntuación y la ortografía.

Conexión con la literatura: Encontrarás un ejemplo de texto expositivo que explica un proceso en *Una cadena muy importante: La cadena alimentaria,* de Graciela Beatriz Cabal.

Ensayo expositivo

En el siguiente ensayo expositivo, Tomás explica cómo es el proceso de fotosíntesis.

Comida para todos

Comienzo
Una introducción efectiva capta la atención del lector y presenta la oración de enfoque (subrayada).

Los niños siempre dicen: "¡Estoy muerto de hambre!". Es probable que quieran papas fritas o galletas de avena. Sus madres quizá les den manzanas o naranjas. Todas estas comidas provienen de las plantas, ¿pero cómo se alimentan las plantas? En realidad, las plantas producen su propio alimento mediante un proceso llamado fotosíntesis.

La fotosíntesis comienza cuando una planta absorbe agua y dióxido de carbono. La planta absorbe el agua por las raíces. El dióxido de carbono lo obtiene del aire a través de las hojas. El dióxido de carbono es un gas que emiten los animales cuando respiran y que absorben las plantas.

Desarrollo
Cada párrafo intermedio incluye detalles específicos que explican el proceso de manera organizada para explicar una parte diferente del proceso.

En el próximo paso del proceso, el agua y el dióxido de carbono se convierten en azúcar en las hojas. Cada hoja tiene células llenas de una sustancia verde llamada clorofila. Primero, la clorofila usa la luz del sol para descomponer el agua y el dióxido de carbono. Luego, mezcla estos dos elementos y los transforma en azúcar.

Desarrollo
Las transiciones (en azul) sirven para organizar un ensayo porque conectan los detalles específicos y los párrafos.

Al final, la fotosíntesis es la base de la vida en la Tierra. Mediante este proceso se produce el azúcar que permite que las plantas vivan. También alimenta a los animales herbívoros y, finalmente, a los animales que comen animales herbívoros.

Cuando se descompone el dióxido de carbono mediante la fotosíntesis, se libera oxígeno. Sin la fotosíntesis, ¡los seres humanos y los animales ni siquiera podrían respirar!

Final
El párrafo final da un cierre a la explicación y hace reflexionar al lector.

Muerde una manzana y siente su dulzura. Ese sabor es producto de la fotosíntesis. Respira profundamente una bocanada de aire fresco. Esa frescura también se la debemos a la fotosíntesis. La próxima vez que digas "Estoy muerto de hambre", recuerda que la fotosíntesis es el proceso que nos alimenta a todos.

Responde a la lectura. Responde y comenta las siguientes preguntas con un compañero.

- **Enfoque y coherencia** (1) ¿Cómo presenta el tema el escritor?

- **Organización** (2) ¿Qué transiciones sirven para conectar los párrafos intermedios?

- **Voz** (3) ¿Qué palabras o frases demuestran que el escritor conoce el tema y que es importante para él? Busca dos ejemplos y explica por qué.

Prepararse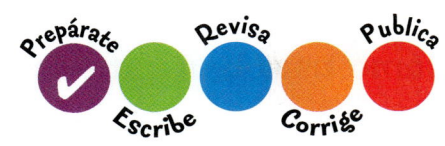

El proceso de escritura comienza cuando preparas o planificas lo que vas a escribir. La preparación empieza cuando piensas en los diferentes temas sobre los que puedes escribir y termina cuando estás listo para escribir el primer borrador.

Claves para prepararte para escribir

1. **Escoge** un tema para escribir.

2. **Recopila** información clave sobre el tema, como datos y detalles.

3. **Busca** algunos detalles especiales para incluir en el texto.

4. **Escribe** una oración de enfoque y oraciones temáticas.

5. **Crea** una lista organizada con tus ideas clave.

 **TEKS** 5.15A, 5.23A

Prepararse
Cómo usar una lista de necesidades básicas de la vida

Laura iba a escribir un ensayo sobre un proceso (cómo funciona algo). Empezó por hacer una lluvia de ideas para armar una lista de las necesidades básicas de la vida. Luego comentó sus ideas con un compañero y finalmente escogió dos categorías que le interesaban: comida y medio ambiente.

Lista de necesidades básicas de la vida

agricultura	educación	comida ✳	amor
animales	energía	libertad	máquinas
arte/música	medio ambiente ✳	amigos	dinero
libros	ejercicio	salud	plantas
ropa	fe	vivienda	ciencia y tecnología

Prepárate

Escoge dos categorías. Consulta a un compañero para analizar la lista de las necesidades básicas de la vida. Escoge dos categorías que te interesen.

Escoger un tema

A continuación, Laura necesitaba un tema específico para explicar. Escribió las dos categorías que había escogido e hizo una lista de los posibles temas debajo de cada una de las categorías.

Lista de temas

comida	medio ambiente
palomitas de maíz	calentamiento global
el estómago	ciclo del agua ✳
una máquina para hacer helados	huracanes
la cadena alimentaria	ciclo de las rocas

Prepárate

Escoge un tema. Escribe las dos categorías que escogiste. Debajo de cada una de ellas, haz una lista de los temas específicos (cosas que puedes explicar al decir cómo funcionan). Pon un asterisco (✳) al lado del tema que más te guste. Comenta tu elección con un compañero.

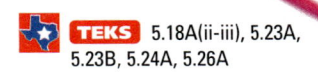
Recopilar detalles

Laura hizo un plan para recopilar evidencia clave sobre el tema que escogió. Creó un gráfico SQA para organizar sus ideas y así hacer una lista de los detalles que ya **S**abe y preguntas abiertas para lo que **Q**uiere saber. Laura consultó su libro de ciencias y fuentes del Internet para completar la lista de cosas que **A**prendió.

Gráfico SQA

Cómo funciona el ciclo del agua

S: ¿Qué sé?	Q: ¿Qué quiero saber?	A: ¿Qué aprendí?
1. El agua puede estar en forma de hielo o de nube.	1. ¿La Tierra pierde agua?	1. La Tierra simplemente recicla el agua.
2. La temperatura hace que cambie el estado del agua.	2. ¿Qué palabras describen cómo cambia el agua?	2. "evaporación", "condensación" y "precipitación"
3. Hay agua en los lagos, los ríos, los océanos, debajo de la tierra y en el aire.	3. ¿Qué porcentaje del agua de la Tierra representan los océanos?	3. Los océanos contienen el 97% del agua de la Tierra.

Prepárate

Crea un gráfico SQA. Crea un gráfico SQA para buscar y organizar la evidencia clave que guiará al lector y lo ayudará a entender el tema. Busca datos en una variedad de fuentes: libros, revistas o el Internet.

1 En la primera columna, haz una lista de los detalles que ya sabes.

2 En la segunda columna, haz una lista de lo que quieres saber.

3 En la tercera columna, escribe qué cosas aprendiste.

TEKS 5.18A(ii), 5.26A

Prepararse **Incluir detalles asombrosos**

Un ensayo expositivo usa evidencia clave, como datos y detalles, para apoyar las conclusiones sobre un tema. Incluir detalles asombrosos es una manera de mantener al lector interesado y de guiarlo para que entienda la evidencia clave.

Práctica

¿Cuáles de los siguientes detalles dan la evidencia clave más importante para apoyar las conclusiones sobre el ciclo del agua? Explica tus ideas a un compañero.

1. Las nubes tienen agua.

2. El agua se congela a 32 grados Fahrenheit.

3. El agua que beben los seres humanos alguna vez la consumió el tiranosaurio rex.

4. Los volcanes que están debajo del agua hacen que el agua sea salada.

5. El estadounidense promedio usa 100 galones de agua por día.

Prepárate

Revisa los detalles. Revisa la evidencia clave que recopilaste en tu gráfico SQA (en la página 139). ¿Encontraste algún detalle asombroso para apoyar tus conclusiones e informar al lector? Si no lo encontraste aún, sigue buscando.

Enfoque en las características de la Escritura en Texas

Desarrollo de las ideas Los detalles asombrosos mantienen interesado al lector y lo guían para que comprenda la evidencia.

Escribir la oración de enfoque

La oración de enfoque aparece al final del primer párrafo. La oración de enfoque menciona el tema y se enfoca en una parte de él.

el tema
el ciclo del agua

+

el proceso
el agua viaja del mar al cielo y regresa al mar

=

una oración de enfoque clara
El viaje que el agua hace desde el mar hasta el cielo y de regreso al mar se llama "ciclo del agua".

Prepárate

Escribe la oración de enfoque. Usa las pautas anteriores para armar diferentes versiones hasta que estés satisfecho con tu oración.

Escribir oraciones temáticas

Cada oración temática presenta evidencia clave que apoya las conclusiones sobre alguna parte específica del proceso. Las oraciones temáticas claras guían al lector para que comprenda las ideas principales y la evidencia clave. A continuación, encontrarás algunos inicios de oraciones que te ayudarán a escribir las oraciones temáticas.

En primer lugar,
A continuación,
Por último,

En la primera etapa,
Durante la siguiente etapa,
En la última etapa,

El proceso comienza cuando. . .
El siguiente paso del proceso es. . .
El proceso termina cuando. . .

También puedes usar las oraciones temáticas de Laura como modelo.

El ciclo del agua comienza con la evaporación.
El siguiente paso en el ciclo del agua es la condensación.
Cuando las gotitas que hay en una nube son lo suficientemente grandes, comienza la precipitación.

Prepárate

Escribe oraciones temáticas. Completa tres de los inicios de oraciones anteriores. Recuerda que las oraciones temáticas deben apoyar las conclusiones y guiar al lector para que comprenda la evidencia.

 **TEKS** 5.18A(iii)

Prepararse **Organizar las ideas clave**

Ahora que ya has escrito una oración de enfoque y oraciones temáticas, puedes organizar tu ensayo. Laura siguió las instrucciones que aparecen a continuación para crear una lista organizada en la que incluyó ideas clave y detalles específicos.

Instrucciones   **Lista organizada**

Oración de enfoque ▶

El viaje que el agua hace desde el mar hasta el cielo y de regreso al mar se llama "ciclo del agua".

Primera oración temática ▶

1. El ciclo del agua comienza con la evaporación.

Lista de detalles ▶

  – Un billón de toneladas por día
  – Se quita la sal.
  – No se pierde agua.

Segunda oración temática ▶

2. El siguiente paso en el ciclo del agua es la condensación.

Lista de detalles ▶

  – Se enfría/se pega al polvo.
  – Nube, niebla, rocío, helada
  – Vaso de limonada, espejo

Tercera oración temática ▶

3. Cuando las gotitas que hay en una nube son lo suficientemente grandes, comienza la precipitación.

Lista de detalles ▶

  – Lluvia, aguanieve, nieve
  – Cae en el océano o fluye hacia él.
  – Los océanos contienen el 97 por ciento.

Prepárate

Haz una lista organizada. Consulta el modelo anterior para crear tu propia lista organizada de oraciones temáticas y detalles.

Hacer un borrador

 ¡En línea!

Prepárate · Escribe · Revisa · Corrige · Publica

Una vez que hayas recopilado y organizado los detalles para tu ensayo expositivo, estarás listo para escribir tu primer borrador. Escribirás todas tus ideas en papel o en la computadora para crear un ensayo enfocado.

Claves para hacer un borrador

1. **Escribe** un párrafo inicial y un párrafo final que sean atractivos.

2. **Organiza** datos, detalles y ejemplos en cada párrafo intermedio.

3. **Escribe** teniendo siempre en mente el propósito, el género y el público. Hazte las siguientes preguntas:
   - ¿Informo al lector sobre cómo funciona algo?
   - ¿Incluí en el ensayo detalles que explican claramente un proceso?
   - ¿Logro mantener el interés de mis compañeros?

Hacer un borrador **Tener una idea general**

El siguiente gráfico te servirá para hacer un borrador de un ensayo expositivo enfocado partiendo de ideas clave. (Los ejemplos son del ensayo de ejemplo de las páginas **145** a **148**). Estarás listo para escribir el ensayo cuando hayas...

- recopilado suficientes datos y detalles específicos,
- escrito la oración de enfoque y las oraciones temáticas, y
- armado una lista organizada o un esquema.

Comienzo

El **comienzo** presenta el tema e incluye la oración de enfoque.

Oración de enfoque

El recorrido que hace el agua desde el mar hasta el cielo y de regreso al mar se llama "ciclo del agua".

Desarrollo

Cada párrafo **intermedio** explica una idea clave del proceso.

Oraciones temáticas

- El ciclo del agua comienza con la evaporación.
- El siguiente paso en el ciclo del agua es la condensación.
- Cuando las gotitas que hay en una nube son lo suficientemente grandes, comienza la precipitación.

Final

El **final** resume lo que piensas sobre el tema y apoya la idea principal.

Oración final

Mejor aún, simplemente toma un sorbo de agua de un bebedero y piensa en el recorrido que han hecho esas gotas.

Comenzar el ensayo

Una buena introducción parte de ideas para que la redacción sea enfocada y captar la atención del lector. Prueba estas estrategias.

- **Haz una pregunta.**
  ¿Cuántos galones de agua consumes por día?
- **Da un ejemplo o un dato sorprendente.**
  Las personas beben la misma agua que bebían los dinosaurios.
- **Presenta un detalle descriptivo.**
  El mundo es como un enorme terrario.
- **Cuenta una anécdota en una oración o dos.**
  Una vez, en la misma semana, me deslicé en trineo por una montaña y nadé en el océano.

Comienzo

Desarrollo

Final

Párrafo inicial

La primera oración capta la atención del lector.

Una vez, en la misma semana, me deslicé en trineo por una montaña y nadé en el océano. Fue un viaje asombroso, pero el agua hace ese mismo recorrido todo el tiempo. Después de todo, la nieve que cae en la montaña ¡alguna vez estuvo en el mar! El recorrido que hace el agua desde el mar hasta el cielo y de regreso al mar se llama "ciclo del agua".

La oración de enfoque (subrayada) ayuda al lector a comprender una idea clave.

Escribe

Escribe el párrafo inicial. Usa una de las cuatro estrategias anteriores para escribir una oración que capte la atención del lector. Luego escribe oraciones que conduzcan a la oración de enfoque.

TEKS 5.15B, 5.18A(ii), 5.18A(iii), 5.20A(viii)

Hacer un borrador Elaborar el desarrollo

Los párrafos intermedios se construyen a partir de ideas para escribir un ensayo enfocado. Cada uno de ellos incluye datos y detalles que ayudan al lector a entender ideas clave sobre el tema.

Comienzo

Desarrollo

Final

Conectar las oraciones

Usar palabras o frases de transición es una manera de conectar las ideas. Otra manera es organizar las oraciones como las piezas de un rompecabezas. Observa la manera en que las palabras en cursiva conectan las oraciones.

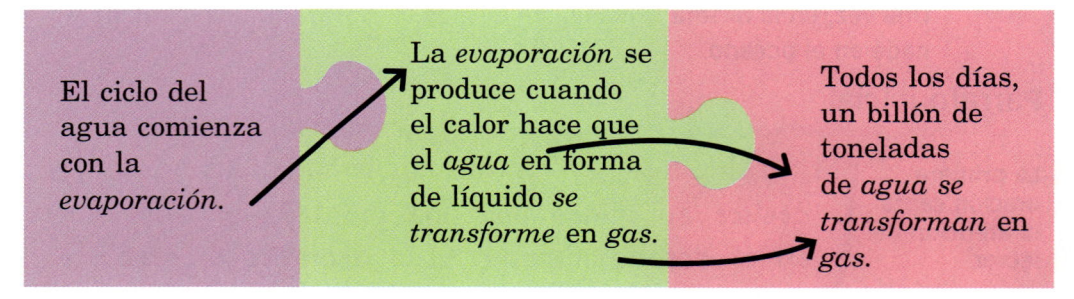

El ciclo del agua comienza con la *evaporación*.

La *evaporación* se produce cuando el calor hace que el *agua* en forma de líquido *se transforme* en *gas*.

Todos los días, un billón de toneladas de *agua se transforman* en *gas*.

Párrafos intermedios

Oración temática 1

El ciclo del agua comienza con la evaporación.
La evaporación se produce cuando el calor hace que el agua en forma de líquido se transforme en gas. Todos los días, un billón de toneladas de agua se transforman en gas. Cuando el agua del océano se evapora, la sal queda. El agua que se evapora no tiene sal. Si el agua solo se evaporara, los océanos terminarían secándose, como sucedió en Marte. Pero el ciclo del agua en la Tierra no termina con la evaporación.

Las oraciones se unen con palabras repetidas.

Oración temática 2

Se incluyen detalles, datos y ejemplos de la lista organizada de ideas clave.

El siguiente paso en el ciclo del agua es la condensación. La condensación se produce cuando el vapor de agua (agua evaporada) se convierte en gotas de líquido. Esto sucede cuando el vapor de agua se enfría o las moléculas de agua se adhieren a las partículas de polvo en el aire. Cuando el agua se condensa en el aire, forma nubes o niebla. Cuando se condensa en la tierra, forma rocío o escarcha. El agua también puede condensarse en un vaso de limonada fresca o sobre el espejo frío de un baño.

Oración temática 3

Cada párrafo da información al lector sobre una parte diferente del ciclo.

Cuando las gotitas que hay en una nube son lo suficientemente grandes, comienza la precipitación. La precipitación consiste simplemente en la caída de agua. Las diferentes temperaturas crean diferentes tipos de precipitación. La lluvia, el aguanieve y la nieve son diferentes formas de precipitación. La mayor parte de las precipitaciones vuelven al océano. Es allí donde está el 97 por ciento del agua de la Tierra. Entonces, ¡el ciclo del agua está listo para comenzar otra vez!

Escribe los párrafos intermedios. Usa las ideas clave de la lista organizada que creaste en la página **142** para escribir párrafos intermedios enfocados. Organiza los datos, los detalles y los ejemplos con una estrategia apropiada. Conecta las ideas y los párrafos con palabras repetidas y transiciones.

TEKS 5.15B, 5.18A(i-iii)

Hacer un borrador **Terminar tu ensayo**

A medida que te acercas al final de tu explicación, continúa guiando al lector para que comprenda las ideas clave. Usa las siguientes estrategias para crear un buen final basado en las ideas para completar un ensayo organizado.

- **Conéctate con el lector.**
  Mejor aún, simplemente toma un sorbo de agua de un bebedero y piensa en el recorrido que han hecho esas gotas.

- **Agrega un dato, detalle o ejemplo final sorprendente.**
  El 60 por ciento del cuerpo humano está compuesto de agua, por lo tanto, todos formamos parte del ciclo del agua.

- **Explica por qué el tema es importante.**
  Sin el ciclo del agua, no podría existir ningún ser vivo en la Tierra: los seres humanos tampoco.

- **Vuelve a usar la estrategia que usaste en el comienzo.**
  Entonces, sal y disfruta del ciclo del agua. Intenta deslizarte en trineo por una montaña o nadar en el mar.

Párrafo final

> El escritor utilizó dos de las estrategias anteriores.

Sal y disfruta del ciclo del agua. Intenta deslizarte en trineo por una montaña o nadar en el mar. Mejor aún, simplemente toma un sorbo de agua de un bebedero y piensa en el recorrido que han hecho esas gotas.

Escribe el final. Organiza los datos, los detalles o los ejemplos específicos para reforzar la comprensión que tiene el lector de las ideas clave. Usa una o varias de las estrategias anteriores o inventa tu propia estrategia.

Escribe un primer borrador completo. Escribe tu primer borrador dejando un renglón de por medio, así tendrás lugar para corregirlo.

Revisar ¡En línea!

Prepárate · Escribe · Revisa · Corrige · Publica

Revisar quizás sea el paso más importante en el proceso de escritura. Cuando revisas, vuelves a pensar en el propósito, la forma o el género y el público. En tu ensayo, revisarás *el enfoque y la coherencia, la organización, el desarrollo de las ideas* y *la voz.*

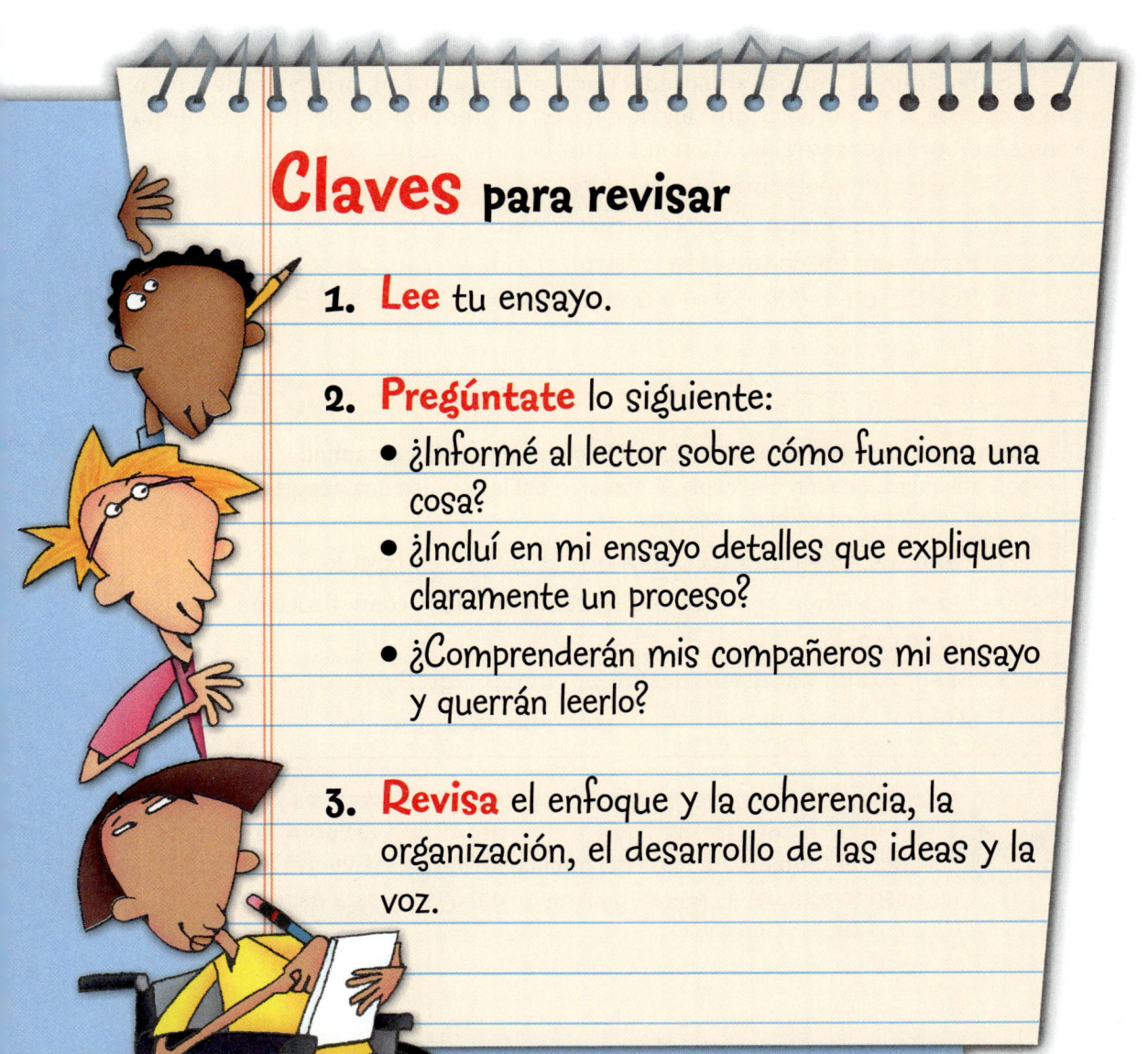

Claves para revisar

1. **Lee** tu ensayo.

2. **Pregúntate** lo siguiente:
   • ¿Informé al lector sobre cómo funciona una cosa?
   • ¿Incluí en mi ensayo detalles que expliquen claramente un proceso?
   • ¿Comprenderán mis compañeros mi ensayo y querrán leerlo?

3. **Revisa** el enfoque y la coherencia, la organización, el desarrollo de las ideas y la voz.

TEKS 5.15C, 5.18A(i), 5.18A(ii)

Revisar: Enfoque y coherencia

Cuando revisas *el enfoque y la coherencia*, compruebas que el tema de tu ensayo haya quedado totalmente claro. Verificas que cada párrafo presente información que le sirva al lector para entender las ideas principales y la evidencia clave, y que el comienzo y el final sean adecuados.

¿Cómo sé si el comienzo es adecuado?

Sabes que el comienzo es adecuado si presenta el proceso que vas a explicar de una manera que logra captar la atención del lector. Recuerda las siguientes estrategias. (Consulta también la página **145**).

- Hacer una pregunta
- Dar un dato o un ejemplo sorprendente
- Presentar un detalle descriptivo
- Relatar un cuento corto o una anécdota

Práctica

Reemplaza cada una de las oraciones iniciales que están a continuación con una nueva oración que capte la atención del lector. Usa una estrategia diferente para cada comienzo de oración.

1. Un huracán es una tormenta que se mueve en círculo.
2. Un proceso que le interesa a la gente es saber cómo funciona un volcán.
3. Si se bate la nata, se transforma en mantequilla.
4. Algunas veces, la nieve de la montaña se desprende.

Revisa el comienzo con un compañero. ¿Logra la primera oración captar la atención del público? Si no es así, vuelve a escribirla usando una de las estrategias mencionadas en esta página.

¿Cómo sé si el final es adecuado?

Sabes que el final es adecuado si resulta interesante al leerlo y apoya las ideas clave del ensayo. Un buen párrafo final le deja al lector algo en que pensar.

En la Tierra, el 95 por ciento de los animales son insectos, y todos ellos pasan por una etapa llamada metamorfosis. Probablemente no te gustaría ser un gusano, pero ¿no sería maravilloso que te crecieran alas y pudieras volar?

¿Puedes agregar una o dos oraciones que resuman la idea principal, o puedes decir por qué el tema es importante?

Revisa

Revisa el final. ¿Le dejaste al lector una idea en que pensar? Si no, revisa tu final y agrégale una o más oraciones usando las estrategias de la página **148** como guía.

Revisión en acción

En el siguiente ejemplo, se revisó un final pobre.

Intenta deslizarte en trineo por una montaña o
Sal y disfruta el ciclo del agua. ~~No hay mucho más~~
nadar en el mar. Mejor aún,
~~para decir~~ Simplemente toma un sorbo de agua de un
el recorrido que han hecho esas gotas.
bebedero y piensa en ~~ella~~

Revisar la organización

Cuando revisas *la organización*, te aseguras de que resulte fácil seguir las ideas de tu ensayo desde el comienzo hasta el final. También compruebas que las ideas se presenten en un orden lógico y que no se repitan. Para conectar tus ideas con claridad y de una manera lógica, suprime las oraciones que estén de más, mejora las que resulten confusas y agrega palabras, frases u oraciones de transición.

¿Cómo puedo eliminar el exceso de palabras de mi ensayo?

Las palabras sin mucho significado y que solo ocupan lugar pueden hacer que tu ensayo resulte confuso. Para mejorar la organización, elimina las palabras y las frases que estén de más, como las siguientes:

un poco	realmente	Hay . . .
en cierto modo	muy	Es . . .
algo	totalmente	Está . . .

Práctica

En una hoja aparte, elimina las palabras que están de más en cada oración.

1. Es verdad que el corazón humano es muy, muy importante.

2. Cuando la sangre necesita un poquito más de oxígeno, en cierto modo su color se torna un poco más oscuro.

3. La sangre que está totalmente llena de oxígeno es realmente de un rojo muy fuerte.

4. Es interesante que el corazón y los pulmones trabajan en cierto modo como una especie de equipo.

Revisa

Elimina el exceso de palabras. Lee tu redacción y controla que no haya palabras ni frases de más. Si encuentras alguna, quítala. También quita las oraciones que contengan ideas repetidas.

¿De qué manera pueden las transiciones mejorar mi redacción?

Puedes usar palabras o frases de transición para pasar fácilmente de un pensamiento al siguiente y mostrar la manera en que se conectan las ideas.

> La primera transición conecta este párrafo con otros párrafos del ensayo.

> Para comenzar el proceso, el equipo desenrolla el globo aerostático sobre la tierra. El quemador y la cesta están unidos, y luego un gran ventilador comienza a soplar aire al interior del globo. Cuando está parcialmente lleno, el piloto usa el quemador para calentar el aire. Una vez que está derecho, la tripulación sube al globo.

Revisa las transiciones. ¿Resulta fácil seguir las ideas en tu ensayo? Si no es así, agrega palabras o frases de transición para mostrar de qué manera se conectan los párrafos y las ideas dentro un párrafo.

Revisión en acción

También puedes usar oraciones para conectar un párrafo con otro. En el siguiente ejemplo, se agrega una oración de transición para mostrar la manera en que este párrafo se conecta con el siguiente.

> El siguiente paso en el ciclo del agua es la condensación.
> ⋀ La condensación se produce cuando el vapor de agua (agua evaporada) se convierte en gotas de líquido. Esto sucede cuando el vapor de agua se enfría.

Revisar el desarrollo de las ideas

Cuando revisas *el desarrollo de las ideas*, te aseguras de haber incluido muchos detalles interesantes, organizados de una manera que le sirva al lector para entender y apreciar tus ideas.

¿Cómo sé si incluí suficientes detalles?

Sabes que incluiste suficientes detalles cuando tu ensayo responde todas las preguntas principales. A continuación hay una lista de esas preguntas.

1. ¿Qué proceso estoy explicando?
2. ¿Cómo comienza el proceso?
3. ¿Cómo continúa el proceso?
4. ¿Cómo termina el proceso?
5. ¿Por qué creo que el proceso es interesante?

Práctica

Lee el siguiente párrafo y luego responde las cinco preguntas anteriores.

Los caracoles tienen una manera única de desplazarse. Primero, una glándula en el estómago del caracol segrega una baba. Gracias a ella el suelo se vuelve resbaladizo, y además protege el frágil cuerpo del caracol. Luego comienza el movimiento. Varias hileras de músculos en el estómago del caracol comienzan a flexionarse. Estos movimientos suaves hacia adelante hacen que el caracol avance sobre un suelo viscoso. El caracol pertenece a un grupo de animales llamados gasterópodos. *Gasterópodo* significa "pie en el estómago", así que el estómago del caracol es, en realidad, un pie. Después de que el caracol pasa sobre ella, la baba se seca. Los caracoles suelen dejar rastros de baba en los jardines. Un caracol puede avanzar sólo alrededor de dos o tres pulgadas por minuto, ¡pero en un año podría recorrer unas diecisiete millas!

Revisa los detalles. Lee tu ensayo y luego responde las cinco preguntas anteriores. Si no puedes encontrar la respuesta a una pregunta, agrega detalles de apoyo al ensayo para dar una respuesta.

TEKS 5.15C, 5.18A(iii)

¿Cómo sé si mis detalles son interesantes?

Tu ensayo captará la atención del lector si desarrollas tus ideas con muchos detalles interesantes. Una manera de descubrir si tus detalles son interesantes para el público es consultar a un compañero o a otro lector.

Hoja de conferencia para el compañero

Mi detalle favorito es <u>gasterópodo significa "pie en el estómago".</u>

Un detalle asombroso es <u>¡los caracoles andan diecisiete millas al año!</u>

Lo que me gustaría saber es <u>¿cómo suben los caracoles por las paredes?</u>

Revisa

Ten una conferencia con un compañero. Intercambia tu ensayo por el de un compañero y lee su trabajo. Luego escribe tu detalle favorito, un detalle asombroso y lo que te gustaría saber. Comenta tus respuestas. Haz cambios de acuerdo con los comentarios de tu compañero.

Revisión en acción

Observa que en el siguiente ejemplo se elimina un detalle innecesario y se agrega un detalle importante.

La mayor parte de las precipitaciones vuelven al océano.
Es allí donde está el 97 por ciento del agua de la Tierra.
Solo el 1 por ciento de toda el agua de la Tierra es potable...

# Revisar la voz

Cuando revisas la *voz*, te aseguras de que la voz de tu redacción sea la adecuada para el público, el propósito y la forma o el género. El lector debe pensar que estás bien informado y que estás interesado en el tema.

¿Mi voz es adecuada para el público?

Tu ensayo mantendrá la atención del público si la voz suena animada e interesante. Sin embargo, asegúrate de que la voz también sea apropiada para la clase.

Demasiado informal para un ensayo

¡Vamos! ¿No sabes lo que es el doble *dribbling*? No puedes hacer un *dribbling*, detenerte y hacerlo otra vez. La pelota es nuestra. Dánosla.

Más formal para un ensayo

Las reglas del baloncesto no permiten el "doble *dribbling*". Esto ocurre cuando un jugador hace un *dribbling*, retiene la pelota y luego hace *dribbling* nuevamente. Si el jugador lo hace, es sancionado y la pelota pasa al otro equipo.

Cuando hablas con amigos, lo haces de manera informal. Un ensayo expositivo debe tener una voz más formal.

¿Cómo puedo lograr que mi voz sea adecuada para un ensayo?

El propósito de un ensayo expositivo es dar información al público sobre un tema específico. Como estás escribiendo para informar, puedes lograr que la voz sea adecuada si cambias palabras o frases que suenen demasiado informales. Las palabras que escojas usar y la forma en que las dispongas en oraciones contribuirán al estilo de tu redacción.

Práctica

El siguiente párrafo es demasiado informal para un ensayo expositivo. Busca tres palabras, frases o cláusulas que hacen que la voz sea demasiado informal.

La máquina para hacer atados de heno pasa sobre un puñado de heno, lo traga y lo aprieta en un bloque. Algunas máquinas hacen unos farditos insignificantes, pero ¡otras hacen fardos tan grandes que podrían aplastar a un tipo! La máquina prepara el heno en fardos y, listo, ¡ya tienes tu fardo!

Revisa

Revisa tu voz. Lee tu ensayo. Para mejorar el estilo, reemplaza las palabras, frases o cláusulas informales por otras que resulten más adecuadas para el propósito, el público y el género.

Revisión en acción

En el siguiente ejemplo se reemplazaron algunas palabras, frases y cláusulas. Los cambios mejoran el estilo y hacen que la redacción sea más informativa.

Cuando las gotitas que hay en una nube son lo suficientemente

comienza la precipitación. La precipitación

grandes, dicen "¡Hasta la vista!" y desaparecen. Las diferentes

consiste simplemente en la caída de agua.

temperaturas crean...

Revisar Cómo usar una lista de control

Comprueba tu revisión. Escribe los números del 1 al 9 en una hoja. Si puedes contestar "sí" a una pregunta, haz una marca junto al número. Si no es así, sigue trabajando en esa parte de tu ensayo.

Enfoque y coherencia

_____ **1.** ¿Capta el comienzo la atención del lector?

_____ **2.** ¿Está toda la información relacionada con las ideas clave?

_____ **3.** ¿Le deja el final algo en que pensar al lector?

Organización

_____ **4.** ¿He quitado el exceso de palabras de mi ensayo?

_____ **5.** ¿He usado palabras y oraciones de transición para mostrar cómo se conectan las ideas?

Desarrollo de las ideas

_____ **6.** ¿Incluí suficientes datos y ejemplos?

_____ **7.** ¿Son interesantes mis detalles?

Voz

_____ **8.** ¿Es adecuada mi voz para el público?

_____ **9.** ¿Es apropiado mi lenguaje para un ensayo?

Escribe el texto en limpio. Pide a un compañero o a tu maestro que lea y comente tu ensayo expositivo. Haz todos los cambios que sean necesarios. Escribe el texto en limpio para corregirlo.

Corregir

Es importante que corrijas después de haber revisado tu primer borrador. Al corregir, te aseguras de haber seguido las normas de la gramática, la estructura de las oraciones, las convenciones mecánicas y la ortografía. Estas normas se llaman "convenciones" de la escritura.

Claves para corregir

1. **Usa** un diccionario, un diccionario de sinónimos y la Guía del corrector que se encuentra al final del libro como ayuda.

2. **Corrige** en una hoja impresa si usas una computadora. Luego incorpora los cambios en la computadora.

3. **Usa** las marcas editoriales que están en el interior de la contracubierta de este libro.

4. **Pide** a otra persona que revise tu redacción para ayudarte a detectar errores.

Corregir para respetar las convenciones

Gramática

Cuando corriges para comprobar que se hayan respetado las *convenciones*, lo que haces es corregir los errores en la gramática, la estructura de las oraciones, el uso de las letras mayúsculas, la puntuación y la ortografía.

¿Estoy usando las palabras correctas?

Para escoger las palabras *correctas*, debes prestar atención a ciertos términos que usualmente se confunden. (Consulta las páginas **590** a **593**).

Palabras que se confunden	Significado o función
por qué/porque	*Por qué* se usa para preguntar cuál es el motivo o la razón de algo. *Porque* se usa para explicar cuál es tal motivo o razón.
haya/halla	*Haya* es una forma del verbo "haber". *Halla* es una forma del verbo "hallar", que significa "encontrar".
si no/sino	*Si no* se usa para expresar la condición que debe cumplirse para que la otra parte de la oración se verifique. *Sino* se usa para contradecir un enunciado negativo que lo precede.

Práctica de gramática

Hay dos términos entre paréntesis en cada una de las siguientes oraciones. Escoge la palabra correcta para cada oración.

1. ¿(Por qué/Porque) flota un submarino?
2. El submarino flota (por qué/porque) pesa menos que el agua.
3. (Si no/Sino) se vacía el agua de sus tanques, el submarino no puede salir a la superficie y flotar.
4. Para que se sumerja, no hay que vaciar los tanques de agua, (si no/sino) llenarlos.
5. La cantidad de agua que se (haya/halla) en estos tanques puede variar según las condiciones exteriores.
6. Quizás te preguntes si es posible que (haya/halla) algún animal que haga algo parecido.

Usa la palabra correcta. Lee tu ensayo. Busca términos que usualmente se confunden. Asegúrate de haber usado la palabra correcta.

¿Uso correctamente los pronombres indefinidos?

Los pronombres indefinidos son los que aluden a personas o cosas de forma imprecisa, o expresan una noción de cantidad que no se puede determinar exactamente. Un pronombre indefinido puede ser singular o plural y masculino, femenino o neutro. (Consulta la página **446**).

Singulares: algo, alguien, nadie, nada, alguno/alguna, uno/una, poco/poca, otro/otra, cualquiera, ninguno/ninguna, todo

Plurales: algunos/algunas, unos/unas, pocos/pocas, cualesquiera, otros/otras, todos/todas

Cuando usas un pronombre indefinido como sujeto de una oración, el verbo debe concordar en número con él.

Práctica de gramática

Indica cuál es el pronombre indefinido en cada oración. Vuelve a escribir las que tengan errores para que el verbo concuerde en número con el pronombre.

1. Participaron pocos en la feria de ciencias.
2. Nadie faltaron a la fiesta.
3. Cualquiera podrían haber sido elegido.
4. Algunos conversaban animadamente en la puerta de la escuela.

 **Corrige**

Revisa la concordancia. Asegúrate de que los pronombres indefinidos y los verbos concuerden en número en tu ensayo.

Aprendizaje del lenguaje

Los pronombres indefinidos de las siguientes oraciones son neutros. Usa los verbos entre paréntesis y decide con un compañero qué forma del verbo (singular o plural) concuerda con los pronombres indefinidos neutros.

¿(*quedar*) algo de comida en el refrigerador?
Nadie (*notar*) el error.
Nada (*ser*) lo mismo desde aquel día.

 TEKS 5.15C, 5.18A(iv)

Estructura de las oraciones

Cuando corriges la *estructura de las oraciones*, compruebas que haya variedad en las estructuras y oraciones de distinta longitud para lograr que la redacción sea fluida.

¿Cómo puedo lograr que haya variedad en la estructura de las oraciones?

Si usas distintas estructuras, o patrones, en las oraciones, tu redacción resultará más interesante para el lector. Los ensayos deben tener oraciones sencillas, compuestas y complejas. (Consulta las páginas 476 a 478.)

Tipos de oraciones

Sencilla   **Ayer cenamos temprano.**

Compuesta   **Ayer cenamos temprano y luego llegaron nuestros amigos.**

Compleja   **Como sabíamos que nuestros amigos pasarían a buscarnos, ayer cenamos temprano.**

Práctica

Vuelve a escribir cada par de oraciones para armar oraciones compuestas o complejas. Usa las palabras *porque, cuando, pero* y *aunque* para conectar las oraciones.

1. Abrí el buzón de correos y vi una mariposa. Me sorprendí.
2. Olvidé retirar el correo. Me quedé observando la mariposa.
3. Me habría gustado observarla más tiempo. La mariposa se alejó volando.
4. Esto ocurrió ayer. Lo escribí hoy en mi diario.

Corrige

Comprueba que haya variedad en las oraciones. Asegúrate de haber usado diferentes estructuras en las oraciones. Combina las oraciones o agrega conjunciones para crear oraciones sencillas, compuestas y complejas.

⭐ **TEKS** 5.15C, 5.18A(iv)

¿Cómo puedo revisar la longitud de las oraciones?

Puedes revisar la longitud de las oraciones contando las palabras de cada oración. Es posible que necesites combinar las oraciones cortas para incluir oraciones de distinta longitud en tu redacción.

Práctica

Cuenta las palabras que hay en las siguientes oraciones. ¿Cuántas son cortas (hasta ocho palabras), cuántas son medianas (de ocho a doce palabras) y cuántas son largas (más de doce palabras)?

(1) El equipo desenrolla el globo aerostático sobre la tierra. **(2)** El quemador y la canasta están pegados. **(3)** Un gran ventilador comienza a soplar aire al interior del globo. **(4)** Una vez que está parcialmente lleno, el piloto usa el quemador para calentar el aire. **(4)** Una vez que está derecho, la tripulación sube al globo.

Corrige

Revisa la longitud de las oraciones. Cuenta el número de palabras que hay en cada oración de un párrafo de tu ensayo. Combina las oraciones según sea necesario para crear oraciones de distinta longitud.

Corrección en acción

En el siguiente ejemplo, se combinan tres oraciones cortas.

> Una vez me deslicé en trineo por una montaña. Luego nadé en el océano. Todo sucedió en la misma semana. Fue un viaje asombroso, pero el agua . . .

 **TEKS** 5.15D

Corregir Cómo usar una lista de control

Corrige

Revisa las correcciones. Escribe los números del 1 al 10 en una hoja. Si puedes contestar "sí" a una pregunta, haz una marca junto al número. Si no es así, sigue trabajando en esa parte de tu ensayo.

Convenciones

GRAMÁTICA

_____ **1.** ¿Estuve atento al corregir para detectar palabras que usualmente se confunden, como *porque* y *haya*?

_____ **2.** ¿Concuerdan en número los pronombres indefinidos y los verbos?

CONVENCIONES MECÁNICAS

_____ **3.** ¿Empiezo todas mis oraciones con letra mayúscula?

_____ **4.** ¿Uso una coma después un grupo de palabras introductorias?

_____ **5.** ¿Uso la puntuación correcta en todas mis oraciones compuestas?

_____ **6.** ¿Uso puntuación de apertura y de cierre en todas mis oraciones?

ESTRUCTURA DE LAS ORACIONES

_____ **7.** ¿Usé diferentes estructuras en las oraciones?

_____ **8.** ¿Usé oraciones de distinta longitud?

ORTOGRAFÍA

_____ **9.** ¿Escribí todas las palabras sin errores de ortografía?

_____ **10.** ¿Revisé las palabras que la función de verificar la ortografía podría haber pasado por alto?

Crear el título

Estas son algunas ideas para escribir un título.

■ Repite un sonido: **Recorrido recurrente**

■ Usa expresiones comunes: **A los años mil, las aguas van por donde solían ir**

■ Busca una frase en tu ensayo: **Desde el mar hasta el cielo**

Publicar

Prepárate · Escribe · Revisa · Corrige · Publica

Llegó el momento de comprobar que no haya errores en tu ensayo y escribir el texto en limpio para mostrarlo. También puedes convertir tu redacción en un diagrama, un discurso o una página web. (Consulta las sugerencias que están a continuación).

Presentación

- Usa tinta azul o negra y escribe con letra clara.
- Escribe tu nombre en el extremo superior izquierdo de la primera página.
- Deja un renglón y escribe el título en el centro; deja otro renglón y comienza a escribir.
- Deja sangría en todos los párrafos y un margen de una pulgada a cada lado.
- Escribe tu apellido y el número de página en el extremo superior derecho de cada página después de la primera.

Crea un diagrama

Haz una ilustración para mostrar cómo funciona el proceso. Puedes tomar como modelo algún diagrama que encuentres en un libro, una revista o una página web.

Da un discurso

Presenta tu ensayo a la clase en forma de discurso. (Consulta las páginas **367** a **372** para obtener más información sobre cómo dar un discurso).

¡En línea!

Sube tu ensayo expositivo al Internet para que otras personas puedan leerlo.

Escribe la versión final. Sigue las instrucciones de tu maestro o usa las pautas anteriores. (Si usas una computadora, consulta las páginas **43** a **46**.) Escribe en limpio la versión final de tu ensayo.

Evaluar un ensayo expositivo

Para aprender a evaluar un ensayo expositivo, usarás la rúbrica, o pauta de calificación, de las páginas **34** y **35** y los ensayos que están a continuación. Hay un ejemplo para cada calificación de la tabla.

Mientras lees los ensayos, piensa en las características de una buena redacción expositiva. ¿Capta el comienzo la atención del lector e incluye una oración de enfoque clara? ¿Están bien organizados los párrafos intermedios? ¿Incluyen datos, detalles y ejemplos interesantes? ¿Tiene el ensayo un final significativo? Ten siempre presente que debes pensar en la calidad general de la redacción.

Una redacción con una calificación de 4 es muy buena.

Una introducción interesante incluye una oración de enfoque clara.

Se explica el proceso con datos, detalles y ejemplos.

¡El volcán enfureció!

En 1980, el monte Saint Helens estalló con la fuerza de una bomba nuclear. La erupción voló un trozo de montaña de 1,300 pies y produjo una enorme nube de ceniza. La lava y el gas caliente quemaron árboles, plantas y lagos. Rocas del tamaño de un edificio pequeño cayeron por las laderas de la montaña. Una explosión como esa no sucede en un día. La erupción de un volcán como la del monte Saint Helens es el resultado de un largo proceso.

El proceso comienza mar adentro. Allí es donde la placa del Pacífico es empujada por debajo de la placa de Norteamérica. Durante miles de años, una placa es empujada debajo de la otra, formando una fosa profunda en el océano. Este movimiento se llama "subducción". La placa que se desliza hacia abajo se funde en el manto caliente que está debajo de la superficie terrestre. Se convierte en la roca líquida caliente que llamamos "magma".

El magma no permanece en su sitio como sucede con la roca sólida, sino que empuja hacia arriba a través de las grietas, intentando encontrar una salida. El magma que está debajo del monte Saint Helens contiene una gran cantidad de aire. Cuando el magma se endurece, se libera aire, pero ese aire no tiene adonde ir. La presión crece cada vez más. Es como un refresco en una botella. El monte Saint Helens funcionaba como el tapón de una botella de refresco que impide que el refresco salga. ¿Pero qué sucede cuando sacamos el tapón de una botella de refresco después de agitarla?

La comparación con una botella de refresco demuestra pensamiento creativo.

En marzo, el monte Saint Helens comenzó a retumbar amenazante. Una serie de terremotos sacudieron la montaña y los científicos pidieron a la población que se mantuviera alejada de la zona. Luego el vapor y las cenizas comenzaron a filtrarse a través del suelo. Estos terremotos y erupciones produjeron derrumbes. Uno de los lados de la montaña comenzó a rajarse y a crecer a causa de la presión.

Se usan transiciones para mostrar las causas y el orden de los eventos.

El magma finalmente se abrió paso a través de la roca sólida el 18 de mayo. Un terremoto originó un enorme derrumbe de tierra en uno de los lados de la montaña. Sin ese peso encima, la lava salió con fuerza, como lo hace la soda de una botella después de haberla agitado. Las cenizas, el vapor y la roca destruyeron lagos y bosques y mataron personas y animales. ¡La erupción se podía ver incluso desde el espacio!

La conclusión da un detalle final y explica por qué el tema es importante.

La erupción del monte Saint Helens destruyó muchas cosas, pero también dio origen a nuevas formas de vida. Los topos, los ratones, los escarabajos y los alces regresaron, y ahora la montaña está plagada de plantas y de flores. La vida vuelve a surgir cada vez que un volcán entra en erupción. El mundo no sería igual si no existieran los volcanes.

Una redacción con una calificación de 3 es bastante buena.

El ciclo de las rocas

El comienzo presenta el tema e incluye una oración de enfoque.

Nada en la Tierra es tan sólido e inalterable como una roca, ¿verdad? ¡Falso! A través de los años las rocas se rompen en pedazos diminutos, se funden y se convierten en otras clases de rocas. El proceso que atraviesan las rocas mediante el cual se transforman en rocas diferentes, se conoce como el ciclo de las rocas. Sucede todo el tiempo a nuestro alrededor. Continuamente, las rocas se forman, se rompen y se vuelven a formar como nuevas rocas.

El uso de preguntas crea la voz.

Imagina que tocas una roca dura en una colina. Nunca irá a ninguna parte, ¿verdad? ¡Falso, otra vez! Con el paso del tiempo, se erosiona. Esto significa que el viento, el agua y la acción del hielo remueven lentamente trozos pequeños de roca y los llevan a otro lugar. Mezclados con ellos, también se van trozos de huesos de animales, plantas y sal.

¿Adónde van esos trozos diminutos? ¡A dar una vuelta por el ciclo de las rocas! Si el arroyo corre más lentamente, si el glaciar se mueve o si el viento no sopla, las partículas dejan de moverse y se asientan en algún lugar. Es el primer paso en la formación de una roca. Comienza con trocitos de sedimentos sueltos que se apilan.

Las transiciones ayudan a explicar el proceso.

Luego otros trozos de sedimentos se acumulan más y más. A veces hay capas y más capas de materia. Estas capas presionan fuertemente unas sobre otras. Con el tiempo, se convertirán en un tipo de roca llamada "roca sedimentaria". Todas las rocas sedimentarias se forman a partir de la compresión de capas compuestas de pequeños sedimentos. Finalmente, esos sedimentos se endurecen para formar la roca dura.

La información se organiza según los tipos de roca.

¿Qué pasaría si, en un lugar profundo debajo de la superficie terrestre, se sometiera a una roca sedimentaria a altas temperatura y presión? Podría estar cerca de un volcán, o quizás muy profundo, donde la temperatura es muy alta. Si eso sucede, se transforma en un segundo tipo de roca, la roca metamórfica. Ciertas cosas dentro de la roca reaccionan y forman algo nuevo. Todas las rocas metamórficas se forman a partir de una roca sedimentaria o de una roca ignea, por la acción de la temperatura y la presión.

Pocos errores en las convenciones

Oh, pero espera, ¿qué es una roca ignea? Es el tercer tipo de roca en el ciclo de las rocas. Las rocas igneas se forman cuando la roca fundida, que es el magma, se enfría. Si una roca sedimentaria o una roca metamórfica se funden dentro del magma, también pueden convertirse en roca ignea.

Todas las rocas pueden transformarse en otro tipo de roca si las circunstancias son las adecuadas. Es bastante común que una roca se transforme en otro tipo de roca. Una roca ignea o una roca metamórfica pueden erosionarse, y esos sedimentos formarán una roca sedimentaria. Una roca sedimentaria o una roca metamórfica pueden fundirse y transformarse en magma para luego dar lugar a una roca ignea. Y una roca ignea o una roca sedimentaria pueden sufrir la acción del calor y la presión y transformarse en una roca metamórfica.

El final apoya el tema, pero repite información.

El ciclo de las rocas resulta asombroso porque pareciera que las rocas no cambian. Pero con un poco de viento, agua, calor y presión, las rocas sí pueden cambiar. Pueden cambiar el color, la textura y todo lo demás. ¡Es posible que no reconozcas una roca después de algunos cientos o miles de años!

Una redacción con una calificación de 2 es relativamente buena.

¿Adónde va tu comida?

El comienzo presenta el tema.

La comida que comes no se queda en tu estómago para siempre. Eso sería terrible. Se acumularía y jamás podrías deshacerte de ella. En cambio, viaja a través de tu cuerpo por el sistema digestivo.

Primero, masticas la comida para ablandarla y hacerla pequeña. Luego la tragas. Tu comida no se pierde. Viaja a través de un tubo que hay en la garganta. El tubo lleva la comida al estómago.

Varios errores en las convenciones

El estómago mezcla la comida dándole vueltas y vueltas. Como una lavadora. Tu comida es rica, y suave, y blanda.

Las ideas se repiten y no se desarrollan.

Es el momento de otro tubo. En este tubo, el cuerpo saca de la comida los nutrientes que necesita. Tu cuerpo necesita vitaminas y energía. Así puedes hacer cosas como salir a correr. Esto es lo que sucede en este tubo. Esto es lo que pasa con la comida.

Y ahora la comida abandona el cuerpo. Viaja a través de un gran tubo. Te deshaces de la parte de la comida que no necesitas. Son los desechos.

El final se aparta del enfoque.

Si no tuviéramos comida, no tendríamos energía para hacer las cosas. Las plantas producen comida para que la comamos. Tenemos suerte de que crezcan plantas en la Tierra.

Una redacción con una calificación de 1 es pobre.

La luna resplandece

El otro día vi un eclipse lunar. Me pareció genial. ¡Parte de la luna se había vuelto de color anaranjado rojizo y resplandecía! Pensé que era como si mi perro le hubiera dado un mordisco a la luna. ¿Qué tan extraño suena eso? Mi maestro dijo que estaba bien mirar la luna durante un eclipse lunar, pero no durante un eclipse de sol.

La voz no es expositiva, sino narrativa.

En un eclipse lunar La Tierra toma la luz del sol. Bloqueamos el Sol. La luna no puede ver el sol. Un poco de luz consigue pasar, quizás, y la luna se vuelve de color anaranjado. ¡A veces toda la luna resplandece con un color anaranjado como los faros de un carro!

Los conocimientos sobre el tema no están claros.

Me gusta cuando la luna está como por la mitad alla arriba. Algunas veces la luna se ve realmente grande, y entonces creo que a veces la luna debe haser dieta ¡porque está muy flaquita!

Muchos errores en las convenciones

Pero la luna se ve súper brillante en el eclipse lunar. La próxima vez que vea un eclipse lunar voy a tomar una fotografía. Tal vez pueda pintar un cuadro. ¿Incluso una linterna? Mi amiga Juliana rompió mi linterna. Eso me hizo enojar mucho.

Detalles no relacionados

Estoy muy entusiasmado por haber visto el eclipse. ¿Ocurren mucho? Normalmente estoy en la cama por la noche. Pero quizás, si me quedo despierto hasta tarde alguna otra noche, veré un eclipse lunar. ¡Ustedes podrían tratar de ver uno también!

Evaluar y analizar tu redacción

¡Has terminado! Si puedes, deja a un lado tu ensayo por unos días. Luego, en una hoja aparte, completa los siguientes inicios de oración. Para calificar tu escritura, consulta la rúbrica, o pauta de calificación, de las páginas **34** y **35** y los ejemplos que acabas de leer.

Mi ensayo expositivo

1. La mejor calificación para mi ensayo expositivo es . . .

2. Es la mejor calificación porque . . .

3. La mejor parte de mi ensayo es . . .

4. La parte que aún debo mejorar es . . .

5. Lo más importante que aprendí acerca de escribir un ensayo expositivo es . . .

Escritura expositiva
Conexión con otras materias

La escritura expositiva es útil para todas tus clases. Por ejemplo, en el libro de matemáticas la escritura expositiva nos permite explicar cómo se divide una gráfica circular y en el libro de historia nos ayuda a entender los hechos reales. La escritura expositiva puede ayudarte incluso en una prueba de redacción.

En las siguientes páginas, tendrás la oportunidad de analizar cuatro clases diferentes de escritura expositiva.

A continuación

- **Estudios sociales:** Escribir un ensayo de comparación y contraste
- **Matemáticas:** Crear una gráfica circular
- **Escritura práctica:** Tomar apuntes en dos columnas
- **Evaluación:** Escribir para la evaluación de Texas

Estudios sociales: Escribir un ensayo de comparación y contraste

Rosa escogió a George Washington y al rey George III para hacer un ensayo de comparación y contraste enfocado.

Mundos diferentes

Comienzo
En el comienzo se presenta a los dos líderes. La oración de enfoque (subrayada) presenta una idea clave sobre ellos.

Durante la Guerra de Independencia estadounidense, el rey George III era quien regía a Gran Bretaña, mientras que George Washington era el líder de las trece colonias. ¿Podían estos enemigos tener algo en común, además del nombre de pila? Aunque sus vidas personales eran muy parecidas, no estaban de acuerdo sobre el gobierno de las colonias.

Desarrollo
En un párrafo de este ensayo de comparación y contraste se explica en qué se parecían estos dos hombres. En el otro párrafo se explica en qué se diferenciaban.

En otras circunstancias, podrían haber sido amigos. Ambos eran los hijos mayores en sus familias, y sus padres murieron cuando ellos eran aún muy jóvenes. Ambos fueron educados por tutores y se esforzaban mucho en sus tareas escolares. Cuando crecieron, a los dos les gustaban las matemáticas, la ciencia y la actividad agrícola. Al rey George III lo apodaban "el granjero", y a Washington le encantaba trabajar en su granja, conocida como Mount Vernon.

Sin embargo, en el campo de la política estos dos líderes eran muy diferentes. Washington quería la libertad para las colonias, mientras que el rey George III quería que Gran Bretaña les cobrara impuestos y las gobernara. La popularidad del rey George III disminuyó cuando perdió la guerra. La victoria de Washington hizo que se convirtiera en uno de los presidentes más populares de la historia del país.

Final
El final le deja al lector algo en que pensar.

Tanto George Washington como el rey George III crecieron en mundos diferentes, pero si hubiesen tenido la oportunidad de conversar, quizá se habrían convertido en buenos amigos. Hasta es posible que, si hubiesen sido vecinos, podrían haber intercambiado consejos sobre el cuidado de sus granjas.

Prepararse Escoger un tema

Primero, debes encontrar dos personajes históricos para comparar y contrastar. Rosa comenzó con una lista de líderes históricos que ella conocía.

Lista de temas

Líderes		
Clara Barton	Thomas Jefferson	John Adams
George Washington	Abraham Lincoln	el rey George III

Prepárate

Escoge un tema. Escoge una clase de personaje histórico (exploradores, inventores, artistas) y haz una lista con sus nombres. Luego escoge a dos que tengan algunas semejanzas y algunas diferencias.

Recopilar detalles

Ahora, genera un plan para recopilar información. Puedes usar tu libro de historia o el Internet, visitar la biblioteca o entrevistar a expertos. Rosa usó un gráfico en forma de T para anotar los datos que recopiló.

Gráfico en forma de T

George Washington	rey George III
Era joven cuando su padre falleció.*	Era el hijo mayor.*
Le gustaban las matemáticas y la ciencia.*	Lo llamaban "el granjero".
Le gustaba la actividad agrícola.*	Le gustaban las matemáticas, la agricultura y la ciencia.*
Quería la independencia para las colonias.	Era joven cuando su padre falleció.*
Presidente popular	Quería que los británicos gobernaran las colonias.
Derrotó a Gran Bretaña.	Perdió guerra contra las colonias.
Era el hijo mayor.*	Perdió popularidad tras la guerra.

Prepárate

Haz un gráfico en forma de T. Planifica tu investigación. Usa libros, revistas y el Internet para recopilar datos. Conversa con expertos. Escribe los datos en un gráfico en forma de T. Pon un asterisco (✳) junto a las semejanzas.

Prepararse Escribir una oración de enfoque

En un ensayo de comparación y contraste, la oración de enfoque debe decir en qué se parecen y en qué se diferencian los temas. Rosa usó esta fórmula.

semejanzas		**diferencias**		**oración de enfoque**
sus vidas privadas eran muy parecidas	**+**	no estaban de acuerdo sobre el gobierno de las colonias	**=**	Aunque las vidas privadas de George Washington y del rey George III eran muy parecidas, no estaban de acuerdo sobre el gobierno de las colonias.

Prepárate

Escribe la oración de enfoque. Resume las semejanzas y las diferencias. Luego escribe una oración de enfoque como la anterior.

Organizar las ideas

Rosa hizo la siguiente lista organizada, donde anotó los detalles en orden. Luego usó esta estrategia para desarrollar las ideas y organizar su ensayo.

Instrucciones   Lista organizada

Oración de enfoque
Aunque las vidas privadas de George Washington y del rey George III eran muy parecidas, no estaban de acuerdo sobre el gobierno de las colonias.

Semejanzas
- En sus respectivos países, los dos eran similares.

Detalles
  – eran hijos mayores y muy jóvenes cuando murieron sus padres
  – les gustaban la actividad agrícola, las matemáticas y la ciencia

Diferencias
- Políticamente, eran diferentes.

Detalles
  – el gobierno del rey contra el gobierno de las colonias
  – el rey pierde/Washington gana
  – el rey pierde popularidad/Washington se convierte en un presidente muy popular

Prepárate

Haz una lista organizada. Escribe una lista organizada de ideas que puedas desarrollar mientras escribes el ensayo de comparación y contraste.

Hacer un borrador Hacer el primer borrador

Ya estás listo para escribir tu primer borrador. Primero, debes presentar el tema y la oración de enfoque. Luego debes escribir las semejanzas en un párrafo y las diferencias en otro. Comienza cada párrafo con una oración temática. Al final, resume las semejanzas y las diferencias.

Escribe el primer borrador. Usa la lista organizada de la página 176 como guía. Recuerda escribir una introducción efectiva y un párrafo final. Consulta las páginas 145 y 148 para obtener más información sobre las estrategias.

Revisar Mejorar la redacción

A continuación, debes revisar tu trabajo usando las siguientes características.

- **Enfoque y coherencia** ¿Está toda la información del ensayo relacionada con la idea principal de manera clara?
- **Organización** ¿Explico las semejanzas en un párrafo y las diferencias en otro?
- **Desarrollo de las ideas** ¿Incluí detalles interesantes?
- **Voz** ¿Demuestra mi voz interés en el tema?

Mejora tu trabajo. Usa la lista de control anterior para revisar tu primer borrador. Luego escribe el texto en limpio para corregirlo.

Corregir Comprobar que se respeten las convenciones

Cuando hayas terminado de revisar, comprueba que se hayan respetado las convenciones en tu trabajo. Comprueba que no haya errores en la gramática, la estructura de las oraciones, el uso de las letras mayúsculas, la puntuación y la ortografía.

Revisa tu trabajo. Usa las preguntas anteriores para corregir tu ensayo. Pide a alguien más que lo revise. Luego escribe la versión final y comprueba que no haya errores antes de entregarla.

Matemáticas: Crear una gráfica circular

Una gráfica circular puede hacer más fácil la escritura de porcentajes. Tamika creó la siguiente gráfica circular para mostrar las diferentes fuentes que se usan para generar electricidad.

Generar electricidad

Gracias a la electricidad es fácil encender una lámpara o el televisor. ¿Pero de dónde proviene la electricidad? La mayoría de las centrales eléctricas producen electricidad a partir de fuentes de energía como el carbón, el petróleo, el gas natural y la energía nuclear. Otras centrales producen energía a partir de fuentes como la energía solar, el viento, el agua y hasta el calor del interior de la Tierra. Esto significa que, en la actualidad, se usan ocho fuentes diferentes de electricidad.

Un párrafo presenta y explica el tema.

Una gráfica circular "muestra" los porcentajes para cada fuente de electricidad.

Fuentes de electricidad en los Estados Unidos en 2005

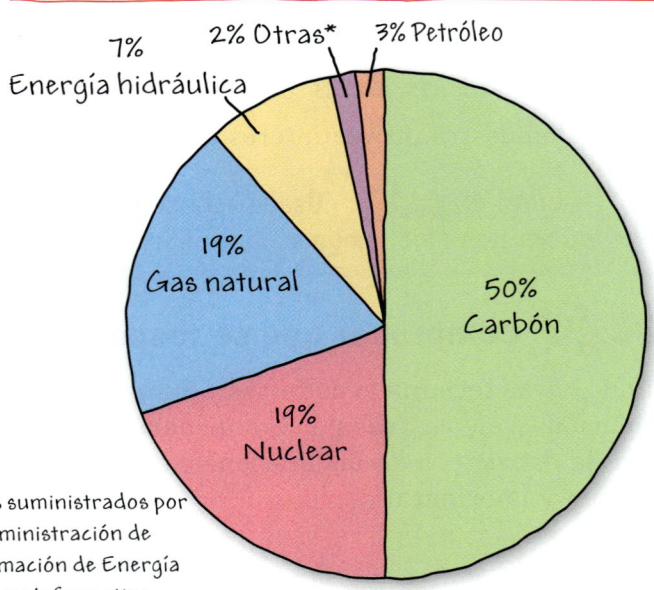

7% Energía hidráulica
2% Otras*
3% Petróleo
19% Gas natural
50% Carbón
19% Nuclear

Datos suministrados por la Administración de Información de Energía (*Energy Information Administration*).

*Energía solar, eólica y proveniente del calor del interior de la Tierra

Sugerencias para la redacción

Antes de escribir...

- **Escoge un tema.**
  Escoge un tema sobre diferentes porcentajes de un total, como encuestas o estadísticas.

- **Investiga tu tema cuidadosamente.**
  Suma los porcentajes para asegurarte de que el total equivalga al 100%.

- **Haz los cálculos.**
  Calcula la medida correcta para cada porción de la gráfica. Multiplica 360 (el número de grados en un círculo) por el porcentaje. Por ejemplo, para dibujar una porción de la gráfica que represente un 20%, la ecuación sería $360° \times .20 = 72°$.

Mientras escribes...

- **Presenta el tema.**
  Escribe un párrafo para explicar el tema.

- **Dibuja el círculo con un compás.**
  Dibuja los segmentos con un transportador para medir el número de grados.

- **Colorea la gráfica.**
  Usa diferentes colores para que la gráfica sea más clara.

- **Menciona tu fuente.**
  Explica de dónde obtuviste la información.

Después de escribir el primer borrador...

- **Revisa el diseño.**
  Asegúrate de que los números sean correctos.

- **Dibuja la versión final de la gráfica.**
  Acuérdate de corregir tu trabajo.

> **Crea una gráfica circular.** Sigue las instrucciones anteriores y observa la gráfica de ejemplo en la página **178** mientras dibujas tu propia gráfica circular.

 **TEKS** 5.24C

Escritura práctica:
Tomar apuntes en dos columnas

Estos apuntes en dos columnas muestran de qué manera se relacionan las ideas sobre las moléculas del agua. Puedes guardar la información en una computadora.

Las ideas principales aparecen a la izquierda y los detalles, a la derecha.

Len Hankavara   19 de febrero

Moléculas del agua

Formadas por tres átomos	– 2 átomos de hidrógeno – 1 átomo de oxígeno
Siempre en movimiento	– los átomos se mueven más rápido cuando se calientan
Sólidos	– vibran pero no se pueden desplazar ● Hielo
Líquidos	– vibran y pueden desplazarse ● Agua
Gases	– vibran y se mueven muy rápido – las partículas se escapan – se mueven libremente por todas partes ● Vapor

Los dibujos ayudan a explicar los detalles.

Se agrega una pregunta.

¿Por qué se escapan las partículas?

Sugerencias para la redacción

Antes de escribir...

- **Escribe el encabezado.**
  Escribe tu nombre, la fecha y el encabezado temático en la parte superior de la página, o usa la computadora para hacer tu gráfico para tomar apuntes.
- **Haz dos columnas.**
  Haz la columna de la izquierda angosta y la derecha, ancha.

Mientras escribes...

- **Coloca las ideas principales en la columna de la izquierda.**
  Deja espacio entre cada idea principal para que tengas suficiente lugar para colocar los detalles en el lado derecho.
- **Coloca los detalles en la columna de la derecha.**
  Usa palabras y frases en lugar de oraciones completas.
- **Incluye dibujos e información visual.**
  Ilustra tus apuntes para que la información sea más clara. Puedes incluir información visual, como gráficos y diagramas.

Después de escribir...

- **Comprueba que la información esté completa y sea correcta.**
  Asegúrate de que los datos importantes sean correctos.
- **Escribe todas las preguntas que tengas.**
  Anota las preguntas en tus apuntes. Luego busca en tu libro o pide ayuda al maestro para encontrar las respuestas.
- **Usa tus apuntes para estudiar.**
  Lee de nuevo los apuntes antes de una prueba. Pide a un amigo o un familiar que te haga preguntas sobre los apuntes.

Toma apuntes. Usa las sugerencias de esta página mientras tomas apuntes en una de tus clases. Luego repasa los apuntes que tomaste.

Escritura expositiva

Escribir para la evaluación de Texas

En las pruebas estatales de Texas, muchas veces tienes que escribir. El tema de escritura te indica sobre qué tienes que escribir y te da algunos datos que debes recordar. Lee el siguiente tema de escritura.

Tema de escritura

> Escribe un ensayo en el que expliques datos interesantes sobre un animal.

Usa la siguiente información como ayuda para escribir tu composición.

RECUERDA QUE DEBES...

☐ explicar datos interesantes sobre un animal.

☐ captar la atención del lector al comienzo y dar un cierre a tus ideas al final.

☐ incluir datos, detalles y ejemplos específicos sobre tus ideas para que el lector comprenda bien todo lo que quieres decir.

☐ escribir oraciones correctas y respetar las normas de la gramática, la puntuación, el uso de las letras mayúsculas y la ortografía.

Prepararse **Escoger una forma**

El tema de escritura no te indica qué forma o género de escritura debes usar. ¿Cuál es la mejor forma para lo que quieres decir? (Consulta también la página **497**).

¿Quieres...

- describir a una persona o un lugar?
- proponer una solución a un problema?
- explicar cómo funciona un objeto o un proceso?
- contar una experiencia personal?
- dar información?
- persuadir a alguien de que haga algo?

Nora escogió explicar el ciclo de vida de una rana. Decidió que la mejor forma para hacerlo era escribir un ensayo expositivo.

Organizar las ideas clave

Nora quería organizar sus pensamientos antes de empezar a escribir. Primero, escribió una oración de enfoque. Luego escribió oraciones temáticas y anotó detalles, datos y ejemplos que quería incluir.

Lista organizada

Como las ranas sufren una metamorfosis, el aspecto de la cría es totalmente diferente al de una rana adulta.

1. Un pequeño renacuajo con aletas es muy distinto a una rana adulta.
   - Come plantas y algas
   - Tiene una cola fuerte y branquias

2. El renacuajo cambia interna y externamente a medida que se convierte en rana.
   - Desarrolla un cráneo duro y una lengua fuerte
   - Se forman los pulmones y las patas

3. Una vez terminada la metamorfosis, la rana puede vivir y saltar en tierra.
   - Come cosas diferentes
   - Puede comenzar el ciclo otra vez

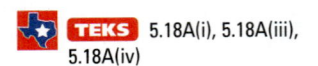

Hacer un borrador Escribir un ensayo expositivo

A continuación, Nora usó su lista organizada para escribir un ensayo expositivo. Lee el ensayo de Nora.

De huevo a rana

En general, cuando miras la cría de un animal, puedes imaginarte qué apariencia tendrá cuando crezca. Pero eso nunca ocurrirá si lo que estás mirando es una cría de rana. Debido a que las ranas sufren una metamorfosis, la apariencia de la cría es totalmente diferente a la de una rana adulta.

Un pequeño renacuajo con aletas es muy distinto a una rana. Un renacuajo parece un huevo gelatinoso al principio. Una vez que sale del huevo, el renacuajo se alimenta de plantas acuáticas y algas gracias a sus dientes especiales. Su cola larga y fuerte lo ayuda a impulsarse en el agua, mientras que con sus branquias obtiene el oxígeno del agua.

El renacuajo cambia interna y externamente a medida que se convierte en rana. El cráneo se endurece en el interior de su cabeza. El renacuajo no es solo vegetariano, porque además de alimentarse de plantas acuáticas, desarrolla una lengua fuerte que le permite capturar sabrosas

El comienzo presenta el tema e incluye una oración de enfoque (subrayada).

Los párrafos intermedios incluyen datos, detalles y ejemplos específicos.

Las oraciones son de distinta longitud y comienzan de diferente forma.

Las transiciones y las explicaciones hacen que las ideas y la evidencia clave sean más fáciles de entender.

moscas. A medida que pierde las branquias, desarrolla pulmones para respirar aire. Lentamente su cola se encoge hasta desaparecer. Entonces le crecen patas fuertes que la ayudarán a andar por tierra.

El **final** completa el ciclo de vida de la rana y agrega profundidad a la oración de enfoque.

Una vez terminada la metamorfosis, la rana puede vivir, comer y saltar en tierra. Además de insectos, algunas ranas comen ratones, serpientes y otros animales pequeños. Cuando la rana alcanza su madurez, puede poner o fertilizar huevos y comenzar todo el ciclo otra vez. ¡Es increíble que esa rana escurridiza y ágil haya comenzado siendo un renacuajo parecido a un pez!

Responde a la lectura. Comenta y responde las siguientes preguntas con un compañero.

- **Enfoque y coherencia** (1) ¿Cómo presenta Nora el tema? (2) ¿Por qué es efectivo el párrafo final?

- **Organización** (3) ¿Cómo organiza Nora las ideas clave, los detalles y la evidencia en el ensayo? (4) ¿Qué transiciones usa para conectar y organizar las ideas?

- **Voz** (5) ¿Qué palabras y frases hacen que este ensayo sea animado e interesante?

Conexión con la literatura: Encontrarás un ejemplo de texto expositivo que proporciona información en "¿Por qué es azul el cielo?", de Mario J. Molina, en *Los niños preguntan, los Premios Nobel contestan.*

 **TEKS** 5.15A, 5.15C, 5.18A(i–iv)

Sugerencias para la redacción

Antes de escribir...

- **Comprende el tema de escritura.**
  Asegúrate de que entiendes lo que debes escribir. Piensa en tu propósito y en el público. Escoge la forma, o género, que más te ayudará a transmitir el significado.

- **Recopila tus ideas y evidencia clave.**
  Haz una lista o un organizador gráfico sencillo.

- **Escribe una oración de enfoque.**
  Escribe la idea principal en una sola oración.

- **Usa el tiempo de forma sensata.**
  Administra el tiempo para poder revisar el trabajo al final.

Mientras haces el borrador...

- **Comienza con una buen párrafo inicial.**
  Expresa la idea principal con claridad.

- **Organiza los detalles, los ejemplos y la evidencia clave.**
  Coloca la información en párrafos bien organizados.
  Usa transiciones y varios tipos de oraciones.

- **Escribe un final efectivo.**
  Deja al lector algo en que pensar.

- **Vuelve a pensar en la forma o el género.**
  Asegúrate de que la forma escogida sea la correcta.

Después de escribir el borrador...

- **Comprueba que se respeten las convenciones y que el texto sea claro.**
  Vuelve a escribir las ideas confusas y corrige los errores.

Responde a un tema de escritura expositiva. Responde al tema de escritura de la página 182 en el tiempo que indique tu maestro. Acuérdate de escoger una forma y de usar las sugerencias anteriores mientras escribes.

Repaso de la escritura expositiva

En la escritura expositiva, explicas algo al lector.

Prepárate

Escoge un tema que realmente te interese y que también resulte interesante para el lector. (Consulta la página **138**).

Recopila y organiza los detalles y la evidencia clave sobre tu tema en un organizador gráfico. (Consulta las páginas **139** y **140**).

Escribe una oración de enfoque o tesis, en la que identifiques una parte importante del tema sobre el que piensas escribir. (Consulta la página **141**).

Escribe

En el comienzo, presenta el tema y explica el enfoque. (Consulta la página **145**).

En el desarrollo, da los detalles, los ejemplos y la evidencia clave que ayudarán al lector a entender. Usa transiciones y varios tipos de oraciones. (Consulta las páginas **146** y **147**).

En el final, resume los puntos principales y haz un comentario final sobre el tema. (Consulta la página **148**).

Revisa

Primero, revisa el enfoque y la coherencia, la organización y **el desarrollo de ideas.** Luego revisa **la voz.** (Consulta las páginas **150** a **158**).

Corrige

Comprueba que se respeten las convenciones en la redacción. Corrige errores en la gramática, la estructura de las oraciones, las convenciones mecánicas y la ortografía. (Consulta las páginas **160** a **164**).

Publica

Escribe la versión final y comprueba que no haya errores antes de presentarla. (Consulta la página **165**).

Usa la rúbrica de calificación para evaluar tu redacción terminada. (Consulta las páginas **34** y **35**).

Escritura persuasiva

Enfoque de la escritura
- **Párrafo persuasivo**
- **Ensayo persuasivo**

Enfoque gramatical
- **Los adjetivos y sus formas comparativa y superlativa**
- **Sustantivos colectivos**

Aprendizaje del lenguaje

Trabaja con un compañero. Lean los significados en voz alta y comenten las respuestas a las preguntas.

1. Si eres persuasivo logras convencer a alguien de que esté de acuerdo contigo.
   Comenta sobre una persona persuasiva que conozcas.

2. Las razones son las explicaciones que apoyan una opinión o postura.
   ¿Qué razones darías para convencer a alguien de que pruebe tu comida favorita?

3. Si dejas un hábito, entonces no lo haces más.
   ¿Has dejado un hábito últimamente? Cuéntale a un compañero sobre ese hábito.

Escritura persuasiva
Párrafo persuasivo

Los comerciales de la televisión hacen publicidad sobre toda clase de productos relacionados con la salud. El problema es que probablemente algunos de esos productos no hagan nada en absoluto, o incluso algunos de ellos podrían hacer daño.

¿Qué hábito verdaderamente saludable les sugerirías a tus amigos? En este capítulo, escribirás un párrafo persuasivo donde darás tu opinión sobre un hábito saludable. Piénsalo como si fuera un comercial corto sobre un hábito que es bueno para ti.

Pautas para escribir

Tema:	**Un hábito saludable**
Propósito:	**Expresar una opinión**
Forma:	**Párrafo persuasivo**
Público:	**Tus compañeros**

Párrafo persuasivo

Un párrafo persuasivo comienza con una **oración temática** donde el autor establece su opinión o postura. Las **oraciones de apoyo** respaldan la oración temática y en la **oración final** se vuelve a exponer la opinión del escritor. El siguiente párrafo expresa una opinión sobre un hábito saludable.

La bebida más saludable

Oración temática (subrayada)

Oraciones de apoyo

Oración final (subrayada)

Los jóvenes deberían beber más agua y menos refrescos. Los refrescos contienen ingredientes que las personas no necesitan. Por ejemplo, un refresco normal tiene cafeína y ¡alrededor de diez cucharaditas de azúcar! Un refresco dietético contiene muchísimos productos químicos muy extraños. Por otro lado, todos necesitamos beber hasta medio galón de agua por día. El agua facilita la circulación de la sangre y además ayuda al funcionamiento del cerebro y a regular la temperatura corporal. Sin agua, una persona puede deshidratarse o insolarse. Los jóvenes deberían hacerle un favor a su cuerpo y ¡beber mucha agua!

Responde a la lectura. Responde las siguientes preguntas en una hoja aparte. Comenta las respuestas con un compañero.

■ **Enfoque y coherencia** (1) ¿Cuál es el tema de este párrafo? ¿Cuál es la postura de la escritora?

■ **Desarrollo de las ideas** (2) ¿Qué razones y detalles da la escritora para beber agua?

■ **Voz** (3) ¿Qué palabras o frases hacen que la voz suene convincente?

Prepararse **Escoger un tema**

Primero debes encontrar un tema relacionado con la salud sobre el que quieras escribir. La escritora del párrafo de ejemplo en la página **190** usó la escritura libre para expresar lo que ella hace para mantenerse saludable.

Escritura libre

> Lo que hago por mi salud. Hmm. Bueno, trato de comer cosas buenas y camino hasta la escuela. Eso es bueno, salvo cuando comienza a llover. También bebo mucha agua. Eso es algo bueno. La mayoría de las personas ni siquiera piensan en . . .

Escribe libremente. Escribe libremente sobre cosas que haces para mantenerte saludable. Continúa escribiendo hasta que encuentres un tema para tu párrafo.

Recopilar razones

Ahora que escogiste un tema, debes escribir una opinión sobre él y dar razones que apoyen tu opinión. La escritora del párrafo de ejemplo usó un diagrama en forma de tabla.

Diagrama en forma de tabla

Opinión

Los jóvenes deberían beber más agua y menos refrescos.

Razones de apoyo

| Los refrescos contienen azúcar, cafeína y productos químicos. | Debemos beber medio galón de agua por día. | Se evita la deshidratación y la insolación. |

Recopila razones que apoyen tu opinión. Haz un diagrama en forma de tabla como el anterior. En la parte superior de la tabla escribe tu opinión y usa la palabra *deberían*. Luego escribe razones que apoyen tu opinión en las columnas de la tabla.

Hacer un borrador Hacer el primer borrador

Las siguientes pautas te pueden ayudar a persuadir al lector. Comienza con una oración que establezca tu opinión o postura. Recuerda usar la palabra *deberían*. Escribe oraciones de apoyo que incluyan evidencia detallada y relevante para mostrar un razonamiento sólido. Termina con una oración en la que vuelvas a exponer tu opinión en forma de orden o de *llamado a la acción*.

Escribe el primer borrador. Usa las pautas anteriores para escribir el párrafo. Conecta tus ideas con frases y palabras de transición.

Revisar Mejorar el párrafo

Cuando revises el párrafo, verifica que *el enfoque y la coherencia, la organización, el desarrollo de las ideas* y *la voz* sean los adecuados.

Revisa el párrafo. Hazte las siguientes preguntas.

1 ¿Está el párrafo enfocado en la idea principal?

2 ¿Es la evidencia relevante y detallada?

3 ¿Es el razonamiento lo suficientemente sólido para persuadir a los lectores?

4 ¿Es la voz la apropiada para el público?

Corregir Comprobar que se respeten las convenciones

Cuando corriges el párrafo, debes enfocarte en las *convenciones*.

Corrige y mejora tu trabajo. Responde estas preguntas.

1 ¿Comienza cada oración con una letra mayúscula e incluye puntuación de apertura y de cierre?

2 ¿He revisado la ortografía?

3 ¿Están todas las oraciones completas con el sujeto y el verbo?

4 ¿Están las oraciones escritas de forma clara y correcta?

Escritura persuasiva
Ensayo persuasivo

George Washington sabía cómo luchar por la independencia, pero no sabía cómo luchar contra las caries. Nadie en aquel entonces lo sabía. Washington fue una de las muchas personas que perdieron todos sus dientes en aquellos días.

Hoy en día las personas saben mucho más sobre cómo mantenerse saludables. En este capítulo escribirás sobre un tema relacionado con la salud. Pero por supuesto, por muy persuasivo que seas, ¡ya es demasiado tarde para salvar los dientes del presidente Washington!

Pautas para escribir

Tema:	Un tema relacionado con la salud
Propósito:	Expresar una opinión
Forma:	Ensayo persuasivo
Público:	Tus compañeros

 5.19

 # Comprender el objetivo

Tu objetivo en este capítulo es escribir un ensayo persuasivo sobre la salud. Las siguientes pautas te ayudarán a lograrlo. Consulta la rúbrica, o pauta de calificación, en las páginas **34** y **35** para mejorar tu redacción.

Enfoque Y coherencia

Escoge un tema relacionado con la salud que sea importante para los niños. Escribe una introducción que capte la atención del público para establecer tu opinión o postura, y un final que lleve a la acción.

Organización

Organiza tus ideas de forma tal que logres convencer a los lectores de que estén de acuerdo con tu opinión. Usa palabras de transición para ayudar a los lectores a pasar de una idea a la siguiente.

Desarrollo de las ideas

Escoge razones y usa detalles específicos que resulten atractivos y emocionantes para los lectores.

Voz

Mantén la atención de los lectores a lo largo de todo el ensayo. Usa una voz que suene original y que exprese tu personalidad.

Convenciones

Los errores en la redacción pueden debilitar tus esfuerzos para persuadir a los lectores. Usa oraciones completas. Comprueba que la gramática, el uso de las letras mayúsculas, la puntuación y la ortografía sean correctas.

 **Conexión con la literatura:** Encontrarás ejemplos de escritura persuasiva en *Mamá, quiero ser ecologista*, de César Barba y José Luis Gallego.

Ensayo persuasivo

El siguiente ensayo persuasivo explica la opinión o postura de Lidia sobre la higiene dental. Las notas laterales indican qué dice cada parte del ensayo.

Dientes blancos como perlas

Comienzo
El comienzo capta la atención del lector y establece la opinión o postura (subrayado).

George Washington tuvo muchos triunfos en su vida, pero sus propios dientes fueron su principal derrota. En aquellos días, muchas personas perdían todos sus dientes. No comprendían la higiene dental como lo hacemos ahora. Por el bien de sus dientes, las personas deberían cepillarlos, limpiarlos con hilo dental y comer bien todos los días.

Lo más importante que las personas deberían hacer por sus dientes es cepillarlos. El cepillado elimina los pedacitos de comida que alimentan a las bacterias. El cepillado también ayuda a eliminar la placa, que es donde viven las bacterias. Algunas pastas dentales pueden incluso evitar la acumulación de sarro o minerales en los dientes. Una persona debería cepillar sus dientes después de cada comida para evitar la aparición de caries.

Desarrollo
Cada párrafo intermedio apoya la opinión de la escritora con razones sólidas.

Además, las personas deberían usar hilo de seda dental para mantener sus dientes limpios. La limpieza con hilo dental elimina los restos de alimentos y la placa. Evita que se forme sarro entre los dientes. También ayuda a mantener las encías limpias para que no sangren ni se enfermen. Las personas deberían usar hilo dental al menos una vez por día.

Desarrollo
Los párrafos de apoyo enumeran las razones sólidas en orden, de la más importante a la menos importante.

Otra cosa importante que las personas deberían hacer para mantener sus dientes fuertes es llevar una dieta sana. Por ejemplo, la leche y el queso les dan a los dientes el calcio que necesitan para estar fuertes. Las frutas y las verduras ayudan porque son fuentes de vitaminas A y D. Por otro lado, los alimentos dulces producen caries en los dientes. Las personas que quieren tener dientes fuertes deberían comer correctamente.

Final
El final da una orden o llamado a la acción.

Si las personas siguen este consejo, podrán tener una excelente dentadura durante toda su vida. ¡Esto es un triunfo que ni George Washington pudo lograr!

Responde a la lectura. Responde las siguientes preguntas sobre el ensayo de ejemplo en una hoja aparte. Coméntalas con un compañero.

■ **Organización** (1) ¿Qué palabras o frases de transición en la oración temática ayudan a mostrar la importancia de cada razón?

■ **Desarrollo de las ideas** (2) ¿Qué detalles usa el escritor para dar un razonamiento sólido? Menciona dos.

■ **Voz** (3) Busca por lo menos cuatro casos en los que se use la palabra *deberían*. ¿Cómo ayuda esta palabra a que la redacción suene persuasiva?

Prepararse ¡En línea!

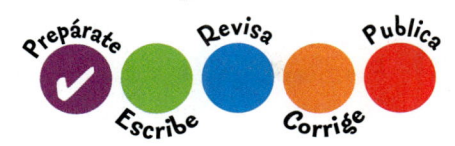

El proceso de escritura comienza con los pasos preparatorios que aparecen a continuación. La preparación comienza cuando piensas en el tema sobre el que vas a escribir y termina cuando estás listo para hacer tu primer borrador.

Claves para prepararte para escribir

1. **Escoge** un tema sobre el cual tengas una opinión formada.

2. **Recopila** razones sólidas para apoyar tu opinión.

3. **Piensa** en el orden en el que presentarás tus razones.

4. **Escribe** una oración que establezca tu opinión o postura y las oraciones temáticas.

5. **Crea** una lista organizada de razones y detalles.

Prepararse Escoger un tema

Primero, deberás escoger un tema relacionado con la salud. Julia usó un diagrama de líneas para encontrar un tema relacionado con la salud.

Diagrama de líneas

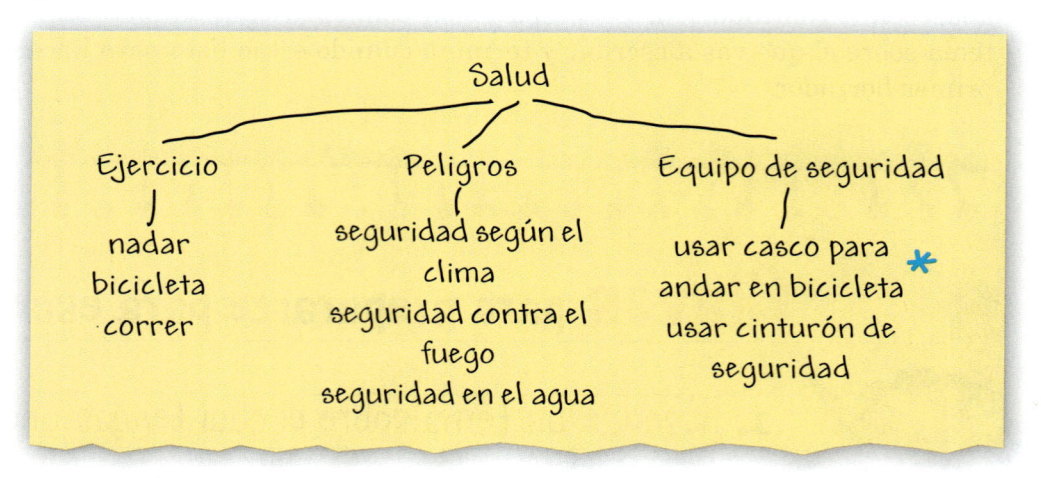

Salud

Ejercicio
- nadar
- bicicleta
- correr

Peligros
- seguridad según el clima
- seguridad contra el fuego
- seguridad en el agua

Equipo de seguridad
- usar casco para andar en bicicleta *
- usar cinturón de seguridad

Prepárate

Haz un diagrama de líneas. Usa el ejemplo anterior como modelo para crear tu propio diagrama de líneas. Sigue los siguientes pasos.

1 Escribe "Salud" en la parte superior del diagrama.

2 A continuación, escribe tres categorías relacionadas con la salud. Puedes usar las anteriores u otras, como "Dietas", "Higiene", "Normas de seguridad" o "Enfermedades".

3 Luego escribe cosas específicas que las personas deberían hacer para estar más saludables. Pon un asterisco (*) al lado del tema sobre el que te gustaría escribir.

Escritura en Texas

Enfoque en las características de la Escritura en Texas

Desarrollo de las ideas Tu tema es algo que la gente debería hacer para estar saludable. La palabra *debería* convierte esta oración en una opinión. Escoge un tema que puedas apoyar con tres razones sólidas. Comenta tu elección con un compañero.

Recopilar evidencia detallada y relevante

Debes recopilar evidencia para apoyar tu postura. La evidencia debe ser detallada y relevante. La evidencia es detallada cuando incluye datos, ejemplos y anécdotas. La evidencia es relevante cuando está enfocada en la idea principal. Julia usó un gráfico en forma de T para expresar su postura y la evidencia.

Gráfico en forma de T

Opinión	Evidencia
Creo que... las personas que andan en bicicleta siempre deben usar casco.	Porque . . . –las heridas por accidentes de bicicleta le cuestan mucho dinero a nuestro país. –los cascos previenen las lesiones en el cerebro. –los cascos previenen las lesiones en el cuello. –los cascos salvan vidas.

Prepárate

Crea un gráfico en forma de T. Usa el ejemplo anterior como modelo. En la columna de la izquierda, expresa tu opinión. En la derecha, haz una lista de evidencia que apoye tu opinión.

Escoger razones sólidas

En un ensayo persuasivo bien organizado se incluyen al menos tres razones sólidas que apoyan la opinión. Julia revisó sus razones y notó que un par de ellas debían ir juntas.

Lista

Razones sólidas
- las heridas por accidentes de bicicleta cuestan mucho dinero
- los cascos salvan vidas
- los cascos previenen las lesiones (cerebro, cuello)

Prepárate

Agrupa tus razones. Revisa tu gráfico en forma de T e intenta agrupar la evidencia en tres o cuatro razones sólidas principales.

TEKS 5.19, 5.20A(viii)

Prepararse
Comprender el orden de importancia

Piensa en la última vez que intentaste convencer a alguien de algo.

> Mi familia debería ir a La Tierra de la Diversión en junio por tres razones.
> En primer lugar, podemos conseguir boletos económicos por medio de la escuela.
> En segundo lugar, a todos nos encanta La Tierra de la Diversión.
> Lo que es más importante, ¡mi cumpleaños es en junio!

Estas tres oraciones intentan persuadir empezando por la razón menos importante hasta la más importante. Las palabras de transición contribuyen a mostrar la organización: "En primer lugar, . . . En segundo lugar, . . . Lo que es más importante,…"

Práctica

Lee la siguiente opinión. Luego relaciona cada transición de la izquierda con una razón de la derecha. Por último, escribe una oración que explique por qué escogiste una determinada razón como la más importante.

Opinión: Las familias deberían hacer simulacros de incendio en sus casas.

Palabras de transición:

1. En primer lugar,

2. Además,

3. Lo que es más importante,

Razones:

a. El humo de los incendios provoca una gran oscuridad en la casa.

b. Los simulacros pueden prevenir heridas graves.

c. Toda la familia debe seguir el mismo plan.

> Organizar tus razones en orden de importancia puede lograr que tu texto suene más persuasivo.

Prepárate

Halla la razón más importante.
Revisa las razones sólidas que escogiste al final de la página 199. Pon un asterisco al lado de la razón que consideras más importante. Luego organiza las otras razones en el mejor orden posible.

Escribir una oración de opinión o postura

A continuación, necesitas escribir una oración que establezca tu opinión o postura. Esta oración aparecerá al final del párrafo inicial.

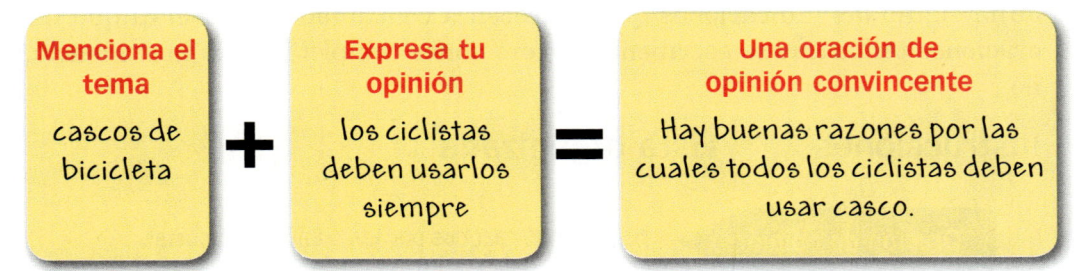

 **Escribe la oración de opinión.** Usa el modelo anterior para escribir la oración de opinión. Debes ser claro, pero también creativo.

Escribir oraciones temáticas

Ahora debes escribir las oraciones temáticas. Cada una debe estar enfocada en una razón sólida que apoye tu opinión. Las palabras de transición pueden ayudarte a organizar estas oraciones por orden de importancia.

Transiciones: de menor a mayor importancia

En primer lugar,	Una razón	Por un lado,
Otra razón	Una segunda razón	Además,
Lo que es más importante,	La razón principal	La razón más importante

Oraciones temáticas

En primer lugar, usar cascos de bicicleta puede ayudar a ahorrar dinero.

Otra razón para usar cascos de bicicleta es que previenen lesiones.

Lo que es más importante, usar cascos de bicicleta puede salvar vidas.

 **Escribe las oraciones temáticas.** Revisa las razones de la página 199. Luego escribe una oración temática para cada una. Usa palabras y frases de transición para mostrar el orden de importancia.

 5.19

Prepararse **Organizar las ideas**

Ahora puedes organizar tu ensayo. Para hacer una lista organizada, Julia siguió las indicaciones que aparecen a continuación. Observa que las oraciones temáticas se escriben como oraciones completas pero la evidencia, no.

Instrucciones

Lista organizada

Oración de opinión

Hay buenas razones por las cuales los ciclistas deberían usar casco.

Primera oración temática

1. En primer lugar, los cascos de bicicleta pueden ayudar a ahorrar dinero.

Evidencia (detalles)

– los accidentes de bicicleta pueden causar lesiones graves
– visitas al médico/hospital
– 81 millones de dólares en costos médicos

Segunda oración temática

2. Otra razón para usar cascos de bicicleta es que previenen lesiones.

Evidencia (detalles)

– 67,000 lesiones en la cabeza al año
– 27,000 estadías en el hospital
– lesiones en el cerebro y el cuello

Tercera oración temática

3. Lo que es más importante, usar cascos de bicicleta puede salvar vidas.

Evidencia (detalles)

– 800 personas/año mueren en accidentes de bicicleta
– la mayoría muere a causa de heridas o lesiones en la cabeza
– los cascos protegen la cabeza

Prepárate

Organiza el ensayo. Haz tu propia lista organizada. Incluye evidencia detallada y relevante para cada razón.

Hacer un borrador

¡En línea!

Prepárate   Escribe   Revisa   Corrige   Publica

En la siguiente etapa del proceso, seguirás los siguientes pasos para escribir el primer borrador. Cuando escribes el primer borrador, vuelcas todas tus ideas sobre el papel (o la computadora).

Claves para hacer un borrador

1. **Escribe** un comienzo y un final atractivos.

2. **Comienza** cada párrafo intermedio con una oración temática e incluye detalles de apoyo.

3. **Escribe** teniendo en mente el propósito, la forma, o género, y el público.
   Pregúntate:
   • ¿Tengo una postura convincente?
   • ¿Son sólidas mis razones?
   • ¿Incluyo detalles y evidencia sólida?

Hacer un borrador **Tener una idea general**

El siguiente gráfico muestra de qué manera las partes de un ensayo persuasivo se basan en una idea para crear una redacción organizada y coherente. Estarás listo para hacer un borrador de tu ensayo una vez que hayas...

- recopilado suficientes detalles y evidencia relevante,
- escrito una oración que establezca la postura y las oraciones temáticas, y
- creado una lista para que te ayude con la organización.

Comienzo

En el comienzo se presenta el tema y se incluye la oración que establece la postura.

Oración que establece la postura

Hay buenas razones por las cuales los ciclistas deberían usar casco.

Desarrollo

Cada párrafo intermedio incluye una razón principal con evidencia. También se deben considerar alternativas.

Oraciones temáticas

En primer lugar, usar cascos de bicicleta puede ayudar a ahorrar dinero.

Otra razón para usar cascos de bicicleta es que previenen lesiones.

Lo que es más importante, usar cascos de bicicleta puede salvar vidas.

Final

El final resume tu opinión y llama a la acción al lector.

Llamado a la acción

Si no usas casco, es hora de que comiences a hacerlo. ¡Puedes comprar un casco nuevo, pero no puedes comprar una cabeza nueva!

Comenzar el ensayo

En el primer párrafo de tu ensayo, debes captar la atención del lector y establecer tu opinión o postura. Aquí tienes cuatro maneras de captar la atención del lector y de armar un ensayo coherente y organizado.

■ **Proporciona información sorprendente.**

En los Estados Unidos, mueren aproximadamente 700 ciclistas en accidentes cada año.

■ **Haz referencia a un experto.**

Los expertos en seguridad afirman que la mayoría de las muertes por accidentes de bicicleta podrían evitarse si todos los ciclistas usaran casco.

■ **Haz una pregunta.**

¿Quién parece más tonto que un niño con casco en una bicicleta?

■ **Sé creativo.**

Es sencillo comprarte un casco nuevo, pero es difícil comprar una cabeza nueva.

Párrafo inicial

Se presenta el tema.

La última oración repite la oración de opinión (subrayada).

¿Quién parece más tonto que un niño con casco en una bicicleta? ¿Qué tal un niño SIN casco en una bicicleta? ¡Correcto! En realidad, usar el casco no es tonto, sino inteligente. Hay buenas razones por las cuales los ciclistas deberían usar casco.

Escribe

Escribe el párrafo inicial. Prueba una de las estrategias anteriores para captar la atención del lector. Luego presenta el tema y escribe la oración de opinión o postura.

Hacer un borrador Elaborar el desarrollo

Cada párrafo intermedio comienza con una oración temática. Las oraciones que siguen apoyan la oración temática con detalles. Puedes usar tu lista organizada como guía.

Conectar las oraciones

Ordena las oraciones de manera coherente, de modo que tengan sentido para el lector. Usa palabras y frases de transición para conectar las oraciones de apoyo de tus párrafos. Estas son las palabras de transición que Julia usó en sus párrafos intermedios.

> Comienzo
>
> ▶ Desarrollo
>
> Final

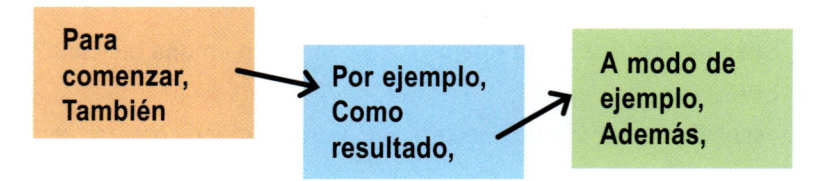

Para comenzar, También → Por ejemplo, Como resultado, → A modo de ejemplo, Además,

Párrafos intermedios

Oración temática 1

Se agregan los detalles de apoyo.

Las transiciones (subrayadas) conectan las oraciones.

Oración temática 2

En primer lugar, usar cascos de bicicleta puede ayudar a ahorrar dinero. <u>Para comenzar,</u> los accidentes de bicicleta ocurren con frecuencia. Algunos tienen como resultado heridas graves o incluso cuidados médicos de por vida para los ciclistas heridos. ¡Los ciclistas heridos que no usan casco generan costos médicos que se estiman en 81 millones de dólares por año! Las demandas, el seguro y la asistencia especial para los ciclistas con lesiones permanentes <u>también</u> elevan los costos anuales a más de dos mil millones de dólares.

Otra razón para usar cascos de bicicleta es que previenen lesiones. <u>Por ejemplo,</u> los accidentes

Los detalles adicionales apoyan la segunda razón.

de bicicleta con frecuencia causan lesiones graves en el cerebro y el cuello. Unos 67,000 ciclistas sufren heridas de algún tipo en la cabeza o el cuello cada año. <u>Como resultado</u>, más de 27,000 ciclistas pasan algún tiempo en el hospital. Miles de esas personas sufren lesiones en el cerebro o el cuello que los limitan seriamente por el resto de sus vidas. Si hubieran usado el casco, se habrían evitado entre el 45 y el 88 por ciento de las lesiones cerebrales.

Oración temática 3

La razón más importante es la que aparece al final.

Lo que es más importante, usar cascos de bicicleta puede salvar vidas. <u>A modo de ejemplo</u>, cada año, alrededor de 800 ciclistas que se suben a una bicicleta y se dirigen a algún lugar a toda velocidad no regresan a casa. Pierden la vida en accidentes de bicicleta, principalmente debido a las heridas en la cabeza. La mayoría de ellos habrían sobrevivido si hubieran usado casco. ¿Por qué? El exterior duro y el interior acolchado del casco están diseñados para proteger la cabeza. <u>¡Además</u>, protege tu cerebro! La otra alternativa es no usar tu bicicleta pero, ¿no sería más divertido usarla Y estar protegido?

Muestra a los lectores que has considerado alternativas.

Organiza tus párrafos por orden de importancia e incluye detalles de apoyo convincentes.

Escribe

Escribe los párrafos intermedios. Sigue la lista organizada de la página **202**. Usa palabras y frases de transición para conectar las oraciones. Recuerda incluir ideas alternativas posibles.

Hacer un borrador
Terminar tu ensayo: Un llamado a la acción

El final de tu ensayo debe repetir tu opinión o postura. El final también debe pedir al lector que haga algo. Esto se conoce como *llamado a la acción*. Un llamado a la acción usa un verbo en imperativo como "escucha", "deja de lado" o "di no". Aquí tienes tres ejemplos de llamados a la acción.

- ¡Colabora para que el uso del casco sea obligatorio en todos los estados!
- Regresa a salvo de tu paseo: ¡Usa el casco!
- ¡Di "sí" a la seguridad y usa el casco!

En el párrafo final, Julia continúa desarrollando sus ideas para completar un ensayo organizado y coherente. En él, incluye un llamado a la acción convincente y también conecta con el lector con un giro inesperado, basado en evidencia adicional.

Párrafo final

Se hace un llamado a la acción.

Se da al lector algo en que pensar.

Si no usas casco, es hora de que comiences a hacerlo. Si lo usas y tienes un accidente en el que te golpeas la cabeza, reemplaza el casco inmediatamente. Hasta un pequeño golpe puede dañarlo. Si no usas casco, un golpe leve puede dañar seriamente tu cabeza. ¡Puedes comprar un casco nuevo, pero no puedes comprar una cabeza nueva!

Escribe

Escribe el final. Continúa desarrollando tus ideas, crea un llamado a la acción y proporciona al lector un pensamiento final interesante.

Escribe un primer borrador completo. Si es necesario, escribe una copia completa de tu ensayo. Escribe dejando una línea de por medio para tener lugar para los cambios que realices al revisar.

Revisar

En esta etapa del proceso, seguirás los siguientes pasos para revisar tu trabajo. Cuando lo hagas, verifica que *el enfoque y la coherencia, la organización, el desarrollo de las ideas* y *la voz* de tu ensayo sean los adecuados.

Claves para revisar

1. **Lee** tu ensayo en silencio.

2. **Pregúntate** lo siguiente:
   - ¿Apoya mi propósito la introducción que escribí?
   - ¿Está organizado mi ensayo persuasivo?
   - ¿He convencido al público para que actúe?

3. **Revisa** el enfoque y la coherencia, la organización, el desarrollo de las ideas y la voz.

 **Revisar:**  **y**

Para revisar *el enfoque y la coherencia* de tu ensayo, verifica si el significado de tu ensayo es claro y si tus ideas están bien conectadas unas con otras. Recuerda que un ensayo persuasivo intenta persuadir al público para que crea en tu opinión o postura. Para mantener el enfoque en tu ensayo, agrega oraciones significativas y elimina las que no apoyen tu opinión.

¿Mis ideas están claramente conectadas entre sí y con la idea principal?

La respuesta es afirmativa SI, cuando vuelves a leer tu ensayo, no hay detalles u oraciones que te distraigan de la idea principal.

Práctica

Lee el siguiente párrafo y halla la oración que podría distraer a los lectores de la idea principal del ensayo.

La actitud de una persona puede determinar su salud general. Los optimistas esperan que pasen cosas buenas y sus expectativas a menudo se hacen realidad. ¿Por qué es así? Las personas normalmente encuentran lo que buscan. La mayoría de las personas han oído decir que la risa es la mejor medicina, pero los médicos lo han comprobado. Los médicos han descubierto que los pacientes que tienen pensamientos positivos se curan más rápido. Por lo tanto, todos deberíamos intentar ser más optimistas.

Revisa el enfoque. Lee tu ensayo para buscar las oraciones que podrían distraer la atención del lector de tu idea principal. Agrega o elimina oraciones para fortalecer el enfoque de tu opinión y clarificar el significado.

¿He logrado que la introducción y la conclusión sean significativas y apoyen la idea principal?

¿Establece la introducción de tu ensayo tu opinión o postura? ¡Muy bien! Entonces, has logrado una introducción significativa. ¿Vuelves a exponer tu opinión de forma coherente con el resto del ensayo en la conclusión? Entonces, tienes una conclusión que apoya tu idea.

La introducción puede ser más significativa si...

- capta la atención del lector y
- proporciona información que sorprende.

La conclusión puede dar mayor apoyo a tu idea si...

- resume las ideas y
- anima a los lectores a actuar.

Revisa

Elimina el texto innecesario. Lee el ensayo y elimina el texto que no sea significativo o que no apoye tu postura.

Revisión en acción

Cuando Julia volvió a leer la introducción, eliminó un fragmento grande de texto que no era significativo y que podía confundir a los lectores.

¿Quién parece más tonto que un niño con casco en una bicicleta?

¿Qué tal un niño SIN casco en una bicicleta? ¡Correcto! En realidad, usar

el casco no es tonto, sino inteligente. ~~Yo uso un casco rosado cubierto~~

~~de adhesivos. Me parece bonito e impide que mi cabello se despeine.~~ Hay

buenas razones por las cuales los ciclistas deberían usar casco.

 # Revisar la organización

Cuando revisas la *organización* de tu ensayo, revisas el orden de los párrafos y las oraciones.

¿Cómo puedo revisar la organización de los párrafos?

Párrafo inicial

1. ¿Atrae la atención del lector mi primera oración?
2. ¿Incluye el primer párrafo una oración de opinión?

Párrafos intermedios

3. ¿Comienza cada párrafo intermedio con una oración temática clara?
4. ¿Están las oraciones en el orden correcto para que sean significativas?

Párrafo final

5. ¿Tiene el párrafo final un llamado a la acción?

 **Revisa**

Revisa la organización. Ahora hazte las cinco preguntas anteriores. Revisa hasta que puedas responder "sí" a todas ellas.

Revisión en acción

El ejemplo se acerca a la oración temática.

Otra razón para usar cascos de bicicleta es que previenen lesiones. Unos 67,000 ciclistas sufren heridas de algún tipo en la cabeza o el cuello cada año. Por ejemplo, los accidentes de bicicleta con frecuencia causan lesiones graves en el cerebro y el cuello.

¿De qué manera pueden servir las palabras de transición para organizar los párrafos?

Si se escogen cuidadosamente, las palabras de transición ayudan a clarificar el significado y a mejorar el estilo y la organización general de un párrafo. (Consulta también las páginas **515** y **516**).

Práctica

Busca casos en los que se podría mejorar el siguiente párrafo con palabras de transición. Estas son algunas palabras de transición: *también, por ejemplo, finalmente, lo que es más importante.*

Los cinturones de seguridad ofrecen protección en distintas situaciones. Los asientos para niños mantienen a los niños pequeños en su sitio en lugar de que estén trepando encima del conductor. Los pasajeros que usan cinturones de seguridad están protegidos en los caminos con baches y cuando el automóvil se detiene bruscamente. Los cinturones de seguridad impiden que en los accidentes las personas se golpeen la cabeza. Si un automóvil vuelca, los cinturones de seguridad evitan que los pasajeros salgan despedidos del vehículo.

Revisa las palabras de transición. Lee el ensayo y luego agrega las palabras de transición que sean necesarias para conectar las ideas.

Revisión en acción

Observa cómo una palabra de transición conecta las ideas en las oraciones.

El exterior duro y el interior acolchado del casco están diseñados para proteger la cabeza. Además, ¡Protege tu cerebro!

Revisar el desarrollo de las ideas

Cuando revisas el *desarrollo de las ideas,* debes asegurarte de que los ejemplos y detalles apoyen las oraciones temáticas. Como tu propósito es persuadir a los lectores para que estén de acuerdo con tu opinión o postura, ¡los detalles deben ser convincentes!

¿Los detalles apoyan las oraciones temáticas y persuaden al lector?

Los detalles dan apoyo si responden las preguntas "¿Cómo?" o "¿Por qué?". Observa cómo estos detalles son persuasivos y apoyan la oración temática (subrayada).

En primer lugar, nadar es bueno para la salud en general. (¿Cómo?) Ejercita el corazón y los pulmones del nadador. Esto es lo que se conoce como ejercicio cardiovascular. La natación también es buena para las articulaciones. (¿Por qué?) Otros deportes pueden dañar los pies, las rodillas y las caderas, pero la natación no lo hace. (¿Cómo?) Finalmente, la natación fortalece los músculos más importantes del cuerpo: piernas, espalda, estómago y brazos.

Práctica

¿Qué detalles responden las preguntas "¿Cómo?" o "¿Por qué?"? ¿Qué dos detalles no lo hacen?

Oración temática: **Aprender a nadar puede ayudar a prevenir accidentes graves.**

Detalle 1: **Los nadadores experimentados saben que no deben nadar solos.**

Detalle 2: **Las piscinas de natación requieren mucho mantenimiento.**

Detalle 3: **Los buenos nadadores comprenden sus límites y no se sumergen a demasiada profundidad.**

Detalle 4: **El cloro mata las bacterias del agua.**

Vuelve a leer las oraciones temáticas de tu ensayo. Revisa los párrafos para que los detalles apoyen tu propósito al escribir.

¿Incluyo evidencia detallada y relevante?

Así como una mesa necesita al menos tres patas para mantenerse en pie, tu propósito y tus oraciones temáticas necesitan al menos tres evidencias que las apoyen para ser convincentes. Tu evidencia debe ser detallada y relevante. Una evidencia detallada incluye datos, ejemplos y anécdotas. La evidencia es relevante cuando está enfocada en la idea principal.

Práctica

Lee el siguiente párrafo. Decide si la oración temática tiene detalles que la apoyen. Si no es así, piensa en otros detalles que podrían darle más apoyo.

La razón más importante por la cual las personas deberían nadar es la de divertirse en compañía. Los niños pequeños disfrutan jugando a Marco Polo. Los más grandes forman equipos y compiten en distintas pruebas.

Revisa

Revisa la evidencia. Revisa todos los párrafos de apoyo. ¿Tienes al menos tres evidencias detalladas y relevantes que sean convincentes para apoyar cada oración temática? Si no es así, agrega más.

Revisión en acción

Observa que Julia agregó más evidencia detallada y relevante para apoyar su propósito.

Los ciclistas heridos que no usan casco generan ~~enormes~~ que se estiman en 81 millones de dólares por año
costos médicos. Las demandas, el seguro y

la asistencia especial para los ciclistas con lesiones
a más de dos mil millones de dólares
permanentes también elevan los costos anuales.

Revisar la voz

Cuando revisas la *voz,* te concentras en cómo suena tu redacción. Como estás escribiendo para persuadir, puedes usar palabras o frases que tengan un tono serio y convincente para hacer que tu voz sea la adecuada. Las palabras que escoges y cómo las dispones en las oraciones contribuyen a tu estilo de escritura.

¿Uso la voz correcta en mi escritura?

La voz en tu escritura demuestra cómo piensas acerca del tema. Un ensayo persuasivo debe tener una voz seria.

> Palabras como tonto, grave, enojado, confuso, preocupado y entusiasmado describen la voz.

Relaciona las siguientes oraciones con la palabra que mejor describe la voz de la escritura. Luego identifica las palabras que contribuyen a crear la voz en cada oración.

1. No soporto que la gente no se lave las manos.

2. Lavarse las manos previene enfermedades graves.

3. Pon tus manos debajo del chorro de agua y luego sécalas.

4. ¡Muy bien! No te laves las manos. Podrías comer tu comida directamente del suelo también.

5. Incluso el mapache Rufus se lava las manos antes de comer.

a. cursi

b. indiferente

c. indignado

d. serio

e. sarcástico

¿Cómo puedo crear una voz seria y convincente?

Puedes crear una voz más seria y convincente si muestras que crees en tu opinión y que quieres que el lector esté de acuerdo contigo. Si escoges las palabras cuidadosamente, ellas pueden ayudarte a crear esa voz.

Práctica

Encuentra las palabras y frases que ayudan a crear una voz seria y convincente.

Lavarse las manos puede prevenir enfermedades. Sin embargo, ¡una de cada tres personas no se lava las manos después de usar el baño! Cuando esa persona saluda a otra con un apretón de manos, es probable que le transmita gérmenes. Apenas 30 segundos en el lavamanos bastarían para que la gente se mantuviera sana.

Revisa

Revisa la voz. Revisa tu borrador para crear una voz seria y persuasiva. Para mejorar el estilo, agrega o elimina palabras u oraciones de modo que el propósito de tu ensayo suene más serio.

Revisión en acción

Es posible lograr que una voz indiferente suene más seria y persuasiva al agregar y eliminar palabras y oraciones. Estos cambios mejoran el estilo de la escritura.

Para comenzar, los accidentes de bicicleta ocurren ~~con frecuencia~~ ~~No hay nada que se pueda hacer al respecto.~~ Algunos tienen como resultado heridas ~~graves~~ ~~extrañas o pueden dejarte arruinado.~~ incluso cuidados médicos de por vida para los ciclistas heridos.

Revisar cómo usar una lista de control

Comprueba tu revisión. Escribe los números del 1 al 8 en una hoja. Si puedes contestar "sí" a una pregunta, haz una marca junto al número. Si no es así, sigue trabajando en esa parte de tu ensayo.

Enfoque y coherencia

_____ **1.** ¿Tiene mi ensayo una introducción que establece mi postura y una conclusión significativa?

_____ **2.** ¿Están conectadas todas las ideas entre sí?

Organización

_____ **3.** ¿Siguen mis párrafos un orden lógico?

_____ **4.** ¿He usado palabras de transición para que el lector pueda pasar de una idea a la siguiente?

Desarrollo de las ideas

_____ **5.** ¿Uso ejemplos y detalles para apoyar mis ideas?

_____ **6.** ¿Logra mi ensayo persuadir a los lectores para que estén de acuerdo con mi idea?

Voz

_____ **7.** ¿He usado una voz seria?

_____ **8.** ¿Expresa mi ensayo mi personalidad y mi punto de vista?

Escribe el texto en limpio. Pide a un compañero o a tu maestro que lean tu ensayo y que te cuenten sus reacciones. Haz todas las revisiones que sean necesarias. Escribe el texto en limpio para corregirlo.

 TEKS 5.15D

Corregir ¡En línea!

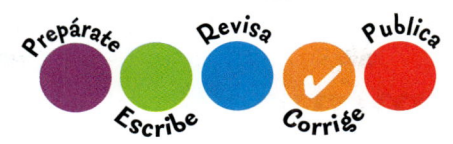

La corrección es un paso importante después de haber revisado el primer borrador. Cuando corriges, te aseguras de que has seguido las normas de la gramática, la estructura de las oraciones, las convenciones mecánicas y la ortografía. Estas normas se llaman "convenciones" de la escritura.

Claves para corregir

1. **Usa** un diccionario, un diccionario de sinónimos y la "Guía del corrector" que está al final de este libro como ayuda.

2. **Corrige** en una copia impresa si usas una computadora. Luego haz los cambios en la computadora.

3. **Usa** las marcas editoriales que están en el interior de la contracubierta de este libro.

4. **Pide** a otra persona que revise tu redacción para comprobar que no haya errores.

 **TEKS** 5.15D, 5.20A(iii)

Corregir para respetar las convenciones

Gramática

Al corregir para respetar las *convenciones*, detectas errores gramaticales. En estas dos páginas aprenderás a usar correctamente los adjetivos y sus formas comparativa y superlativa, así como los sustantivos colectivos.

¿Uso correctamente los adjetivos y sus formas comparativa y superlativa?

Un **adjetivo** es una palabra que describe un sustantivo o un pronombre. (Consulta las páginas **457** a **459**). La **forma comparativa de los adjetivos** compara un sustantivo con otro. Las construcciones comparativas pueden ser:

- **de igualdad:** tan... como   Juan es <u>tan alto como</u> Tomás.
- **de superioridad:** más... que   Juan es <u>más alto que</u> Tomás.
- **de inferioridad:** menos... que   Juan es <u>menos alto que</u> Tomás.

La **forma superlativa de los adjetivos** asigna el grado máximo de la cualidad que expresan a una o varias personas o cosas de manera absoluta o en relación con las demás de un conjunto determinado.

- **sufijo** -ísimo   Juan es <u>altísimo</u>.
- el/la más + adjetivo   Juan es <u>el más alto</u> de la clase.

Algunas formas son irregulares, como en el caso de *bueno* y *malo,* cuyas formas comparativa y superlativa son *mejor/el mejor* y *peor/el peor.*

Práctica de gramática

Vuelve a escribir las oraciones con un adjetivo comparativo o superlativo.

1. María es una persona amable de mi clase.
2. Mi nueva chaqueta polar es colorida.
3. Juana hizo un buen trabajo en su informe.
4. La obra de arte de Lucas es impresionante.

Corrige

Revisa el uso de los adjetivos. Asegúrate de haber usado los adjetivos en sus formas comparativa y superlativa correctamente en tu ensayo. Para encontrar más ayuda, consulta las páginas **458** y **626**.

¿Uso correctamente los sustantivos colectivos?

Los *sustantivos colectivos* designan en singular un conjunto de individuos o cosas de la misma especie. (Consulta la página **604**).

Sustantivos colectivos

Personas: ejército, público, equipo
Animales: enjambre, manada, bandada, rebaño
Cosas: arboleda, pinar, ramo

Práctica de gramática

Usa la lista anterior para escribir el sustantivo colectivo que se corresponde con cada una de las siguientes descripciones.

1. manojo de flores
2. conjunto de personas que concurren a un lugar determinado para asistir a un espectáculo
3. grupo de animales que viven en una colmena y fabrican miel
4. bosque de pinos
5. grupo de animales que vuelan juntos

Corrige

Revisa los sustantivos colectivos. Asegúrate de que has usado correctamente los sustantivos colectivos en tu ensayo.

Aprendizaje del lenguaje

Los sustantivos colectivos se pueden usar para simplificar y clarificar una oración. Lee las siguientes oraciones. Coméntale a un compañero de qué manera se puede cambiar cada oración para incluir un sustantivo colectivo en ella.

Las personas que miraban la obra aplaudieron con entusiasmo.
Los jugadores de fútbol practicaron mucho antes del partido.
Un conjunto de loros atravesó el cielo.

Estructura de las oraciones

Cuando corriges la *estructura de las oraciones*, debes mejorar las oraciones poco fluidas y corregir errores como las oraciones seguidas.

¿Cómo puedo mejorar las oraciones poco fluidas?

Una oración poco fluida es una oración corta que no contiene mucha información. Una manera de mejorar una oración poco fluida consiste en hacerse las cinco preguntas (*quién, qué, cuándo, dónde, por qué*) y agregar detalles para contestarlas.

Los ciclistas deben aprender las normas.

¿Cuándo?	**Antes de salir,** los ciclistas deben aprender las normas.
¿Dónde?	Antes de salir, los ciclistas deben aprender las normas **en un entrenamiento para ciclistas.**
¿Por qué?	Antes de salir, los ciclistas deben aprender las normas en un entrenamiento para ciclistas **para circular de forma segura.**

Práctica

Agrega detalles para mejorar las siguientes oraciones poco fluidas.

1. Las bicicletas necesitan mantenimiento.
2. Las normas son importantes.
3. Los ciclistas deben hacer señales.
4. Las luces reflectantes mejoran la visibilidad.
5. Los ciclistas deben usar ropa de seguridad.

Corrige

Mejora las oraciones poco fluidas. Contesta alguna de las cinco preguntas (*quién, qué, cuándo, dónde, por qué*) para mejorar las oraciones poco fluidas de tu ensayo.

¿Cómo puedo corregir las oraciones seguidas?

Una oración seguida son dos oraciones escritas juntas donde la puntuación es incorrecta o donde falta la palabra que las conecta. (Consulta también la página **471**).

Las luces reflectantes hacen visibles a los ciclistas usar ropa de colores vivos también ayuda.

Puedes corregir una oración seguida si formas dos oraciones con ella.

Las luces reflectantes hacen visibles a los ciclistas. Usar ropa de colores vivos también ayuda.

También puedes convertir una oración seguida en una oración compuesta.

Las luces reflectantes hacen visibles a los ciclistas, y usar ropa de colores vivos también ayuda.

Práctica

Divide las siguientes oraciones seguidas para formar dos oraciones. Luego conviértelas en oraciones compuestas. (Consulta la página **634** para ver una lista de conjunciones coordinantes).

1. Las señales hechas con las manos son fáciles de aprender alertan a los conductores.

2. Las bicicletas tienen preferencia de paso los ciclistas deben tener cuidado con el tráfico.

Corrige

Corrige las oraciones seguidas. Lee tu ensayo y busca oraciones seguidas. Si las encuentras, usa uno de los métodos anteriores para corregirlas.

Corrección en acción

Se corrigió la siguiente oración.

Si no usas un casco, es hora de que comiences a hacerlo. si
lo usas y tienes un accidente en el que te golpeas la cabeza,
reemplaza el casco inmediatamente.

Corregir Cómo usar una lista de control

Corrige

Revisa tus correcciones. Escribe los números del 1 al 10 en una hoja. Si puedes contestar "sí" a una pregunta, haz una marca junto al número. Si no es así, sigue trabajando en esa parte de tu ensayo.

Convenciones

GRAMÁTICA

_____ **1.** ¿Uso correctamente las formas comparativa y superlativa de los adjetivos?

_____ **2.** ¿Uso sustantivos colectivos cuando es apropiado?

CONVENCIONES MECÁNICAS

_____ **3.** ¿Uso puntuación de apertura y de cierre en todas las oraciones?

_____ **4.** ¿Uso una coma después de los grupos de palabras introductorias?

_____ **5.** ¿Empiezo todas las oraciones con letra mayúscula?

_____ **6.** ¿Empiezo con mayúscula todos los nombres (sustantivos propios)?

ESTRUCTURA DE LAS ORACIONES

_____ **7.** ¿Mejoré las oraciones poco fluidas?

_____ **8.** ¿Corregí las oraciones seguidas?

ORTOGRAFÍA

_____ **9.** ¿Escribí correctamente todas las palabras?

_____ **10.** ¿Revisé todas las palabras que la función de verificar la ortografía pudiera haber pasado por alto?

Crear el título

Usa una de estas sugerencias para escribir el título.

■ Sé creativo: **Obreros de la bicicleta, ¡únanse!**

■ Usa un dicho común: **¡Usa la cabeza!**

■ Repite un sonido: **Ciclismo con conciencia**

Publicar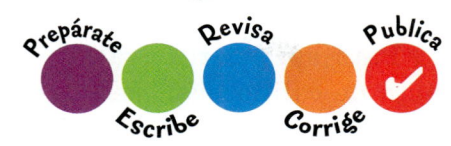

Ahora que has terminado de corregir tu ensayo, es hora de que escribas la versión final para presentarlo. También puedes incluir una versión en tu portafolio, hacer un cartel o enviar tu ensayo al boletín informativo de tu escuela.

Presentación

- Usa tinta azul o negra y escribe con letra clara.
- Escribe tu nombre en el extremo superior izquierdo de la primera página.
- Deja un renglón y escribe el título en el centro; deja otro renglón y comienza a escribir.
- Deja sangría en todos los párrafos y un margen de una pulgada a cada lado.
- Escribe tu apellido y el número de página en el extremo superior derecho de cada página después de la primera.

Crea un cartel

Convierte tu llamado a la acción en un eslogan y diseña un cartel con él.

¡En línea!

Sube tu ensayo persuasivo al Internet para que otras personas lo lean.

Agrégalo a tu portafolio

Escribe la versión final del ensayo en limpio para tu portafolio de escritura. Incluye una hoja de análisis. (Consulta la página **232**).

 **Publica**

Escribe la versión final. Sigue las instrucciones de tu maestro o usa las pautas anteriores para crear el formato de tu ensayo. (Si usas una computadora, consulta las páginas **44** a **46**). Escribe en limpio la versión final.

Evaluar un ensayo persuasivo

Para aprender a evaluar un ensayo persuasivo, usarás la rúbrica, o pauta de calificación, de las páginas **34** y **35** y los ensayos que están a continuación. Hay un ejemplo para cada calificación de la tabla.

A medida que leas los ensayos, piensa en las características de una buena escritura persuasiva. ¿Está correctamente establecida la opinión o postura del escritor? ¿Se da en cada párrafo evidencia y una razón sólida para apoyar esa opinión? ¿Considera el escritor la postura opuesta sobre el tema? ¿El final resume el ensayo e incluye un llamado a la acción? No te olvides de pensar en la calidad general de la redacción.

Una redacción con una calificación de 4 es muy buena.

Un comienzo creativo incluye una oración de opinión enfocada.

Los pensamientos y las razones fluyen naturalmente.

Toma cinco minutos para estirarte

Cuando comencé a correr con mi mamá, ella siempre me hacía estirar los músculos. "¿Por qué tengo que perder el tiempo estirando?", le pregunté. Mi mamá me dijo que el estiramiento me convierte en un mejor corredor. Los atletas deben estirarse para mejorar su desempeño y mantener la salud de sus músculos.

Pero si no tienes tiempo para hacer ejercicio, es posible que también te sea difícil encontrar tiempo para estirarte. Los corredores atareados posiblemente quieran llegar al pavimento y comenzar a correr. Después de todo, ¿el estiramiento realmente vale la pena?

En realidad, sí. El estiramiento es diferente a correr y tiene muchos beneficios. Antes de correr o hacer ejercicio, las personas deben estirarse para que sus cuerpos estén listos para moverse. El estiramiento permite calentar los tendones y favorece la circulación. También da más flexibilidad a las articulaciones.

Otra razón importante para estirar es que el estiramiento evita que uno se lastime, o te ayuda si estás lastimado. Los músculos que están fríos pueden acalambrarse. Eso no es nada divertido. Por otra parte, si tus articulaciones no están preparadas para moverse, pueden torcerse o incluso puedes sufrir un esguince. Si te lastimas mientras haces ejercicio, la sangre adicional que fluye a causa del estiramiento puede ayudar a que los músculos se recuperen más rápido.

Las ideas se apoyan con evidencia y un razonamiento sólido.

La razón más convincente para estirar es que el estiramiento ayuda a ¡simplemente sentirse mejor! Esto sucede porque el estiramiento mejora la amplitud de movimiento y el equilibrio y alarga los músculos. Si tus piernas están flexibles y tus músculos están estirados, podrás dar pasos más largos cuando corres. Los músculos de tus brazos estarán más tonificados y listos para levantar cargas más pesadas. Tu cuerpo trabajará más eficientemente. ¡El estiramiento te puede ayudar a terminar una sesión de ejercicios más larga, a correr más rápido o a levantar más peso!

Buen dominio de las convenciones

El estiramiento te ayuda incluso si no haces ejercicio. Piensa en cómo se sienten tus músculos cuando estás preocupado o estresado. Pueden sentirse tensos o acalambrarse. La próxima vez intenta estirar esos músculos lentamente. Esto puede mejorar tu estado anímico y ayudar a relajarte. Entonces podrás hacer frente a los problemas con una actitud más positiva.

El final incluye un comentario personal y un llamado a la acción.

La primera vez que comencé a correr con mi mamá pensé que los corredores profesionales eran buenos por sus calzados especiales. En realidad, son geniales por el entrenamiento que hacen, en el cual siempre incluyen estiramientos. Por lo tanto, no te olvides de estirar tus músculos. Te ayudará a sentirte mejor, a evitar que te lastimes, a mejorar tu rendimiento y a relajarte.

Una redacción con una calificación de 3 es bastante buena.

3

Lee detenidamente las etiquetas

¿Sueles leer las etiquetas de información nutricional de los alimentos? Admítelo. Es más divertido leer sobre los concursos o jugar a los juegos que aparecen en la parte de atrás del envase, mirar los dibujos o leer sobre el sabroso gusto que tiene el alimento. Pero esa aburrida etiqueta de información nutricional es la parte más importante del alimento que consumirás. Todos debemos leer las etiquetas de información nutricional para asegurarnos de que lo que comemos es correcto.

El número que aparece en la parte superior de la etiqueta es más importante de lo que parece porque es la porción. Es algo importante que todos debemos saber. De otra manera, podrías pensar que es saludable comer un paquete de galletas, cuando lo que comes en realidad ¡son cuatro porciones completas! Mira la porción en la etiqueta y multiplica ese número por cuatro. ¡Eso es lo que comiste!

Ahora mira la lista de ingredentes. Si un ingrediente aparece primero, segundo o tercero en la lista, significa que hay mucho de él en el alimento. Ten cuidado con el azúcar, porque a veces aparece con otros nombres, como jarabe de maíz, sacarosa o glucosa. Si la cantidad de una de estas sustancias es alta, estás frente a un alimento muy azucarado y probablemente no deberías comer mucho. Ten cuidado porque algunos cereales que se consumen en el desayuno pueden ser muy azucarados.

Para ser un consumidor inteligente, debes observar los porcentajes. Lee con mucho cuidado toda la información que figura en la parte de arriba, como calorías, grasas, colesterol y sodio. Todos ellos pueden

Comienzo que capta la atención con una oración de opinión enfocada

Pocos errores en las convenciones

La mayoría de los párrafos se desarrollan con ejemplos bien pensados.

ser malos si consumes demasiado. Un paquete de patatas fritas puede representar el diecisiete por ciento de la grasa que debes consumir en un día. ¡Es demasiado! Los porcentajes son bastante fáciles de leer porque en total suman cien. Toma poco tiempo sacar la cuenta y decidir si algo es bueno o no para uno.

Información repetida o fuera de lugar

Leer las etiquetas de información nutricional incluso puede ayudarte a encontrar alimentos adecuados para ti. Puedes descubrir un beneficio oculto en tus alimentos favoritos. Los mejores alimentos tienen muchas vitaminas; busca especialmente las vitaminas A y C. También busca alimentos con mucha fibra, hierro y calcio. Por ejemplo, la leche es rica en calcio. Beberla regularmente favorece a los huesos y los músculos. Por lo tanto, acompaña tu desayuno con un buen vaso de sabrosa leche.

Las etiquetas de información nutricional son muy útiles si quieres comparar diferentes alimentos. Te pueden ayudar a comparar algunos alimentos como el yogur o las patatas fritas. ¿Cómo puedo darme cuenta de qué patatas fritas son mejores? Las puedes comparar. Mira los números y los ingredientes y decide cuál es mejor. Así es como se comparan los productos.

El final resume las ideas clave y tiene un llamado a la acción.

La próxima vez que vayas a una tienda de comestibles o te sientes a comer, mira el otro lado del envase y lee los números, los porcentajes y los ingredentes. Saca cuentas y descubre qué secretos oculta ese alimento. Esos números pueden darte mucha información sobre el alimento que pronto estará dentro de ti.

Una redacción con una calificación de 2 es relativamente buena.

Sé un buen reciclador

Voz directa y apasionada

No seas desordenado y perezoso cuando recicles. Eso es de mala educación para con las personas que trabajan en la planta de reciclaje. También es poco económico. Si una clase de objeto reciclado se mezcla con otro de otra clase, ese otro ya no se puede reciclar más.

La repetición no es efectiva.

El reciclado va a una planta donde se reciclan diferentes cosas. Con el plástico se pueden hacer botellas o envases. Con el papel, papel nuevo. Con el cartón, nuevo cartón. No queremos quedarnos sin recursos. Es por eso que reciclamos.

La evidencia necesita más desarrollo.

Algunas personas tiran todas las cosas para reciclar juntas. Yo vi a mi hermana tirar una lata de gaseosa en la caja para periódicos, y muchas plantas no aceptan papel mojado porque no tienen personas que lo revisen para reciclar. Entonces ese papel se desaprovecha y no se puede usar otra vez. Probablemente.

Las ideas no están organizadas claramente.

Es por eso que tenemos diferentes cubos para las distintas clases de reciclaje, y las personas que reciclan no quieren ocuparse del papel que está cubierto con una asquerosa y pegajosa soda. No quieren abrir un cesto de periódicos y encontrarse con vidrios rotos. ¡Eso sería peligroso!

Varios errores en las convenciones

Esta es la razón por la que es importante reciclar y porqué es importante mantener separados a los productos. Las personas deven mirar donde ponen las cosas para reciclar. Deven prestar atención. No seas como mi hermana.

Una redacción con una calificación de 1 es pobre.

¡Ten cuidado con el sol!

Adivina que. ¡Es hora de ir a la playa! Es importante mantenerse a salvo del sol. La arena también es muy divertida, y algunas veces nadamos en el mar. Pero el sol siempre está allí, y ¡debes tener cuidado con él!

El sol puede quemarte. Una vez mi pantalla solar se fue con el agua. Me puse tan colorado que estaba del color de mi traje de baño. Ni siquiera podía sentarme en una silla mi espalda estaba tan quemada. Cada vez que me movía, me dolía todo. Luego mi piel se peló también empesó a picarme y comenzó a sangrar cada vez que me rascaba. Lamenté mucho no haberme puesto pantalla solar ese día. ¡Ojalá habría ido al cine en vez de ir a la playa!

Pienso que mis gafas de sol también son importantes. Las mías son estupendas. Me protegen. Me gusta usarlas en la playa.

Entiendo porque a las personas no les gusta usar pantalla solar. Creo que es pegajosa y grasosa. ¡Y a veces queda algún lugar sin cubrir, también! Tampoco me gusta usar sombrero me desordena el cabello. ¡A veces mi mamá me hace usar una camisa blanca encima del traje de baño!

La playa es divertida, pero tienes que ser cuidadoso. A veces veo personas en el agua que no saben nadar muy bien y pienso que eso ¡da un poco de miedo!

Carece de enfoque y de razonamiento sólido.

Muchos errores en las convenciones

La evidencia no apoya las ideas.

Las ideas no están relacionadas entre sí.

Evaluar y analizar tu redacción

Ahora que has terminado tu ensayo persuasivo, tómate un momento para analizar el trabajo que has hecho. En una hoja aparte, completa los inicios de oración que están a continuación. Para calificar la redacción, consulta la rúbrica, o pauta de calificación, que se encuentra en las páginas **34** y **35** y los ejemplos que acabas de leer.

Mi ensayo persuasivo

1. La mejor calificación para mi ensayo persuasivo es . . .

2. Es la mejor calificación porque . . .

3. La mejor parte de mi ensayo es . . .

4. La parte que aún debo mejorar es . . .

5. Lo más importante que aprendí acerca de la escritura persuasiva es . . .

Escritura persuasiva
Conexión con otras materias

La mayoría de los periódicos tienen una página editorial, es decir, una página donde se expresan opiniones acerca de temas o hechos actuales.

En esta sección, escribirás una opinión o un editorial propio. Quizás hayas notado que se necesita más apoyo comunitario para los programas de reciclaje. Tal vez el gobierno de tu ciudad planea cerrar tu parque favorito. Un editorial te permite dar tu opinión acerca de cosas que están sucediendo a tu alrededor.

También tendrás la oportunidad de practicar otras formas de escritura persuasiva, e incluso de prepararte para escribir de manera persuasiva en una prueba.

A continuación

- **Ciencias:** Escribir un editorial
- **Estudios sociales:** Crear un folleto
- **Escritura práctica:** Hacer un borrador de una carta persuasiva
- **Evaluación:** Escribir para la evaluación de Texas

Ciencias: Escribir un editorial

Un editorial establece una opinión o postura acerca de un tema de actualidad. El siguiente editorial fue escrito por Akim y publicado por el periódico local.

Comienzo
Se presenta el tema y la oración de opinión (subrayada).

Desarrollo
Los párrafos intermedios apoyan la opinión del autor y también ofrecen una alternativa.

Conclusión
El último párrafo resume la opinión.

Más allá de los botes de basura

La mayoría de las personas en Elmwood reciclan. Separan los residuos según sean de papel, plástico, metal o vidrio y los colocan en los recipientes adecuados. Sin embargo, el reciclaje no debe finalizar cuando arrojamos cosas en los recipientes de reciclaje.

Las personas deberían comprar artículos que puedan volver a usarse para ayudar al medioambiente. Por ejemplo, si una familia de cuatro integrantes usa servilletas de papel dos veces al día, ¡eso es el equivalente a 2,920 servilletas por año! En lugar de usar servilletas de papel, las familias deberían usar servilletas de tela lavables.

Las personas también deberían comprar productos reciclados. De ese modo no habría razón para reciclar. La vestimenta y el calzado pueden hacerse con materiales reciclados.

Finalmente, las personas deberían disminuir la cantidad de residuos. Una comida rápida puede llegar a incluir una bolsa, una caja, un vaso descartable, un popote, servilletas y otros envoltorios. Una alternativa es traer el almuerzo desde casa en envases que pueden volver a usarse. Las comidas caseras son más amables con el medioambiente.

Reciclar no se trata solamente de llenar recipientes. Las personas también deben comprar artículos y productos que puedan volver a usarse hechos con materiales reciclados. También es necesario que disminuyan la cantidad de residuos. Si todos adoptamos algunos hábitos nuevos de reciclaje, ayudaremos a salvar nuestro planeta.

Prepararse Escoger un tema

Una manera de hallar un tema para un editorial es leer un periódico. Después de hallar los titulares interesantes, Akim escribió una opinión sobre cada uno.

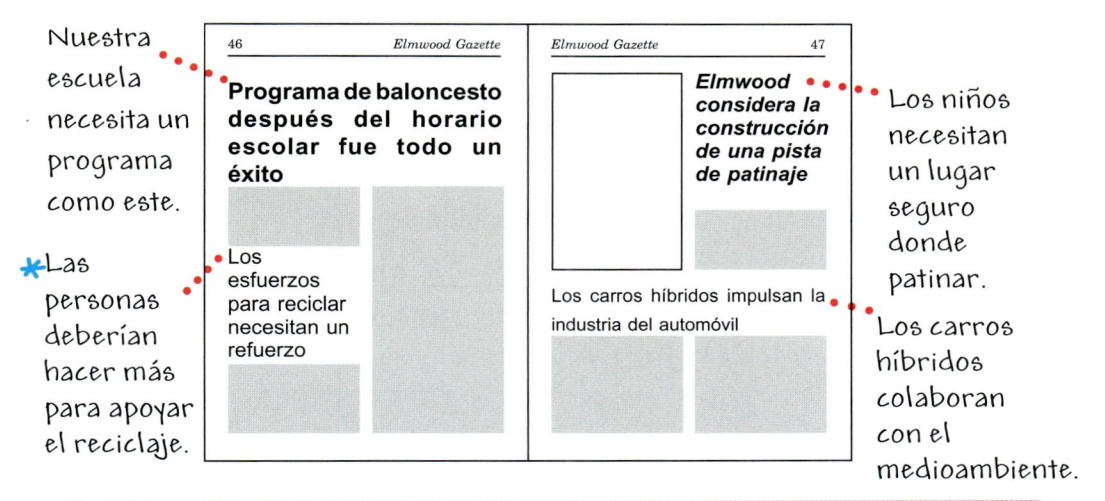

Nuestra escuela necesita un programa como este.

✳Las personas deberían hacer más para apoyar el reciclaje.

46   *Elmwood Gazette*

Programa de baloncesto después del horario escolar fue todo un éxito

Los esfuerzos para reciclar necesitan un refuerzo

Elmwood Gazette   47

Elmwood considera la construcción de una pista de patinaje

Los carros híbridos impulsan la industria del automóvil

Los niños necesitan un lugar seguro donde patinar.

Los carros híbridos colaboran con el medioambiente.

Prepárate

Lee los titulares. Halla cuatro titulares en un periódico local y escribe una opinión sobre cada uno. Escoge uno de los titulares para escribir sobre él.

Recopilar razones sólidas

La escritura libre ayudó a Akim a recopilar razones sólidas para su opinión.

Escritura libre

Reciclar es muy importante. Protege el medioambiente. Las personas ponen cosas en recipientes pero eso no es suficiente. Tantas cosas se desechan, como las servilletas. ¿Cuántas por día? ¿Y por año? ¿Y qué hay de comprar productos reciclados y...

Prepárate

Escribe libremente. Dedica de cinco a diez minutos a escribir libremente acerca de tu tema. Escribe cualquier idea que cruce por tu mente. Luego anota las ideas y las razones sólidas en un papel.

Prepararse Investigar el tema

Akim escribió preguntas sobre su tema. Investigó en libros, revistas y sitios web para recopilar evidencia detallada y relevante.

¿Qué tipos de artículos pueden volver a usarse?

Las personas pueden usar servilletas de tela, toallas lavables, pañales de tela.

¿Qué cosas están hechas de materiales reciclados?

Latas y botellas, pero también se puede hacer relojes, zapatos, vestimenta e incluso material escolar con materiales reciclados.

¿Cuál es una manera de disminuir la cantidad de residuos?

No comprar cosas con mucho envoltorio, como comidas rápidas.

Prepárate

Haz tu investigación. **Escribe preguntas. Busca en libros, revistas y sitios web para recopilar evidencia detallada y relevante.**

Organizar el editorial

Para organizar sus pensamientos, Akim hizo un diagrama en forma de tabla. La parte superior del diagrama muestra su opinión y las "patas" de la tabla enumeran la evidencia que la apoya.

Diagrama en forma de tabla

Opinión

El reciclaje no debería finalizar en los recipientes de reciclaje.

Pruebas que respaldan la opinión

volver a usar los productos	comprar productos reciclados	evitar la acumulación de residuos

Prepárate

Haz un diagrama en forma de tabla. **Escribe tu opinión en un recuadro y la evidencia que apoya tu opinión debajo de él. Halla al menos tres razones.**

Hacer un borrador Hacer el primer borrador

Las siguientes sugerencias pueden ayudarte a escribir el primer borrador. Escribe una oración de opinión en el primer párrafo. Da evidencia detallada y relevante en los párrafos intermedios. La conclusión debe resumir tu opinión, ofrecer alternativas y dejar un pensamiento final interesante para los lectores.

Escribe el primer borrador. Usa las pautas anteriores para escribir el primer borrador de tu editorial.

Revisar Mejorar la redacción

Considera los siguientes aspectos cuando revises el primer borrador.

- **Enfoque y coherencia** ¿Están conectadas mis ideas con la idea principal? ¿Mantengo el enfoque en la redacción?
- **Organización** ¿Logran las transiciones que la lectura sea fluida?
- **Desarrollo de las ideas** ¿Ofrezco ideas alternativas?
- **Voz** ¿Demuestra mi voz interés en el tema?
- **Convenciones** ¿Uso oraciones completas?

Mejora la redacción. Hazte las preguntas anteriores cuando revises tu trabajo.

Corregir Comprobar que se respeten las convenciones

Cuando hayas terminado de revisar la redacción, comprueba que se hayan respetado las convenciones.

- **Convenciones** ¿Comprobé que no hubiera errores en la gramática, la estructura de las oraciones, el uso de las letras mayúsculas, la puntuación y la ortografía?

Revisa tu trabajo. Usa la pregunta anterior para corregir tu trabajo. Pide a otra persona que también lo revise. Luego escribe la versión final y comprueba que no haya errores antes de entregarla.

Estudios sociales: Hacer un folleto

En los folletos de viajes se usan palabras e imágenes para animar a las personas a visitar ciertos lugares. Un estudiante hizo el siguiente folleto para convencer a los lectores de que deben visitar su ciudad natal, Madison, Wisconsin.

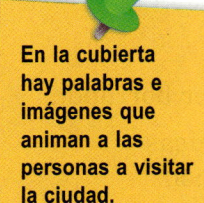

En la cubierta hay palabras e imágenes que animan a las personas a visitar la ciudad.

Madison, Wisconsin

¡Una ciudad para exploradores!

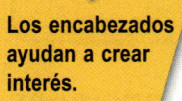

Los encabezados ayudan a crear interés.

En el interior, los detalles convencen a los visitantes para que visiten la ciudad.

ATRAPA ALGUNAS OLAS

Madison está prácticamente rodeada de lagos. En verano puedes nadar, navegar o hacer esquí acuático. Cuando los lagos se congelan, grandes cometas vuelan sobre ellos.

¡OIGAN, FANÁTICOS DE LOS DEPORTES!

Si amas los deportes, ¡no puedes perderte a los Wisconsin Badgers! En el campamento Randall puedes alentar al equipo de fútbol. Asegúrate de traer dinero extra para unos nachos crocantes y un refresco helado.

MUSEO MANÍA

Para divertirte en un día de lluvia, visita el Museo de los Niños de Madison *(Madison Children's Museum)*. Las exposiciones cambian con regularidad, de manera que siempre hay algo nuevo para descubrir. Construye un palo de lluvia o un puente colgante en miniatura. ¡Este museo te permite aprender con el cerebro, las manos y los pies!

¡Ven y explora por ti mismo!

Sugerencias para la redacción

Antes de escribir...

- **Repasa la información turística.**
  Busca folletos o sitios web que publiciten el área o estado donde vives. Observa cómo usan imágenes y palabras para convencer a las personas de que visiten el lugar.

- **Haz una lluvia de ideas sobre lugares favoritos.**
  Piensa en todos los lugares especiales para visitar y las cosas que puedes hacer en el lugar donde vives. Enumera la mayor cantidad de cosas posibles. Luego elige tres o cuatro para concentrarte en ellos.

Mientras haces el borrador...

- **Escoge palabras atractivas.**
  Escoge palabras que entusiasmen al lector. Usa un diccionario de sinónimos. Por ejemplo, en lugar de usar la palabra *caluroso*, intenta usar *sofocante*, o en lugar de *delicioso* puedes usar *irresistible*.

- **Usa imágenes entretenidas.**
  Haz dibujos o incluye fotografías.

Después de escribir el primer borrador...

- **Experimenta con el diseño.**
  Piensa si has puesto cada imagen, cada párrafo y cada título en el mejor lugar para lograr un aspecto equilibrado.

- **Comprueba que se respeten las convenciones.**
  Corrige cualquier error en la gramática, la estructura de las oraciones, el uso de las letras mayúsculas, la puntuación y la ortografía.

Haz un folleto.
Haz un folleto acerca de tu lugar favorito. Haz un dibujo o usa fotografías para crear más interés.

TEKS 5.18B

Escritura práctica:
Hacer un borrador de una carta persuasiva

A veces las cartas se escriben para solicitar algo. La carta que está a continuación fue escrita por Teresa para el editor del periódico local.

Calle West Lake N.º 32114
Elkhorn, WI 53100
4 de junio de 2010

Xenia Campos
Walworth County Week
Casilla 360
Delavan, WI 53100

Estimada Sra. Campos:

El comienzo presenta el tema y expresa la opinión.

Soy una estudiante del quinto grado en Elkhorn y trabajo como voluntaria junto con mi padre en el Refugio para animales de Lakeland. El refugio llevará a cabo las Jornadas de Adopción Anuales el 23 y 24 de junio y necesitamos su ayuda. ¿Podría, por favor, enviar un reportero para escribir un artículo sobre las Jornadas de Adopción y para tomar fotografías de algunos de los animales?

En el desarrollo se incluyen las ideas, la información y los detalles de apoyo.

Todos los animales del refugio necesitan un buen hogar, pero en la actualidad, el refugio cuenta con más gatos de los que puede albergar. Hay docenas de gatitos adorables para elegir. Incluso si hay personas que no pueden adoptar mascotas, pueden donar dinero o provisiones para colaborar con el refugio.

El final da un cierre a la carta mediante un llamado a la acción.

Su ayuda en las Jornadas de Adopción será muy apreciada. Un artículo en el periódico les hará saber a los lectores acerca de este importante evento y, quizá, nos ayuden a encontrar buenos hogares para muchos animales.

Atentamente,

Teresa Ramos
Teresa Ramos

Sugerencias para la redacción

Antes de escribir...

- **Debes saber lo que quieres del lector.** Toma apuntes de lo que quieres que haga (o piense) el lector.
- **Investiga.** Asegúrate de tener todas las ideas y la información importante que el lector necesita.

Mientras escribes...

- **Usa el formato adecuado.** Consulta las páginas **242** y **243**.
- **Haz tu solicitud (o expresa tu opinión).** Pide al lector que haga algo o permítele saber cómo te sientes.
- **Apoya tu idea.** Proporciona detalles que sean necesarios para convencer al lector.
- **Demuestra el cierre, o despedida.** Vuelve a expresar tu opinión e incluye un llamado a la acción para dar al lector la idea de cierre y anticipar que tu carta está finalizando.

Después de escribir el primer borrador...

- **Pide a otra persona que revise tu carta.** ¿Comprende el lector tu carta? ¿Cuál es su reacción? Agrega cualquier cambio que sea necesario.
- **Revisa la organización.** Asegúrate de que cada oración esté conectada con la siguiente de manera natural.
- **Comprueba que se respeten las convenciones.** Asegúrate de que el encabezamiento, el saludo y la despedida estén en mayúsculas y no tengan errores de puntuación.

Escribe una carta. Usa el modelo de carta y las sugerencias anteriores para escribir una carta para pedir algo. Una idea podría ser pedir a los dueños de las tiendas de tu ciudad que ayuden con el problema de los residuos.

Partes de una carta formal

1 En el **encabezamiento** se incluye la dirección y la fecha. Escribe el encabezamiento en el margen izquierdo, a una distancia de al menos una pulgada del margen superior.

2 En la **dirección del destinatario** se incluye el nombre, el tratamiento y la dirección de la persona u organización a la que está dirigida la carta.

- Si el tratamiento es corto, escríbelo en el mismo renglón que el nombre. Si el tratamiento es largo, escríbelo en el renglón siguiente.

- Si estás escribiendo a una organización, usa el nombre de la organización.

3 El **saludo** debe ir seguido de dos puntos.

- Si conoces el nombre de la persona, úsalo:

    Estimado Sr. Medina:

- De lo contrario, usa un saludo como estos:

    Estimado señor propietario:

    Estimados miembros del Club de fútbol de Palo Alto:

4 El **cuerpo** forma la parte principal de la carta. No dejes sangría en los párrafos del cuerpo; en su lugar, deja un renglón entre cada uno de ellos.

5 La **despedida** se escribe después del cuerpo de la carta. Usa **Cordialmente** o **Atentamente**. Usa mayúsculas solamente en la primera palabra y escribe una coma al final.

6 La **firma** va al final de la carta. Si estás usando una computadora, deja cuatro espacios después de la despedida; luego escribe tu nombre. Firma a mano entre la despedida y el nombre.

Inténtalo

Usa las pautas anteriores y el formato de carta de la página siguiente para escribir una carta formal a alguien con información e ideas para un nuevo club. No te olvides de demostrar al lector un cierre, o despedida. Asegúrate de que el encabezamiento, el saludo y la despedida lleven mayúsculas y no tengan errores de puntuación.

Formato de una carta formal

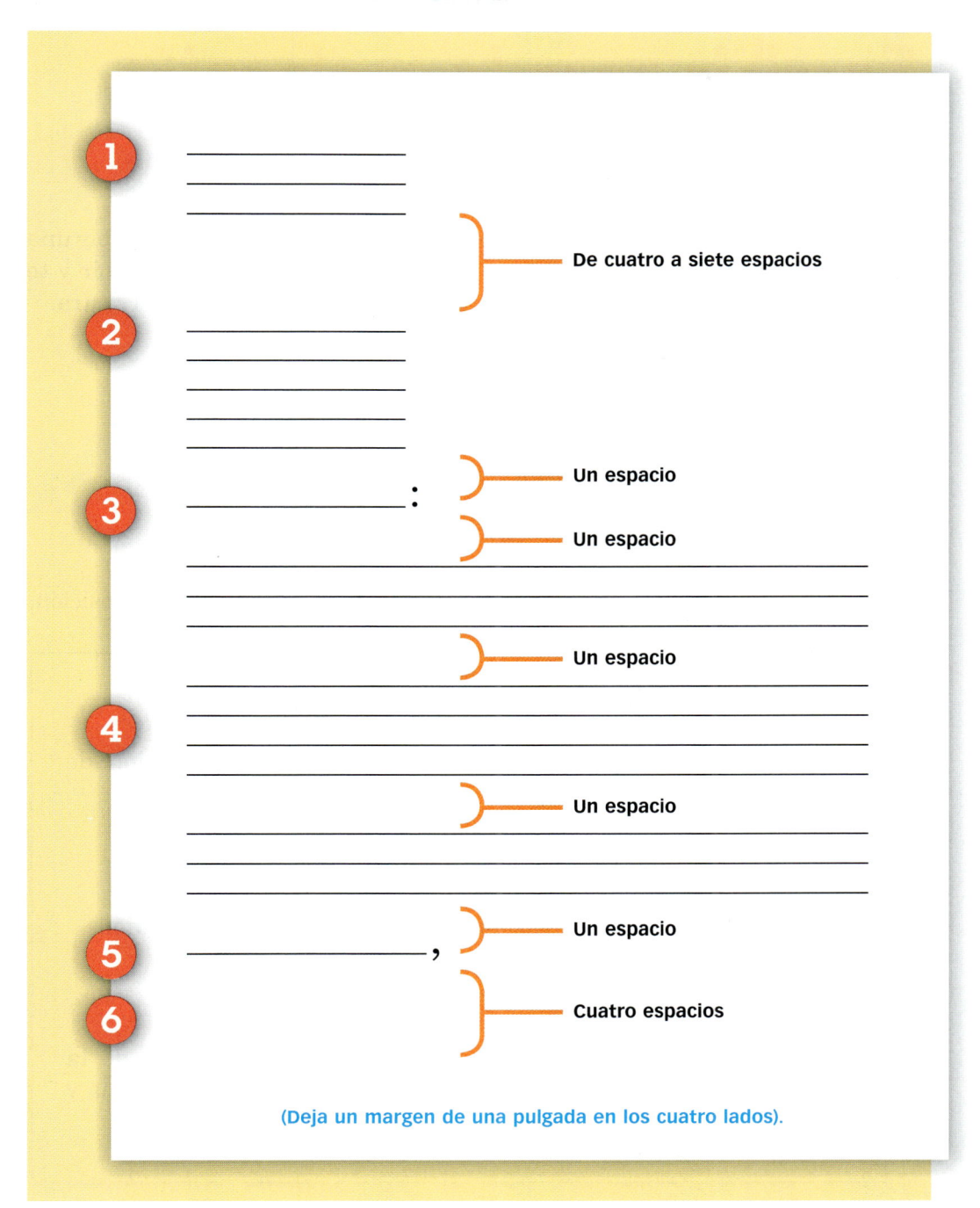

1

    De cuatro a siete espacios

2

    Un espacio

3   :

    Un espacio

    Un espacio

4

    Un espacio

    Un espacio

5   ,

    Cuatro espacios

6

(Deja un margen de una pulgada en los cuatro lados).

Escritura persuasiva
Escribir para la evaluación de Texas

En las pruebas estatales de Texas, muchas veces tienes que escribir una redacción. El tema de escritura te indica sobre qué tienes que escribir y te da algunos datos que debes recordar. Lee el siguiente tema de escritura.

Tema de escritura

> Escribe una composición sobre una norma de tu comunidad que apoyes o a la que te opongas.

Usa la siguiente información como ayuda para escribir tu composición.

RECUERDA QUE DEBES...

☐ escribir un buen comienzo que incluya una oración de opinión.

☐ considerar el otro lado del tema.

☐ incluir evidencia y razones sólidas que apoyen tu opinión.

☐ finalizar resumiendo y reafirmando tu opinión.

☐ escribir oraciones correctas y respetar las normas de la gramática, la puntuación, el uso de las letras mayúsculas y la ortografía.

Prepararse Escoger una forma

El tema de escritura no te indica qué forma, o género, de escritura debes usar. ¿Cómo puedes decidirlo? Pensar en qué forma es la más apropiada te ayudará a decir lo que quieres decir.

¿Quieres...
- describir a una persona o un lugar?
- proponer una solución a un problema?
- explicar cómo funciona un objeto o un proceso?
- contar una experiencia personal?
- dar información?
- persuadir a alguien de que haga algo?

Responder estas preguntas te ayudará a escoger una forma, o género. (Consulta también la página **497**).

Diego decidió escribir sobre una nueva ley de su comunidad que exige que las personas usen un equipo de seguridad en las pistas de patinaje. Diego está a favor de la ley y quiso explicar por qué.

Planificar la redacción

Diego sabía que las opiniones en su ensayo persuasivo debían apoyarse con evidencia y razones sólidas. Usó un diagrama en forma de tabla con tres columnas para recopilar sus razones.

Diagrama en forma de tabla

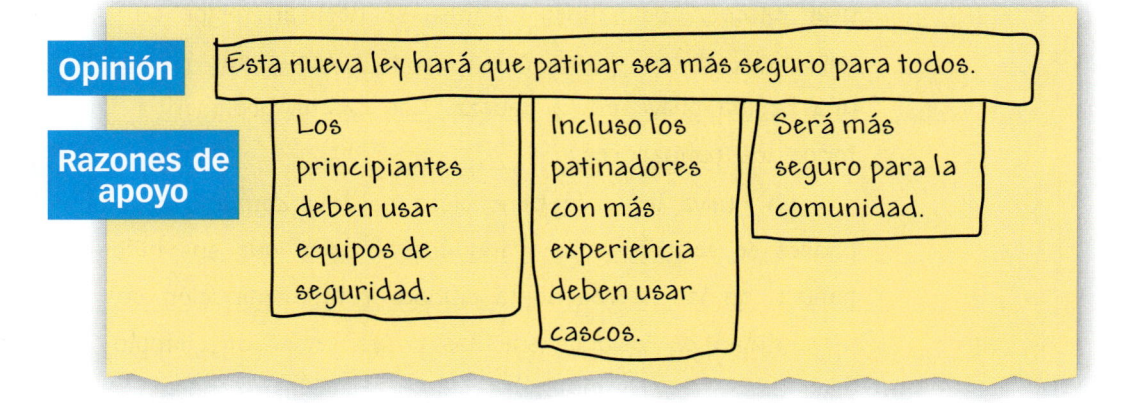

Opinión

Esta nueva ley hará que patinar sea más seguro para todos.

Razones de apoyo

Los principiantes deben usar equipos de seguridad.	Incluso los patinadores con más experiencia deben usar cascos.	Será más seguro para la comunidad.

Hacer un borrador Escribir un ensayo persuasivo

A continuación, Diego usó el diagrama en forma de tabla para escribir su ensayo. Primero, se aseguró de tener en cuenta por qué las personas podrían estar en desacuerdo con su punto de vista.

Patinaje seguro en la ciudad

> El **comienzo** incluye la oración de opinión o postura (subrayada).

La ciudad de Hamilton quiere que los patinadores usen equipos protectores. Los niños que no usen equipo de protección no podrán patinar en las pistas de la ciudad. Esta nueva ley hará que patinar sea más seguro para todos.

> Cada párrafo del **desarrollo** ofrece evidencia y una razón sólida que apoyan la opinión.

Los principiantes deben usar un equipo protector. Los patinadores más inexpertos aún están aprendiendo a mantener el equilibrio, a doblar y a detenerse. Se caen con frecuencia y pueden lastimarse las muñecas, los codos y las rodillas. El equipo adecuado puede evitar que se lastimen mientras aprenden el deporte.

Incluso los patinadores más experimentados deben usar cascos. Los patines en línea se deslizan mejor en superficies duras, y una caída sin el casco puede causar una herida grave en la cabeza. Los cascos protegen a todos los patinadores.

La nueva ley será beneficiosa para la comunidad. Los padres se sentirán más tranquilos al dejar que sus niños patinen en las aceras de la ciudad. Y la disminución en la cantidad de lesiones sufridas podrá servir de ejemplo para que otras comunidades apliquen la misma norma.

El escritor considera el otro lado del tema.

Algunas personas dicen que no necesitan rodilleras o cascos porque nunca se caen. Pero cualquiera se puede lastimar, y esto ocurre muy rápido.

El **final** resume la idea y presenta un llamado a la acción.

El patinaje es divertido, pero también debe ser seguro. Las autoridades de Hamilton han tomado la decisión correcta. ¡Las personas tendrán que llevar su equipo de seguridad si quieren empezar a patinar!

Responde a la lectura. Con un compañero, comenta y responde las siguientes preguntas.

■ **Enfoque y coherencia** (1) ¿Cuál es la opinión o postura de Diego con respecto a la nueva ley?

■ **Desarrollo de las ideas** (2) ¿Cuáles son las tres razones sólidas que usa para apoyar su postura? (3) En tu opinión, ¿cuál es la evidencia más sólida? (4) ¿Qué otra idea considera Diego? ¿Qué argumento da en contra de esta nueva idea?

■ **Voz** (5) ¿Cómo describirías la voz de Diego: cómica, sarcástica, seria o enojada?

Conexión con la literatura: Encontrarás un ejemplo de escritura persuasiva en "Día mundial de la independencia", de José Piñera.

 **TEKS** 5.15A, 5.15C, 5.15D, 5.19

Sugerencias para la redacción

Antes de escribir...

- **Comprende el tema de escritura.**
  Asegúrate de entender el tema sobre el cual debes escribir. Piensa en el propósito y el público. Escoge la forma, o género, más apropiada para transmitir el significado de tu redacción.
- **Distribuye bien el tiempo.**
  Usa un organizador gráfico, como un diagrama de líneas, para planificar el ensayo antes de escribir.
- **Escribe una oración de opinión.**
  Escoge una opinión o una postura que puedas apoyar.

Mientras haces el borrador...

- **Prepara tu argumento.**
  Usa razones sólidas y evidencia detallada y relevante que apoyen tu opinión. Piensa en las razones por las que las personas podrían estar en desacuerdo contigo.
- **Escribe un buen final.**
  Resume tu argumento y vuelve a expresar tu opinión.
- **Reconsidera la forma.**
  Asegúrate de que la forma, o género, escogida sea la correcta.

Después de escribir el primer borrador...

- **Comprueba que las ideas sean claras.**
  Vuelve a escribir las ideas que resulten confusas.
- **Comprueba que se respeten las convenciones.**
  Corrige los errores que encuentres en la gramática, la estructura de las oraciones, la puntuación, el uso de las letras mayúsculas y la ortografía.

 **Planifica y escribe una respuesta.** Responde al tema de escritura de la página 244. Recuerda que debes escoger una forma, o género, y usar las sugerencias anteriores mientras escribes.

Repaso de la escritura persuasiva

En la escritura persuasiva, intentas *convencer* a las personas para que estén de acuerdo contigo.

Escoge un tema que realmente te interese y que también resulte interesante para el lector. (Consulta la página **198**).

Recopila y organiza razones sólidas que apoyen la oración de opinión o postura. Puedes usar un organizador gráfico. (Consulta las páginas **199**, **200** y **202**).

Escribe una oración que establezca la postura que identifique tu causa y cómo te sientes al respecto. (Consulta la página **201**).

En el comienzo, debes captar la atención del lector y exponer tu opinión o postura. (Consulta la página **205**).

En el desarrollo, cada párrafo debe contener una razón sólida que debe estar apoyada con evidencia detallada y relevante. Considera el otro lado del tema e incluye alternativas. (Consulta las páginas **206** y **207**).

En el final, vuelve a exponer tu opinión e incluye un llamado a la acción. (Consulta la página **208**).

Revisa el enfoque y la coherencia, la organización y **el desarrollo de ideas.** Luego revisa **la voz.** (Consulta las páginas **210** a **218**).

Comprueba que se respeten las convenciones en la redacción. Corrige errores en la gramática, la estructura de las oraciones, las convenciones mecánicas y la ortografía. (Consulta las páginas **220** a **224**).

Escribe la versión final y comprueba que no haya errores antes de presentarla. (Consulta la página **225**).

Usa la rúbrica de calificación para evaluar tu redacción terminada. (Consulta las páginas **34** y **35**).

TEXAS
Fuente de
escritura
En línea
www.hmheducation.com/tx/writesource

Responder a la lectura de textos

Enfoque de la escritura
- **Párrafo de respuesta**
- **Reseña de un libro**

Aprendizaje del lenguaje

Aprender estas palabras y expresiones te ayudará a comprender esta unidad. Trabaja con un compañero. Lean los significados y respondan juntos las preguntas.

1. Una respuesta es una reacción a algo.
   ¿Cuál fue la respuesta del público en un espectáculo que hayas visto?

2. Un texto literario usualmente relata una historia.
   Menciona un tipo de texto literario.

3. Una reseña es un informe en el que se expone una opinión.
   ¿Por qué leerías la reseña de una película?

4. Si describes algo en pocas palabras, lo describes de forma concisa.
   Describe el último fin de semana en pocas palabras.

Responder a la lectura de textos
Párrafo de respuesta

Cuando tus amigos te preguntan sobre un cuento que has leído, no significa que quieran saber todo, ¡sobre todo el final! En realidad, solo quieren oír el cuento en pocas palabras.

En un párrafo de respuesta, tu objetivo es animar a otras personas a leer el cuento. Para hacerlo, debes destacar las partes importantes, sin revelar toda la historia.

Pautas para escribir

Tema:	Partes clave de una novela
Propósito:	Reseñar una novela
Forma:	Un párrafo
Público:	Tus compañeros

Párrafo de respuesta

Tu párrafo de respuesta debe comenzar con una **oración temática** en la que se mencione la novela y el autor. Las **oraciones de apoyo** dan evidencia del texto para demostrar el entendimiento, y la **oración final** incluye el mensaje del autor o el tema.

Oración temática (subrayada)

Oraciones de apoyo

Oración final (subrayada)

El cuidador de palomas

El cuidador de palomas es una novela de Betsy Byars. Amen McBee, una niña de ocho años que adora escribir, es quien relata la historia. Amen vive con sus padres y sus cuatro hermanas en Kentucky a finales del siglo XIX. Dentro de la propiedad de la familia, en una vieja capilla en el bosque, vive el Sr. Tominski, quien se encarga de cuidar unas palomas. El Sr. Tominski asusta a las hermanitas McBee y ellas lo molestan y lo insultan. Amen nota pequeños detalles sobre las personas y está convencida de que el Sr. Tominski es una persona dulce y cariñosa. Cuando ocurre algo inesperado, Amen debe decidir si el Sr. Tominski es el responsable. Este cuento trata sobre aceptar a las personas que son diferentes.

Responde a la lectura. Responde las siguientes preguntas en una hoja aparte. Comenta las respuestas con un compañero.

■ **Organización** (1) ¿De qué manera organiza el párrafo la autora (orden cronológico, orden lógico u orden de importancia)?

■ **Desarrollo de las ideas** (2) ¿Qué detalles comenta la autora para despertar el interés del lector en la novela?

■ **Voz** (3) ¿Qué palabras o frases muestran que la autora realmente comprende las personalidades y las acciones de los personajes? Menciona dos.

Prepararse **Escoger un tema**

El primer paso al escribir una respuesta es escoger una novela sobre la cual quieras escribir. Haz una lluvia de ideas para hallar la novela.

Lista de ideas

Novelas que leí y me gustaron

Me llamo Bud, no Buddy

La isla de los delfines azules

El cuidador de palomas

El castillo en el ático

Prepárate

Escoge una novela. Haz una lluvia de ideas para crear una lista de novelas que conozcas y que te gusten. Piensa en las novelas que leíste últimamente. Pon un asterisco (✱) junto a la que te haya resultado más interesante.

Resumir la trama

En las novelas, hay personajes en un lugar y un tiempo determinados (escenario) que tienen un problema. Para resumir la trama, debes indicar *quiénes* son los personajes principales, *dónde* y *cuándo* sucede la historia y *cuál* es el problema.

Hoja de recopilación

Personajes	Escenario (dónde y cuándo)	Problema
la familia McBee el Sr. Tominski	Kentucky, a finales del siglo XIX	Las niñas McBee le tienen miedo al Sr. Tominski.

Prepárate

Crea una hoja de recopilación. Complétala con la información de la novela que hayas escogido.

Hacer un borrador Hacer el primer borrador

Un párrafo de respuesta contiene las siguientes ideas. En la oración temática se menciona el título del libro y el nombre del autor. En las oraciones de apoyo se describen los personajes de la novela, el escenario y el problema. Estas oraciones deben incluir evidencia del texto. Por último, en la oración final, se explica el mensaje principal del autor.

Escribe el primer borrador de tu párrafo de respuesta. Usa las sugerencias anteriores como guía al escribir el párrafo.

Revisar Mejorar el párrafo

El próximo paso consiste en hacer cambios al primer borrador para mejorar *el enfoque y la coherencia, la organización, el desarrollo de las ideas y la voz.*

Revisa el párrafo. Usa las siguientes preguntas para revisar tu primer borrador.

1. ¿Incluí suficiente información sobre la acción principal?
2. ¿Organicé los detalles con claridad?
3. ¿Parezco interesado en el libro?
4. ¿Apoyé mis ideas con detalles relevantes?

Corregir Comprobar que se respeten las convenciones

Este es el momento de comprobar que se respeten las *convenciones* en tu párrafo.

Corrige y mejora tu trabajo. Usa las siguientes preguntas mientras corriges. Luego escribe el texto en limpio y haz una corrección final.

1. ¿He comprobado que no haya errores en la puntuación, la gramática y la ortografía?
2. ¿Usé letra cursiva para el título o lo subrayé?

Responder a la lectura de textos
Escribir la reseña de un libro

Cuando lees una nueva novela, eres como un explorador en mares desconocidos. Cuando reseñas una novela, eres como un cartógrafo, que comparte su viaje por esos mares con otras personas.

En este capítulo, escribirás la reseña de una novela. La reseña de un libro explora las partes importantes de una novela sin revelar el final y explica lo que te gusta de ella.

Pautas para escribir

Tema:	Reseña de una novela
Propósito:	Demostrar tu entendimiento
Forma:	Ensayo
Público:	Tus compañeros

Escribir la reseña de un libro

En el párrafo inicial de una reseña, se mencionan el título y el autor de la novela y se incluyen una o dos oraciones para presentarla. En los dos párrafos intermedios, se revela sobre qué trata la novela y se explica el tema o mensaje de esta. En el párrafo final, se incluye evidencia del texto y se explica por qué le gusta la novela al autor.

La isla del tesoro

Comienzo
El autor presenta la novela.

Robert Louis Stevenson escribió La isla del tesoro en 1883. La novela es muy antigua, pero eso no significa que no sea buena. Es una de las mejores historias de piratas que se hayan escrito.

Desarrollo
En el primer párrafo intermedio se revela el tema de la novela.

Un niño de doce años llamado Jim Hawkins relata la historia. Jim conoce a un pirata anciano y misterioso en la posada de sus padres. Cuando se presenta, el pirata le dice: "Puedes llamarme capitán". Jim descubre que el capitán tiene el mapa de una isla que muestra la ubicación exacta de un valioso tesoro. Unos hombres malos persiguen al capitán porque quieren quedarse con el mapa y también con el tesoro. Jim y otros hombres de su pueblo navegan hasta la isla en busca del tesoro y se llevan una sorpresa al darse cuenta de que algunos de los que viajan con ellos son en realidad piratas malvados. Los piratas harán cualquier cosa para quedarse con el tesoro.

Desarrollo
En el segundo párrafo intermedio se explica el tema o mensaje del libro.

Final
En el párrafo final se incluye evidencia del texto y se explica qué le gusta del libro al autor.

La isla del tesoro es un relato de aventuras, pero también enseña algo: los buenos pueden vencer. Muchas veces parece que los piratas matarán a Jim y a sus amigos. Luego sucede algo sorprendente que evita que lo hagan.

La isla del tesoro me gusta porque es una novela de acción y aventuras. Casi todos los capítulos finalizan con una sorpresa que hace que desees seguir leyendo. Robert Louis Stevenson describe tan bien a los personajes que parece que el lector está allí mismo, con Jim. Así es como Stevenson hace que Jim describa a unos marineros: "Vi, además, muchos marineros viejos, con pendientes en las orejas, bigotes rizados, coletas sucias y ese arrogante y torpe andar de la gente de mar". Probablemente, tus padres, tus abuelos y hasta tus bisabuelos hayan leído La isla del tesoro. Ahora es tu turno.

Responde a la lectura. Responde estas preguntas sobre la respuesta de ejemplo. Comenta tus respuestas con un compañero. Agrega evidencia del texto para apoyar tus respuestas.

- **Enfoque y coherencia** (1) ¿De qué manera la conclusión apoya la idea principal?

- **Organización** (2) ¿Están las ideas dispuestas de forma tal que el texto resulte fácil de seguir? Explica tu respuesta.

- **Voz** (3) ¿Qué palabras y frases crees que animarán a otras personas a leer este libro?

Prepararse Escoger un tema

Haz una lluvia de ideas para hacer una lista de novelas. Escoge una que te guste y que conozcas bien para escribir la reseña. Debes poder resumir el relato y explicar por qué te gustó. Completar inicios de oraciones es una manera de anotar ideas.

Prepárate

Completa los inicios de oraciones. Lee el siguiente ejemplo. Luego completa las oraciones sobre dos libros que hayas disfrutado.

Inicios de oración

LIBRO 1: La casa de abedul

El cuento trata sobre . . . una niña indígena de
        Minnesota en la época de los pioneros.
Me gusta este libro porque . . . me gusta leer
        acerca de la época de los pioneros y las
        costumbres de los indígenas.

✓ LIBRO 2: En el año del jabalí y Jackie Robinson

El cuento trata sobre . . . una niña china que se
        muda de China a la ciudad de New York.
Me gusta este libro porque . . . como mi familia se
        ha mudado muchas veces, comprendo lo que
        siente el personaje.

Prepárate

Escoge el tema. Revisa cómo completaste las oraciones para los libros. Haz una marca junto al libro sobre el cual quieres escribir.

Recopilar y organizar detalles

Los eventos que incluyas en tu reseña deben estar en orden cronológico. Una cronología como la que aparece a continuación para *En el año del jabalí y Jackie Robinson* te servirá de ayuda.

Cronología

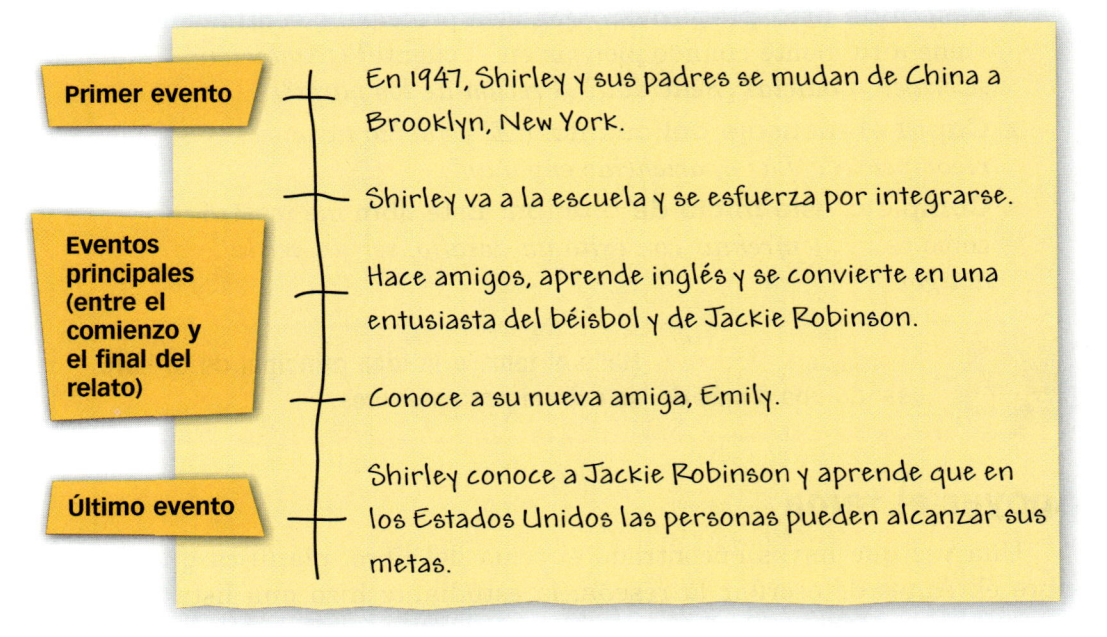

Primer evento

En 1947, Shirley y sus padres se mudan de China a Brooklyn, New York.

Shirley va a la escuela y se esfuerza por integrarse.

Eventos principales (entre el comienzo y el final del relato)

Hace amigos, aprende inglés y se convierte en una entusiasta del béisbol y de Jackie Robinson.

Conoce a su nueva amiga, Emily.

Último evento

Shirley conoce a Jackie Robinson y aprende que en los Estados Unidos las personas pueden alcanzar sus metas.

sugerencia Usa verbos en tiempo presente en tu reseña para dar dinamismo a tu redacción. Observa los verbos en la cronología anterior *(se mudan, va, se esfuerza, hace, conoce, aprende)*.

Prepárate

Crea una cronología. Haz una cronología como la anterior. Vuelve a mirar el relato y escribe los eventos principales en el orden en que ocurren, desde el comienzo hasta el final. Usa el tiempo presente. Incluye al menos cinco eventos.

Prepararse Pensar en el tema

Todas las novelas tienen un tema, es decir, un mensaje o una idea principal. Para identificar el tema, prueba alguna de estas estrategias.

Estrategias para identificar el tema

- **Responde esta pregunta:** ¿Qué idea principal o sentimiento viene a tu mente cuando piensas en el cuento? *(¿Ambición? ¿Coraje? ¿Codicia? ¿Felicidad? ¿Presión de los pares?)*
- **Capta el mensaje del cuento:** *("El esfuerzo tiene su recompensa", "Las apariencias engañan").*
- **Completa este inicio de oración:** Este libro me mostró cómo es . . . *(enfrentar con éxito un desafío, ser un verdadero amigo).*

Prepárate

Identifica el tema. Halla el tema o la idea principal de tu libro usando una o más de las estrategias anteriores.

Apoyar el tema

Una vez que hayas encontrado el tema del libro, planifica qué dirás sobre él. Antes de escribir la reseña, la estudiante hizo una lista con las siguientes ideas acerca de *En el año del jabalí y Jackie Robinson.*

> Tema: Las personas pueden alcanzar sus metas.
>
> Ideas de apoyo:
> - Shirley aprendió inglés e hizo una amiga.
> - Jackie Robinson se convirtió en el primer jugador afroamericano en jugar en las ligas mayores de béisbol.

Prepárate

Apoya el tema. Haz una lista con detalles del libro que apoyen el tema o la idea principal que has escogido.

Hacer un borrador   Comenzar la reseña del libro

En el párrafo inicial de tu reseña debes mencionar el título del libro y el nombre del autor. También debes incluir detalles que capten el interés del lector.

Conocer el libro

Sigue un plan para investigar datos interesantes o poco comunes sobre el libro que escogiste y su autor.

1. Los premios Newbery y Coretta Scott King se entregan todos los años. Un experto, como el bibliotecario, puede decirte si el libro ha ganado algún premio.

2. Muchos autores tienen páginas de Internet. Si el autor del libro que escogiste tiene una, intenta averiguar qué es lo que lo inspiró para escribir el libro.

Párrafo inicial

Intenta usar las clases de evidencia anteriores en tu párrafo inicial para atraer la atención del lector. (Repasa el siguiente párrafo inicial, así como también el de la página **256**).

> **En el párrafo inicial se presenta el relato y su autor.**
>
> Bette Bao Lord escribió el libro <u>En el año del jabalí y Jackie Robinson</u>. En él relata un año en la vida de una niña china que se muda con su familia a los Estados Unidos. La autora nació en Shangai, China, y se mudó a los Estados Unidos con su familia en 1947. En realidad, ¡este es el relato de su propia vida!

Escribe

Escribe el comienzo. Escribe el primer párrafo de tu reseña. Asegúrate de incluir alguna evidencia interesante que capte la atención del lector para que desee saber más sobre la historia.

Hacer un borrador Elaborar el desarrollo

En los párrafos intermedios debes informar sobre qué trata el libro y explicar el tema del relato. Tu planificación te ayudará a escribir estos párrafos. Para demostrar tu entendimiento, puedes agregar oraciones del libro como evidencia del texto.

Primer párrafo intermedio

Resume el relato en el primer párrafo intermedio. En este párrafo se deben destacar los eventos clave sin contar toda la trama.

> **En el primer párrafo intermedio se resume el relato. En él se reflejan los sentimientos de Shirley.**

El relato comienza con Shirley Temple Wong en China en 1947, el año del jabalí. En enero, se muda con sus padres de Chungking a Brooklyn, New York. Al principio, la niña de diez años se siente triste, sola y aburrida. El autor dice que Shirley hablaba muy poco con su mamá, ni siquiera en chino. Pero poco a poco, Shirley hace amigos y aprende a hablar inglés y a jugar al béisbol. Aquel verano, se convierte en una admiradora de los Brooklyn Dodgers y de Jackie Robinson. Él es el primer afroamericano en jugar al béisbol en las ligas mayores. Al terminar el año, Shirley aprende que los Estados Unidos es la tierra de las oportunidades.

Segundo párrafo intermedio

El siguiente párrafo intermedio debe revelar el tema del libro. Compara el siguiente párrafo con el segundo párrafo intermedio de la reseña de las páginas **256** y **257**. Verás que ambos mencionan el tema en la oración temática. Las otras oraciones del párrafo apoyan o explican el tema del libro.

En el segundo párrafo intermedio se explica el mensaje del libro.

El mensaje de este libro es que todo es posible si aprovechas la oportunidad. Conocer la historia de Jackie Robinson le da confianza a Shirley. El autor cuenta que Shirley siente la energía de diez fieras salvajes y se ve a sí misma tan alta como la Estatua de la Libertad. Shirley se da cuenta de que puede aprender inglés y hacer amigos en los Estados Unidos.

 **Escribe el desarrollo de la reseña.** Usa tus notas de preparación como guía para escribir tu redacción. Acuérdate de incluir evidencia del texto.

Agregar descripciones y datos que aparecen en el relato como evidencia del texto puede hacer que tu reseña cobre vida. Además, esta evidencia del texto demuestra tu entendimiento del libro.

TEKS 5.18C

Hacer un borrador   Terminar tu reseña del libro

En el párrafo final, debes explicar por qué te gusta la novela y por qué la recomendarías a tus amigos. Tus respuestas a las preguntas siguientes te ayudarán a escribir el párrafo.

Comienzo
Desarrollo
Final

- ¿Qué aprendí del relato?
- ¿Qué conexión personal tengo con el personaje?
- ¿Por qué deberían leer este libro mis compañeros?

Párrafo final

Lee el siguiente párrafo final. La autora cuenta una experiencia que hizo que se identificara con el personaje principal del libro.

> **Las razones por las cuales a la autora le gusta el libro demuestran su entendimiento del texto.**
>
> Me gusta En el año del jabalí y Jackie Robinson porque mi familia se ha mudado muchas veces y conozco bien lo que significa ser el nuevo en la escuela. Mientras aprende inglés, a Shirley le pasan algunas cosas graciosas. Si disfrutan del béisbol y les interesan las tradiciones y costumbres chinas, creo que este libro les encantará.

Escribe

Escribe el final. Usa las preguntas de la parte superior de la página como guía para escribir el párrafo final. Incluye evidencia del texto para demostrar tu entendimiento.

Escribe un primer borrador completo. Si es necesario, escribe el texto completo de tu primer borrador. Deja un renglón de por medio al escribir para tener lugar suficiente para introducir cambios.

Revisar cómo usar una lista de control

Revisa el primer borrador. Escribe los números del 1 al 8 en una hoja. Si puedes contestar "sí" a una pregunta, haz una marca junto al número. Si no es así, sigue trabajando en esa parte de tu ensayo.

Enfoque y coherencia

_____ **1.** ¿Mencioné el título del libro y el autor en el primer párrafo?

_____ **2.** ¿Incluí los eventos principales en el párrafo siguiente y expliqué el tema en el tercer párrafo?

_____ **3.** ¿Expliqué en la conclusión por qué me gusta el libro y por qué lo recomendaría?

Organización

_____ **4.** ¿Está en orden cronológico el resumen de los eventos?

_____ **5.** ¿Necesito reorganizar algunas oraciones para clarificar el significado?

Desarrollo de las ideas

_____ **6.** ¿Apoyé mis ideas con citas y datos, detalles y ejemplos específicos del libro?

Voz

_____ **7.** ¿Doy la impresión de que conozco muy bien el libro?

_____ **8.** ¿Se nota que me gusta el libro?

Escribe el texto en limpio. Después de revisar tu reseña, escribe el texto en limpio para corregirlo.

Corregir **Cómo usar una lista de control**

Corrige

Corrige el texto revisado. Escribe los números del 1 al 9 en una hoja. Si puedes contestar "sí" a una pregunta, haz una marca junto al número. Si no es así, corrige los errores que haya en el uso de esa convención.

Convenciones

GRAMÁTICA

_____ 1. ¿Usé las formas verbales correctas (*había descrito* en lugar de *había describido*)?

_____ 2. ¿Usé las palabras correctas (*a ver, haber*)?

CONVENCIONES MECÁNICAS

_____ 3. ¿Comencé todas las oraciones con letra mayúscula?

_____ 4. ¿Escribí los sustantivos propios y la primera palabra de los títulos con mayúscula?

_____ 5. ¿Usé puntuación de apertura y de cierre en todas las oraciones?

_____ 6. ¿Puse una coma después de las frases introductorias?

ESTRUCTURA DE LAS ORACIONES

_____ 7. ¿Usé oraciones de distinta extensión y con distintos patrones?

ORTOGRAFÍA

_____ 8. ¿Escribí todas las palabras sin errores de ortografía?

_____ 9. ¿He comprobado y vuelto a comprobar las palabras que la función de verificar la ortografía quizá no haya reconocido?

Crear el título

- Usa el título del libro: ***En el año del jabalí y Jackie Robinson***
- Usa el mismo tema del relato: **Oportunidad para batear**
- Sé creativo: **Un jabalí suelto en Brooklyn**

Publica

Escribe la versión final en limpio. Revisa tu trabajo por última vez.

Analizar tu redacción

Ahora que has terminado la reseña del libro, tómate un momento para analizar lo que escribiste. Completa los siguientes comienzos de oración en una hoja aparte.

Tus reflexiones te ayudarán a prepararte para tu próxima tarea de escritura.

Mi reseña de un libro

1. La actividad de preparación que más me sirvió fue . . .

2. La mejor parte de mi reseña es . . .

3. La parte que aún debo mejorar es . . .

4. Lo más importante que aprendí acerca de escribir la reseña de un libro es . . .

5. La próxima vez que escriba la reseña de un libro, me gustaría . . .

Más ideas para las reseñas de un libro

A continuación encontrarás una lista con más ideas para las reseñas de un libro. Puedes concentrarte en una o dos de estas ideas en tu redacción. Recuerda dar pruebas del texto para demostrar tu entendimiento de la trama, los personajes, el escenario y el tema.

Trama (la acción en el cuento)

- En el relato hay varios eventos sorprendentes.
- El clímax del relato (el evento más importante de todos) es interesante, creíble o poco creíble.
- Varios eventos importantes conducen a la resolución o final del relato.
- El final es sorprendente, predecible o increíble.

Personajes (las personas del relato; también pueden ser animales)

- Un personaje principal cambia de _____ a _____ al final de la historia.
- Algunas personas, escenarios, eventos o ideas influyen en la forma de actuar del personaje principal o los personajes principales.
- _____ es la característica más sobresaliente de la personalidad del personaje principal. (Puedes señalar más de una característica sobresaliente).

Escenario (el tiempo y el lugar del relato)

- El escenario tiene un efecto importante en el personaje principal.
- El escenario (en una novela histórica) me sirvió para aprender más acerca de un determinado momento histórico.
- El escenario (en una novela de ciencia ficción) crea un mundo diferente.

Tema (el mensaje o la lección de vida que da el autor)

- _La ambición... el coraje... la codicia... la felicidad... los celos..._ es claramente uno de los temas de (título del libro).
- La moraleja "Piensa antes de actuar"... "Vísteme despacio que tengo prisa"... "El que mucho abarca poco aprieta" se desarrolla en (título del libro).
- Este libro me enseñó lo que significa ser...

Escribir en un diario de comentarios

Hay muchas maneras de comentar los libros que leíste. Una de las mejores formas es escribir un **diario de comentarios**. En el diario, puedes escribir acerca del personaje principal, intentar adivinar lo que pasará luego o relacionar una parte de la historia con tu propia vida. No olvides incluir pruebas del libro para demostrar entendimiento.

Cómo hacer comentarios

Intenta escribir al menos tres entradas en tu diario por cada libro que lees, y cuatro o cinco entradas si son libros más largos. Las ideas del diario te serán útiles cuando escribas la reseña de un libro. Usa las siguientes preguntas para escribir reacciones o comentarios mientras lees. (Consulta también las preguntas adicionales de la página 270).

Primeras impresiones

¿Qué es lo que más te gustó de los primeros capítulos? ¿Qué te parecieron los personajes?

A mitad de camino

¿Son claros los eventos de la historia? ¿Sigues pensando lo mismo sobre los personajes? ¿Qué crees que pasará después?

La segunda parte

¿Qué parece importante ahora? ¿Sigue resultándote interesante el libro? ¿Cómo crees que terminará?

Sacar conclusiones

¿Qué te pareció el final? ¿Cómo ha cambiado el personaje principal? ¿Qué es lo que más te gustó del libro? ¿Qué es lo que menos te gustó? ¿Por qué?

Reflexiones

¿Cómo se conecta el libro con el mundo actual? ¿Cómo se relaciona el libro con tu propia vida?

TEKS 5.18C

Más preguntas para hacer comentarios

Cuando necesites un punto de partida para escribir reacciones en tu diario de comentarios, busca ideas en esta página.

Antes y después

- ¿Qué ocurre en la primera parte del libro? ¿Qué sentiste después de leer esta parte?
- ¿Qué cosas importantes ocurren en el desarrollo del libro? (Menciona dos o tres). ¿Por qué son importantes?
- ¿Cómo termina el libro? ¿Cuál fue tu impresión general del libro?

Preferencias

- ¿Cuál fue la mejor parte del libro? Explica tu respuesta.
- ¿Qué ilustración del libro te gustó más? Descríbela en detalle.

Hacer cambios

- ¿Hay alguna parte del libro que te gustaría cambiar? Explica tu respuesta.
- ¿Podrías escribir un final diferente para el libro? ¿Cómo sería?
- ¿Crees que el título del libro es adecuado? ¿Por qué? ¿Se te ocurre uno mejor? ¿Cuál?

¡Autor! ¡Autor!

- ¿Qué crees que quiere enseñarte el autor con esta historia?
- ¿Qué le dirías al autor en una carta amistosa breve?

Personajes

- ¿Cómo es el personaje principal de la historia? Descríbelo.
- ¿Te pareces a alguno de los personajes del libro? Explica tu respuesta y cuenta una historia acerca de lo que tienes en común con el personaje.
- ¿Alguno de los personajes te recuerda a alguno de tus amigos o parientes? Explica con una comparación.
- ¿A qué personaje del libro te gustaría escribirle una carta? ¡Escríbesela!
- ¿Te gustaría ser amigo de alguno de los personajes de la historia? Explica por qué.
- ¿Qué dirías en un poema sobre uno de los personajes, el escenario o uno de los eventos del relato?

Responder a la lectura de textos
Otras formas de responder

Piensa en la literatura que encuentras a diario. Hay novelas, cuentos cortos, artículos, poemas, obras de teatro e informes. ¡Y es solo el principio de la lista! Estamos en lo cierto si decimos que la literatura tiene muchas formas diferentes.

En esta sección, aprenderás cómo responder a cuatro formas de literatura: una cita, un poema, un artículo y una anécdota. Estas formas suelen aparecer en las evaluaciones de redacción.

A continuación

- **Responder a una cita**
- **Responder a un poema**
- **Responder a un artículo de no ficción**
- **Responder a una anécdota con una carta**

TEKS 5.18C

Responder a una cita

Una **cita** es un pasaje de una obra literaria que te hace pensar. Una manera de responder a una cita es relacionarla con una experiencia de tu propia vida. En el siguiente ejemplo, el estudiante relacionó una experiencia personal con esta cita: *"Es más fácil empezar algo que terminarlo"*.

El **principio** presenta una cita que significa algo para el autor.

El **desarrollo** relaciona la cita con una experiencia que tuvo el autor.

El **final** explica lo que significa la cita para el autor.

Hace algunos años, cuando me mudé a Lansing con mi familia, participé en una carrera de carros sin motor. Fue entonces cuando descubrí que "es más fácil empezar algo que terminarlo".

Papá trajo un equipo para hacer un carro de carrera de lujo. Yo estaba muy impaciente; quería que ya estuviera terminado. Un día, mientras papá estaba en el trabajo, decidí empezar a construir el carro. Miré los planos y me dije a mí mismo: "Tú puedes". Tomé la caja de herramientas de papá y empecé a construirlo. La Parte A encajaba perfectamente en la Parte B. Fue un poco más difícil conectar la Parte C con la Parte D. Para cuando llegué a la Parte G, ya todo era un desastre. Papá y yo tardamos dos horas en deshacer todo lo que había hecho mal.

¿Qué lección aprendí de esta experiencia? Tuve suerte de no arruinar mi carro de carrera. Ahora sé que antes de empezar a hacer algo, debo estar bien seguro de que sé cómo terminarlo.

Prepararse **Planificar tu respuesta**

Para planificar una respuesta a una cita, sigue estos tres pasos:

1 **Escoge una cita.** Es posible que tu maestro tenga varios ejemplos entre los cuales puedas escoger. Si no es así, busca una en un libro de citas.

2 **Piensa en la cita.** Una vez que hayas escogido una cita, vuelve a escribirla con tus propias palabras. Esto te mostrará si realmente entiendes la cita.

> *"Es mucho más fácil empezar algo que terminarlo".*

> Cuando empiezas a hacer algo, debes tener en claro qué se necesita hacer para terminarlo.

3 **Haz una lista de experiencias personales que se relacionen con la cita.** Luego escoge la que crees que funcionará mejor.

> * El año pasado, corrí una carrera de ocho millas con mi papá. No entrené demasiado porque pensé que iba a ser fácil correrla. No llegué a la meta.

> * Pensé que limpiar mi cuarto me llevaría un par de horas. Una vez que empecé, me llevó todo el fin de semana hacerlo.

Prepárate

Planifica tu respuesta a una cita. Usa la información anterior como guía para planificar la respuesta. Si tienes problemas para encontrar una cita, usa una de estas:

- *"Lo que no cuesta no vale".*
- *"La honestidad es la mejor política".*

Hacer un borrador **Desarrollar tu respuesta**

En el **principio,** debes captar el interés del lector y reformular la cita.

> Debo admitirlo: en mi cuarto, apenas se podía caminar desde la puerta hasta la cama. Un día decidí ordenarlo. Entonces descubrí que "es más fácil empezar algo que terminarlo".

En el **desarrollo,** da detalles sobre tu experiencia.

> Después de apilar, ordenar y guardar cosas todo el día, el cuarto aún estaba lleno de libros, revistas y ropa. Debía deshacerme de algunas de estas cosas. Me llevó todo el fin de semana decidir con qué me quedaría, qué regalaría y qué desecharía. Finalmente me deshice de dos cajas llenas de cosas.

En el **final,** explica lo que significa la cita para ti. Para hacerlo, debes conectar la cita con la experiencia que describiste en el desarrollo.

> Cuando empecé a limpiar mi cuarto, nunca imaginé que me llevaría todo el fin de semana terminar el trabajo. Aprendí que debí haber pensado más acerca de la limpieza y el orden de mi cuarto. Personalmente, creo que nunca más viviré como una rata atrapada en un cuarto lleno de cosas.

Escribe el primer borrador. Escribe el principio, el desarrollo y el final de tu respuesta basándote en las pautas anteriores.

Escribe

Lista de control para revisar y corregir

Una vez que hayas terminado tu primer borrador, usa la siguiente lista de control para revisar y corregir tu respuesta.

Enfoque y coherencia

_____ **1.** ¿Se relacionan todas las oraciones con la idea que expresa la cita de manera clara?

Organización

_____ **2.** ¿Se presenta la cita en el primer párrafo?

_____ **3.** ¿Se explica en el final el significado de la cita?

_____ **4.** ¿Están las oraciones en el orden correcto, de modo que tengan sentido?

_____ **5.** ¿Están los párrafos en el orden correcto, de modo que tengan sentido?

Desarrollo de las ideas

_____ **6.** ¿Relacioné la cita con una experiencia?

_____ **7.** ¿Usé detalles interesantes para compartir la experiencia?

Voz

_____ **8.** ¿Parezco interesado en mi cita?

Convenciones

_____ **9.** ¿Usé oraciones de distinta extensión y con distintos comienzos?

_____ **10.** ¿He comprobado que no haya errores en el uso de las letras mayúsculas, la ortografía y la puntuación?

Revisa y corrige tu respuesta. Haz los cambios que sean necesarios en tu respuesta. Corrige la versión final antes de presentarla.

Responder a un poema

Un **poema** es una clase especial de literatura en la que se usan pocas palabras para expresar una idea o una emoción. Para responder a un poema, debes pensar en la forma, las palabras especiales que usa el poeta y la idea principal o el mensaje del poema. En el ensayo que está a continuación, el autor responde al poema "Bola de fuego".

> **Bola de fuego**
> Estrella que está en el cielo,
> que es tan brillante y con su fulgor
> nos ilumina y nos da calor,
> derrite carámbanos, crea deshielo
> y es tan hermoso, el sol abrasador.

El principio presenta el tema y menciona la forma del poema.

"Bola de fuego" es una quintilla. Tiene cinco versos de distinta medida. La rima es consonante y sigue el patrón *abbab:* el primer verso rima con el cuarto y el resto de los versos riman entre sí.

El desarrollo explica cómo se usaron las palabras.

En cada verso se presentan distintas ideas sobre el tema. Las palabras "brillante" y "fulgor" en el segundo verso describen la luz del sol. En el tercer verso, "ilumina" y "da calor" explican el valor de la estrella. El cuarto verso, "derrite carámbanos, crea deshielo", describe su poder.

El final explica el mensaje del poema.

El mensaje principal del poema es que el sol es a la vez útil y dañino. Este poema describe el poder y la belleza del sol.

 **TEKS** 5.18C

Prepararse **Planificar tu respuesta**

1 **Escoge un poema.** Asegúrate de escoger un poema que realmente te guste y entiendas.

Protección
Los árboles que
cuidan el bosque bajo
la nieve blanca.

2 **Lee el poema varias veces.**

3 **Decide qué forma tiene el poema** *(verso libre, limerik o poema humorístico de 5 líneas, haiku, quintilla).* Si no estás seguro de la forma, anota el número de versos que tiene el poema, si tiene rima y si sigue algún tipo de patrón.

4 **Haz una lista de ideas para tu respuesta.** Usa un organizador como el que está a continuación para recopilar ideas y pruebas para demostrar tu entendimiento.

Gráfico de recopilación

forma	haiku–poema sobre la naturaleza verso 1: 5 sílabas; verso 2: 7 sílabas; verso 3: 5 sílabas
palabras especiales	los árboles "cuidan" como las personas "nieve": es invierno
mensaje principal	En invierno, los árboles parecen proteger el bosque.

 **Prepárate**

Planifica tu respuesta. Usa la información anterior como guía para planificar. Da pruebas del texto. Si tienes problemas para encontrar un poema, puedes usar el siguiente:

Luna llena
Despierta cuando
viene la noche, sube
a iluminarnos.

Hacer un borrador **Desarrollar tu respuesta**

Organiza los párrafos de tu respuesta desarrollando las ideas. En el **comienzo,** comenta la forma del poema y explica cómo está formado.

> "Protección" es un *haiku.* Los *haiku* son poemas que hablan sobre la naturaleza. Tiene tres versos. El primer verso tiene cinco sílabas, el segundo verso tiene siete y el tercer verso tiene cinco.

En el **desarrollo,** para demostrar tu entendimiento, explica de qué manera usa el poeta palabras especiales. Haz referencia a partes específicas del poema para incluir pruebas del texto.

> El poema es sobre el bosque en invierno. En el segundo verso, los árboles parecen personas que "cuidan" el bosque. En el tercer verso, "la nieve blanca" indica que es invierno.

En el párrafo **final,** explica el mensaje principal del poema.

> Creo que el mensaje que transmite el poeta en "Protección" es que, aunque los árboles no tengan hojas, aún así protegen el bosque. Incluso en invierno, resguardan todo lo que está en el suelo del bosque.

Escribe

Escribe el primer borrador. Escribe el comienzo, el desarrollo y el final de tu respuesta basándote en las pautas y los ejemplos. Recuerda incluir pruebas del poema para demostrar tu entendimiento.

 **TEKS** 5.15D

Lista de control para revisar y corregir

Una vez que hayas terminado tu primer borrador, usa la siguiente lista de control para revisar y corregir tu respuesta.

Enfoque y coherencia

_____ **1.** ¿Están todas las oraciones enfocadas en explicar el significado del poema?

Organización

_____ **2.** ¿Están todas las oraciones en el orden correcto para que el poema tenga sentido?

_____ **3.** ¿Fluyen las oraciones fácilmente desde el principio hasta el final?

Desarrollo de las ideas

_____ **4.** ¿Demuestran mis ideas un claro entendimiento del poema?

_____ **5.** ¿Cité palabras o frases específicas del poema como pruebas y expliqué su significado?

Voz

_____ **6.** ¿Da la impresión de que entendí el poema y que me gustó?

Convenciones

_____ **7.** ¿Usé correctamente las letras mayúsculas, la puntuación y la gramática?

_____ **8.** ¿Escribí todas las palabras sin errores de ortografía?

Revisa y corrige tu respuesta. Haz todos los cambios que sean necesarios. Comprueba que no haya errores en tu versión final antes de presentarla.

Responder a un artículo de no ficción

Un **artículo de no ficción** suele presentar información importante acerca de una persona, un lugar o un evento de la vida real. Una manera de responder a un artículo de no ficción es señalar los datos interesantes, o pruebas, del texto que te sirvieron para entender el tema y también las preguntas que aún tienes sobre el artículo.

Hablemos de pavos

de Margarita Hernández

¿Qué ave simboliza mejor el espíritu de los Estados Unidos? Lo más probable es que las personas no digan "el pavo". No obstante, en la década de 1770, Ben Franklin propuso en el Congreso que se declarara al pavo salvaje como ave nacional. El pavo perdió frente al águila de cabeza blanca por un solo voto.

En otros tiempos, las bandadas de pavos salvajes deambulaban libremente por los bosques, las praderas, los pantanos y las selvas desde el sur de Canadá hasta Guatemala. Los nativos valoraban a este animal peculiar e inteligente por su carne, sus huevos y sus plumas.

México fue el primer lugar donde se domesticaron, o amansaron, los pavos salvajes. Los exploradores españoles llevaron esta ave a Europa; allí se transformó en la comida preferida para las fiestas. Cuando llegaron a América, los colonos continuaron con esta tradición. Por eso, no nos sorprende que el pavo sea el "invitado" de honor en muchos hogares en el día de Acción de Gracias.

El comienzo nombra los datos importantes del artículo.

"Hablemos de pavos" trata de la historia del pavo salvaje en América. Me sorprendió enterarme de que Benjamin Franklin quería que el pavo salvaje fuera declarado ave nacional de los Estados Unidos. Perdió solo por un voto en el Congreso. ¡Nunca me habría imaginado que los pavos eran tan famosos!

En el desarrollo se dan más pruebas del texto.

Una de las razones de su fama podría ser que el pavo salvaje estaba en todas partes, desde Canadá hasta Guatemala. Era una fuente de alimento para muchas personas.

El final dice qué es lo que el escritor aún quiere saber.

Cuando los europeos conocieron esta ave, comenzaron a servirla en las comidas de las fiestas. Esa tradición continúa en los Estados Unidos. Me gusta el pavo, pero no lo como con frecuencia. Me interesaría aprender a cocinar pavo de distintas maneras. Me pregunto cómo lo prepararían los distintos pueblos originarios del resto de América.

Prepararse ## Planificar tu respuesta

Sigue estos pasos cuando planifiques la respuesta a un artículo.

1 Escoge un artículo que sea interesante para leer, como el que está a continuación.

Una verdadera sobreviviente

de Curtis Reynolds

La serpiente de cascabel diamantada del oeste vive en las regiones desérticas del sudoeste de los Estados Unidos. ¿Cómo se adaptó para sobrevivir en este ambiente caluroso y rocoso?

Cuando la temperatura es muy alta o muy baja, los órganos que detectan el calor, ubicados cerca de los ojos de la serpiente de cascabel, la ayudan a encontrar refugio. Estos "agujeros" también la ayudan a rastrear presas de sangre caliente y a evitar los depredadores, aun en la oscuridad.

Otra adaptación es el veneno mortal de la serpiente de cascabel. Cuando una serpiente muerde, el veneno actúa rápidamente, licúa la sangre de la víctima y destruye su sistema nervioso. Por este motivo, la serpiente de cascabel no necesita utilizar tanta energía cuando acecha una presa o se defiende.

Lo más notable es el "sonajero" duro que este reptil desarrolla en el extremo de su cola como protección. Un sacudón rápido basta para advertir a los demás que se mantengan alejados.

Este tipo de adaptaciones hacen de la serpiente de cascabel una verdadera sobreviviente.

2 Haz una lista con los datos más importantes, o pruebas, del artículo.

Lista de datos

- La serpiente de cascabel diamantada vive en un ambiente desértico.
- Los "agujeros" ayudan a la serpiente a buscar refugio, localizar una presa y evitar los depredadores.

3 Piensa qué preguntas harías sobre el artículo.

Mis preguntas

¿Qué aspecto tienen los agujeros y para qué sirven?

¿Cuánto tarda el veneno en hacer efecto?

Prepárate

Planifica la respuesta. Usa la información anterior como guía. Si tienes dificultades para encontrar un artículo, pide ayuda a tu maestro.

 **TEKS** 5.18C

Hacer un borrador **Desarrollar tu respuesta**

En el **comienzo**, incluye los datos importantes, o pruebas, que te ayudaron a entender la primera parte del artículo.

> La serpiente de cascabel diamantada del oeste es una criatura sorprendente. Ha desarrollado muchas adaptaciones inteligentes y prácticas para sobrevivir en la región desértica del sudoeste de los Estados Unidos.

En el **desarrollo**, identifica las pruebas del texto que te sirvieron para entender el resto del artículo.

> ¿Por qué es tan especial este reptil? Los órganos detectores de calor la ayudan a buscar refugio del calor y del frío, a perseguir presas y a evitar los depredadores. La serpiente de cascabel no malgasta su energía porque usa un veneno que mata a su presa y a sus enemigos. Además, tiene una manera peculiar de evitar los problemas. Sacude un sonajero que le crece en la cola para advertir a otras criaturas que tengan cuidado.

En el párrafo del **final**, escribe las preguntas clave que te hayan surgido después de leer el artículo.

> Los detectores de calor de la serpiente de cascabel, o agujeros, son lo que más me interesa. Me gustaría averiguar cómo funcionan. Me pregunto si los científicos idearon las gafas nocturnas después de haber estudiado a las serpientes de cascabel. Quizás otras adaptaciones de la serpiente de cascabel puedan ayudar a las personas.

Escribe

Escribe el primer borrador. Escribe el comienzo, el desarrollo y el final de tu respuesta. Guíate con la información anterior.

 # Lista de control para revisar y corregir

Cuando hayas terminado el primer borrador, usa la siguiente lista de control para revisar y corregir tu respuesta.

Enfoque y coherencia

_____ **1.** ¿Expresé la idea principal en el primer párrafo?

_____ **2.** ¿Se relacionan el resto de las oraciones con la idea principal?

Organización

_____ **3.** ¿Hay en el comienzo información importante, o pruebas, de la primera parte del artículo?

_____ **4.** ¿Incluí más pruebas del texto en el desarrollo?

_____ **5.** ¿Hice una pregunta relacionada con el artículo en el final?

_____ **6.** ¿Están las oraciones y los párrafos en un orden que tiene sentido?

Desarrollo de las ideas

_____ **7.** ¿Demuestra mi respuesta que entiendo el artículo?

Voz

_____ **8.** ¿Parezco interesado en el tema en mi respuesta?

_____ **9.** ¿Usé palabras específicas para captar el interés del lector?

Convenciones

_____ **10.** ¿Usé correctamente las letras mayúsculas y los signos de puntuación?

_____ **11.** ¿Corregí los errores de ortografía y de gramática?

 **Revisa y corrige la respuesta.** Cambia y corrige todo lo que sea necesario en tu respuesta. Comprueba que no haya errores en la versión final antes de presentarla.

Responder a una anécdota con una carta

Una **anécdota** es un relato breve e interesante. Las anécdotas tratan de personas de la vida real. La siguiente anécdota es sobre Oprah Winfrey.

La carta de Oprah

El primer día que Oprah fue al kindergarten, su maestra recibió una carta que decía que Oprah debía ir a primer grado. Después de leer la carta, la maestra estuvo de acuerdo. ¿Sabes quién había escrito la carta? ¡Oprah! A los cinco años, ya sabía leer y escribir.

En la siguiente carta, una estudiante responde a este tema de escritura: *Lee la anécdota "La carta de Oprah". ¿Qué palabra crees que describe mejor a la persona sobre la que trata? Escribe una carta a un amigo y usa la información de la anécdota para apoyar tu elección. Incluye todas las partes de una carta informal: el saludo, la despedida y la firma.*

¿Qué palabra clave describe en el primer párrafo la personalidad de Oprah?

¿Qué pruebas apoyan la opinión que tiene el escritor acerca de la persona?

¿Cómo muestra el final el valor de esa característica del personaje?

Querida Judith:

Oprah Winfrey es una persona <u>inteligente</u>. Cuando comenzó la escuela, ya sabía leer. Por eso, creyó que podía saltear el kindergarten.

El primer día de clase le escribió una carta a su maestra para probarle que merecía pasar a primer grado. Su carta demostraba que, incluso cuando era pequeña, deseaba tener una buena educación.

Actualmente, es una de las mujeres más famosas del mundo. Este relato me muestra la importancia de buscar medios creativos para alcanzar mis objetivos.

Afectuosamente,

Elsa Estévez

Prepararse **Recopilar detalles**

Tu maestro puede pedirte que escribas una carta en respuesta a una anécdota. Las siguientes ideas te ayudarán a prepararte.

1 Lee la anécdota y el tema de escritura con atención.

> ### El sueño de Jim
>
> Jim Abbott quería jugar en la liga infantil de béisbol, aunque había nacido sin el antebrazo derecho. Jim pasaba horas lanzando pelotas de tenis contra una pared. Aprendió a lanzar con la mano izquierda mientras sostenía el guante bajo el brazo derecho. Luego se calzaba rápidamente el guante en la mano izquierda para atrapar la pelota. Pronto, el sueño de Jim se hizo realidad. Ingresó a un equipo de la liga infantil como lanzador.

2 Si piensas en lo que dice el relato, ¿qué palabra o frase describe mejor el carácter o la personalidad de Jim Abbott?

3 Escribe una oración en la que identifiques el tema de tu respuesta. (No olvides la palabra o frase que describiría mejor a la persona de tu oración). Luego piensa tres razones de la anécdota que sirvan para explicar tu oración.

> Pienso que Jim Abbott era muy decidido.
>
> RAZONES:
>
> 1. Quería jugar béisbol a pesar de tener un defecto de nacimiento.
> 2. Pasaba horas lanzando una pelota de tenis.
> 3. Aprendió a lanzar y atrapar la pelota con la mano izquierda.

Prepárate

Responde a una anécdota. Planifica una carta en respuesta a una anécdota que te dé tu maestro. Comenta tu planificación con un compañero.

 **TEKS** 5.18B, 5.18C

Hacer un borrador **Desarrollar tu respuesta**

Para escribir una carta en respuesta a una anécdota sobre una persona, enfócate en una palabra clave que describa su carácter. Escribe oraciones de la anécdota (pruebas del texto) que demuestren tu entendimiento del texto.

En el **comienzo**, escribe una oración que describa a la persona.

> Acabo de leer un texto sobre un hombre muy decidido llamado Jim Abbott. Nació sin la mitad del brazo derecho, pero halló una manera de sobreponerse a su discapacidad.

Escribe un párrafo **intermedio** para apoyar la oración del comienzo.

> Jim soñaba con jugar en la liga infantil de béisbol. Pasaba horas lanzando pelotas de tenis contra una pared. Lanzaba y atrapaba con la mano izquierda. Cuando lanzaba, Jim sostenía el guante debajo del brazo derecho. Luego rápidamente se calzaba el guante en la mano izquierda para atrapar la pelota. Gracias a que trabajó mucho, Jim se convirtió en lanzador.

Escribe un **final** que remarque la característica del personaje y tenga un sentido de cierre.

> ¿No crees que Jim Abbott mostró lo que puede hacer una persona con decisión? Su objetivo era jugar béisbol y, trabajando mucho, alcanzó su objetivo.

Escribe el primer borrador. Sigue las pautas anteriores y escribe el comienzo, el desarrollo y el final de tu carta de respuesta.

Escribe

TEKS 5.15D

Lista de control para revisar y corregir

Usa la siguiente lista de control para revisar y corregir tu carta.

Enfoque y coherencia

_____ **1.** ¿Está enfocada mi carta en una característica clave que describa a la persona?

Organización

_____ **2.** ¿Describe el comienzo el carácter de la persona?

_____ **3.** ¿Apoya el desarrollo la oración inicial?

_____ **4.** ¿Deja el final una última reflexión al lector?

_____ **5.** ¿Están las oraciones ordenadas de manera que tengan sentido?

Desarrollo de las ideas

_____ **6.** ¿Usé una palabra o frase clave para describir a la persona?

_____ **7.** ¿Hice referencia a los detalles de la anécdota como pruebas del texto?

Voz

_____ **8.** ¿Da la impresión de ser mía la redacción?

_____ **9.** ¿Parezco interesado en el tema?

Convenciones

_____ **10.** ¿Usé correctamente las letras mayúsculas y los signos de puntuación?

_____ **11.** ¿Comprobé que no hubiera errores en la ortografía y la gramática?

Revisa

Revisa y corrige la respuesta. Haz todos los cambios que sean necesarios. Comprueba que no haya errores en la versión final antes de presentarla.

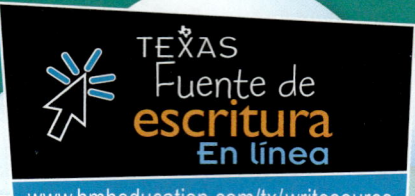

www.hmheducation.com/tx/writesource

Escritura creativa

Enfoque de la escritura
- **Escribir cuentos**
- **Escribir poemas**

Aprendizaje del lenguaje

Trabaja con un compañero. Lean los significados y respondan juntos las preguntas.

1. Un relato de ficción es un cuento acerca de una persona imaginaria o un evento imaginario.
¿Cuál es un relato de ficción: una enciclopedia o una novela?

2. Algo histórico está relacionado con eventos o personas del pasado.
¿Qué evento histórico te resulta interesante?

3. La perspectiva desde la que se relata un cuento es el punto de vista.
Relata un día de tu vida con un punto de vista de primera persona. Luego relata un día de algún compañero con un punto de vista de tercera persona.

4. Un cuento fantasioso es un cuento que incluye personajes con poderes especiales y eventos difíciles de creer.
¿Qué cuentos fantasiosos has escuchado o leído?

Escritura creativa
Escribir cuentos

Trata de imaginar que viviste en una época muy remota de la historia. ¿Cómo habría sido navegar en el barco *Mayflower* o escapar con Harriet Tubman a través del Ferrocarril Subterráneo, la red clandestina para la liberación de esclavos? ¿Cómo habría sido ayudar a Ben Franklin a descubrir la electricidad o a inventar las gafas bifocales?

Los cuentos de ficción que transcurren en otro tiempo y lugar permiten que tanto el escritor como el lector vivan aventuras en otro momento de la historia. En este capítulo, aprenderás a escribir un cuento de ficción histórica que sea verosímil. ¡Después podrás crear un cuento fantasioso o incluso una obra de teatro!

Pautas para escribir

Tema:	Cuento de ficción histórica
Propósito:	Entretener
Forma:	Cuento corto, cuento fantasioso, obra de teatro
Público:	Tus compañeros

 TEKS 5.16A(i–iii)

Cuento de ficción histórica

En el siguiente cuento, Claudio imagina que es el mejor amigo de Benjamin Franklin cuando era joven. Claudio usa acción, diálogo y detalles sensoriales para situar la escena y hacer que el cuento cobre vida.

Ben, mi mejor amigo

Principio
El principio presenta el escenario y los personajes principales y muestra el punto de vista desde el que se relata el cuento.

El verano de 1716 fue muy caluroso en Boston. Casi todas las tardes, iba a nadar a la laguna Fresh Pond con mi mejor amigo, Ben Franklin. Nos encantaban esos días largos y cálidos.

Una tarde, Ben se demoró. Fui a su casa y subí las escaleras hasta su habitación, que siempre estaba atestada de cosas. Estaba allí, sentado, entretenido con una cometa.

—¿Qué haces con esa cometa? —le pregunté—. Pensé que iríamos a nadar.

Conflicto
Un conflicto entre los personajes crea tensión.

Ben sonrió mientras hacía otro nudo en el cordel de la cometa.

—Necesitamos la cometa para nadar —me dijo.

—¿Quién puede ir a nadar con una cometa? —le pregunté.

—Yo —me respondió Ben. Los ojos azules le brillaban.

Diálogo
El diálogo es lo que hablan los personajes entre sí. ¿Cómo te ayuda el diálogo a entender este cuento?

Cuando eres amigo de un genio, te acostumbras a escuchar ideas descabelladas. Me limité a sacudir la cabeza.

—Quisiera ver cómo lo haces —le dije.

Media hora más tarde, estábamos a orillas de la laguna

Fresh Pond. Ben tenía su extraña cometa en una mano y un viejo tronco en la otra. Se sentó en la orilla embarrada, se quitó los zapatos y amarró la punta del cordel de la cometa al dedo gordo de uno de sus pies. Luego lanzó la cometa al aire para que la brisa la envolviera. La cometa levantó el vuelo por encima de la laguna.

—Esto es ridículo —le dije.

Mi amigo Ben volvió a sonreír y se metió en el agua de un salto. Apoyó un brazo sobre el tronco, se inclinó hacia atrás y se dejó llevar por la cometa a través de la laguna.

—¡Ah, ya entiendo! —exclamé mientras Ben se alejaba—. ¡Es una vela voladora!

—¡Nos vemos en la otra orilla! —me respondió.

¡Eso hice, desde luego! Ese fue el primer truco famoso de mi amigo Ben con una cometa y yo estuve allí para verlo. ¡Ojalá hubiera estado también unos años más tarde, cuando con otra cometa descubrió la electricidad!

Clímax
El conflicto se resuelve cuando el personaje principal descifra el misterio.

Desenlace
En el desenlace se reflexiona sobre los eventos del cuento.

Responde a la lectura. Contesta las siguientes preguntas sobre el cuento. Luego coméntalas con un compañero.

■ **Organización** (1) ¿Cómo está organizado el cuento?
(2) ¿Es la organización adecuada para el propósito? ¿Por qué?

■ **Desarrollo de las ideas** (3) ¿Qué crees que sucedió después? Agrega más diálogo para continuar el relato.

■ **Voz** (4) Encuentra tres verbos o frases de acción. Explica de qué manera intensifican la voz del cuento.

5.16A(i)

Prepararse **Escoger un tema**

Una manera de encontrar un tema es hacer una lista de personajes y eventos históricos. Claudio hojeó su libro de estudios sociales para crear la siguiente lista.

Lista de temas

Personajes y eventos históricos

Paul Revere, montado a caballo, advierte sobre el ataque británico.

Pocahontas evita que ejecuten a John Smith.

Ben Franklin usa una cometa para cruzar una laguna.

Prepárate

Haz una lista de ideas para el tema. Usa un libro de historia o el Internet para encontrar ideas para el tema. Pon un asterisco (✱) junto al tema que escojas para tu cuento.

Escoger un punto de vista

Claudio decidió usar un punto de vista de primera persona porque quería una voz amigable e informal. Decidió contar el cuento como si él mismo fuera el mejor amigo de Ben Franklin. Claudio empezó a escribir libremente.

Escritura libre

Si yo fuera el mejor amigo de Ben Franklin, estaría acostumbrado a sus locuras. Pero apuesto a que igual dudaría si tratara de atar una cometa a uno de sus pies para cruzar una laguna. Si estuviéramos a punto de ir a nadar, me pondría impaciente y tendría calor. Probablemente pondría los ojos en blanco y sacudiría la cabeza ante la última locura de Ben.

Prepárate

Escribe libremente sobre el punto de vista. Escoge un punto de vista de primera o de tercera persona. Luego escribe libremente lo que el narrador pensaría, sentiría y querría a lo largo del cuento.

Crear una trama

Las acciones o los eventos que ocurren durante un cuento conforman la trama. Cada parte de la trama desempeña un papel importante en el cuento.

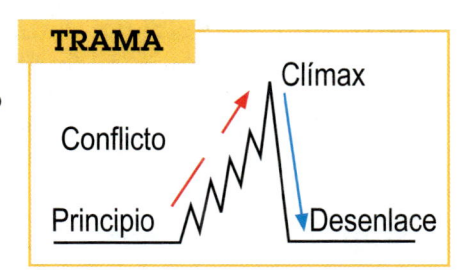

- El **principio** presenta a los personajes y describe el escenario.
- El **conflicto** es el problema o desafío que deben enfrentar los personajes.
- El **clímax** es la parte más emocionante.
- El **desenlace** explica cómo se resuelve el problema.

Claudio usó un gráfico de la trama para pensar qué podría ocurrir durante cada parte del cuento.

Gráfico de la trama

Principio	Conflicto	Clímax	Desenlace
Voy a buscar a Ben a su casa para ir a nadar, pero él está armando una cometa.	Ben dice que la cometa es para nadar. Lo desafío a que me lo demuestre.	Ben ata la cometa al dedo gordo del pie y flota sobre la laguna Fresh Pond.	Me río de mi amigo y pienso en otras cosas que él podría hacer con las cometas.

Prepárate

Crea un gráfico de la trama. En cada columna, escribe lo que ocurrirá en el principio, en el conflicto, en el clímax y en el desenlace de tu cuento.

 **TEKS** 5.16A(i–iii)

Hacer un borrador **Escribe tu primer borrador**

Usa las siguientes sugerencias para empezar a escribir el cuento.

1 **Sitúa la escena usando detalles sensoriales que respondan a *cuándo* y *dónde*.**

En lugar de . . . **Ben y yo íbamos a nadar.**
Escribe . . . El verano de 1716 fue muy caluroso en Boston.

2 **Usa el diálogo para hacer que los personajes hablen por sí mismos.**

En lugar de . . . **No sabía para qué tenía Ben una cometa.**
Escribe . . . —¿Qué haces con esa cometa?

3 **Narra el cuento desde un único punto de vista.**

En lugar de . . . **Era una idea un poco loca.**
Escribe . . . Cuando eres amigo de un genio, te acostumbras a escuchar ideas descabelladas. Me limité a sacudir la cabeza.

4 **Usa detalles sensoriales para crear el escenario y dar vida al cuento.**

En lugar de . . . **Estaba listo para hacer el experimento.**
Escribe . . . Se sentó en la orilla embarrada, se quitó los zapatos y amarró la punta del cordel de la cometa al dedo gordo de uno de sus pies.

5 **Muestra acciones y lleva la tensión al clímax.**

En lugar de . . . **Ben Franklin probó lo que se le había ocurrido.**
Escribe . . . —Esto es ridículo —le dije.
Mi amigo Ben volvió a sonreír y se metió en el agua de un salto.

Escribe

Escribe el primer borrador. Usa los gráficos de preparación para la escritura y las sugerencias anteriores a medida que escribes un borrador de tu cuento de ficción histórica.

TEKS 5.15D, 5.16A(i), 5.16A(ii)

Revisar Mejorar la redacción

Cuando hayas terminado tu primer borrador, déjalo a un lado durante un tiempo. Cuando estés listo para revisarlo, tal vez las siguientes preguntas te sirvan de ayuda.

- **Enfoque y coherencia** ¿Me enfoqué en un evento o personaje histórico específico y claramente definido?
- **Organización** ¿Tiene mi cuento una trama bien definida con un principio, un conflicto, un clímax y un desenlace?
- **Desarrollo de las ideas** ¿Usé detalles sensoriales para crear un escenario específico y verosímil?
- **Voz** ¿Tiene un punto de vista claro mi cuento?

Revisa tu redacción. Usa las preguntas anteriores como guía para revisar tu primer borrador.

Corregir Comprobar que se respeten las convenciones

Las siguientes preguntas te ayudarán a corregir tu cuento.

- **Convenciones** ¿He corregido los errores de ortografía y en el uso de las letras mayúsculas? ¿He incluido puntuación de apertura y de cierre en todas las oraciones? ¿He comprobado que escribí bien algunas palabras que usualmente se confunden (*tan bien, también*)?

Corrige tu cuento. Usa las preguntas anteriores para corregir. Usa las siguientes sugerencias para escribir un título. Escribe una versión final y comprueba que no haya errores.

Crear un título

- Usa una palabra que se repita mucho: **Ben, mi mejor amigo**
- Juega con el sonido de las palabras: **Viajar con una vela voladora**
- Usa una frase del cuento: **Nadar con una cometa**

Crear un cuento fantasioso

¿Alguna vez has hecho alarde de algo que lograste? Los cuentos fantasiosos pueden empezar con hechos reales, pero el escritor incluye tantas exageraciones que el cuento se vuelve extravagante y descabellado. A continuación, se explican los pasos que se deben seguir para crear un cuento fantasioso sobre un personaje histórico.

1 Haz que el héroe supere la realidad.

Concéntrate en una idea o característica del personaje principal y luego exagérala hasta lo increíble. Escoge un punto de vista para contar el cuento.

Betsy Ross, una mujer famosa por hacer banderas, diseñó una bandera tan grande que se podía ver en los trece estados originales al mismo tiempo.

2 Enfrenta al héroe con un gran desafío.

Para la trama, inventa un villano, un monstruo o un evento natural contra el que el héroe deba luchar.

Mientras navegaban por el río Missouri, Lewis y Clark tuvieron que luchar contra un esturión asesino de cincuenta pies de largo que acababa de tragarse tres canoas.

3 Exagera.

Haz que tu cuento sea lo más extravagante posible.

Como el motor del avión estaba roto, Amelia Earhart infló los neumáticos al máximo y fue dando tumbos por todo el país.

 **Escribe un cuento fantasioso.** Exagera una de las características del personaje principal. Luego enfréntalo con un gran desafío. Usa la exageración para narrar el cuento y explicar cómo hizo el personaje para triunfar.

Crear una obra de teatro

Otra manera creativa de compartir un cuento es redactarlo en forma de obra de teatro. Una obra de teatro cuenta una historia a través del diálogo. Las acciones se describen entre paréntesis. A continuación, leerás el comienzo de una obra de teatro que escribió Claudio basándose en su cuento sobre Ben Franklin.

Franklin, el pez volador

Personajes: Claudio Jones, 10 años
Ben Franklin, 10 años

Escenario: La orilla de una gran laguna; una tarde ventosa

ACTO I

(Ben se sienta bajo un roble alto y ata el extremo de un cordel a una cometa que acaba de construir. Claudio, en traje de baño, llega corriendo).

Claudio: Perdón por llegar tarde.

Ben: No hay problema. Así pude terminar la cometa.

Claudio: (rascándose la cabeza) ¿Una cometa? ¿Para qué? Pensé que íbamos a nadar.

Ben: (mientras ata la cometa al dedo gordo del pie) Vamos a nadar... con la cometa.

Claudio: ¿Quién nada con una cometa?

Ben: (se pone de pie y sonríe) Yo . . .

 **Escribe tu cuento en forma de obra de teatro.** Usa la obra de teatro anterior como ejemplo. Escoge un tema, haz una lista de los personajes, crea el escenario y luego escribe un diálogo para narrar el cuento.

Patrones de relatos

Generalmente, la trama de los relatos sigue ciertos patrones. Aquí se explican cinco patrones de relatos conocidos que puedes probar.

El rescate	En un relato de *rescate*, el personaje es la persona que rescata o la persona a quien hay que rescatar. *Un niño y su perro quedan atrapados en el techo de una casa en medio de una inundación.*
La búsqueda	En un relato de *búsqueda*, el personaje viaja a lugares desconocidos para lograr un objetivo. *Daniel Boone busca un paso a través de las montañas.*
El misterio	En un relato de *misterio*, el personaje debe resolver un enigma desconcertante. *Una niña que encuentra un anillo con extrañas inscripciones trata de descubrir de dónde salió el anillo y qué significan esas inscripciones.*
La superación personal	En un relato de *superación personal*, el personaje supera una dificultad real y triunfa. *Un niño afronta su miedo al agua y aprende a nadar.*
La rivalidad	En un relato de *rivalidad*, dos personajes compiten por un mismo objetivo o meta. *Luis y Jamal compiten para ver quién se queda con la posición de mariscal de campo.*

Comprueba el patrón del relato. Piensa en un relato que te guste mucho. ¿Sigue la trama alguno de los patrones anteriores? Si no es así, ¿cómo describirías el patrón del relato? Comenta tus respuestas con un compañero.

Elementos de la ficción

Los escritores usan términos específicos para referirse a las distintas partes de un cuento. En la siguiente lista, encontrarás palabras que te ayudarán al escribir tus cuentos o al leer los de los demás.

Acción La **acción** es todo lo que pasa en un cuento.

Antagonista El **antagonista** (a veces llamado villano) es una persona o cosa que lucha contra el héroe.

> **El lobo es el antagonista de los tres cerditos.**

Atmósfera La **atmósfera** es la sensación que el escritor crea en el cuento. Por ejemplo, la atmósfera de un cuento puede ser de seriedad, de alegría o de enojo.

Conflicto El **conflicto** es un problema o desafío que tienen que enfrentar los personajes. Hay cinco tipos principales de conflicto:

- **El personaje contra otro personaje:**
  Dos personajes tienen objetivos opuestos.
  > **Un supervillano quiere hundir un barco, pero un superhéroe quiere salvarlo.**

- **El personaje contra la sociedad:**
  El personaje tiene un problema con un grupo de personas.
  > **Un estudiante tiene problemas para integrarse en una escuela nueva.**

- **El personaje contra sí mismo:**
  El personaje tiene una lucha interna.
  > **Un detective joven no sabe qué hacer cuando las pistas del caso en el que está trabajando apuntan a su mejor amigo.**

- **El personaje contra la naturaleza:**
  El personaje tiene que luchar contra algún elemento de la naturaleza.
  > **Un montañista queda atrapado en medio de una tormenta de nieve.**

- **El personaje contra el destino:**
  El personaje se enfrenta con algo que no puede controlar.
  > **Después de caerse de un caballo, un hombre herido lucha por volver a caminar.**

TEKS 5.16A(i), 5.16A(iii)

Diálogo Hay **diálogo** cuando los personajes hablan entre sí en el cuento.

Escenario El **escenario** es el lugar y el momento en que ocurre el cuento.

Moraleja La **moraleja** es una lección que el autor quiere que el lector aprenda al leer el cuento. La moraleja de "Pedro y el lobo" es que, si dices muchas mentiras, nadie te creerá cuando digas la verdad.

Narrador El **narrador** es el que cuenta el cuento. El perro Harold cuenta el cuento en el libro *Bonícula*, así que Harold es el narrador (¡aunque sea un perro!).

Personaje Un **personaje** es una persona o un animal del cuento con características humanas.

Protagonista El **protagonista** es el héroe del cuento.

Punto de vista El **punto de vista** es el ángulo desde el cual se cuenta un cuento.

- Un cuento sobre el escritor se narra en *primera persona*.
  Fui a nadar a la laguna Fresh Pond con mi mejor amigo, Ben Franklin.

- Un cuento sobre otros personajes se narra en *tercera persona*.
  Claudio y Ben fueron a nadar a la laguna Fresh Pond.

Sentir El **sentir** es lo que siente el lector cuando lee un cuento: alegría, tristeza, miedo, paz.

Trama La trama es la acción o la serie de eventos que conforman el cuento. La mayoría de las tramas se dividen en cuatro partes: principio, conflicto, clímax y desenlace. (Consulta la página 293).

Tema El **tema** es la idea o el mensaje principal del cuento. El tema de *La telaraña de Carlota* es la importancia de la amistad.

Escritura creativa
Escribir poemas

Piensa en un lugar especial, un lugar donde te guste mucho estar. Luego piensa en lo divertido que es contarle eso a alguien.

Un poema es una manera fantástica de contarle a alguien acerca de tu lugar preferido. Los poemas se enfocan en las imágenes, los sonidos y los sentimientos. En esta unidad, escribirás un poema sobre tu lugar preferido e invitarás a los lectores a acompañarte.

Pautas para escribir

Tema: Un lugar preferido

Propósito: Entretener

Formas: Poema de verso libre, poema diamante, *limerik* o poema humorístico de cinco líneas, poema en lista

Público: Tus compañeros y tu familia

TEKS 5.16B(i), 5.16B(ii)

Poema de verso libre

No todos los poemas tienen rima. Pero en todos los poemas *sí* se usa el lenguaje de una manera especial. Dina Lazeric escribió el siguiente poema de verso libre (sin rima) acerca de su parte favorita del zoológico.

Pajarera

Cúpula de vidrio arriba,
como una cáscara de huevo
llena de ramas verdes

donde aves del color del arco iris
¡revolotean, pían y vuelan!

Un sendero de piedra
a través de los árboles
cruza un estanque azul

donde peces del color del arco iris
persiguen el reflejo de las aves.

Responde a la lectura. Responde y comenta con un compañero las siguientes preguntas sobre el poema "Pajarera".

- **Organización** (1) ¿Qué dos versos similares dan un sentido de unidad al poema?

- **Desarrollo de las ideas** (2) ¿Qué detalles de este poema te ayudan a imaginar mejor la pajarera? Menciona al menos tres.

- **Voz** (3) Halla un ejemplo de onomatopeya en este poema. (4) Halla un símil. ¿Qué dos cosas se comparan?

Prepararse **Escoger un tema**

Para escribir un poema, primero necesitas un tema. Dina hizo una lluvia de ideas y escribió una lista con sus lugares preferidos.

Lista de la lluvia de ideas

mi recámara en los días lluviosos	el parque de juegos de Elm Street
✓ la pajarera del zoológico	la piscina de Ash Park

Prepárate

Haz una lista. Haz una lista de tus lugares preferidos. Pon una marca (✓) en el que más te interese para escribir.

Recopilar detalles

En los poemas se usan detalles sensoriales para crear imágenes en la mente del lector. Dina recopiló detalles sobre la pajarera en un gráfico de los sentidos.

Gráfico de los sentidos

Vista	Oído	Olfato	Gusto	Tacto
Sendero de piedras	Pájaros que cantan, chillan, pían	Suciedad Plantas	ninguno	Aire húmedo
Ramas y hojas verdes	Aleteos			Banco frío de cemento
Piscina azul	Agua que salpica			Flores y helechos suaves
Aves y peces de colores brillantes				
Cúpula de vidrio				

Prepárate

Recopila detalles sensoriales. Haz un gráfico como el anterior y anota detalles sobre tu tema.

Prepararse Cómo usar las técnicas poéticas

Los poetas usan técnicas especiales y lenguaje figurado en su escritura. Dina usó un *símil* y una *onomatopeya* en su poema.

- Un **símil** usa la palabra *como* para comparar dos cosas.

> Cúpula de vidrio arriba
> **como** una cáscara de huevo

- Una **onomatopeya** es una palabra que suena como el sonido al que hace referencia.

> donde aves del color del arco iris
> ¡**revolotean**, **pían** y vuelan!

Prepárate

Usa técnicas poéticas y lenguaje figurado. Trata de pensar en un símil para usar en tu poema. Escribe dos palabras que sean onomatopeyas.

Hacer un borrador Escribir tu primer borrador

¡Ahora es el momento de escribir tu poema! Sigue estas sugerencias.

- **Imagina que estás en tu lugar preferido.** Repasa tu gráfico de los sentidos para obtener detalles.

- **Escribe lo que te venga a la mente.** Si no estás seguro de cómo empezar, comienza con el detalle más importante.

- **Juega con las palabras.** Captura imágenes, sonidos y sensaciones.

Escribe

Escribe el primer borrador de tu poema. Usa técnicas poéticas para describir tu lugar preferido, de modo que el lector pueda sentirse como si también estuviera allí.

Revisar Mejorar el poema

Para revisar tu borrador, responde estas preguntas acerca de las características del poema.

- ■ **Enfoque y coherencia** ¿Se enfoca mi poema en la descripción de un lugar?
- ■ **Organización** ¿Ordeno mis ideas de una manera lógica e interesante?
- ■ **Desarrollo de las ideas** ¿Uso lenguaje figurado, como símiles o metáforas, para desarrollar mis ideas?
- ■ **Voz** ¿Uso aliteración u onomatopeya?

Revisa la redacción. Continúa trabajando en el poema hasta que estés conforme con cada palabra. Ten en cuenta las características mencionadas anteriormente. Pide opinión a un compañero o a tu maestro. Haz la revisión basándote en sus reacciones o comentarios.

Corregir Perfeccionar el poema

Tu poema debe fluir fácilmente y ser fácil de leer.

- ■ **Convenciones** ¿Hay errores de ortografía en las palabras? ¿Use correctamente los términos o las palabras que usualmente se confunden (*también, tan bien*)?

Corrige tu trabajo. Corrige todos los errores de tu poema.

Publicar Presentar tu poema

A continuación, figuran algunas formas de presentar tu poema.

- ■ **Represéntalo.** Léelo en voz alta a tus amigos y familiares.
- ■ **Muéstralo.** Puedes mostrar tu trabajo en un tablón de anuncios de la escuela o en tu refrigerador.
- ■ **Envíalo.** Presenta tu poema a un periódico, revista o sitio web.

Presenta tu trabajo. Asegúrate de presentar tu poema. Usa una de las ideas anteriores o piensa en una idea propia.

Escribir un poema diamante

Un poema diamante es un poema de cinco versos escrito en forma de diamante. Los versos siguen una fórmula específica, como se muestra a continuación.

Exterior
brillante, fresco
correr, gritar, saltar
ruido, risas, paz, calma
descansar, susurrar, sonreír
cálido, acogedor
interior

Título: Un sustantivo
Dos adjetivos sobre el primer sustantivo
Tres verbos sobre el primer sustantivo
Dos palabras sobre el primer sustantivo y
dos palabras sobre el sustantivo final
Tres verbos sobre el sustantivo final
Dos adjetivos sobre el sustantivo final
Final: Un sustantivo (el opuesto del título)

Sugerencias para la redacción

- **Escoge un tema.** Piensa en un lugar o idea interesante y en su opuesto (ático y sótano, verano e invierno).
- **Recopila detalles.** Haz una lista para contrastar detalles sobre estos dos lugares o ideas. Haz un gráfico como el que se muestra a continuación.
- **Sigue el patrón.** Completa tu poema diamante. Asegúrate de que tu poema fluya fácilmente desde el título hasta el final.

Gráfico de planificación

1 sustantivo	2 adjetivos	3 verbos	2 palabras más
exterior interior	brillante, fresco cálido, acogedor	correr, gritar, saltar descansar, susurrar, sonreír	ruido, risas paz, calma

Escribe tu poema diamante. Escoge dos ideas opuestas y escribe un poema diamante usando las sugerencias para la redacción mencionadas anteriormente.

Escribir otras formas de poesía

A continuación, figuran otros tipos de poemas que puedes escribir.

Limerik

En el *limerik* o poema humorístico de cinco líneas se relatan historias divertidas. El primer verso, el segundo y el quinto riman. Trata de incluir uno o dos símiles.

Mi gato de carreras

Cuando mi gato con una rata juega
Como un auto de carreras corre y rueda
Pero cuando veo el piso
Grito "¡Qué es lo que hizo!"
¡Como si un monstruo hubiera entrado desde afuera!

Poema en lista

Si te gusta hacer listas, intenta escribir un poema en lista. Cada elemento comienza con mayúscula y ayuda a construir una imagen.

En espera

Palomitas dulces
Bebida gigante
Asientos mullidos
Luces tenues
Techo alto
Susurros
¡Qué empiece la función!

Escribe un poema. Escoge un evento gracioso o una actividad favorita y escribe tu propio *limerik* o poema en lista. Recuerda comprobar las mayúsculas.

 **TEKS** 5.16B(i), 5.16B(ii)

Cómo usar técnicas poéticas especiales

En las dos páginas siguientes se explica cuáles son las técnicas especiales que usan los poetas. Intenta usar algunas de ellas en tus poemas.

Lenguaje figurado

- Un **símil** compara dos cosas distintas usando *como*.

  Un vestidor como un cofre lleno de tesoros

- Una **metáfora** compara dos cosas distintas sin usar *como*.

  Mi armario es una máquina del tiempo.

- La **personificación** hace que algo que no es humano lo parezca.

  La brisa susurra a través de las ventanas.

- La **hipérbole** es una exageración.

  El comedor llega hasta el condado vecino.

Técnicas poéticas

Los poetas usan las siguientes técnicas para aportar sonidos interesantes a su trabajo. (Consulta también la página 304).

- La **aliteración** es la repetición de sonidos, especialmente los consonánticos.

  Rosas rojas relucen en mi jardín.

- Los **elementos gráficos**, como la longitud de los versos, el color, el espaciado, el tamaño de letra y otros elementos visuales pueden resaltar el sonido y el significado del poema.

  ¡Esa pava vieja SIIIIILBABA!

- Los **encabalgamientos** destacan palabras o ideas al final de un verso sin respetar la unidad sintáctica y de significado.

  Me dio una

  flor antes de irse.

- La **onomatopeya** es el uso de una palabra para imitar o recrear un sonido.

  Escuché el repiqueteo de las campanas por la tarde.

- La **repetición** es el uso de la misma palabra, idea o frase para conferir más ritmo o énfasis.

  Me dejaron esperando horas y horas y horas.

- La **rima** es el uso de palabras cuyas terminaciones tienen sonidos idénticos o similares.

  La *rima final* está al final de los versos.
  Ven conmigo

  Y mis amigos.

  La *rima interna* está dentro de los versos.

  El gato come de su plato.

- La **rima asonante** se produce cuando solo coinciden las vocales de las últimas palabras a partir de la vocal acentuada.

  Llego al prado. Y corro… corro

  No me molesta, porque es otoño.

- La **rima consonante** es la repetición de los sonidos vocálicos y las consonantes de las últimas palabras, a partir de la vocal acentuada.

  La princesa Mariana

  se apoyó en la ventana

  y le pidió a su criado

  que llamara a su amado.

- El **ritmo** es la forma en que un poema fluye de una idea a otra. En el poema de verso libre, el ritmo sigue la voz natural del poeta.

  Lă prĭncésă ĕstá trístĕ

  qué tĕndră lă prĭncésă

 **Escribe un poema.** Escribe sobre un lugar o un momento preferido. Usa lenguaje figurado, una técnica poética y un elemento gráfico.

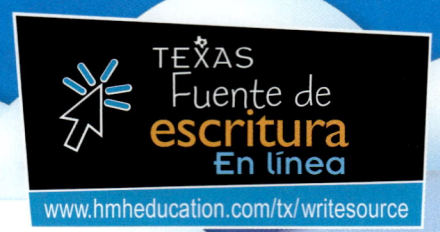

TEXAS
Fuente de
escritura
En línea
www.hmheducation.com/tx/writesource

Escritura de investigación

Enfoque de la escritura

- **Informe de investigación**
- **Dar discursos**
- **Presentación multimedia**

Enfoque gramatical

- **Preposiciones**

Aprendizaje del lenguaje

Responde las siguientes preguntas con un compañero. Acuérdate de resumir la información y escuchar atentamente.

1. Cuando **navegas en la red**, buscas información en el Internet.
   ¿Qué puedes aprender cuando navegas en la red?

2. En una **bibliografía** se indican los libros, las revistas, las páginas web y las entrevistas que utilizaste para escribir un informe.
   ¿Qué información necesitas para hacer una bibliografía?

3. Para que algo sea **multimedia** debe tener imágenes y sonido.
   ¿Cuál de las siguientes opciones es multimedia: una película o un libro de texto? Explica tu respuesta.

Escritura de investigación

Desarrollar destrezas de investigación

Una buena investigación es como el trabajo que hace un detective. Al investigar, debes buscar en todas partes para encontrar lo que quieres. Hay mucha información disponible, por lo que necesitas destrezas de investigación sólidas para encontrar lo que buscas.

La clave para llevar a cabo una investigación eficaz es tener un plan para recopilar información y saber dónde y cómo encontrar las mejores fuentes de información. Este capítulo te orientará en la búsqueda de fuentes en el Internet, en la biblioteca e incluso a través de expertos. También buscarás respuestas para tus preguntas de investigación. Y muy pronto serás capaz de transformar toda la información que hallaste en un informe de investigación eficaz.

El proceso de investigación

Haz un plan de investigación

- Primero escoge un tema. Ten una lluvia de ideas por tu cuenta o consulta con otros compañeros. ¡Cuantas más cabezas piensen, más ideas se les ocurrirán!

- Determina el tema sobre el que investigarás y formula preguntas de investigación abiertas que traten con ese tema. Si puedes responder alguna de las preguntas con una sola palabra, esa no es una pregunta abierta.

- Genera un plan de investigación que indique la forma en que investigarás las respuestas a tus preguntas.

Las siguientes son algunas preguntas sobre el tema "perros que trabajan". Identifica con un compañero las preguntas abiertas. Juntos formulen otras tres preguntas abiertas sobre el tema.

¿Qué tareas pueden realizar los perros?

¿Cuál es la raza de perros preferida en los Estados Unidos?

¿Qué perros excepcionales hay en tu ciudad?

¿Pueden los perros ayudar a las personas en silla de ruedas?

Recopila fuentes

- Recopila datos de textos de consulta, como libros, revistas y periódicos. Haz investigaciones a través del Internet. Busca gráficos, diagramas y mapas. Convierte todo lo que aprendas en apuntes escritos.

- Esmérate en conseguir una fuente primaria. ¡Tal vez incluso consigas la colaboración de un experto!

- Siempre usa fuentes fidedignas, o confiables, y verifica que puedas utilizar la información que has recopilado.

- Toma apuntes cuidadosamente y parafrasea la información. ¡Evita el plagio! Anota los datos de las obras que vas a citar a medida que investigas.

Recurre a un experto que sepa sobre los perros que trabajan. ¿Ayudan los perros en tu comunidad? ¿Conoces una organización que entrene perros para que ayuden a las personas?

Sintetiza la información

- Piensa en la información que hallaste y decide cuál será el enfoque. Es posible que necesites revisar tus preguntas de investigación. Usa una computadora, una cuadrícula y tarjetas de apuntes para organizar tus ideas.

- Evalúa el significado, la validez y la confiabilidad de todas las fuentes en relación con el tema.

 ¿Cuál de las siguientes fuentes es relevante, válida *y también* fidedigna?

Un artículo de periódico sobre los perros de terapia de tu ciudad

Una página web sobre los trucos que puede hacer un terrier

Un artículo de enciclopedia sobre sillas de ruedas

Organiza y presenta tus ideas

Presentaciones escritas

- Elabora una oración con la tesis. Luego escribe oraciones temáticas que resuman las conclusiones.

- Incluye citas y evidencia de una variedad de fuentes.

- Crea una página de obras citadas en la cual reconozcas tus fuentes.

Presentaciones orales

- Planifica un discurso con un programa para hacer presentaciones. Crea diapositivas con oraciones temáticas que resuman las conclusiones. Presenta datos y citas como evidencia. Escoge imágenes y sonidos.

- Incluye una diapositiva con las fuentes que usaste. Asegúrate de usar varias fuentes fidedignas, o confiables.

- Practica tu presentación oral hasta que estés listo para darla. Recuerda que debes hablar de forma clara y pausada.

 Busca una cita en un libro o en el Internet que apoye esta idea: *Los perros hacen algunas de las tareas más importantes en las comunidades.* Reconoce tu fuente al reproducir la cita.

Recopilar fuentes

Cuando investigas un tema, no debes basarte en una sola fuente sino que debes recopilar información de una variedad de fuentes.

Leer . . . Aprende datos y detalles del tema que escogiste en libros, enciclopedias y revistas.

Navegar . . . Explora el Internet para obtener información.

Ver y escuchar . . . Mira programas de televisión y vídeos relacionados con tu tema.

Entrevistar . . . Consulta a expertos en el tema.

Pautas para hacer una entrevista

Las siguientes sugerencias te servirán como modelo cuando hagas una entrevista.

- Haz una lista de las preguntas que quieras hacer durante la entrevista. Asegúrate de que no puedan responderse con un "sí" o un "no".

  ¿Qué hacen los perros policía?

  ¿Cómo se entrenan los perros policía?

  ¿Qué razas son las mejores para perro policía? ¿Por qué?

- Cuando tomes apuntes, no intentes escribir todas las palabras de la respuesta. Si algo te parece interesante, di: "Quisiera escribir eso". Pregunta cómo se escriben las palabras que no conozcas.

Evaluar las fuentes

Antes de incluir información en tu redacción, hazte las siguientes preguntas. Luego explica por qué es importante utilizar fuentes válidas, significativas y confiables.

- ¿Es la fuente una persona que sabe mucho del tema?
- ¿Es información actual o publicada recientemente?
- ¿Está completa la información y es confiable?
- ¿Es la fuente imparcial? ¿Trata las dos partes de la historia?

Fuentes primarias y secundarias

Las **fuentes primarias,** o fuentes originales, te dan información de primera mano. Las siguientes son algunas fuentes primarias.

Diarios y cartas

Leer los diarios y las cartas de otras personas (en especial de personajes históricos) es la mejor manera de conocer sus experiencias.

Lugares y objetos históricos

Visitar lugares históricos te permitirá conocer dónde ocurrió la historia. Los objetos que albergan los museos, como las fotografías, las herramientas, las obras de arte, la ropa y los muebles, te permitirán saber cómo vivían las personas en el pasado.

Entrevistas

En una entrevista, tienes la oportunidad de hablar con un experto en el tema que escogiste. Puedes hacerla en persona, por teléfono o por correo electrónico.

Encuestas y cuestionarios

Puedes hacer una encuesta o un cuestionario para recopilar información de primera mano. Haz una lista de preguntas y reparte copias de ella. Luego recolecta las encuestas y analiza los resultados.

Observación y participación

Cuando observas a las personas, los lugares o las cosas, puedes aprender mucho sobre ellos. O incluso puedes probar una actividad tú mismo.

 ¿Cuál de estas fuentes primarias podrías usar en un informe sobre perros que trabajan? Trabaja en un grupo pequeño para pensar diferentes ideas.

Las **fuentes secundarias** contienen información recopilada por otra persona. La mayoría de los libros de no ficción, las revistas y las páginas web son fuentes secundarias de información.

 ¿Cuál de las siguientes fuentes es primaria? ¿Cuál es una fuente secundaria? Explica cómo lo sabes.

Un artículo de periódico acerca de perros que ayudan a personas con discapacidades visuales

Una conversación con una persona con discapacidad visual acerca de su perro

Investigar en el Internet

La forma más fácil de encontrar información acerca de un tema en el Internet es usar un **buscador**. Los buscadores más comunes son fáciles de usar. Solo debes escribir el tema y saldrán enlaces a muchas páginas.

> Siempre pregúntate: ¿es esta página web fidedigna?

Sugerencias útiles

- **Usa el Internet con cuidado.** Busca páginas web con información confiable. Entra en las páginas que incluyan *.edu, .org* o *.gov* en la dirección. Esas páginas web tienen fines educativos, son de organizaciones sin ánimo de lucro o pertenecen al gobierno. Si tienes dudas sobre alguna página web, consulta con tu maestro o el bibliotecario.

- **Busca enlaces.** Las páginas web muchas veces contienen enlaces a otras páginas relacionadas con el tema que buscas. Sigue esos enlaces para hallar más información.

- **Sé paciente.** Las búsquedas pueden llegar a ser muy complicadas. En ocasiones el buscador muestra sitios que tienen muy poco que ver con el tema que te interesa, o directamente nada. Si te ocurre esto, intenta una nueva búsqueda con otras palabras clave.

- **Averigua la política de tu escuela sobre el Internet.** Asegúrate de respetar la política de tu escuela sobre el Internet. También debes respetar las pautas que tus padres hayan establecido.

Práctica

Navega en el Internet para hallar información acerca de una profesión que te parezca interesante. Halla al menos dos páginas web que mencionen la capacitación necesaria para esa profesión. Describe lo que averiguaste a un compañero.

Cómo usar la biblioteca

Determina la ubicación de todo el material de la biblioteca pública o de la de tu escuela. En la biblioteca encontrarás etiquetas o carteles, como "Ficción" o "Consulta", que indican dónde se encuentran las diferentes secciones.

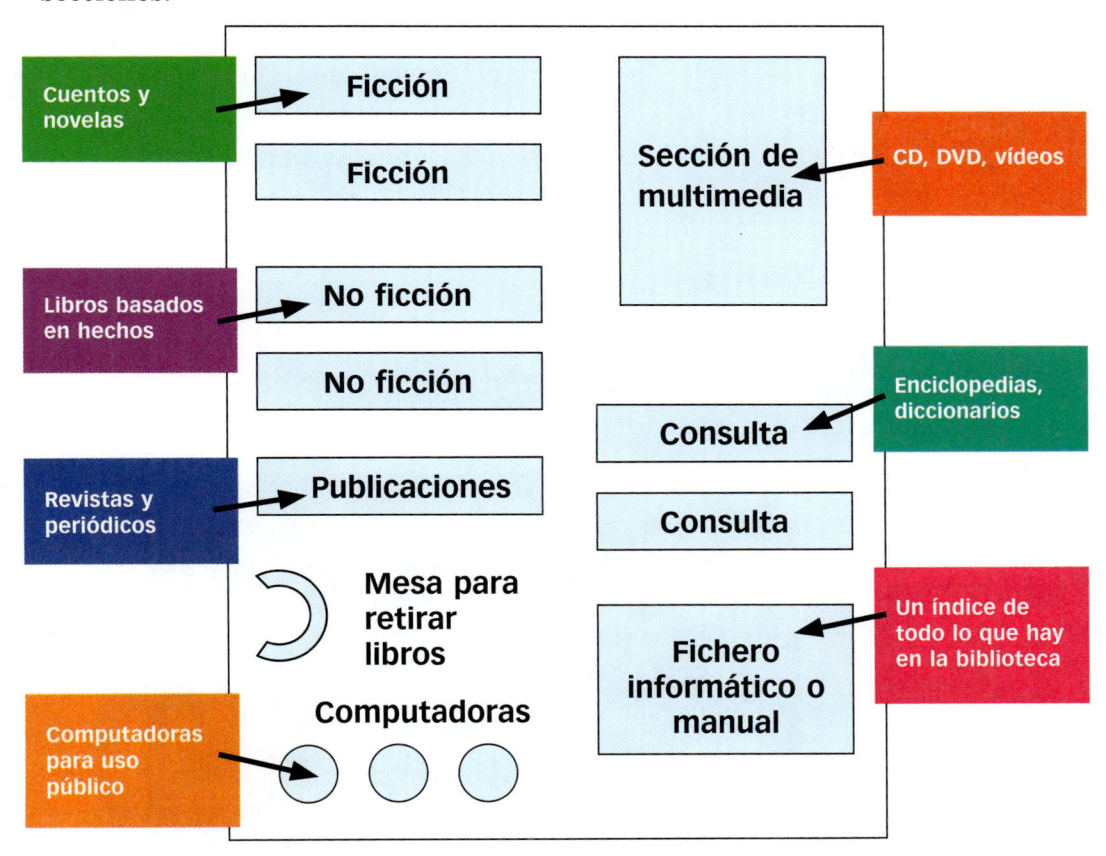

Práctica

Haz un mapa de la biblioteca de tu escuela y rotula la ubicación de cada sección. Da instrucciones orales a un compañero de cómo encontrar las diferentes secciones de la biblioteca. Luego haz una búsqueda. Escoge un tema que te interese y anota el título de un libro, una revista o un vídeo que puedan ser útiles.

 5.24A

Hacer una búsqueda en un fichero informático

En un **fichero informático** puedes hallar información acerca del mismo libro de tres maneras:

1. Si conoces el **título** del libro, ingresa el título.

2. Si conoces el **autor** del libro, ingresa el nombre del autor. (Si la biblioteca tiene más de un libro del mismo autor, aparecerá más de un libro en la lista).

3. Por último, si conoces solo el **tema** sobre el cual necesitas información, ingresa el tema o una palabra clave. (Una *palabra clave* es una palabra o frase relacionada con el tema).

Cómo usar palabras clave

Si el tema es . . .	las palabras clave podrían ser . . .
perros que trabajan	perros, terapia, curar

Ficha informática

Autor:	Crawford, Jacqueline
Título:	Mascotas terapéuticas: La asociación curativa entre animales y seres humanos
Publicación:	Prometheus Books, 2003
Temas:	Perros, terapia
ESTADO: Disponible	NÚMERO DE CLASIFICACIÓN: 716.8 CRA
UBICACIÓN: Entretenimiento, No ficción	

Práctica

Crea una ficha de fichero informático como la anterior para un libro que haya en tu salón de clases. Luego practica cómo usar el fichero de tu biblioteca para localizar libros.

Buscar libros

Libros de no ficción ● Los libros de no ficción están ordenados en los estantes de la biblioteca por **números de clasificación**.

- **Algunos números de clasificación contienen decimales.**
  El número de clasificación 973.19 es menor que el 973.2 (en realidad 973.2 es 973.20). El número 973.19 estará ubicado antes que el número 973.2 en el estante.

- **Algunos números de clasificación contienen letras.**
  El número 973.19D estará ubicado antes que el 973.19E en el estante.

- **La mayoría de los números de clasificación están basados en el sistema decimal de Dewey.**

Las diez categorías del sistema decimal de Dewey			
000	Obras generales	500	Ciencias
100	Filosofía	600	Tecnología (ciencias aplicadas)
200	Religión	700	Arte, Entretenimiento
300	Ciencias sociales	800	Literatura
400	Lenguaje	900	Geografía e historia

Biografías ● Las biografías están ordenadas según el apellido de la persona sobre la que tratan. En el estante se encuentran ordenadas alfabéticamente bajo el número de clasificación 921. La biografía del astronauta John Glenn tendrá el número de clasificación **921GLENN** en el lomo.

Libros de ficción ● Los libros de ficción están ordenados alfabéticamente por las tres primeras letras del apellido del autor. Un libro de Katherine Paterson tendrá las letras **PAT** en el lomo.

Práctica

Encuentra tu libro favorito en el fichero informático o manual de la biblioteca. Anota el número de clasificación e intenta localizar el libro en los estantes. Usa el mapa rotulado de las secciones de la biblioteca para guiarte.

Comprender las partes de un libro

A continuación encontrarás una breve descripción de cada parte de un libro de no ficción.

- La **portada** es generalmente la primera página impresa. En ella figuran el título del libro, el nombre del autor, el nombre de la editorial y la ciudad donde se publicó el libro.

- La **página de derecho** es la página que sigue. En ella figura el año en que fue publicado el libro.

- El **prólogo** o **prefacio** (que no siempre existe) se encuentra antes de la tabla de contenido. Aquí se explica sobre qué trata el libro o por qué fue escrito.

- La **tabla de contenido** muestra de qué manera está organizado el libro. Aquí aparecen los títulos y los números de página de las secciones y los capítulos.

- El **cuerpo** es la parte principal del libro.

- Una **referencia** indica al lector qué otra página puede leer para obtener más información. *Ejemplo:* (Consulte la página **705**).

- El **apéndice** contiene información adicional, como mapas, tablas, listas y explicaciones.

- El **glosario** (si el libro lo tuviera) explica las palabras especiales del libro. Es como un diccionario breve.

- La **bibliografía** (que no siempre existe) es una lista de los libros o artículos que utilizó el autor para escribir el libro. Con esta lista puedes hallar más información sobre el mismo tema.

- El **índice de materias** es una lista de todos los temas del libro ordenados alfabéticamente. Contiene los números de las páginas donde se trata cada tema.

Práctica

Identifica todas las partes anteriores en tu libro de ciencias o de estudios sociales. Luego coméntalas con tu compañero.

Cómo usar una enciclopedia

Una **enciclopedia** es un conjunto de libros o una página web con artículos sobre casi todos los temas. Cuando usas una enciclopedia debes tener en cuenta las siguientes sugerencias.

- **Escoge una enciclopedia en línea que sea confiable.** Pide ayuda a tu maestro o al bibliotecario para hallar una enciclopedia en línea adecuada. No todas las fuentes del Internet son fidedignas.

- **Observa de qué manera están organizados los artículos.** Los artículos contienen la información básica al principio, seguida de información más detallada. Los encabezados separan la información por secciones.

- **Toma buenos apuntes.** Escribe nombres, fechas y otros datos importantes en fichas. También apunta los datos proporcionados por gráficos, cronologías o diagramas.

- **Anota las palabras clave.** A medida que lees, debes estar atento a aquellas palabras que te permitan conseguir más información útil. Por ejemplo, Daniel Boone fundó Boonesborough. Si buscas la palabra *Boonesborough,* podrías encontrar detalles que hagan más interesante tu informe.

- **Busca temas relacionados.** A veces al final de un artículo hay una lista de temas relacionados. Búscalos para obtener más información sobre el tema que escogiste. En las enciclopedias en línea, generalmente basta con hacer clic en las palabras clave relacionadas.

- **Verifica la fecha de publicación.** Usa una enciclopedia con fecha de publicación reciente para obtener información científica o estadísticas actualizadas.

Práctica

Escoge una persona famosa que te interese. Investiga sobre esa persona tanto en una enciclopedia impresa como en una en línea. Comenta lo que hallaste con un compañero.

Parafraseo y plagio

¡Investigar te da grandes ideas! Es posible que quieras usar algunas de esas ideas en tu redacción. Pero debes tener cuidado de no tomar las ideas de otra persona y expresarlas de tal forma que parezcan tuyas. Hacer eso es *plagio* y es lo mismo que robar.

Imagina que estás investigando los perros policía y encuentras un artículo muy bueno escrito por Viviana Martínez, una policía que trabaja con perros.

> Trabajar con Pichicho es como trabajar con un detective. Con su olfato descubre pistas gracias a las cuales se resuelven delitos.

Estarías cometiendo plagio si escribieras algo así:

> Trabajar con un perro policía es como trabajar con un detective. El perro con su olfato descubre pistas gracias a las cuales se resuelven delitos.

Algunos piensan que pueden evitar el plagio mediante el parafraseo. Parafrasear significa volver a expresar una idea con tus palabras.

> Los perros policía y los detectives tienen mucho en común. Ambos buscan pistas para resolver delitos.

¡Pero esa sigue siendo la idea de otra persona! Debes dar el crédito a la fuente, o autor, de una idea. La siguiente es una manera de hacerlo:

> Trabajar con un perro policía es como trabajar con un detective que, con su olfato, descubre pistas para resolver delitos, según describe la oficial de policía Viviana Martínez, que trabaja con un perro llamado Pichicho.

Práctica

Parafrasea la información de un libro y cita la fuente claramente. Pregunta a tu compañero si cree que parafraseaste y citaste la información correctamente.

Citar las fuentes

Las fuentes que usas, así como también la información que proporcionas, deben ser confiables, válidas y significativas para tu informe.

	Qué preguntarte	Qué hacer
1 Comprueba el significado, o relevancia.	• ¿Podré usar la información que encontré? • ¿Me ayudará esta información a responder mi pregunta de investigación?	• Concéntrate en libros, artículos y páginas web con información específica sobre el tema que escogiste. • Dirígete directamente al capítulo o sección que tenga información que te sirva.
2 Comprueba la validez, o precisión.	• ¿Son claras y precisas las ideas explicadas? • ¿Está actualizada la información?	• Verifica los datos clave y las explicaciones de la fuente para asegurarte de que coinciden con otras fuentes consultadas.
3 Comprueba la confiabilidad, o que es fidedigna.	• ¿Es el autor parcial? • ¿Es el autor un experto en el tema? • ¿Parece el autor conocer bien el tema? • ¿Incluye el libro una lista de fuentes?	• Escoge fuentes que analicen las distintas partes del tema. • Infórmate acerca del grupo que publicó la fuente. • En el caso de las fuentes del Internet, si no sabes quién patrocina una página web, clasifícala como no confiable.

Práctica

Piensa en la persona famosa sobre la que comenzaste a investigar en la página 321. Halla una fuente que contenga información sobre esa persona. Evalúa la validez, la confiabilidad y el significado de la fuente. Comenta con un compañero por qué es importante usar fuentes fidedignas y precisas.

Información bibliográfica

A medida que investigas, debes llevar un registro de qué fuentes utilizas y de dónde sacas la información. De esta manera, te será mucho más fácil citar las fuentes después.

■ **Apunta la información bibliográfica.** Necesitarás la información bibliográfica para escribir la página de obras citadas al final de tu informe. En ocasiones resulta más fácil hacer una fotocopia de la página de derecho del libro o de la sección "¿Quiénes somos?" de una página web para consultarla más adelante. A continuación encontrarás la información que necesitas documentar.

● **Para libros:** **Autor, título, ciudad** donde se publicó el libro, **editorial** y **fecha de publicación.**

● **Para una página web:** **Autor, título de la página, título del sitio, fecha de publicación** y **fecha** de la última visita.

 Escribe la información bibliográfica de un libro de la biblioteca. Luego escribe las notas bibliográficas de una página web. Asegúrate de tener todos los datos que necesitas.

Tomar apuntes de datos y citas

A continuación figuran otras cosas que puedes hacer mientras investigas.

■ **Anota los números de página.** Cada vez que tomas apuntes de un dato o una idea, escribe el número de página en donde lo encontraste.

■ **Busca citas interesantes.** Busca citas que te gustaría usar para apoyar tus ideas y cópialas con cuidado. Las mejores citas explican una idea de forma divertida pero clara a la vez. A veces, las citas pueden darte ideas. Busca citas de un experto para hacer más atractivo tu informe.

 Busca una cita en el libro que usaste anteriormente que pueda ser usada como apoyo, o evidencia. Anótala y cítala de forma adecuada, con el número de página y el nombre del autor incluidos.

Escritura de investigación
Informe de investigación

Podría decirse que escribir un informe de investigación es como una aventura. Buscar información en fuentes como libros, revistas y páginas web te permite descubrir datos interesantes que no conocías sobre un tema. ¿Te interesan los primeros exploradores, los indígenas o presidentes del pasado?

En este capítulo, escogerás un personaje importante y te dedicarás a aprender de qué manera ese personaje cambió la historia. Después, para organizar los datos e ideas que tengas, redactarás un informe útil y atractivo que puedas presentar a tus compañeros y a otras personas.

Pautas para escribir

Tema:	Un personaje histórico importante
Propósito:	Encontrar información acerca de un personaje histórico y presentarla
Forma:	Informe de investigación
Público:	Tus compañeros y tus padres

Informe de investigación

En este informe, la estudiante Isabel Rodríguez cuenta de qué manera Daniel Boone participó en la formación de los Estados Unidos. A medida que leas el informe de Isabel, observa de qué manera están dispuestas y resumidas las ideas importantes. Las notas al margen indican cómo está organizado y presentado el informe.

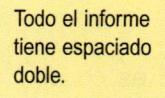

Todo el informe tiene espaciado doble.

Comienzo
La introducción capta el interés del lector y desarrolla una idea principal, u oración con la tesis. (subrayada)

Desarrollo
El primer párrafo intermedio hace un resumen de las conclusiones acerca de cómo Boone comenzó a interesarse por la exploración.

1/2″ Rodríguez 1 ←1″→

1″

←1″→

Isabel Rodríguez

Sra. Álvarez

Estudios sociales

14 de diciembre de 2012

Daniel Boone, el explorador

¿Alguna vez estuviste en algún lugar alto y anhelaste explorar las tierras que alcanzabas a ver desde allí? Ese deseo impulsó a Daniel Boone a abrirse camino a través de los montes Apalaches. Las expediciones de Boone alentaron a muchos de los primeros estadounidenses a dirigirse al Oeste.

Desde muy joven, a Boone le encantaba explorar tierras desconocidas. De niño conoció a indígenas que le enseñaron a sobrevivir en la intemperie, seguir el rastro de los animales y cazar para comer (Chinn). Mientras combatía en la guerra franco-india, conoció a un cazador que le habló de lo "emocionante" que era Kentucky (Harcourt School Publishers). Boone decidió ver aquel lugar con sus propios ojos (Filson 39 y 40).

1″

TEKS 5.18A(i), 5.26B, 5.26D

Rodríguez 2

Los siguientes párrafos intermedios organizan y hacen un resumen de las conclusiones acerca de las aventuras de Boone.

Pronto, Boone se dio cuenta de que Kentucky era un lugar tan bello como peligroso. En esas tierras prístinas e inexploradas habitaban muchos indígenas. La tensión entre los indígenas y el grupo de pioneros de Boone fue en aumento. Muchos de sus hombres fueron capturados (Salas 16 a 24). Boone regresó de su primera expedición de caza pobre y prácticamente solo. Pero no tardó mucho en volver a Kentucky (Salas 16 y 17).

Las fuentes se reconocen porque están entre paréntesis.

El principal logro de Boone fue abrir un sendero por los montes Apalaches hasta Kentucky en 1775. Con la ayuda de treinta colonos, se abrió camino a través de 200 millas de espeso bosque y fundó Boonesborough (Salas 18 a 20). La ruta se llamó el Camino de las tierras vírgenes (Goldman). En 1792, Kentucky se convirtió en estado y la población creció. Con el tiempo, a Boone le pareció que Kentucky se había llenado de gente, por lo que se mudó a Virginia Occidental (Chinn).

Final
En el párrafo final se usa una cita para profundizar la oración con la tesis.

Las expediciones de Boone alentaron a otros pioneros a cruzar los montes Apalaches, asentarse en Kentucky y explorar el Oeste. Como lo dice su biografía: "Cruzar los montes Apalaches era una tarea difícil y peligrosa, pero Boone era un excelente pionero, es decir, alguien que explora nuevos territorios para abrir paso a los demás" (Harcourt School Publishers). Boone fue uno de los primeros, pero otras personas siguieron su ejemplo. Sus historias se convirtieron en leyendas y sus aventuras sirvieron de inspiración para que muchos exploraran los Estados Unidos.

TEKS 5.26D

Rodríguez 3

Obras citadas

Chinn, Col. George M. "Daniel Boone". *El Oeste de Estados Unidos*. Sociedad Histórica Harrodsburg, abril de 1996. Versión electrónica. 18 de noviembre de 2010.

"Daniel Boone. 1734-1820". *Biografías Harcourt Multimedia*. Harcourt School Publishers. Versión electrónica. 10 de diciembre de 2010.

Filson, John. "El descubrimiento, el poblamiento y la actualidad de Kentucky". *Colección de viajes por los Estados Unidos*. Biblioteca y archivo digital histórico de Wisconsin, 2003. Versión electrónica. 20 de noviembre de 2010.

Goldman, Lisa. "Rumbo al Oeste: el paso de Cumberland". *Travesuras en los Estados Unidos* abril de 1999: 26. Versión impresa.

"Mapa interactivo del Camino de las tierras vírgenes Daniel Boone". Camino Daniel Boone. Asociación del Camino de las tierras vírgenes Daniel Boone, 2006. Versión electrónica. 19 de noviembre de 2010.

Salas, Laura Purdie. *El Camino de las tierras vírgenes, 1775*. Mankato, MN: Capstone Press, 2007. Versión impresa.

El nombre de la autora y el número de página aparecen en todas las páginas.

Las fuentes están ordenadas alfabéticamente por autor, si aparece mencionado.

Responde a la lectura. Responde las siguientes preguntas. Intercambia pensamientos, opiniones e ideas con tu compañero.

■ **Enfoque y coherencia** (1) ¿De qué manera se conecta la conclusión de Isabel con la oración con su tesis?

■ **Desarrollo de las ideas** (2) Busca un dato, detalle o idea que apoye una de las oraciones temáticas.

■ **Voz** (3) ¿Está Isabel interesada en el tema? ¿Lo conoce bien? ¿Cómo lo sabes?

Prepararse ↗

¡En línea!

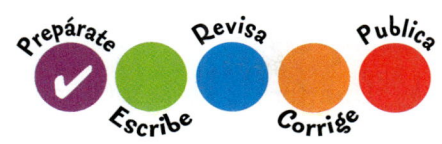

Prepárate ✓   Escribe   Revisa   Corrige   Publica

Antes de empezar a escribir tu informe, debes determinar el tema, formular preguntas acerca de él y generar un plan de investigación. En eso consiste la preparación.

Claves para prepararte para escribir

1. **Ten una lluvia de ideas, consulta** con otros y **escoge** un personaje histórico sobre el que quieras escribir.
2. **Formula** preguntas abiertas que quieras responder acerca del personaje.
3. **Genera** un plan de investigación para recopilar información. **Utiliza** una cuadrícula de recopilación y tarjetas de apuntes para registrar la información.
4. **Escribe** una tesis, u oración de enfoque, que contenga la idea principal.
5. **Crea** una lista organizada de detalles.

TEKS 5.15A, 5.23A

Prepararse Escoger un tema

Una forma de determinar un tema es tener una lluvia de ideas. Con la ayuda de sus compañeros, Isabel hizo el siguiente diagrama de detalles.

Diagrama de detalles

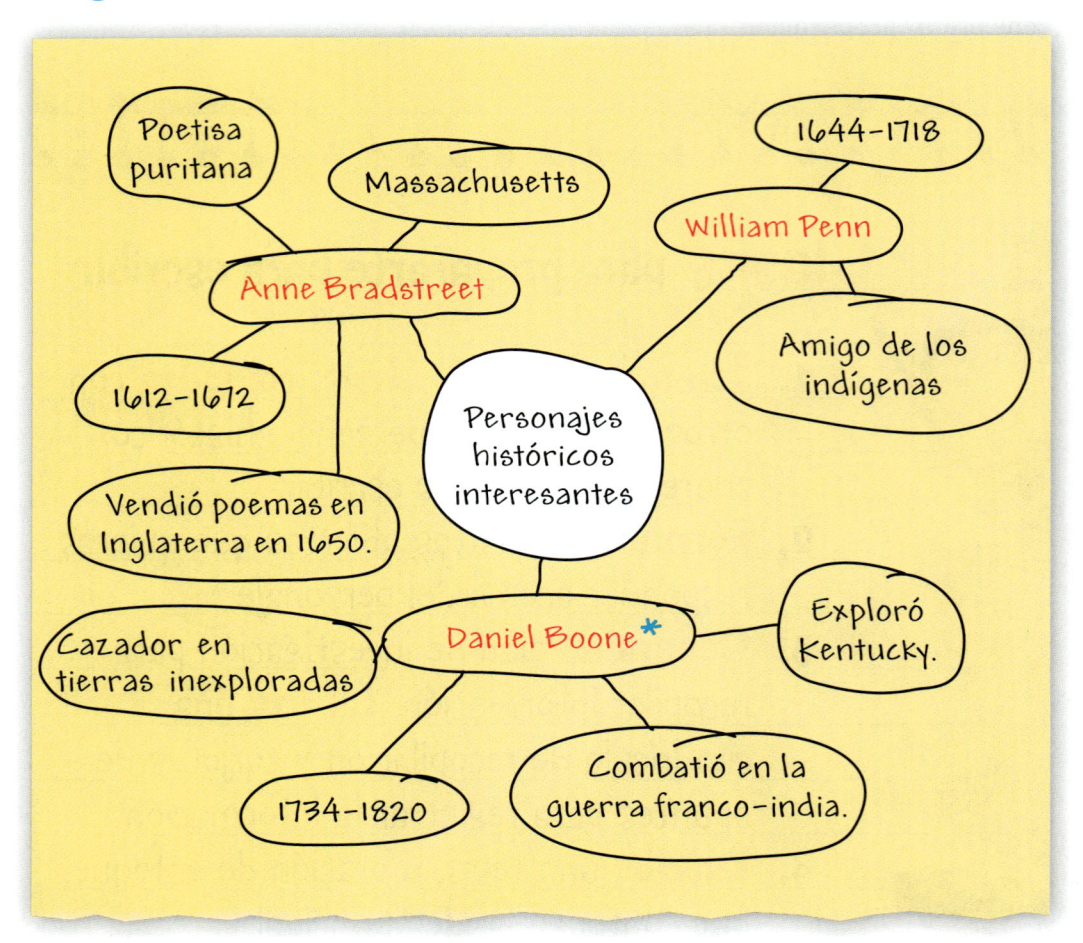

Haz un diagrama de detalles. Escoge tres personajes históricos y ten una lluvia de ideas sobre algunos detalles de cada uno de los personajes. Consulta con otros para generar más ideas. Pon un asterisco (✳) junto al personaje que más te interese. Ese personaje será el tema de tu informe.

Escribir preguntas de investigación

El tema de tu informe de investigación no debe ser demasiado amplio ni demasiado limitado. Para lograr el enfoque preciso, haz una lista de preguntas de investigación que quieras responder. Pide ayuda a otras personas. Luego pregúntate: *¿Cuál de todas las preguntas de investigación es la principal? ¿Tratan todas las preguntas con mi tema principal? ¿Es razonable usar estas preguntas en conjunto?* Estas son las preguntas de Isabel.

Preguntas de investigación

Demasiado amplias

¿Quién fue Daniel Boone?

- ¿Cómo se hizo amigo de los indígenas siendo niño?
- ¿Qué hizo en la guerra franco-india?
- ¿Por qué quiso explorar Kentucky?
- ¿Cómo abrió el Camino de las tierras vírgenes?
- ¿Por cuánto tiempo exploró Kentucky?
- ¿Con quién se casó y quiénes fueron sus hijos?
- ¿En qué otros lugares vivió?
- ¿Participó en la formación de los Estados Unidos?

Demasiado limitadas

¿Qué es el Camino de las tierras vírgenes?

- ¿Cómo abrió Boone el Camino de las tierras vírgenes?
- ¿Quién lo acompañó?

Precisas (enfocadas)

¿Influyeron las expediciones de Daniel Boone en la formación de los Estados Unidos?

- ¿Por qué es famoso Boone?
- ¿Por qué exploró Kentucky?
- ¿Tuvo algún problema?
- ¿Cómo abrió el Camino de las tierras vírgenes?

Prepárate

Consulta con otros al escribir las preguntas. Escribe cuatro o cinco preguntas enfocadas en tu tema. Para asegurarte de que sean precisas, trabaja en grupo y perfecciónalas.

Prepararse **Formular preguntas abiertas**

Vuelve a leer tus preguntas de investigación para asegurarte de que sean preguntas abiertas. Para ello, debes hacerte dos preguntas:

- ¿Pueden mis preguntas responderse con una sola palabra?
- ¿Tiene cada pregunta una única respuesta correcta?

Si respondiste afirmativamente, tienes un problema: tus preguntas no son abiertas. Recuerda que:

- una pregunta abierta tiene más de una respuesta correcta.
- las preguntas abiertas se responden con ejemplos, información o explicaciones.
- las preguntas abiertas a menudo comienzan con *cómo, por qué* o *qué pasó.*

Isabel releyó sus preguntas y advirtió que dos de ellas podían responderse con un *sí* o un *no.* Decidió modificarlas para que fueran preguntas abiertas. Les agregó las palabras *cómo* y *por qué.*

Antes
-¿Influyeron las expediciones de Daniel Boone en la formación de los Estados Unidos?
-¿Tuvo algún problema?

Después
-¿Cómo influyeron las expediciones de Daniel Boone en la formación de los Estados Unidos?
-¿Por qué tuvo tantos problemas?

Estas preguntas podrían llevar a Isabel a descubrir datos interesantes o inesperados. Además, responder preguntas abiertas le dará más calidad a su informe.

Prepárate

Evalúa las preguntas. Lee tus preguntas. ¿Son preguntas abiertas? Si no lo son, perfecciónalas: agrega *cómo*, *por qué* o *qué pasó.*

Generar un plan de investigación

Con un plan de investigación, podrás recopilar información acerca de tu tema. Los siguientes pasos te servirán de guía.

1 **Decide a qué lugar irás a investigar.**

Un buen lugar donde empezar tu investigación es la biblioteca. Luego haz una investigación a través del Internet. Y puedes hacer más aun: ten una lluvia de ideas sobre expertos, museos y personas que puedas entrevistar u observar. (Consulta más ideas en la página **315**).

2 **Busca buenas fuentes primarias y secundarias.**

Siempre debes recopilar información de una variedad de fuentes. Usa tanto fuentes primarias como secundarias. Puedes crear tus propias fuentes primarias si entrevistas a personas o realizas encuestas.

Asegúrate de que tus fuentes sean fidedignas y precisas. También comprueba que sean relevantes, o significativas. Si una fuente no responde tus preguntas de investigación, no la uses para tomar apuntes.

Isabel fue a la biblioteca y encontró algunas fuentes que consideró que eran fidedignas, precisas y relevantes. Este es su plan de investigación.

Plan de investigación

Lugar: biblioteca de la escuela, biblioteca municipal, Internet

Fuente primaria: diario de Daniel Boone

Fuentes secundarias: artículo de enciclopedia, libro de Salas, mapa interactivo, artículo de revista de Goldman, artículo de página web de Chinn, artículo de página web de Harcourt School Publishers

Prepárate

Genera un plan de investigación. Genera un plan de investigación siguiendo los pasos anteriores. Asegúrate de saber distinguir entre una fuente primaria y una fuente secundaria. Incluye ambos tipos de fuente en tu plan.

Prepararse **cómo usar textos de consulta**

Un **texto de consulta** es un excelente lugar por donde comenzar a recopilar información. Las fuentes impresas o electrónicas son de gran utilidad para armar una base de conocimientos para un informe. Así es cómo debes comenzar:

- **Usa el índice de materias.** Usa el índice de materias para buscar los artículos relacionados con el tema de tu informe. El índice de materias se encuentra en la parte de atrás del libro o en el último volumen de un conjunto de textos de consulta.

- **Toma apuntes de lo esencial.** Concéntrate en determinada información, por ejemplo, nombres, fechas, lugares y otros datos de la vida del personaje. Esta información te servirá cuando investigues en otras fuentes.

- **Busca más fuentes.** Si en el texto de consulta se mencionan otras fuentes, búscalas en la biblioteca. También busca libros de consulta sobre el período histórico en cuestión.

Isabel usó un artículo sobre Daniel Boone de una enciclopedia electrónica para comenzar su investigación. Parafraseó la información y fue encerrando en un círculo las fechas importantes. También subrayó las palabras cuyo significado quería buscar.

Apuntes

Daniel Boone
- Nació en 1734, en Pennsylvania; murió en 1820 en Missouri.
- Abrió un sendero a través del paso de Cumberland en 1775
- Fue cazador y trampero durante casi toda su vida.
- Le pagaron por despejar el Camino de las tierras vírgenes, la ruta principal hacia el oeste.
- Fundó Boonesborough, uno de los primeros asentamientos en Kentucky.

 Anota la información bibliográfica para no cometer plagio al parafrasear datos. Con un compañero, distingue entre el parafraseo y el plagio.

 **Usa un texto de consulta.** Busca el personaje histórico que hayas escogido en un libro de consulta impreso o electrónico. Apunta los nombres, las fechas y otros datos que encuentres. No olvides citar los números de las páginas de las que tomes apuntes.

Cómo usar publicaciones

Una **publicación** es un texto que se publica periódicamente, como una revista o un periódico. Los periódicos y las revistas a veces traen artículos de historia o ciencias, e incluso hay algunas revistas especializadas en estos temas.

Buscar un artículo

- **Vé a la sección de publicaciones de la biblioteca.** Busca revistas de historia para tu informe. Si encuentras alguna útil, busca un artículo en los archivos en línea de la revista.
- **Haz una búsqueda a través del Internet.** Limita la búsqueda en el Internet a periódicos y revistas. En algunas bibliotecas se pueden buscar artículos de revistas y periódicos en el fichero.
- **Fíjate que sea relevante.** Debes encontrar un artículo que te ayude a responder tus preguntas de investigación. Un artículo acerca de Kentucky con una sola oración sobre Daniel Boone seguramente no sea muy útil.

Leer el artículo

De ser posible, fotocopia el artículo. Subraya o resalta los datos más importantes a medida que leas, como hizo Isabel. (Consulta el ejemplo de la derecha).

Cuando termines de leer, escribe una o dos oraciones que resuman la idea principal.

Antes de que los Estados Unidos se convirtieran en una nación, esta barrera mantenía a los colonos cerca de la costa. Pero a medida que la población aumentó, también aumentó la necesidad de moverse hacia el oeste. En 1775 Daniel Boone condujo a un grupo de 30 colonos hacia Kentucky a través de un paso natural en los montes Apalaches. Este paso se conoce como paso de Cumberland y la ruta que abrieron los colonos se hizo conocida como el Camino de las tierras vírgenes. Entre 1775 y 1810, aproximadamente un cuarto de millón de personas recorrieron este camino y fueron a poblar las Planicies Centrales.

Prepárate

Busca un artículo y léelo. Escoge un artículo de un periódico o una revista que te sirva para el informe. Léelo atentamente y toma apuntes. Luego resume las ideas principales.

Prepararse Cómo usar fuentes del Internet

¡Una investigación a través del Internet puede poner a tu disposición cientos de fuentes en apenas segundos! El Internet tiene una cantidad de información difícil de hallar en otros lugares. A continuación encontrarás algunos ejemplos.

Dibujos, pinturas y fotografías

¿Necesitas una foto para darle vida al informe? Puedes encontrar una fácilmente si haces una búsqueda de imágenes en el Internet. Presta atención a las fotografías o pinturas históricas de las personas y eventos que describes en el informe.

Vídeos y grabaciones

Algunos sitios web confiables incluyen vídeos cortos o fragmentos de noticias. Si tu personaje histórico es reciente, busca grabaciones de sus discursos o mensajes.

Diagramas, cronologías, gráficos o mapas

Isabel escribió *cronología Daniel Boone* y *mapa Camino de las tierras vírgenes* para hallar datos visuales. Puedes tomar apuntes escritos de todos los diagramas, las cronologías, los gráficos o los mapas que encuentres y usarlos en tu informe.

Funciones interactivas

Algunos sitios web tienen funciones interactivas en las que puedes hacer clic sobre los gráficos para ver cómo funcionan las cosas. Esto puede resultar muy útil si te cuesta entender un concepto.

Prepárate

Busca fuentes del Internet y toma apuntes. Usa un buscador del Internet para hallar dibujos, vídeos, grabaciones, diagramas, cronologías o mapas. Toma apuntes de las fuentes que te resulten más útiles. Imprímelas, si es posible, o anota el enlace.

Evaluar las fuentes

Después de haber recopilado suficientes fuentes, Isabel las evaluó para asegurarse de que fueran significativas, válidas y confiables, o fidedignas. (Para repasar cómo hacer esto, consulta las páginas **314** y **323**).

Isabel comenzó por evaluar una fuente primaria que había encontrado: un pasaje del diario de Daniel Boone.

Evaluar una fuente primaria

– ¿Es significativa? Sí. El diario de Boone nos cuenta por qué quería explorar Kentucky y también los problemas que tuvo.

– ¿Es válida? Sí. Los eventos que encontré aquí concuerdan con los datos que encontré en otros lugares.

– ¿Es confiable? Sí. La encontré en la página web de una universidad y la persona que publicó esta fuente es un experto en el tema. Hallé fotos de las páginas del diario verdadero. Aunque Boone solo cuenta una parte de la historia, quiero saber qué pensaba durante sus aventuras.

Es posible que algunas fuentes primarias, como los diarios y las cartas, cuenten solo una parte de la historia. Ten cuidado al sacar conclusiones basadas en el punto de vista de una única persona.

Luego Isabel evaluó cuidadosamente todas sus fuentes secundarias. Revisó los datos más importantes e investigó quiénes eran los autores. Quería asegurarse de que todo lo que escribiera en su informe fuera correcto.

Evalúa las fuentes. Evalúa el significado, la validez y la confiabilidad de tus fuentes primarias y tus fuentes secundarias. (Asegúrate de que sabes distinguir entre fuentes primarias y secundarias). Luego comenta con un compañero por qué es importante evaluar las fuentes.

TEKS 5.24A, 5.24C, 5.25A, 5.26B

Prepararse Cómo usar una cuadrícula de recopilación

Una cuadrícula de recopilación sirve para organizar y documentar los datos que encuentras. Isabel usó una cuadrícula para resumir en apuntes escritos los datos de tres de sus fuentes.

Cuadrícula de recopilación

Daniel Boone	El Camino de las tierras vírgenes, 1775 (libro)	"Rumbo al Oeste: el paso de Cumberland" (artículo de revista)	"Daniel Boone. 1734–1820" (artículo del Internet)
¿Cómo influyeron las expediciones de Daniel Boone en la formación de los Estados Unidos?	Sirvió de inspiración a los primeros estadounidenses para que viajaran al oeste.		
¿Por qué es famoso Boone?	Fundó Boonesborough.	Abrió el Camino de las tierras vírgenes.	Ver tarjeta 1
¿Por qué exploró Kentucky?	Amaba la naturaleza.		Había escuchado a un cazador hablar de él.
¿Por qué tuvo tantos problemas?	Muchos problemas (Ver tarjeta 2)		
¿Cómo abrió el Camino de las tierras vírgenes?	30 colonos se abrieron paso a través del bosque con hachas.	La ruta se hizo conocida como el Camino de las tierras vírgenes.	
Otros datos interesantes	Boone fue contratado para abrir el camino.	El Camino de las tierras vírgenes atraviesa los Apalaches.	Vivió de 1734 a 1820; murió en Missouri.

Prepárate

Crea una cuadrícula de recopilación. Perfecciona tus preguntas de investigación y haz una lista. Arriba pon las fuentes. Escribe tus conclusiones en los recuadros. Si puedes, usa una computadora.

Crear tarjetas de apuntes

Si algunas respuestas son demasiado largas para incluirlas en la cuadrícula de recopilación, escríbelas en tarjetas de apuntes. Numera las tarjetas y escribe la pregunta de investigación en la parte superior. Luego escribe la respuesta y el número de página. Puedes citar las palabras exactas (una **cita**) o resumirlas con tus propias palabras (**parafraseo**). Recuerda que es importante citar las fuentes.

Número de tarjeta → I. ¿Por qué es famoso Boone?

Pregunta →

Respuesta (cita) → "Cruzar los montes Apalaches era una tarea difícil y peligrosa, pero Boone era un excelente pionero, es decir, alguien que explora nuevos territorios para abrir paso a los demás". Harcourt School Publishers

Fuente → Artículo del Internet "Daniel Boone. 1734–1820".

2. ¿Por qué tuvo tantos problemas?

No era fácil cruzar los montes Apalaches. Eran altos y escarpados. Boone tuvo que sobrevivir a toda clase de climas sin tener lugar donde refugiarse, y tuvo que cazar para comer. Los colonos estaban en territorio indígena, así que había mucha tensión entre los dos grupos. — **Respuesta (parafraseo)**

El Camino de las tierras vírgenes, 1775, página 22

 **sugerencia** No debes copiar ideas ni presentarlas como si fueran tuyas. Eso se llama *plagio* y es un robo. Explica a un compañero la diferencia entre el parafraseo y el plagio.

 **Prepárate** **Crea tarjetas de apuntes.** Prepara tarjetas para tu informe. Incluye una cita o un parafraseo que resuma tus conclusiones.

TEKS 5.24D, 5.26D

Prepararse **Identificar las fuentes**

Al tomar apuntes, no olvides documentar la información bibliográfica para tu página de obras citadas. Esta es la forma de escribir las entradas.

Libros

Autor (apellido, nombre). **Título** (letra cursiva). **Ciudad, estado** en donde se publicó el libro: **Editorial, año de edición. Versión impresa** o **versión electrónica.**

> Salas, Laura Purdie. El Camino de las tierras vírgenes, 1775.
> Mankato, MN: Capstone Press, 2007. Versión impresa.

Revistas

Autor (apellido, nombre). **Título del artículo** (entre comillas). **Nombre de la revista** (letra cursiva) **fecha** (día, mes, año): **Números de página** del artículo. **Versión impresa** o **versión electrónica.**

> Goldman, Lisa. "Rumbo al Oeste: el paso de Cumberland".
> Travesuras en los Estados Unidos abril de 1999: 26. Versión impresa.

Internet

Autor, si aparece mencionado (apellido, nombre). **Título de la página** (entre comillas). **Nombre del sitio web** (letra cursiva). **Nombre de la institución patrocinadora, fecha de publicación** o de **actualización. Versión electrónica. Fecha de la última visita** (día, mes, año).

> "Daniel Boone. 1734–1820". Biografías Harcourt Multimedia. Harcourt
> School Publishers. Versión electrónica. 18 de noviembre de 2010.

Prepárate

Identifica las fuentes. Reconoce tus fuentes. En computadora, escribe en letra cursiva el texto subrayado.

Organizar las ideas

Una vez que has terminado con la investigación, es momento de organizar las ideas. Comienza por escribir la oración con la tesis. Luego ordena los detalles en un esquema para ver las relaciones entre las ideas. (Consulta el ejemplo de la página **342**). Si es posible, usa una computadora.

Escribir la oración con la tesis

La oración con la tesis explica sobre qué trata el informe. Una buena oración con la tesis comienza con un tema interesante y después se concentra en una idea principal sobre ese tema.

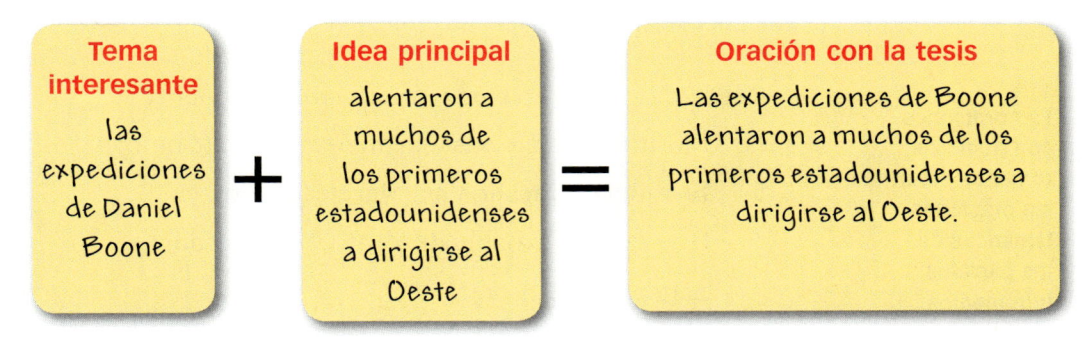

Tema interesante		Idea principal		Oración con la tesis
las expediciones de Daniel Boone	**+**	alentaron a muchos de los primeros estadounidenses a dirigirse al Oeste	**=**	Las expediciones de Boone alentaron a muchos de los primeros estadounidenses a dirigirse al Oeste.

Oraciones con la tesis

El cuáquero inglés William Penn **(un tema interesante)** fundó la colonia de Pennsylvania para que hubiera libertad religiosa y política. **(una idea principal)**

Anne Bradstreet fue una poetisa del siglo XVII **(un tema interesante)** que escribió acerca de la familia, las mujeres, la fe y la política. **(una idea principal)**

Prepárate

Desarrolla la oración con la tesis. Escribe una oración con la tesis que explique el mayor logro de tu personaje.

TEKS 5.18A(iii), 5.24C, 5.26B

Prepararse Hacer un esquema

Un esquema es una lista organizada de ideas. A continuación verás la primera parte del esquema de Isabel. Fíjate que los números romanos responden las preguntas de investigación de Isabel. Estas respuestas serán las oraciones temáticas de su informe.

Esquema

Oración con la tesis

Las oraciones con números romanos serán las oraciones temáticas de los párrafos intermedios.

Cada oración con letra mayúscula contiene un dato, un detalle o un ejemplo específico para apoyar la oración temática.

ORACIÓN CON LA TESIS:

Las expediciones de Boone alentaron a muchos de los primeros estadounidenses a dirigirse al Oeste.

I. Desde muy joven, a Boone le encantaba explorar.
   A. Los indígenas le enseñaron destrezas. (Chinn)
   B. Se mudó a Carolina del Norte. (Chinn)
   C. Un cazador le habló de Kentucky. (Harcourt School Publishers)
   D. Boone decidió que quería verlo con sus propios ojos. (Filson)

II. Kentucky era tan bello como peligroso.
   A. Era prístino pero inexplorado. (mapa del Internet)
   B. Estaba habitado por indígenas que no querían colonos en sus tierras. (Salas)
   C. Boone regresó de su primer viaje pobre y prácticamente solo. (Salas)

Prepárate

Haz el esquema. Con una computadora, organiza en un esquema los datos, detalles y ejemplos que resumiste. Agrega información de un mapa, un diagrama, un gráfico, una foto o una cronología. Cada oración temática debe relacionarse con la que tiene la tesis.

Hacer un borrador

¡En línea!

Prepárate Escribe Revisa Corrige Publica

Has terminado de planificar tu informe, de manera que ¡estás listo para comenzar a escribir! Cuando escribes el primer borrador, vuelcas todas tus ideas sobre el papel (o en una computadora).

Claves para hacer un borrador

1. **Sintetiza** la investigación en una presentación escrita con una introducción y un párrafo final efectivos.

2. **Organiza** los detalles, los datos y los ejemplos de apoyo en párrafos.

3. **Escribe** teniendo en cuenta el propósito, la forma, o género, y el público. Pregúntate:

   - ¿Respondí mis preguntas de investigación?
   - ¿Apoyé las oraciones temáticas con evidencia e identifiqué las fuentes de la información y de las citas?
   - ¿Mantendré el interés de mis compañeros?

TEKS 5.18A(i), 5.26A, 5.26B

Hacer un borrador

Comenzar el informe de investigación

El párrafo inicial de tu informe debe captar la atención del lector, presentar el tema y exponer la oración con la tesis. Isabel escribió dos introducciones posibles para su informe sobre Daniel Boone.

Comienzo

Desarrollo

Final

Párrafo inicial

Este párrafo comienza con una pregunta e introduce el tema. Termina con la oración que tiene la tesis.

¿Alguna vez estuviste en algún lugar alto y anhelaste explorar las tierras que alcanzabas a ver desde allí? Ese deseo impulsó a Daniel Boone a abrirse camino a través de los montes Apalaches. Las expediciones de Boone alentaron a muchos de los primeros estadounidenses a dirigirse al Oeste.

Este párrafo comienza con un detalle y termina con la oración que tiene la tesis.

Daniel Boone amaba la naturaleza. Sabía cómo seguir el rastro de los animales y sobrevivir en la intemperie (Chinn). Era la persona indicada para explorar las tierras vírgenes del área de Kentucky. Las expediciones de Boone alentaron a muchos de los primeros estadounidenses a dirigirse al Oeste.

Escribe

Escribe el párrafo inicial. Escribe un párrafo inicial para tu informe. Usa uno de los ejemplos anteriores como modelo, o prueba con una idea propia. Piensa en lo que has aprendido de la variedad de fuentes.

Elaborar el desarrollo

Cada párrafo intermedio debe tener una oración temática, seguida de las ideas clave y la evidencia (como datos, detalles y ejemplos) que apoye la oración temática. En ellos se debe hacer un resumen de las conclusiones extraídas de una variedad de fuentes, así como reconocer esas fuentes.

Párrafos intermedios

Busca evidencia clave que apoye cada oración temática. (subrayada)

Desde muy joven, a Boone le encantaba explorar tierras desconocidas. De niño conoció a indígenas que le enseñaron un montón sobre cómo sobrevivir en la intemperie, seguir el rastro de los animales y cazar para comer (Chinn). Mientras combatía en la guerra franco-india, conoció a un cazador que le habló de Kentucky (Harcourt School Publishers). Boone decidió ver aquel lugar con sus propios ojos (Filson 39 y 40). Me parece que estaba listo para lanzarse a una nueva aventura.

¿De qué manera se citan las fuentes? Halla dos ejemplos.

Pronto, Boone se dio cuenta de que Kentucky era un lugar tan bello como peligroso. En esas tierras prístinas e inexploradas habitaban muchos indígenas. La tensión entre los indígenas y el grupo de pioneros de Boone fue en aumento. Muchos de sus hombres fueron capturados (Salas 16 a 24). Boone regresó de su primera expedición de caza pobre y prácticamente solo. Pero no tardó mucho en volver a Kentucky (Salas 16 y 17).

Busca un dato o un ejemplo específico que haga más interesante el informe.

Último párrafo intermedio

Las oraciones fluyen naturalmente y desarrollan las ideas de modo que se crea una redacción coherente.

El principal logro de Boone fue abrir un sendero por los montes Apalaches hasta Kentucky en 1775. Con la ayuda de treinta colonos, se abrió camino a través de 200 millas de espeso bosque y fundó Boonesborough (Salas 18 a 20). La ruta se llamó el Camino de las tierras vírgenes (Goldman). En 1792, Kentucky se convirtió en estado y la población creció (Chinn). Con el tiempo, a Boone le pareció que Kentucky se había llenado de gente, por lo que se mudó a Virginia Occidental.

Los datos y los ejemplos específicos provienen de una variedad de fuentes.

Citar las fuentes

Siempre que uses ideas de otras personas debes reconocer a quién pertenecen. Al escribir tu informe de investigación, recuerda hacer lo siguiente:

- **Identifica las palabras exactas de una persona con comillas.** (Consulta la página **347**).

- **Agrega las fuentes entre paréntesis.** (Consulta la página **345**).

- **Indica los números de página, si es posible.** (Consulta el ejemplo anterior).

- **Documenta la información bibliográfica en la página de obras citadas.** (Consulta las páginas **328**, **340**, **348** y **363** para aprender cómo hacerlo).

Escribe

Escribe los párrafos intermedios. Toma tu esquema como guía. Recopila los datos y las ideas principales de forma organizada y coherente. Desarrolla una oración temática para cada párrafo y utiliza evidencia, como detalles y citas, para apoyar tus ideas. Asegúrate de presentar las conclusiones en un formato constante.

Hacer un borrador
Terminar el informe de investigación

El párrafo final debe retomar la oración con la tesis de tu informe y darle un cierre. Para hacerlo, prueba una o más de las siguientes ideas.

- **Habla sobre los últimos años de tu personaje.**
- **Cuenta un último dato, detalle o ejemplo interesante sobre la vida del personaje.**
- **Resume los logros o la importancia en general de este personaje.**

Párrafo final

El final cuenta la importancia de lo que hizo Boone.

Se recuerda la tesis al lector. (subrayada)

Las expediciones de Boone alentaron a otros pioneros a cruzar los montes Apalaches, asentarse en Kentucky y explorar el Oeste. Como lo dice su biografía: "Cruzar los montes Apalaches era una tarea difícil y peligrosa, pero Boone era un excelente pionero, es decir, alguien que explora nuevos territorios para abrir paso a los demás" (Harcourt School Publishers). Boone fue uno de los primeros, pero otras personas siguieron su ejemplo. Sus historias se convirtieron en leyendas y sus aventuras sirvieron de inspiración para que muchos exploraran los Estados Unidos.

Escribe el párrafo final. Usa una de las estrategias anteriores. Ten en cuenta todas tus fuentes al finalizar tu informe.

Da una mirada al borrador. Lee tu primer borrador completo. ¿Incluiste evidencia, como ejemplos, datos y detalles? ¿Está tu informe bien organizado y en un formato constante, de modo que resulta fácil de leer? Repasa tus tarjetas de apuntes y tu esquema y anota los cambios que quieras hacer.

 **TEKS** 5.24D, 5.26D

Hacer un borrador
Crear la página de obras citadas

Mientras investigabas, tomaste nota de toda la información bibliográfica. Al escribir tu informe, identificaste la fuente de cada dato o cita entre paréntesis. Ahora, te será fácil ordenar alfabéticamente todas las fuentes en la página de obras citadas que va al final de tu informe.

Obras citadas

> **El título está centrado en la parte superior de la página.**

Chinn, Col. George M. "Daniel Boone". El Oeste de Estados Unidos. Sociedad Histórica Harrodsburg, abril de 1996. Versión electrónica. 18 de noviembre de 2010.

"Daniel Boone. 1734-1820". Biografías Harcourt Multimedia. Harcourt School Publishers. Versión electrónica. 10 de diciembre de 2010.

> **Las fuentes se ordenan alfabéticamente por autor, si aparece mencionado.**

Filson, John. "El descubrimiento, el poblamiento y la actualidad de Kentucky". Colección de viajes por los Estados Unidos. Biblioteca y archivo digital histórico de Wisconsin, 2003. Versión electrónica. 20 de noviembre de 2010.

Goldman, Lisa. "Rumbo al Oeste: el paso de Cumberland". Travesuras en los Estados Unidos abril de 1999: 26. Versión impresa.

"Mapa interactivo del Camino de las tierras vírgenes Daniel Boone". Camino Daniel Boone. Asociación del Camino de las tierras vírgenes Daniel Boone, 2006. Versión electrónica. 19 de noviembre de 2010.

> **Los títulos subrayados irán en letra cursiva cuando se escriban en la computadora.**

Salas, Laura Purdie. El camino de las tierras vírgenes, 1775. Mankato, MN: Capstone Press, 2007.

Escribe

Crea la página de obras citadas. Identifica y enumera tus fuentes para la página de obras citadas que va al final del informe.

Revisar

Revisar quizás sea el paso más importante en el proceso de escritura. Cuando revisas, compruebas que *el enfoque y la coherencia, la organización, el desarrollo de las ideas* y *la voz* de tu informe sean adecuados.

Claves para revisar

1. **Lee** tu informe en silencio.

2. **Pregúntate** lo siguiente:
   - ¿Es mi texto informativo?
   - ¿Usé la forma, o género, correcta?
   - ¿Incluí información y detalles que capten la atención del público?

3. **Revisa** el enfoque y la coherencia, la organización, el desarrollo de las ideas y la voz. Si es necesario, reorganiza las oraciones o los párrafos para clarificar el significado.

350

Revisar: Enfoque y coherencia

Para revisar *el enfoque y la coherencia* de tu informe de investigación, debes asegurarte de que todo el informe trate sobre la tesis, o idea principal. Debes comprobar que el párrafo inicial tenga una oración con la tesis, que los párrafos intermedios apoyen el tema y que el párrafo final profundice en las ideas principales y les dé un cierre. También debes eliminar los datos o los detalles que no sirvan para apoyar claramente la tesis.

¿Presenta la tesis el comienzo?

Para captar la atención de tus lectores, asegúrate de que todos los medios que usaste para llamar su atención conduzcan a la tesis. El comienzo debe estar directamente relacionado con la tesis: la conexión de ninguna manera puede ser vaga.

Práctica

Lee estas dos introducciones. Con un compañero, decide qué párrafo es más efectivo y comenta cómo se podría mejorar el otro párrafo.

1. "Este viejo amigo me muestra el mundo", le dice Martín Yanos a sus amigos. Martín tiene una discapacidad visual. Su "viejo amigo" es Maxi, un perro que trabaja. El trabajo de Maxi es guiar a Martín por las calles transitadas, ayudarlo a subir y bajar escaleras y también a sortear obstáculos todos los días. Maxi y otros perros de su tipo les dan la posibilidad a las personas con discapacidades de tener independencia.

2. Hay perros que disfrutan de los juegos en la playa, como perseguir las olas y chapotear en el agua. Algunos perros guían ovejas y las cuidan. Otros perros huelen presas o traen presas ya cazadas. Pero los perros más importantes son los que ayudan a las personas: las guían por calles transitadas y son sus ojos para ver el mundo.

Revisa que la introducción esté enfocada. Lee el primer párrafo de tu informe. ¿Conducen los medios que usaste al principio para captar la atención a la oración con la tesis? Si no es así, vuelve a escribirlo.

¿He incluido información innecesaria?

No todos los detalles que hallaste mientras investigabas tu personaje histórico apoyan la oración con la tesis, las oraciones temáticas y las preguntas de investigación. Para clarificar el significado de tu informe, concéntrate únicamente en los datos, los detalles y los ejemplos más importantes.

Subraya la oración con la tesis y las oraciones temáticas. Luego lee tu informe. Pregúntate:

- ¿Refuerza cada párrafo mi tesis, o idea principal?
- ¿Apoya cada detalle la oración temática del párrafo?
- ¿Incluí detalles, datos o explicaciones innecesarios?
- ¿Repetí alguna idea?

 **Revisa que no haya información innecesaria.** El significado de tu ensayo debe ser claro. Lee el informe completo y suprime las oraciones o las ideas que sean innecesarias o repetitivas.

Revisión en acción

Isabel eliminó un detalle innecesario que no apoyaba la oración temática subrayada en este párrafo.

Desde muy joven, a Boone le encantaba explorar tierras desconocidas. De niño conoció a indígenas que le enseñaron un montón sobre cómo sobrevivir en la naturaleza. ~~A los 15 años, se mudó de Pennsylvania a Carolina del Norte~~ (Chinn). Mientras combatía en la guerra franco-india, conoció a un cazador que le habló de Kentucky (Harcourt School Publishers). Boone decidió ver aquel lugar con sus propios ojos (Filson 39 y 40). Me parece que estaba listo para lanzarse a una nueva aventura.

 **TEKS** 5.15C

Revisar la organización

Cuando una redacción está *organizada,* se puede seguir la lectura sin inconvenientes. Las ideas fluyen con facilidad y en orden lógico.

¿Están las ideas en orden?

Al revisar, cambia de lugar ideas o detalles para mejorar la organización de tu informe y lograr mayor claridad.

Revisión en acción

Isabel leyó su informe completo y reorganizó algunas oraciones y párrafos para que estuvieran en orden cronológico.

El principal logro de Boone fue abrir un sendero por los montes Apalaches hasta Kentucky en 1775. La ruta se llamó el Camino de las tierras vírgenes (Goldman). Con la ayuda de treinta colonos, se abrió camino a través de 200 millas de espeso bosque y fundó Boonesborough (Salas 18 a 20). Con el tiempo, a Boone le pareció que en Kentucky se había llenado de gente, por lo que se mudó a Virginia Occidental. En 1792, Kentucky se convirtió en estado y la población creció (Chinn).

Revisa la organización. Si fuera necesario, reorganiza las oraciones o los párrafos para clarificar el significado de tu informe.

¿Fluyen con facilidad las ideas al pasar de una a la siguiente?

Los párrafos y las oraciones deben conectarse naturalmente unos con otros. Eso significa que:

- los párrafos fluyen con facilidad y en orden lógico.
- las oraciones y los párrafos expresan las ideas de manera organizada.
- las transiciones conectan las ideas.

Práctica

Lee el siguiente ensayo sobre los perros de asistencia y revísalo en grupo. Agrega, suprime, combina o reorganiza párrafos u oraciones para que las ideas fluyan con facilidad. Conecta las ideas con transiciones.

Los perros de asistencia más conocidos son aquellos que ayudan a las personas con discapacidades visuales a trasladarse de un lugar a otro. Pero también existen otras clases de perros de asistencia.

Los perros de asistencia bien entrenados pueden hacer cosas increíbles, como abrir puertas o llevar objetos, por ejemplo teléfonos. Pueden empujar sillas de ruedas e incluso ayudar a alguien a vestirse.

Algunos perros de asistencia ayudan a las personas con discapacidades auditivas. Los perros les avisan a sus dueños cuando suena el timbre del teléfono o una alarma de incendio.

Existen perros de asistencia que ayudan a las personas que no pueden caminar. Los perros encienden y apagan las luces, ayudan a las personas a caminar o a trasladarse en una silla de ruedas y les alcanzan las cosas que necesitan. Los perros de asistencia son felices ayudando.

Revisa la fluidez de las ideas. Lee tu informe para comprobar que los párrafos fluyan en orden lógico. Agrega las transiciones que sean necesarias para conectar las ideas.

 **TEKS** 5.15C

Revisar el desarrollo de las ideas

Cuando revisas el *desarrollo de las ideas,* te aseguras de que todos los datos sean específicos y estén apoyados de forma adecuada. Usa únicamente los datos más importantes.

¿He incluido datos específicos y que estén apoyados de forma adecuada?

Fíjate si hay oraciones demasiado generales u opiniones que no tengan un apoyo adecuado. Si encuentras alguna, debes suprimirla o bien reemplazarla por una oración convincente que incluya datos.

Revisión en acción

Cuando Isabel revisó las ideas, reemplazó una oración que era demasiado general por una más detallada. Y suprimió una opinión que no tenía apoyo.

> Desde muy joven, a Boone le encantaba explorar
>
> tierras desconocidas. De niño conoció a indígenas que
>
> le enseñaron ~~un montón sobre cómo~~ a sobrevivir en
>
> ~~la naturaleza~~ intemperie, seguir el rastro de los animales y cazar para comer (Chinn). Mientras combatía en la guerra
>
> franco-india, conoció a un cazador que le habló de
>
> Kentucky (Harcourt School Publishers). Boone decidió
>
> ver aquel lugar con sus propios ojos (Filson 39 y 40). ~~Me~~
>
> ~~parece que estaba listo para lanzarse a una nueva aventura.~~

Revisa

Comprueba haber incluido oraciones convincentes con datos.
¿Podrían agregarse datos específicos para apoyar tus ideas? ¿Deberías suprimir alguna opinión? Haz cambios para mejorar tu redacción.

¿Cómo puedo mejorar los detalles pobres o superficiales?

Cuando encuentras un detalle pobre en tu redacción, existen distintas opciones para mejorarlo.

- **Desarróllalo.** Si la oración es vaga, busca un ejemplo que ilustre la idea, como una historia o una estadística. Agrega un dato interesante y específico que ayude a probar tu idea.
- **Explícalo.** Usa un símil o describe tu razonamiento paso a paso.
- **Suprímelo.** Tacha el detalle vago y general cuando leas el párrafo. Si te parece que no perdiste mucho, ¡sencillamente suprímelo!

Práctica

Lee el siguiente párrafo. Identifica los detalles pobres que no contribuyen al desarrollo del párrafo. Desarrolla alguno de los detalles con un compañero. Luego escoge dos detalles que puedas suprimir. Si te queda tiempo, lee el párrafo corregido al resto de la clase. Pide a tus compañeros que levanten la mano cuando escuchen detalles convincentes.

Los perros de búsqueda y de rescate están entrenados para encontrar personas que están perdidas o atrapadas, por ejemplo, en un derrumbe. Estos perros pueden oler cosas que las personas no huelen. Tienen un fuerte sentido del olfato. Su olfato es buenísimo. Un perro tiene 200 millones de receptores olfativos en la nariz, que es 100 veces más de los que tiene un ser humano. Su potente nariz puede percibir olores debajo del agua o debajo de capas de rocas y escombros. Hay perros de asistencia de todo tipo y tamaño, y a todos les gusta trabajar. Deben estar en buen estado físico porque las búsquedas pueden tardar horas y horas. Algunas tardan incluso más.

Revisa los detalles. Lee tu informe completo. Busca detalles vagos, generales o repetitivos. Desarróllalos o suprímelos para mejorar cada párrafo.

Revisar la [voz]

Es importante que tu informe te refleje. *Tú* eres quien guía al lector en el tema y quien expone los puntos de vista e ideas

Cuando revises la *voz* de tu informe, intenta usar palabras que sean expresivas y que transmitan seguridad. Busca en los apuntes de tu investigación frases únicas, inteligentes y claras, y úsalas como citas para que tu informe resulte más ingenioso.

¿Cómo puedo lograr que mi redacción sea única?

Busca en el informe palabras deslucidas y reemplázalas por palabras atractivas que demuestren tu interés en el tema. Escoge palabras que conozcas y sepas utilizar; no intentes introducir palabras que nunca dirías. Consultar un diccionario de sinónimos puede resultarte útil.

Revisión en acción

Al revisar su párrafo inicial, Isabel agregó palabras para mostrar su interés en el tema. Se concentró en mejorar las palabras que describen acciones.

> ¿Alguna vez estuviste en algún lugar alto y ~~quisiste~~ anhelaste
>
> explorar las tierras que alcanzabas a ver desde allí? Ese
>
> deseo impulsó a Daniel Boone a ~~atravesar~~ abrirse camino a través de los montes
>
> Apalaches. Las expediciones de Boone ~~llevaron~~ alentaron a muchos
>
> de los primeros estadounidenses a dirigirse al Oeste.

Revisa la voz. Pide a un compañero que lea tu párrafo inicial en voz alta. Presta atención para detectar las palabras que te parezcan vagas o que tú no usarías. Revisa el párrafo e incluye más palabras interesantes.

¿Usé citas y parafraseo para crear mi voz?

Busca citas que expresen las ideas de manera inteligente o llamativa. Usa esas citas como un medio para expresar tus ideas.

Revisión en acción

Isabel quería agregarle un poco de color y de acción a la siguiente oración. Decidió usar una cita que encontró.

> Mientras combatía en la guerra franco-india, conoció
> a un cazador que le habló de Kentucky (Harcourt School
> ⌄ lo "emocionante" que era
> Publishers).

Revisa las citas. ¿Utilizaste al menos una cita interesante para expresar o apoyar tus ideas? Si no lo hiciste, agrega una a tu informe.

¿Escribí con seguridad y autoridad?

Has investigado bastante y ya sabes mucho sobre tu tema. No te muestres tímido ni inseguro al sacar conclusiones.

Práctica

Vuelve a escribir las siguientes oraciones para que suenen convincentes y seguras. Agrega algún detalle propio para que parezca un texto tuyo.

1. Amelia Earhart parecía una leyenda en su tiempo.
2. El vuelo con el que cruzó el océano Pacífico fue bastante importante.
3. Probablemente haya sido una de las aviadoras más famosas en la historia.

Revisa la seguridad. Lee las oraciones temáticas de tu informe. De ser necesario, hazlas más convincentes y contundentes.

 Revisar **cómo usar una lista de control**

Comprueba tu revisión. Escribe los números del 1 al 9 en una hoja. Si puedes contestar "sí" a una pregunta, haz una marca junto al número. Si no es así, sigue trabajando en esa parte de tu informe.

Enfoque y coherencia

___ **1.** ¿Escribí un párrafo inicial enfocado?

___ **2.** ¿Suprimí la información innecesaria o repetitiva?

Organización

___ **3.** ¿Están las oraciones y los párrafos en orden?

___ **4.** ¿Usé transiciones para conectar las ideas?

Desarrollo de las ideas

___ **5.** ¿Son específicos y están apoyados de forma adecuada todos los datos que incluí?

___ **6.** ¿Suprimí o desarrollé los detalles pobres?

Voz

___ **7.** ¿Parezco interesado en el tema?

___ **8.** ¿Usé citas y parafraseo para crear mi voz?

___ **9.** ¿Parezco seguro y conocedor del tema?

Escribe el texto en limpio. Pide a tu maestro o a un compañero que lean tu informe y te cuenten sus reacciones o comentarios. Haz todos los cambios que sean necesarios. Escribe el texto en limpio para corregirlo.

Corregir

¡En línea!

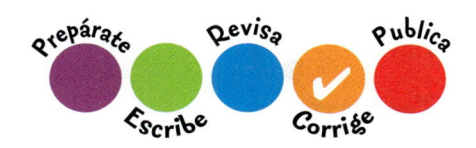

Prepárate · Escribe · Revisa · Corrige · Publica

Es muy importante corregir el primer borrador después de haberlo revisado. Cuando corriges, te aseguras de haber seguido todas las normas de la gramática, la estructura de las oraciones, la puntuación, el uso de las letras mayúsculas y la ortografía.

Claves para corregir

1. **Usa** un diccionario y la "Guía del Corrector" que se encuentra al final de este libro como ayuda.

2. **Corrige** en una hoja impresa si usas una computadora. Luego incorpora los cambios en la computadora.

3. **Revisa dos veces** que no haya errores en la ortografía, la gramática, la puntuación y el uso de las letras mayúsculas.

4. **Revisa** que el formato del informe sea adecuado. (Consulta las páginas 326 a 328).

Corregir para respetar las convenciones

Gramática

Cuando corrijas la *gramática*, asegúrate de haber usado correctamente las preposiciones y demás elementos gramaticales.

¿Cómo uso las preposiciones?

Una preposición es una palabra que establece una relación entre dos palabras.

- Algunas preposiciones indican dirección.

  Las enormes secuoyas se elevan hacia las nubes.

- Algunas preposiciones indican hora o tiempo.

  Los girasoles empiezan a seguir el sol desde la mañana.

Las preposiciones encabezan frases preposicionales. Una frase preposicional está formada por una preposición, un complemento (un sustantivo o un pronombre) y todas las palabras que modifican el complemento.

Los osos hibernan durante los largos inviernos.

Práctica de gramática

Crea oraciones con una palabra o frase de cada columna. Lee las oraciones en voz alta. Pide a un compañero que identifique la preposición y la frase preposicional de cada una.

Sujeto/Verbo	Preposición	Objeto de la preposición
Las abejas están atareadas	hacia	el oeste
Los colonos viajaron	hasta	la larga carrera
Los corredores descansaron	tras	el final del verano

Comprueba el uso de las preposiciones. Asegúrate de haber usado las preposiciones y las frases preposicionales correctamente en tu informe. Encontrarás más ayuda sobre el tema en las páginas 632 y 633.

¿He usado correctamente las preposiciones?

■ Algunas preposiciones indican lugar.

> **Las gaviotas vuelan sobre el océano en busca de alimento.**

■ Algunas frases preposicionales proveen detalles.

> **Los colonos escribían cartas para los familiares que no habían ido a América.**

Recuerda que una frase preposicional también puede expresar lugar y hora o tiempo.

Práctica de gramática

Escribe tres oraciones con preposiciones de la siguiente lista. Pide a un compañero que identifique las frases preposicionales. Comenta si la preposición indica dirección, hora o tiempo, o lugar o si provee detalles.

a	de	hacia	según
ante	desde	hasta	sin
bajo	durante	mediante	sobre
con	en	para	tras
contra	entre	por	

Corrige

Corrige las preposiciones. Asegúrate de haber usado correctamente las preposiciones y las frases preposicionales en tu informe.

Aprendizaje del lenguaje

Lee en voz alta las siguientes oraciones. Di a un compañero cuáles son las preposiciones y las frases preposicionales en cada una. Explica qué tipo de información da cada preposición.

1. Algunos lagos permanecen helados durante el invierno.
2. Bolivia está ubicada en América del Sur.
3. Los pioneros fueron hacia las montañas.
4. Los murciélagos de Austin salen por la noche.

Convenciones mecánicas: Puntuación

Cuando corriges las *convenciones mecánicas*, te aseguras de que no haya errores en la puntuación y el estilo, por ejemplo en la letra cursiva y el subrayado.

¿Cuándo debo usar la letra cursiva y el subrayado?

■ Subraya o escribe en letra cursiva los títulos de libros, revistas y periódicos.

> **<u>Cien años de soledad</u> es un libro atrapante.**
> **Estamos suscritos a <u>La Prensa</u>.**
> **Encontré un buen artículo para mi informe en <u>Naturaleza y vida</u>.**

■ También escribe en letra cursiva o subraya palabras o frases a las que quieras dar énfasis.

> **Hay personas que <u>nunca</u> tomarían lecciones de buceo.**
> **La carretera es <u>extremadamente</u> peligrosa.**

Cuando usas un procesador de texto, puedes escribir directamente en letra cursiva. Pero cuando escribes a mano, debes usar el subrayado. Al pasar un informe manuscrito a la computadora, recuerda poner en letra cursiva los títulos que hayas subrayado.

Práctica

Encierra en un círculo la palabra o las palabras que deben subrayarse o escribirse en letra cursiva en cada oración. Explica por qué.

1. Leí un artículo muy interesante en la revista Aves silvestres.

2. Esta comida es realmente deliciosa.

3. Breve historia del tiempo, de Stephen Hawking, es un libro fascinante.

4. El tornado es la tormenta de verano más peligrosa.

5. Viaje al centro de la Tierra está en cualquier biblioteca.

6. Mis padres todas las mañanas leen Noticias de Texas.

Corrige

Corrige el uso de la letra cursiva o el subrayado. Asegúrate de que has subrayado o usado la letra cursiva para los títulos de libros en tu informe. Consulta las páginas 546 y 547.

Corregir las obras citadas

¿He citado las fuentes de forma correcta?

Para tu informe, probablemente hayas buscado información en libros y revistas. Asegúrate de usar un formato estándar para documentar la información bibliográfica. Haz una lista de las fuentes ordenada alfabéticamente por autor.

Revista

Ransom, Cliff. "Los gigantes ocultos". *Aventuras de National Geographic* octubre de 2009: 20 a 22. Versión impresa.

Libro

Suzuki, David y Wayne Grady. *Árbol, una historia de vida*. Vancouver, BC: Greystone Books, 2004. Versión impresa.

Práctica

Escribe la siguiente información bibliográfica con el formato correcto.

Autor: Gillian Richardson

Título de la revista: Grillos

Título del artículo: Alas de esperanza

Fecha: septiembre de 2009

Páginas: 30 a 34

Corrige

Corrige las obras citadas. Asegúrate de haber incluido la información apropiada y de haber usado una forma de documentación apropiada para reconocer las fuentes.

Corrección en acción

En el siguiente ejemplo se introdujeron cambios para citar las fuentes correctamente.

Salas, Laura Purdie. El camino de las tierras vírgenes,
1775. Mankato, MN: Capstone Press, 2007.
Versión impresa.

TEKS 5.15D, 5.20A(v), 5.21C

Corregir cómo usar una lista de control

Corrige

Comprueba tu corrección. Escribe los números de 1 al 10 en una hoja. Si puedes contestar "sí" a una pregunta, haz una marca junto al número. Si no es así, sigue corrigiendo para detectar posibles errores relacionados con esa convención.

Convenciones

GRAMÁTICA

_____ 1. ¿He usado las preposiciones y las frases preposicionales correctamente?

_____ 2. ¿He usado preposiciones que indican lugar, hora o tiempo, o dirección o que proveen detalles?

CONVENCIONES MECÁNICAS

_____ 3. ¿Usé letra cursiva para los títulos de libros y publicaciones y para dar énfasis?

_____ 4. ¿Usé las comillas correctamente?

_____ 5. ¿Usé la puntuación correcta en la página de obras citadas?

_____ 6. ¿He comenzado todas las oraciones con letra mayúscula?

_____ 7. ¿Usé letra mayúscula para los nombres propios y los títulos?

ESTRUCTURA DE LAS ORACIONES

_____ 8. ¿Usé distintos tipos de oraciones?

ORTOGRAFÍA

_____ 9. ¿Escribí todas las palabras sin errores de ortografía?

_____ 10. ¿He revisado dos veces la ortografía de todos los nombres?

Crear el título

- Describe la idea principal: **En camino al Oeste**
- Sé creativo: **Boone, el abrecaminos**
- Toma palabras de la redacción: **Daniel Boone, el explorador**

Publicar

Trabajaste mucho en tu informe. No olvides presentar los resultados obtenidos al público: tu familia y tus amigos.

Presentación

■ Usa tinta azul o negra y escribe todo el informe a doble espacio.

■ Deja un margen de una pulgada en los cuatro lados de la hoja.

■ Escribe tu nombre, el nombre de tu maestro, la clase y la fecha en el extremo superior izquierdo de la primera página.

■ Deja un renglón y escribe el título en el centro; deja otro renglón y comienza a escribir.

■ Escribe tu apellido y el número de página en el extremo superior derecho de cada página del informe.

Prepara una presentación electrónica

Haz una presentación de diapositivas de tu informe en la computadora. (Consulta "Presentaciones multimedia" en las páginas 373 a 377 para hallar más información).

Elabora un informe ilustrado

Haz un dibujo que ilustre la idea principal o una cronología con las fechas importantes.

¡En línea!

Sube tu informe de investigación al Internet para que otras personas puedan leerlo.

 **Publica**

Escribe la versión final. Sigue las instrucciones de tu maestro o usa las pautas anteriores. (Si usas una computadora, consulta las páginas 44 a 46). Escribe en limpio la versión final de tu informe de investigación.

Evaluar y analizar tu redacción

Después de terminar tu informe de investigación, completa los siguientes comienzos de oración.

> Cuando analices tu redacción, verás cómo estás progresando como escritor.

Mi informe de investigación

1. La mejor parte de mi informe de investigación es...

2. Lo más difícil de redactar en el informe fue...

3. Lo más importante que aprendí acerca de escribir un informe es...

4. La próxima vez que escriba un informe de investigación, me gustaría...

Dar discursos

Cuando algo te entusiasma, es muy probable que quieras contárselo a alguien. El tema que te tiene interesado ahora mismo puede ser ideal para dar un discurso, ya sea la vida secreta de las ranas, la misteriosa princesa rusa Anastasia o las maravillas del ciberespacio. Hasta puedes transformar un sólido informe de investigación en un discurso. Con tu entusiasmo cautivarás al público y los introducirás en el mundo de tu tema preferido.

En este capítulo, aprenderás a dar un discurso basado en una investigación. Encontrarás sugerencias sobre cómo planificar el discurso, cómo usar fuentes visuales y cómo mantener el interés del público.

A continuación

- Preparar el discurso
- Organizar un discurso informativo
- Dar el discurso

Preparar el discurso

El informe de investigación que escribiste puede servirte para preparar un gran discurso informativo. Estructura el discurso en base a las oraciones temáticas y concéntrate en la información más importante. No obstante, vuelve a escribir tus conclusiones de tal manera que resulten atractivas, no ya para lectores sino para personas que te escucharán hablar. A continuación encontrarás una forma de volver a escribir la introducción.

Reescritura en acción

Este es el inicio del informe original "Daniel Boone, el explorador" (de las páginas **326** a **328**). Fíjate que al nuevo comienzo (en papel amarillo) se le agregaron un poco de dramatismo y un giro inesperado para captar el interés del público.

Ensayo original

¿Alguna vez estuviste en algún lugar alto y anhelaste explorar las tierras que alcanzabas a ver desde allí? Ese deseo impulsó a Daniel Boone a abrirse camino a través de los montes Apalaches. Las expediciones de Boone alentaron a muchos de los primeros estadounidenses a dirigirse al Oeste.

Discurso

¿Por qué razón una persona se aventura en un territorio peligroso que pocas personas, o tal vez nadie, conoce demasiado? ¿Es el espíritu aventurero? ¿Es el anhelo por explorar algo nuevo? Cuando conozcan las respuestas a estas preguntas, sabrán quién es Daniel Boone. Y sabrán por qué sus expediciones han alentado a hacer cosas impensadas a muchas otras personas...

Prepara el discurso. Vuelve a escribir el párrafo inicial de tu informe para agregarle dramatismo y cautivar al público. Asegúrate de haber incluido la idea clave de tu oración temática.

Organizar un discurso informativo

Organiza el discurso en tarjetas de apuntes. Escribe el comienzo y el final de tu discurso palabra por palabra. Para los detalles intermedios, escribe las oraciones temáticas o frases que enciendan tu memoria. También debes incluir pruebas y citas en el discurso. Reconoce la variedad de fuentes; decir: "Los investigadores dicen . . ." no es suficiente. Prepara y distribuye una lista de las fuentes que usaste.

Tarjetas de apuntes de ejemplo

COMIENZO   1
¿Por qué razón una persona se
aventura en un territorio peligros
personas, o tal vez nadie, conoce
¿Es el espíritu aventurero? ¿Es e
por explorar algo nuevo? Cuando
las
qui
exp
im

Desde muy joven, a Boone le   2
encantaba explorar tierras desconocidas.

Boone fue muchas veces a Kentucky y   3
se enfrentó al peligro.

Los principales logros de Boone: 4
Camino de las tierras vírgenes
oonesborough   5

FINAL
Una biografía escrita por Harcourt
School Publishers explica: "Cruzar los montes
Apalaches era una tarea difícil y peligrosa,
pero Boone era un excelente pionero, es decir,
alguien que explora nuevos territorios para
abrir paso a los demás". Y Daniel Boone, más
que nadie, sirvió de inspiración para que otros
se asentaran en Kentucky. Fue un verdadero
pionero, ¿no les parece?

 **Crea tarjetas de apuntes.** Haz una tarjeta para cada parte de tu discurso. Idea un comienzo y un final que el público vaya a recordar. Las otras tarjetas deben contener las ideas principales o citas que quieras leer. También puedes agregar apuntes para ti mismo sobre las fuentes visuales que vayas a usar.

Cómo usar fuentes visuales

Vuelve a leer tu investigación para detectar qué fuentes visuales te pueden ser útiles. Las fuentes visuales, como las que aparecen en la siguiente lista, ayudan al público a comprender mejor los detalles de un discurso. También proporcionan pruebas para apoyar las conclusiones.

Carteles	**Presentan palabras, dibujos o ambas cosas.**
Fotografías	**Permiten que el público vea sobre lo que estás hablando.**
Gráficos	**Sirven para comparar ideas o explicar los puntos principales.**
Transparencias	**Destacan palabras, ideas o elementos gráficos clave.**
Mapas	**Muestran los lugares específicos que mencionas.**
Objetos	**Permiten al público ver cómo es el objeto del que se habla.**

Las siguientes sugerencias son para que las tengas en cuenta al preparar fuentes visuales.

1 **Hazlas grandes.** Las personas del fondo del salón deben alcanzar a ver tus fuentes visuales.

2 **Trata de que sean sencillas.** No uses oraciones largas. Los rótulos cortos, los dibujos y los elementos gráficos son más eficaces.

3 **Piensa un diseño atractivo.** Prepara fuentes visuales coloridas que capten la atención del público.

 **Haz una lista de fuentes visuales.** Haz una lista de cuatro fuentes visuales que podrías usar en tu discurso. Luego escoge dos que consideras que aportarán pruebas para apoyar tus conclusiones.

Fotografía	paisaje de Kentucky
Cartel	cronología de la vida de Daniel Boone
Mapa	mapa del Camino de las tierras vírgenes

Dar el discurso

Una vez que hayas planificado todo el discurso y hayas armado el esqueleto con tarjetas de apuntes, practica el discurso y preséntalo. Usa las siguientes sugerencias para presentar el discurso de manera clara y en un formato constante, o coherente.

Practicar el discurso

Practica el discurso varias veces y ten en cuenta las siguientes sugerencias y la lista de control del final de la página.

- Busca un lugar tranquilo donde puedas escuchar tu propia voz.
- Ponte a prueba frente a amigos y familiares. Pídeles consejos.
- Si es posible, fílmate o grábate mientras practicas.

Presentar el discurso

Cuando vayas a dar el discurso, recuerda hacer lo siguiente:

- Respira hondo y relájate.
- Mira al público o fija tu mirada justo encima de sus cabezas.
- Párate derecho.
- Habla en voz alta y de manera clara y pausada.

Cómo usar una lista de control

Usa la siguiente lista de control como guía para practicar cómo dar el discurso. Otras personas pueden usar esta misma lista para hacerte comentarios.

_____ 1. Tengo una buena postura y parezco relajado.

_____ 2. Miro al público mientras hablo.

_____ 3. Mi voz se escucha desde el fondo del salón.

_____ 4. Parezco interesado en el tema.

_____ 5. No hablo demasiado rápido.

_____ 6. No uso "muletillas", como *este* y *bueno*.

_____ 7. Mis fuentes visuales son grandes y fáciles de entender.

_____ 8. Señalo información en mis fuentes visuales.

 **TEKS** 5.26B, 5.26C

Sugerencias para hablar en público

Antes de dar el discurso…

- **Deja todo organizado.**
  Para presentar tus conclusiones en un formato constante, o coherente, haz un resumen de las conclusiones y escribe los puntos principales del discurso en tarjetas de apuntes. Prepara las fuentes visuales.

- **Calcula el tiempo que te lleva dar el discurso.**
  Lee en voz alta las tarjetas de apuntes. Si el discurso es demasiado corto o demasiado largo, agrega o suprime detalles.

- **Practica.**
  Cuanto más recuerdes sin necesidad de mirar las tarjetas, más fácil te resultará dar el discurso.

Mientras das el discurso…

- **Habla en voz alta.** Asegúrate de que todos puedan oírte.
- **Habla de manera clara y pausada.** No te apures.
- **Mira a tu público.** Conecta con las personas que te están escuchando.
- **Pon las fuentes visuales donde todos puedan verlas.**
  Señala las cosas sobre las que vas hablando.

Después de dar el discurso…

- **Responde preguntas.**
  Pregunta si alguien quiere hacer preguntas sobre el tema. Ayuda a tus compañeros a entender las palabras que no conocen.

- **Recoge los materiales.**
  Recoge las fuentes visuales y las tarjetas de apuntes y vuelve a tu silla.

 **Prepara, practica y presenta.** Prepara el discurso y practícalo una vez más con un amigo. Después de dar el discurso en el salón de clases, presta atención a las sugerencias de tu maestro y de tus compañeros.

Escritura de investigación
Presentaciones multimedia

¿Qué es una presentación multimedia? *Multimedia* significa "más de una forma de comunicación" por lo que en este tipo de informe se presenta información de varias maneras. Con la computadora, tú puedes preparar un informe multimedia en el que uses tu voz, imágenes, sonidos y palabras impresas. Por ejemplo, puedes hacer una presentación de diapositivas mientras das el discurso.

En este capítulo, aprenderás a preparar una presentación multimedia a partir del informe que ya has escrito.

A continuación

- **Para comenzar**
- **Lista de control para la presentación**

Para comenzar

Tu presentación multimedia parte del informe de investigación que ya has escrito. Debes hacer una lista con las oraciones temáticas, o ideas principales, de tu trabajo y después hacer diapositivas con un programa para hacer presentaciones, agregar imágenes (fuentes visuales) e incluir sonidos (audio). Si es necesario, pídele ayuda a un amigo o a tu maestro.

Organízate. Verifica que tu computadora tenga un programa para hacer presentaciones. Vuelve a leer tu investigación para detectar qué fuentes visuales te pueden ser útiles.

Crear las diapositivas

1 Busca las ideas principales de tu informe de investigación.

Debes incluir una diapositiva por cada idea principal. Planifica la presentación con un esquema como el que se muestra en la página **376**.

2 Busca fuentes visuales y auditivas para cada diapositiva.

Decide qué material multimedia vas a usar basándote en tu investigación, el programa para hacer presentaciones de tu computadora y el Internet. También puedes crear tus propias imágenes y sonidos.

Recopila ideas. Usa un diagrama de detalles para planificar las diapositivas. Escribe la idea principal de cada una en el centro y agrega ideas para las fuentes visuales y auditivas alrededor.

3 Diseña las diapositivas.

Escoge tipos de letra fáciles de leer. Usa el mismo tipo de letra en todas las diapositivas y repite algunos colores para mantener una unidad dentro de la presentación.

4 Crea tus diapositivas una por una.

Todas las diapositivas deben ser atractivas y fáciles de entender. Escribe una idea principal en cada diapositiva. Organízalas en orden lógico.

Mejorar la presentación

Una presentación multimedia debe fluir naturalmente y presentar la información de manera clara y llamativa. Practica para poder hablar y pasar las diapositivas al mismo tiempo.

Revisa

Ensaya tu presentación. Practica la presentación frente a tus amigos y familiares. Pídeles que te den consejos para mejorarla. Cambia las partes que no sean claras.

También es importante que las diapositivas no tengan errores de distracción. Puedes pedirle a un adulto o a un compañero que revise las diapositivas contigo.

Corrige

Haz correcciones. Comprueba que en las diapositivas no haya errores en la gramática, la estructura de las oraciones, la puntuación, el uso de las letras mayúsculas y la ortografía.

Hacer una presentación multimedia

Tu presentación debe resumir lo que aprendiste con tu informe. En cada diapositiva debes proporcionar pruebas, como citas, para apoyar tus conclusiones e ideas. Consulta las páginas **367** a **372** para obtener información sobre cómo hablar ante un grupo de personas.

Publica

Presenta tu informe. Antes de comenzar, respira hondo y relájate. ¡Disfruta la presentación de este informe en el que trabajaste tanto!

TEKS 5.26A, 5.26C, 5.26D

Esquema de la presentación multimedia

El siguiente es un esquema basado en el informe "Daniel Boone, el explorador" de las páginas 326 a 328. Cada casilla representa una diapositiva. Crea un esquema similar y asegúrate de usar una variedad de fuentes para apoyar tus ideas. En la última diapositiva, cita las fuentes que usaste.

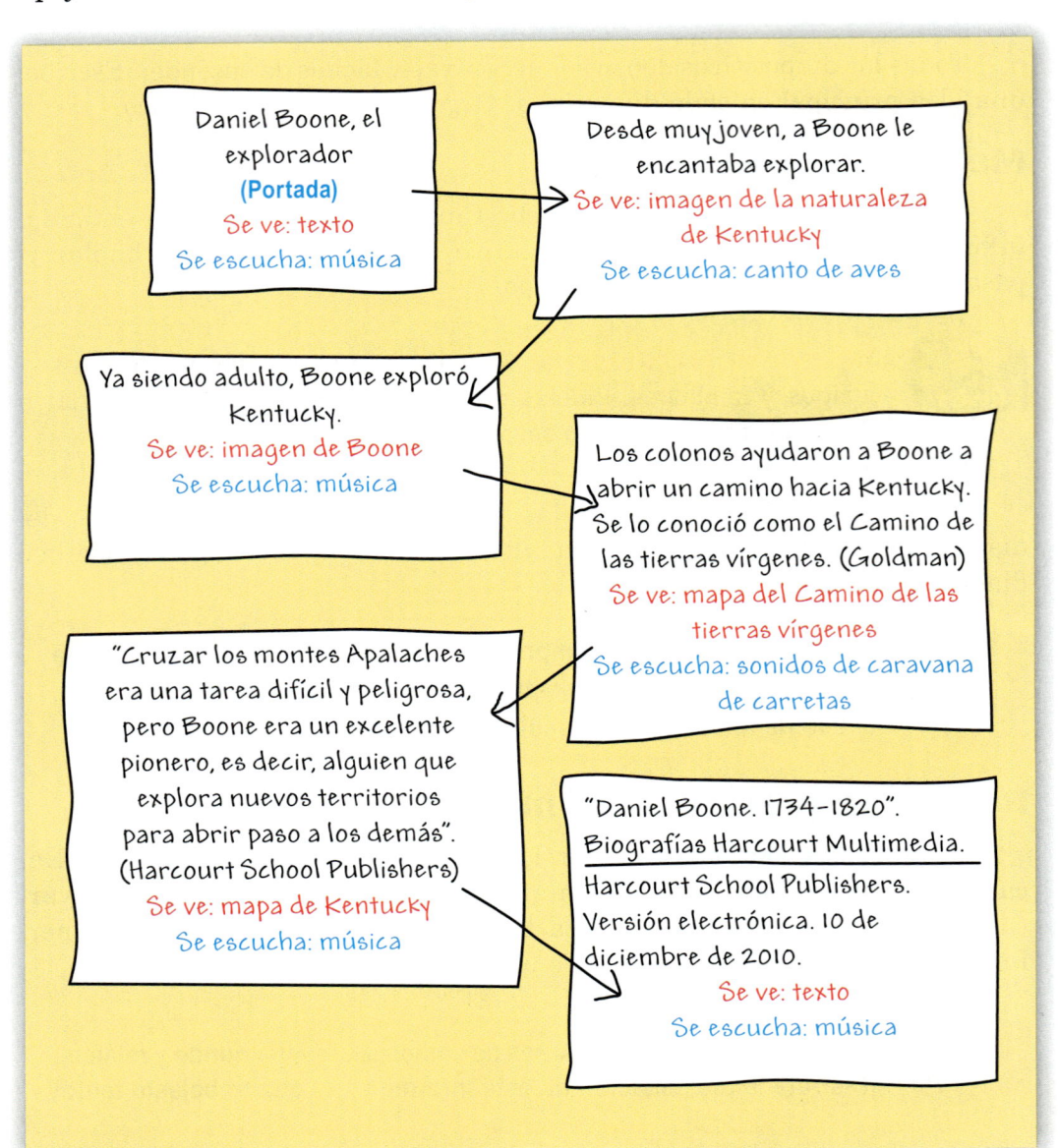

Lista de control para la presentación

Usa la siguiente lista de control para asegurarte de que tu presentación no tenga errores. Cuando respondas afirmativamente las 11 preguntas, ¡estarás listo para presentarla!

Enfoque y coherencia

_____ **1.** ¿Están todas las diapositivas enfocadas en el tema?

_____ **2.** ¿Se conectan mis ideas entre sí al pasar de una diapositiva a la siguiente?

Organización

_____ **3.** ¿Siguen un orden lógico mis diapositivas?

_____ **4.** ¿He resumido la información en mi presentación?

_____ **5.** ¿He citado las fuentes al final?

Desarrollo de las ideas

_____ **6.** ¿Es clara e interesante la información?

_____ **7.** ¿Uso citas para apoyar mis ideas?

_____ **8.** ¿Utilizo pruebas para apoyar mis conclusiones?

Voz

_____ **9.** ¿Demuestro interés en el tema?

_____ **10.** ¿Mi voz es adecuada para el público y el tema?

Convenciones

_____ **11.** ¿He comprobado que no haya errores en la gramática, la estructura de las oraciones, la puntuación, el uso de las letras mayúsculas y la ortografía?

TEXAS
Fuente de
escritura
En línea
www.hmheducation.com/tx/writesource

Las herramientas del lenguaje

Aprendizaje del lenguaje

Trabaja con un compañero. Lean los significados en voz alta y comenten las respuestas a las preguntas.

1. Participar significa tomar parte en una actividad. **¿Cómo participas en clase?**

2. Las instrucciones te indican qué debes hacer. **Explica una serie de instrucciones que aparezcan en este libro.**

3. Las personas cooperan al trabajar juntas. **Di una forma en que cooperas en tu casa.**

4. Una estrategia es un plan para hacer algo. **¿Qué estrategia usas para aprender una palabra nueva?**

5. Para llevarte bien con los demás, pones en práctica destrezas interpersonales. **¿Qué destrezas interpersonales pones en práctica cuando trabajas en grupo?**

Hablar y escuchar

¿Sabías que puedes oír a una persona sin escucharla realmente? Cuando escuchas, piensas en las palabras que oyes para entender su significado general. Escuchar con atención te permitirá obtener buenos resultados en la escuela.

Hablar también es importante. En la escuela, debes hacer y responder preguntas, presentar informes e intercambiar información cuando trabajas en grupo. Este capítulo te ayudará a mejorar tus destrezas a la hora de hablar y escuchar.

A continuación

- Escuchar en clase
- Participar en un grupo
- Hablar en clase

Escuchar en clase

Escuchar implica más que simplemente oír hablar a alguien. También implica pensar en lo que se dice. De hecho, escuchar es una de las mejores formas de aprender. Las siguientes sugerencias te servirán para aprender a escuchar mejor.

1 **Ten claro tu propósito para escuchar.** ¿Estás siguiendo instrucciones para un proyecto de ciencias? ¿Estás aprendiendo acerca de un período histórico importante? ¿Estás repasando los puntos principales de un tema como preparación para un examen?

2 **Escucha con atención.** Oír no es lo mismo que escuchar. Para oír solo tienes que usar los oídos; para escuchar tienes que usar los oídos *y también* la mente. Escucha a quien habla. Toma apuntes sobre lo que oyes y lo que quieres preguntar.

3 **Haz preguntas.** Cuando la otra persona haya terminado de hablar, hazle todas las preguntas que tengas sobre ideas o conceptos específicos. Pídele que clarifique lo que no entiendas.

Toma de apuntes en acción

Cuando tomes apuntes, escribe con tus propias palabras los puntos principales del tema que se expone. Haz preguntas sobre lo que no entiendas.

Apuntes de ejemplo

Ciencias culinarias   9 de marzo

¿Qué efecto tiene la sal en la máquina de hacer helado?
- La sal baja el punto de congelamiento del agua a unos 28°.
- La mezcla de agua y hielo permanece por debajo de los 32°, entonces la leche y la crema se congelan.

¿Cuánta sal se necesita?

Participar en un grupo

Cuando trabajas en grupo, debes cooperar con otros para resolver un problema o lograr un objetivo. Hay dos aspectos importantes en la cooperación: respetarse a uno mismo y respetar a los demás.

Destrezas de cooperación

En un grupo, te respetas a ti mismo cuando . . .

- sabes que tus ideas son importantes.
- compartes tus opiniones, ideas y sentimientos con el grupo.
- haces preguntas si no entiendes algo.

En un grupo, respetas a los demás cuando . . .

- escuchas atentamente.
- prestas atención a la opinión de los demás.
- respetas los turnos para hablar y hacer preguntas.
- evitas la crítica personal.
- elogias las ideas de los demás.
- animas a todos para que participen.

Escuchar y cooperar son destrezas interpersonales clave.

Práctica

En cada situación, decide cuál de las destrezas anteriores serviría para que el grupo trabaje de una forma más eficaz. Comenta tus respuestas con un compañero.

Situación 1

Un estudiante de tu grupo dijo algo que no entendiste. Ahora todos están comentando ese tema, pero tú estás completamente perdido.

Situación 2

Un integrante de tu grupo está en silencio mientras escucha a los demás. Nunca dice lo que piensa ni hace preguntas.

Hablar en clase

Hablar en clase es una actividad importante. Las sugerencias que se enumeran a continuación te ayudarán a ti y a tus compañeros a hablar mejor en clase.

Presta atención. Escucha para entender lo que dicen los demás. Respeta el tema que se comenta.

Sé respetuoso. Responde de manera amable a lo que dicen los demás.

Establece contacto visual. Mira a la persona a quien le hablas.

Espera tu turno. Demuestra que respetas a los demás: no los interrumpas mientras hablan.

Sé preciso. Expresa tus ideas de manera breve y clara.

¡Eh, amigo! Piensa antes de hablar, así estarás seguro de que lo que quieres decir es importante.

Juega a "Pásalo". En el siguiente juego debes hablar y escuchar con atención.

1 La clase se divide en filas con la misma cantidad de estudiantes en cada una. Luego el maestro le susurra una oración al primer estudiante de cada fila.

2 Cuando el maestro dice "Ya", el primer estudiante de cada fila le susurra la oración al estudiante que está a su lado. Este le susurra la oración al estudiante que le sigue y así hasta llegar al último de la fila.

3 El último de la fila escribe en el pizarrón la oración tal como la oyó.

4 Gana la primera fila que escribe la oración tal como la susurró el maestro.

Aprendizaje del lenguaje

Cuando pensamos en la escritura, encontramos muchas palabras e ideas nuevas que aprender. El *proceso de escritura, las características de la Escritura en Texas, prepararse para escribir, hacer borradores* y *revisar* son solo algunos de esos términos nuevos.

Si juegas al baloncesto, sabes que hay un vocabulario determinado, o grupo de palabras, relacionado con este deporte. Si no existieran palabras como *tiro en bandeja*, *tiro en suspensión, triple* o *rebote*, te resultaría difícil jugar al baloncesto.

El vocabulario relacionado con la escritura funciona de la misma manera. Si no conocieras el significado de las palabras *prepararse, hacer un borrador* y *revisar*, te resultaría difícil escribir un buen cuento o un informe convincente. En esta sección aprenderás todo lo que necesitas saber sobre el lenguaje de la escritura para que puedas hacer un excelente trabajo.

A continuación

- Estrategias del lenguaje
- Lenguaje del proceso de escritura
- Lenguaje de las características de la escritura
- Lenguaje de las formas de escritura

Estrategias del lenguaje

Todos los días oyes palabras nuevas en las conversaciones. A continuación, encontrarás algunas estrategias para clarificar, entender, recordar y usar las palabras nuevas que oyes.

Pide ayuda

Cuando oigas una palabra que no entiendes, pide a los demás que te la expliquen.

¿Qué puedes decir?: Acabo de oír una palabra nueva: *mariquita*. ¿Qué es una mariquita?

Escucha la explicación y luego agradece a la persona por haberte ayudado.

 Escucha mientras un compañero explica cómo hacer una tarea para el hogar. Si oyes una palabra que no conoces, usa esta estrategia. Pide a tu amigo que te explique la palabra que no entiendes.

Usa el lenguaje académico

Es posible que tu maestro use una palabra que no conozcas para dar instrucciones en clase. Repetir la palabra es una buena forma de clarificarla y recordarla. Luego intenta usar la palabra para demostrar que entiendes su significado.

¿Qué oyes?: Escucha para obtener información sobre un concepto importante.
¿Qué palabra repites?: concepto
¿Cómo puedes usarla?: La libertad es un concepto importante en la historia de los Estados Unidos.

 Escucha al maestro durante la clase y repite las palabras que crees que no podrás recordar. Luego úsalas en diferentes oraciones.

Parafrasea para referirte a una palabra que no conoces

Si no entiendes una palabra que oyes, reemplázala por palabras que sí conozcas. Luego pide a alguien que te diga cuál es la palabra.

¿Qué puedes decir?: En la biblioteca hablamos en voz muy baja. ¿Cómo se llama esa forma de hablar en voz baja? (Susurrar)

 La próxima vez que no sepas la palabra exacta que tienes que usar, parafraséala. Luego pide a un amigo que te diga cuál es la palabra.

Enseña a un amigo

Usa palabras nuevas y enséñaselas a alguien que conozcas. Puede ser un amigo, un compañero o un familiar.

¿Qué oyes?: El vidrio se recicla para que se pueda usar de nuevo.
¿Qué puedes decir?: En estos contenedores se recicla vidrio y papel.

 Usa una palabra nueva que hayas aprendido para explicarle algo a un compañero.

Toma apuntes o haz dibujos

Anota en un cuaderno las palabras nuevas que oyes. Agrega información y haz dibujos para que te sea más fácil recordar los significados.

¿Qué oyes?: Un triángulo es una figura que tiene tres lados.
¿Qué haces?: Escribes la palabra *triángulo* y haces un dibujo de esa figura.

 Anota el vocabulario nuevo en un cuaderno. Cada vez que oigas una palabra que quieras recordar, dibújala o escribe algo acerca de ella.

Lenguaje del proceso de escritura

Lee los términos. Luego lee qué significan.

El primer paso del proceso de escritura es preparar o planificar lo que vas a escribir. Tienes que pensar en el propósito de lo que escribes, en el tema y en el público. Luego haz una lluvia de ideas o usa un organizador gráfico para ordenar tus pensamientos. A veces, podrás escoger el género o la forma de escritura. En otras ocasiones, se te asignará un género en particular.

Al escribir un primer borrador, desarrollas las ideas que se te ocurrieron en la etapa de preparación para crear una redacción enfocada. Agrupa las ideas que se relacionan. Luego escribe párrafos sobre los grupos de ideas. Al escribir, ten en cuenta el público al que te diriges y el propósito de escritura.

A continuación, lee el borrador y revísalo, o haz cambios. Asegúrate de que todas las partes de tu redacción estén enfocadas en la idea principal. Comprueba que hayas incluido toda la información necesaria para que tus ideas estén expresadas con claridad. Fíjate si las ideas se corresponden con tu propósito y si las organizaste en el orden correcto. Por último, comprueba que las palabras que usaste sean apropiadas para el público al que te diriges.

Cuando corriges, buscas errores en la gramática, las convenciones mecánicas (uso de las letras mayúsculas y puntuación) y la ortografía. Asegúrate de que todas las oraciones tengan sentido. Luego corrige los errores que encuentres.

Para publicar, pide a otras personas que te den su opinión y haz los últimos cambios que necesites. Luego escribe una versión final en limpio y preséntala.

Vocabulario: Proceso de escritura

hacer un borrador	**corregir**	**prepararse**
publicar	**revisar**	**público**

1 **Di la palabra.** Escucha y sigue la lectura a medida que tu maestro lee las palabras en voz alta. Luego repítelas. Algunas palabras tienen combinaciones de consonantes. Una combinación de consonantes se forma cuando dos o más consonantes aparecen juntas. Los sonidos se combinan, pero se oye cada sonido, por ejemplo *pr-* en *premio* o *dr-* en *drama*. ¿Qué palabra del vocabulario tiene una combinación de consonantes?

2 **Descubre el significado.** Crea una red de palabras con un compañero. Comienza con palabras que conozcas. Comenta la manera en que cada palabra que agregas a la red te permite entender mejor la palabra.

3 **Aprende más.** Presta atención al maestro mientras explica el significado de las palabras. Agrega palabras a la red junto con un compañero.

4 **Demuestra tu entendimiento.** Trabaja en un grupo pequeño para responder las siguientes preguntas. Presenta tus ideas. Exprésate con claridad y escucha atentamente a los demás.
- ¿Cuál es el primer paso: hacer un borrador o prepararse? ¿Por qué?
- ¿Qué haces cuando revisas?

5 **Escríbelo y muéstralo.** En tu cuaderno, escribe palabras clave para recordar el significado de las palabras. Por ejemplo, puedes dibujar un lápiz al lado del término *hacer un borrador* y agregar la frase *pasar las ideas al papel.*

El proceso de escritura en acción

Aprendiste algunas palabras clave para referirte al proceso de escritura. ¡Ahora es el momento de ver el proceso en acción! En primer lugar, tu maestro te indicará qué hacer en cada paso del proceso de escritura. Luego escribirán juntos a medida que responden las preguntas.

Prepárate

1. Escoge el tema sobre el que escribirás. Por ejemplo, piensa en una actividad al aire libre que te guste. ¿Qué puedes decir al respecto?

2. ¿Quién podría leer tu redacción? ¿Quién es tu público?

3. ¿Qué género, o forma de escritura, usarás?

Escribe

1. ¿Cómo puedes agrupar tus ideas para escribir párrafos?

2. ¿Cómo puedes organizar los párrafos para apoyar la idea principal o la oración de enfoque?

El proceso de escritura en acción

En las siguientes páginas, que corresponden a la primera unidad del libro, se muestra el proceso de escritura en acción.

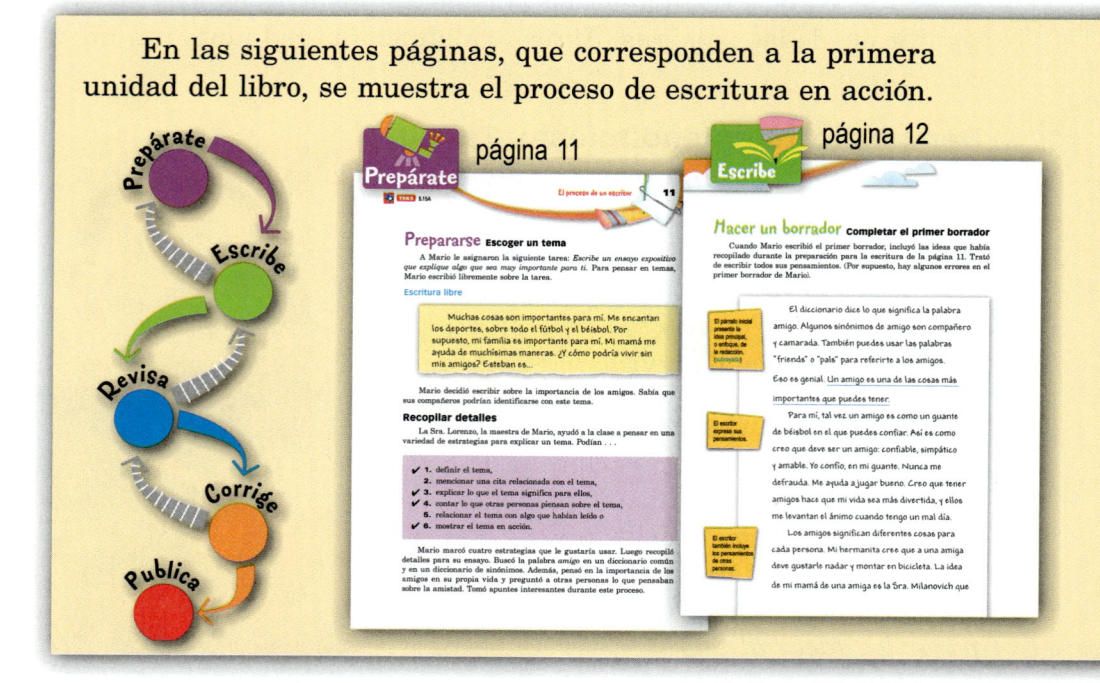

Revisa

1. ¿Apoyan todas las oraciones la oración de enfoque?
2. ¿Deberías agregar, suprimir, combinar o reorganizar algunas oraciones?

Corrige

1. ¿Respetaste las reglas de la gramática y las convenciones mecánicas?
2. ¿Tienen sentido todas las oraciones?
3. ¿Están escritas sin errores de ortografía todas las palabras?

Publica

1. ¿Tuviste en cuenta las reacciones que recibiste para mejorar tu trabajo?
2. ¿Es tu redacción clara y fácil de leer?

Turnarse y comentar

Conversa con un compañero sobre el paso del proceso de escritura que más te guste. Explica tu opinión.

Ejemplo: El paso que más me gusta es _____.

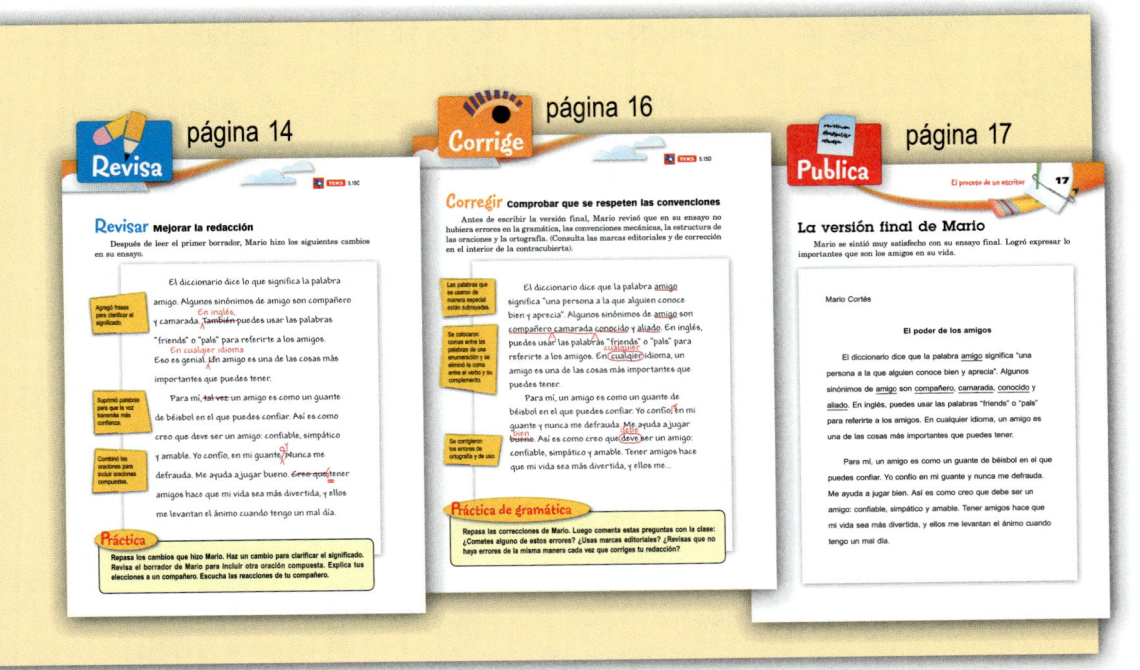

Lenguaje de las características de la escritura

Lee los términos o características de la escritura. Luego lee los significados. Trabaja con un compañero y explícale los términos con tus propias palabras.

Enfoque y coherencia

Tu redacción está enfocada si escribes sobre una idea principal. Tu redacción es coherente si todas las oraciones dicen algo sobre esa idea. No hay información innecesaria.

Organización

Tu redacción debe estar organizada para que el lector pueda seguir las ideas con facilidad. Las palabras y frases de transición muestran cómo se relacionan las oraciones y los párrafos.

Desarrollo de las ideas

Para desarrollar las ideas, se agregan detalles especiales e interesantes. Esos detalles permiten que tu redacción sea clara y que el lector entienda y aprecie tus ideas.

Voz

La voz que usas cuando escribes expresa tus pensamientos y sentimientos. Te permite mostrar tu personalidad. Cuando escribes con una voz original, logras que el lector preste atención.

Convenciones

Tu redacción debe respetar las convenciones o reglas de la gramática, la estructura de las oraciones, el uso de las letras mayúsculas, la puntuación y la ortografía. Las redacciones que no contienen errores son más fáciles de leer.

Vocabulario: Características de la escritura

coherencia	**convenciones**	**desarrollo**
enfoque	**organización**	**voz**

1 **Di la palabra.** Escucha a tu maestro mientras lee las palabras en voz alta. Luego repítelas.

2 **Descubre el significado.** Trabaja con un compañero. Haz una lista con las palabras que escribiste en el cuaderno de vocabulario. Luego usa tus conocimientos y escribe el significado general de cada palabra.

3 **Aprende más.** Presta atención al maestro mientras explica el significado de las palabras. Usa la nueva información y trabaja con un compañero para corregir o volver a formular los significados de las palabras que escribieron juntos.

4 **Demuestra tu entendimiento.** Trabaja en un grupo pequeño. Túrnate con tus compañeros e intercambien ideas para responder las siguientes preguntas. Escucha atentamente para entender los puntos principales o las ideas importantes que expresan los demás.

- ¿Cómo sabes si tu redacción está enfocada?
- ¿Cómo organizarías tus ideas si tuvieras que escribir sobre un viaje que hiciste? ¿Qué detalles incluirías?
- ¿Por qué debes prestar atención a las convenciones de la escritura?

5 **Escríbelo y muéstralo.** En tu cuaderno de vocabulario, escribe apuntes para recordar la información nueva sobre las palabras de vocabulario. Luego escoge dos palabras y haz dibujos en el cuaderno de tu compañero. Explica cómo se relacionan los dibujos con las palabras.

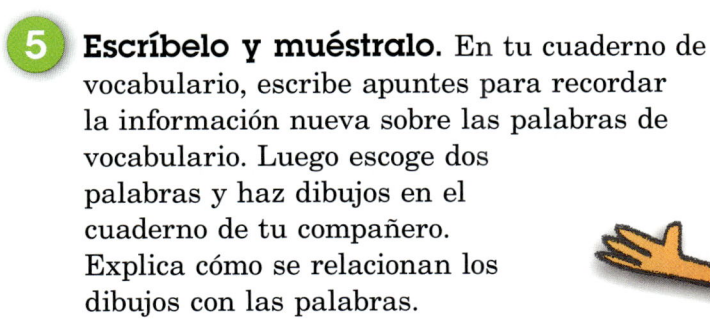

Lenguaje de la escritura descriptiva

La escritura descriptiva es un tipo de escritura que presenta una imagen detallada de una persona, una cosa o un evento. Un ensayo descriptivo tiene tres partes principales: el comienzo, donde se presenta una oración temática; los párrafos intermedios, que contienen detalles; y el final, que cierra con una oración final. En el organizador gráfico se muestra cómo se relacionan las partes entre sí.

Organización de un ensayo descriptivo

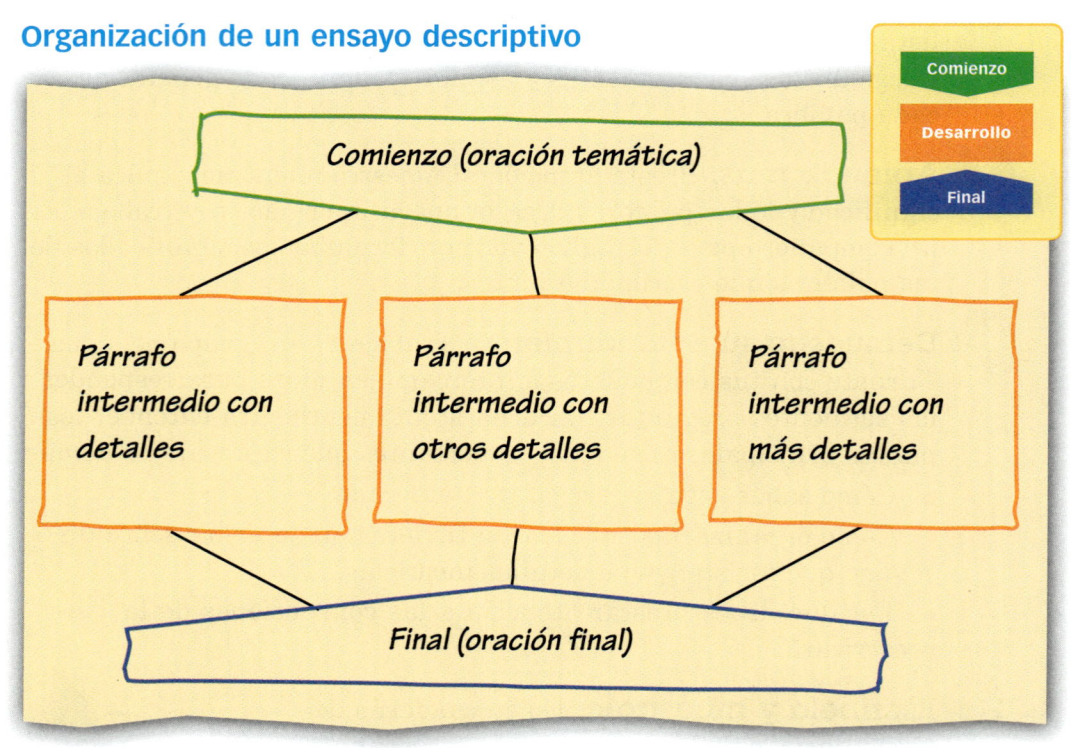

Comienzo

Desarrollo

Final

Comienzo (oración temática)

Párrafo intermedio con detalles

Párrafo intermedio con otros detalles

Párrafo intermedio con más detalles

Final (oración final)

Turnarse y comentar

Conversa con un compañero sobre por qué crees que los escritores usan detalles para apoyar el tema sobre el que escriben.

Los detalles sirven para apoyar el tema porque _____.

Vocabulario: Escritura descriptiva

comienzo	**describir**	**detalle**
final	**sentidos**	**tema**

1 **Di la palabra.** Escucha al maestro mientras lee las palabras en voz alta. Luego repítelas lentamente para pronunciar bien cada sílaba. Recuerda que el diptongo es la unión de dos vocales que pertenecen a la misma sílaba y se pronuncian en un solo golpe de voz. Di cuál de las palabras del recuadro contiene un diptongo.

2 **Descubre el significado.** Trabaja con un compañero. Busca algunas de las palabras de vocabulario que están en los recuadros amarillos junto a la redacción de ejemplo de las páginas 56 y 57. Toma apuntes de lo que crees que significan.

3 **Aprende más.** Presta atención al maestro mientras explica el significado de las palabras. Con tu compañero, corrige y amplía tus apuntes. Escribe cada palabra en una tarjeta y pon la definición en la parte posterior. Muestra el frente de la tarjeta a tu compañero y pídele que diga la definición. Túrnense hasta definir todas las palabras.

4 **Demuestra tu entendimiento.** Responde las siguientes preguntas en tu cuaderno.
- ¿Empezarías tu redacción con un final o un comienzo? ¿Por qué?
- ¿Qué sentidos usas todos los días?

5 **Escríbelo y muéstralo.** Escribe las palabras de vocabulario en tu cuaderno. Añade dibujos que te ayuden a recordar su significado. También puedes escribir sinónimos, es decir, palabras que signifiquen lo mismo. Por ejemplo, para *sentidos* puedes dibujar una nariz.

Leer el ejemplo de escritura descriptiva

¿Qué sabes?

A continuación, leerás "La tía Francisca" de las páginas **56** y **57**. Es un ensayo descriptivo sobre la tía favorita de una persona. ¿Quién es tu amigo o tu pariente favorito? ¿Cómo describirías a esa persona? ¿Cuál es su pasatiempo favorito? ¿Cuál es el tuyo?

Desarrollar el contexto

Los pasatiempos son actividades que hace la gente para relajarse. Algunos de los pasatiempos con los que las personas se entretienen y se divierten son cocinar, coleccionar estampillas, construir objetos en escala y tocar un instrumento. A veces se forman clubes en los que las personas que tienen pasatiempos similares intercambian ideas.

Escuchar

Escucha al maestro o a un compañero mientras lee "La tía Francisca" en voz alta. Mientras escuchas, toma apuntes sobre el tema, los puntos principales y los detalles importantes. Intercambia información con un compañero y responde las preguntas que están a continuación. Tomar apuntes y responder preguntas te servirá para entender lo que sucede en el relato.

1. ¿Cuál es el tema del ensayo?
2. ¿Qué tres cosas le gusta hacer a la tía Francisca?
3. ¿De qué manera insinúa o sugiere la autora que la tía Francisca sabe cocinar en el párrafo inicial?

Palabras descriptivas clave

tibia	chispeantes	cómoda
favorita	brilla	pegajosas

Observa las palabras del recuadro. Con un compañero, úsalas para describir objetos del salón de clases. Explica por qué las palabras son adecuadas para cada objeto que escojas. Haz un dibujo de los objetos que describas y escribe la palabra descriptiva al lado.

Sigue la lectura

Ahora te toca leer a ti. Ve a las páginas **56** y **57**. Sigue la lectura mientras el maestro o un compañero lee la redacción de ejemplo en voz alta.

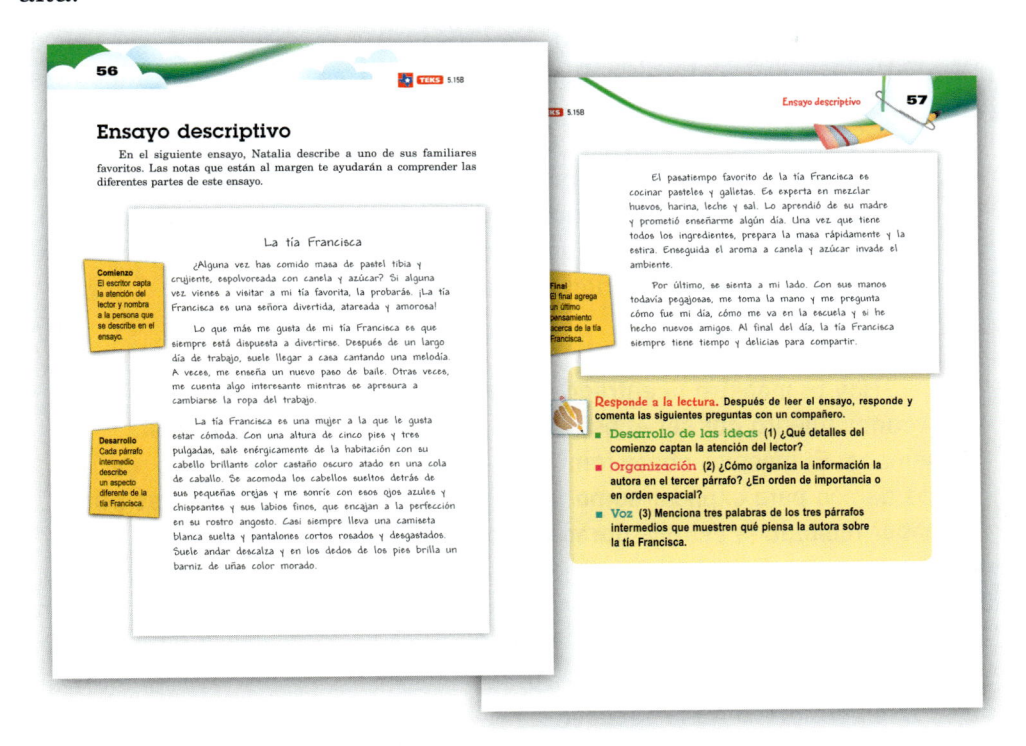

Después de la lectura

Escribe o dibuja en una hoja las respuestas a las preguntas sobre la redacción de ejemplo que están a continuación. Responder preguntas te servirá para entender lo que leíste.

1. ¿Qué es lo que más le gusta a la autora de *La tía Francisca?*
2. ¿Qué ropa usa la tía Francisca para estar cómoda?
3. ¿A qué sentido apela la escritora para crear la imagen de la canela y el azúcar que invaden el ambiente?

Lenguaje oral: Escritura descriptiva

Las personas que te escuchen o que lean tu redacción forman el público. Cuando hablas o escribes, es importante que escojas las palabras adecuadas para dirigirte a tu público. Cuando expresas tus sentimientos, ya sea de forma oral o escrita, el tono, o las palabras que escoges, debe adecuarse según si te diriges a tu mejor amigo o a un adulto.

 Lee la siguiente situación. Luego escoge dos públicos de la lista que está sobre la ilustración. Comenta con un compañero cómo cambian las palabras que escoges para describir la experiencia acerca de la estrella dorada según el público.

Situación

Hoy tu maestro te entregó una estrella dorada. Obtuviste este reconocimiento por ser el estudiante más servicial de la clase esta semana. El maestro contó frente a la clase las cosas que hiciste por los demás para explicar cómo ayudaste. Describe cómo te sientes por haber recibido la estrella dorada y por qué fuiste tan servicial.

Públicos

- Un amigo que no va a tu escuela
- Tu familia
- El periódico de la escuela

Comunicarse eficazmente

Cuando respondes una pregunta, puedes usar algunas palabras, una oración o algunas oraciones. Cuando usas más detalles para contar algo, el público entiende mejor lo que quieres decir.

Lee la pregunta y las respuestas que están a continuación. En el primer recuadro, hay una sola palabra. En el segundo, hay una oración corta que responde la pregunta. La tercera respuesta contiene más detalles y responde mejor la pregunta.

¿Cómo te sentiste al recibir la estrella dorada esta semana?

bien

Sonreí al enterarme.

¡Me sorprendió! No creía haber hecho nada especial. Un día borré el pizarrón y otro día regué las plantas. También ayudé a Sabrina con su informe. Fue divertido ayudar de distintas formas.

Inténtalo Vuelve a leer la pregunta que está en azul. Conversa con un compañero sobre cómo respondería la pregunta cada uno. Piensa en otras preguntas, como *¿Te pidieron que ayudaras o lo hiciste de manera espontánea? ¿Qué te motivó a ayudar?* Responder preguntas te servirá para expresar más sentimientos y dar detalles adicionales. Agrega estos nuevos detalles a tu respuesta. Vuelve a revisar las respuestas de tu compañero para verificar si son mejores que las anteriores.

Lenguaje de la escritura narrativa

La escritura narrativa es un tipo de escritura que cuenta un evento, un sentimiento o una experiencia en forma de relato. En el comienzo se presenta la idea principal. En el desarrollo, o los párrafos intermedios, se dan detalles sobre lo que sucedió. En el final se puede contar lo que siente el autor, decir cuál fue la enseñanza u ofrecer una reflexión al lector.

Organización de un ensayo narrativo

Comienzo
(presenta la idea principal)

Desarrollo
(da detalles sobre lo que sucedió)

Final
(habla de lo que siente el autor y de la enseñanza)

Comienzo

Desarrollo

Final

Turnarse y comentar

Comenta con un compañero una de las partes del organizador gráfico. Explica por qué piensas que esa parte es importante en la escritura narrativa.

Esta parte es importante porque _____.

Vocabulario: Escritura narrativa

final	**narración**	**opinión**
personal	**orden cronológico**	**tema**

1 **Di la palabra.** Escucha al maestro mientras lee las palabras en voz alta. Luego repítelas pronunciando bien cada sílaba.

2 **Descubre el significado.** Trabaja con un compañero. Busca algunas de las palabras de vocabulario en las páginas **70** y **75** a **76**. Fíjate en los recuadros amarillos que están junto al párrafo y el ensayo de ejemplo. Toma apuntes de lo que crees que significan.

3 **Aprende más.** Presta atención al maestro mientras explica el significado de las palabras. Con tu compañero, revisa y corrige tus apuntes. Busca ejemplos de todas las palabras y escribe el significado de cada una de ellas en tu cuaderno.

4 **Demuestra tu entendimiento.** Presta atención al maestro mientras lee las preguntas que están a continuación. Comenta las respuestas con un compañero. Consulta tu cuaderno para responder las preguntas.

- ¿Presentarías el tema en el comienzo o en el final del ensayo? ¿Por qué?
- ¿Es una opinión algo personal? ¿Por qué?
- ¿Cómo sabes si los eventos que se narran en un relato están en orden cronológico?

5 **Escríbelo y muéstralo.** En tu cuaderno, agrega imágenes o dibujos que te permitan recordar el significado de las palabras. Si quieres, puedes agregar otras palabras que signifiquen lo mismo. Por ejemplo, al lado de la palabra *personal* podrías escribir *yo*.

Leer el ejemplo de escritura narrativa

¿Qué sabes?

A continuación, leerás la redacción "¿Qué es?" de las páginas 75 y 76. Es un relato personal sobre participar en un concurso de arte. ¿Alguna vez asististe o participaste en un concurso de arte? ¿Pintaste, dibujaste o hiciste un objeto con arcilla? ¿Cómo te sentiste cuando los demás miraron tu obra de arte? ¿Cómo te sentiste cuando miraste las obras de los demás?

Desarrollar el contexto

El arte es la expresión de las ideas y la imaginación de las personas. Es una actividad personal. Una obra de arte puede ser tan sencilla como una línea trazada en una hoja de papel en blanco. O puede ser tan detallada como el dibujo de un árbol con todas sus ramas y sus hojas.

Escuchar

Escucha al maestro o a tu compañero mientras lee "¿Qué es?" en voz alta. Mientras escuchas, toma apuntes sobre el tema, los detalles variados y el final. Prepárate para responder las preguntas que están a continuación. Tomar apuntes y responder preguntas te servirá para entender los detalles importantes.

1. ¿Cuál es el tema del relato personal?
2. ¿Contó el autor los eventos en orden cronológico? ¿Cómo lo sabes?
3. ¿Cómo se transmite lo que siente el autor en el final del relato?

Palabras clave: Palabras sensoriales y palabras que indican tiempo y orden

variados	durante	entusiasmo
experiencia	siguiente	orgullo

Observa las palabras del recuadro. Encontrarás estas palabras cuando leas la redacción de ejemplo. Con un compañero, úsalas para conversar sobre una experiencia personal que hayas tenido y contar cómo te sentiste.

Sigue la lectura

Ahora te toca leer a ti. Ve a las páginas **75** y **76**. Sigue la lectura mientras el maestro o un compañero lee el relato personal en voz alta.

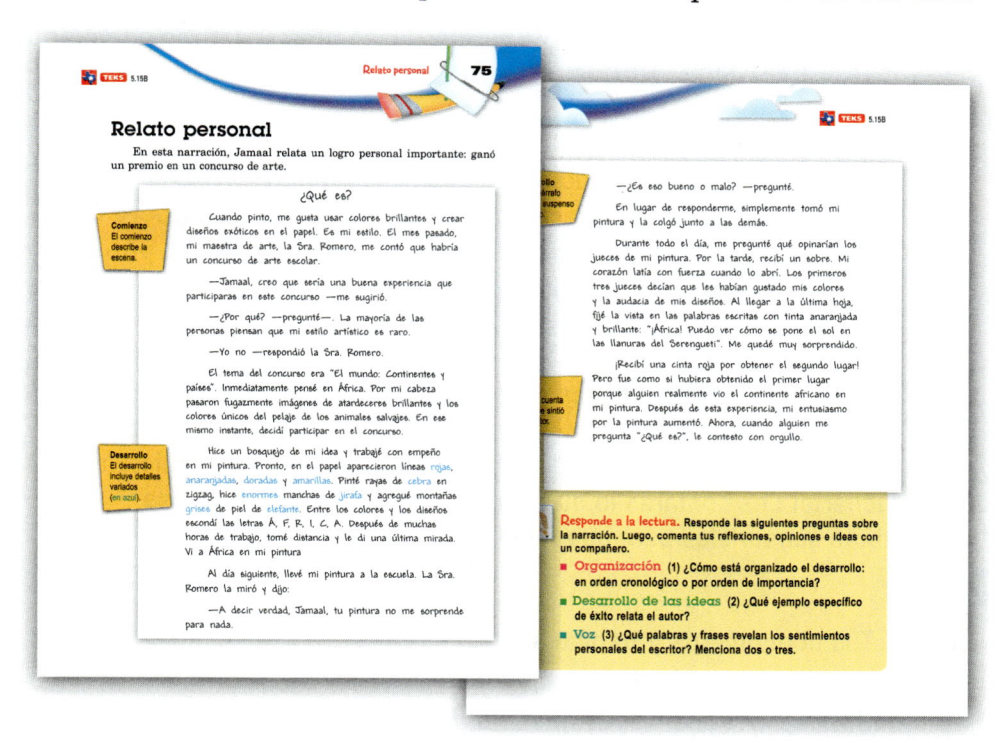

Después de la lectura

Copia la tabla que está a continuación en una hoja. Un buen relato contiene palabras sensoriales que describen lo que ves, sientes, hueles y oyes. Con un compañero, busca palabras sensoriales en la redacción de ejemplo, como *brillante* y *con fuerza*. Escríbelas en la tabla y úsalas para volver a contar el relato.

Se ve	Se siente
brillante	con fuerza

Lenguaje oral: Escritura narrativa

Las personas que te escuchen o que lean tu redacción forman el público. Cuando hablas o escribes, es importante que escojas las palabras adecuadas para dirigirte a tu público. El tono, o la manera de escribir, debe adecuarse al público.

 **Inténtalo** Lee la siguiente situación. Luego escoge dos públicos de la lista que está sobre la ilustración. Comenta con un compañero cómo relatarías una experiencia de las vacaciones según el público. ¿De qué manera cambiaría el tono que usas?

Situación

Acabas de regresar de las vacaciones. Tu maestro quiere que le cuentes una experiencia emocionante que hayas tenido durante el tiempo que no fuiste a la escuela. ¡Tus compañeros también quieren escucharte! Les contarás lo que sucedió y cómo te sentiste. Usa palabras sensoriales para que puedan ver y sentir tu relato.

Públicos

- Tus compañeros y tu maestro
- Tu grupo de amigos fuera de la escuela
- Un maestro auxiliar de un instituto local

Comunicarse eficazmente

Cuando respondes una pregunta, puedes usar algunas palabras, una oración o algunas oraciones. Cuando usas palabras sensoriales y palabras que indican tiempo y orden, el público entiende mejor lo que quieres decir.

Lee la pregunta y las respuestas que están a continuación. En el primer recuadro, hay una sola palabra. En el segundo, hay una oración corta que responde la pregunta. La tercera respuesta es la que responde mejor la pregunta.

¿Cómo fue la primera vez que el grupo tocó en público?

malísima

Todos sonamos desafinados.

La primera vez que tocamos juntos, fuimos una mezcla de ruidos ensordecedores. No podíamos mantener el ritmo. Pero después el baterista empezó a marcar bien el ritmo y agregamos los instrumentos, uno a uno. Finalmente, logramos producir un sonido compacto.

Inténtalo Con un compañero, escoge una experiencia que hayan tenido en la escuela con todos los de la clase. Pregúntense: *¿Qué sucedió? ¿Cómo me sentí cuando todo terminó?* Toma apuntes sobre las ideas principales y los detalles importantes mientras cada uno cuenta lo que sucedió. Encierra en un círculo las palabras que indican tiempo y orden y las palabras sensoriales de los apuntes. Comenten por qué poner los detalles en orden y agregar detalles sensoriales producen una respuesta más completa.

Lenguaje de la escritura expositiva

Un ensayo expositivo es una redacción que sirve para dar información y explicar algo. En el comienzo se presenta una oración de enfoque que presenta la idea principal de un tema. En los párrafos intermedios se organizan datos y detalles específicos sobre el tema. Al final se presenta un pensamiento que apoya la idea principal.

Organización de un ensayo expositivo

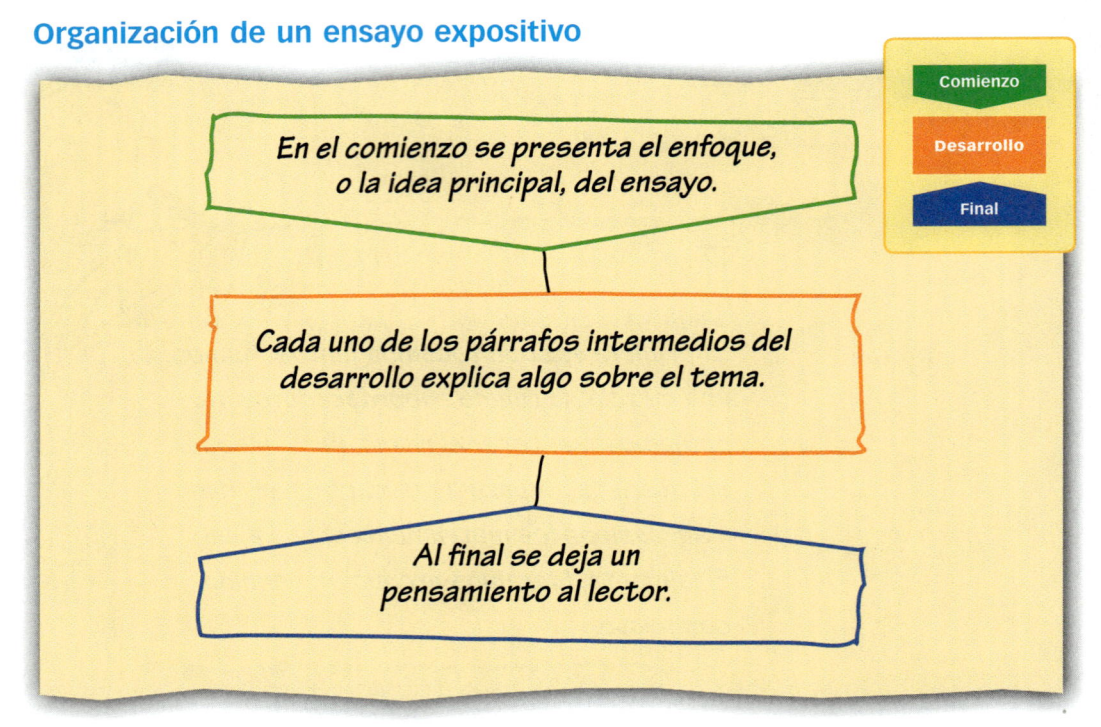

En el comienzo se presenta el enfoque, o la idea principal, del ensayo.

Cada uno de los párrafos intermedios del desarrollo explica algo sobre el tema.

Al final se deja un pensamiento al lector.

Comienzo
Desarrollo
Final

Turnarse y comentar

Cuando explicas algo, clarificas su significado. Explica a un compañero de qué manera se conectan los párrafos intermedios de un ensayo expositivo con la introducción.

Los párrafos intermedios explican _____.

Vocabulario: Escritura expositiva

explicación	ensayo expositivo	dato
oración de enfoque	introducción	detalle

1 **Di la palabra.** Escucha a tu maestro mientras lee las palabras en voz alta. Luego repítelas.

2 **Descubre el significado.** Trabaja con un compañero. Busca algunas de las palabras de vocabulario de las páginas **135** y **136**. Observa los recuadros amarillos que están junto a la redacción de ejemplo. Comenta las palabras y toma apuntes sobre lo que crees que significan.

3 **Aprende más.** Presta atención al maestro mientras explica el significado de las palabras. Usa la información nueva con tu compañero para corregir los significados que escribiste antes. Luego busca ejemplos de estas palabras en la redacción de ejemplo de las páginas **135** y **136**.

4 **Demuestra tu entendimiento.** Responde las siguientes preguntas en tu cuaderno. El maestro te dará las instrucciones. Al seguirlas, presta atención a las palabras de acción, como *escribe,* y a las palabras que indican secuencia, como *primero, después* y *finalmente.* Estas palabras te indican qué debes hacer y cuándo hacerlo.

- ¿Debería la introducción ir al principio o al final del ensayo? Explica tu respuesta.
- ¿Es más probable que en un ensayo expositivo se dé información o se relate una historia?
- ¿Cuál de las siguientes oraciones es un hecho? *Algunos estudiantes de mi clase juegan al fútbol. El fútbol es el deporte más emocionante.*

5 **Escríbelo y muéstralo.** Con un compañero, comenta tus respuestas a las preguntas anteriores. Toma apuntes o haz dibujos para demostrar que entendiste las ideas principales de tu compañero.

Leer el ejemplo de escritura expositiva

¿Qué sabes?

A continuación, leerás "Comida para todos", un ejemplo de escritura expositiva sobre la fotosíntesis que está en las páginas 135 y 136. ¿Qué sabes sobre el crecimiento de las plantas? ¿Qué plantas te resultan interesantes? ¿Alguna vez plantaste algo? Describe lo que hiciste.

Desarrollar el contexto

Las hojas de las plantas contienen una sustancia verde llamada clorofila. Esa sustancia utiliza la luz del sol para transformar el dióxido de carbono y el agua en alimento para las plantas. Todos los seres vivos dependen del alimento que producen las plantas.

Escuchar

Escucha al maestro o a un compañero mientras lee "Comida para todos" en voz alta. Toma apuntes sobre la oración de enfoque, la idea principal del ensayo. Presta atención a los detalles, la información específica que te sirve para entender la idea principal. Estos detalles también te permiten sacar conclusiones sobre algunas cosas que el autor no dice con claridad. Las palabras del recuadro que está a continuación indican el orden de los pasos de la fotosíntesis. Presta atención a estas palabras. Luego responde las preguntas.

1. ¿Cuál es el enfoque del escritor?
2. ¿Cuál es el primer paso de la fotosíntesis? ¿Qué sucede después?
3. ¿Para qué sirve la fotosíntesis?

Palabras clave: Pasos en el proceso

La fotosíntesis comienza   En el próximo paso
Al final

Cuando leas la redacción de ejemplo, encontrarás las palabras del recuadro. Usa estas palabras para hablar con un compañero acerca de los pasos de una actividad que te guste. Comenta por qué es importante explicar los pasos en un orden determinado.

Sigue la lectura

Ve a las páginas **135** y **136**. Sigue la lectura mientras el maestro o un compañero lee la redacción de ejemplo en voz alta. Mientras lees, piensa en la idea principal y en los detalles.

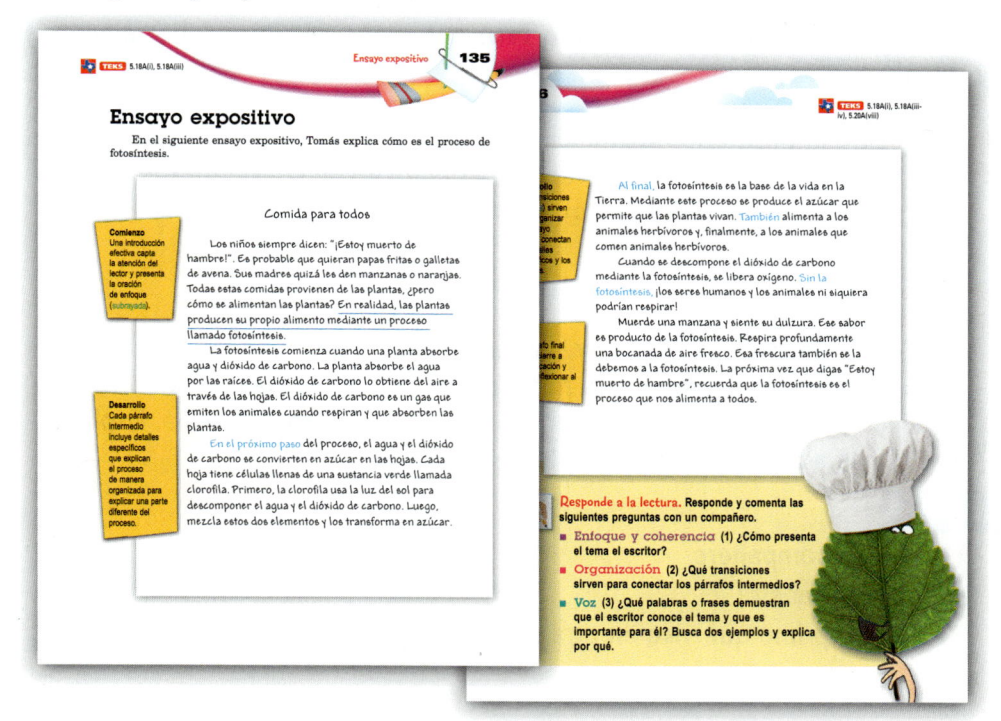

Después de la lectura

Cuando resumes, expresas las ideas más importantes de un texto que has leído. Copia el siguiente gráfico en una hoja. Úsalo para resumir la redacción de ejemplo con un compañero.

Fotosíntesis	
Lo que usan las plantas	Lo que producen las plantas

Lenguaje oral: Escritura expositiva

Las personas que te escuchen o que lean tu redacción forman el público. Cuando hablas o escribes, es importante que escojas las palabras adecuadas para dirigirte al público. El tono, o la manera de escribir, debe adecuarse al público.

 **Inténtalo** Lee la siguiente situación. Luego escoge dos públicos de la lista que está sobre la ilustración. Comenta con un compañero cómo cambian las palabras que escoges para tu redacción según el público.

Situación

Todos los miércoles hay "noche familiar" en la casa de Sasha. Toda la familia se reúne para hacer cosas juntos. Juegan, miran películas o simplemente conversan. Piensa en tu propia familia. Explica algunas actividades que disfruten hacer juntos.

Públicos

- Un compañero
- La maestra
- Un primo que vive en otra ciudad

Comunicarse eficazmente

Cuando respondes una pregunta, puedes usar algunas palabras, una oración o algunas oraciones. Cuando usas más detalles para explicar algo, el público entiende mejor lo que quieres decir.

Lee la pregunta y las respuestas que están a continuación. En el primer recuadro, hay solo dos palabras. En el segundo, hay una oración corta que responde la pregunta. La tercera respuesta contiene más detalles y responde mejor la pregunta.

¿Por qué pasan tiempo juntos los miembros de una familia?

para divertirse

Los miembros de una familia juegan y se divierten.

Cuando los miembros de una familia pasan tiempo juntos, juegan y se divierten. Cada uno puede hablar sobre lo que le sucede en la escuela o en el trabajo. Los niños y los padres se sienten unidos.

Inténtalo Escoge una pregunta y conversa con un compañero. Escribe algunas ideas y detalles que expliquen tus pensamientos y opiniones. Usa las siguientes ideas para comenzar.

1. ¿Qué actividad prefieres hacer con tu familia? ¿Por qué te gusta esa actividad?
2. ¿Cuál es la diferencia entre pasar tiempo con tu familia y estar con tus amigos? ¿Por qué son importantes las dos cosas?

Lenguaje de la escritura persuasiva

La escritura persuasiva es aquella que intenta persuadir o convencer al lector de que crea en la opinión de la persona que escribe. En los ensayos persuasivos, se presenta la opinión al comienzo; en el desarrollo, se apoya esa opinión con evidencia y razones sólidas; y en la conclusión, se repite la opinión y se anima al lector a actuar.

Organización de un ensayo persuasivo

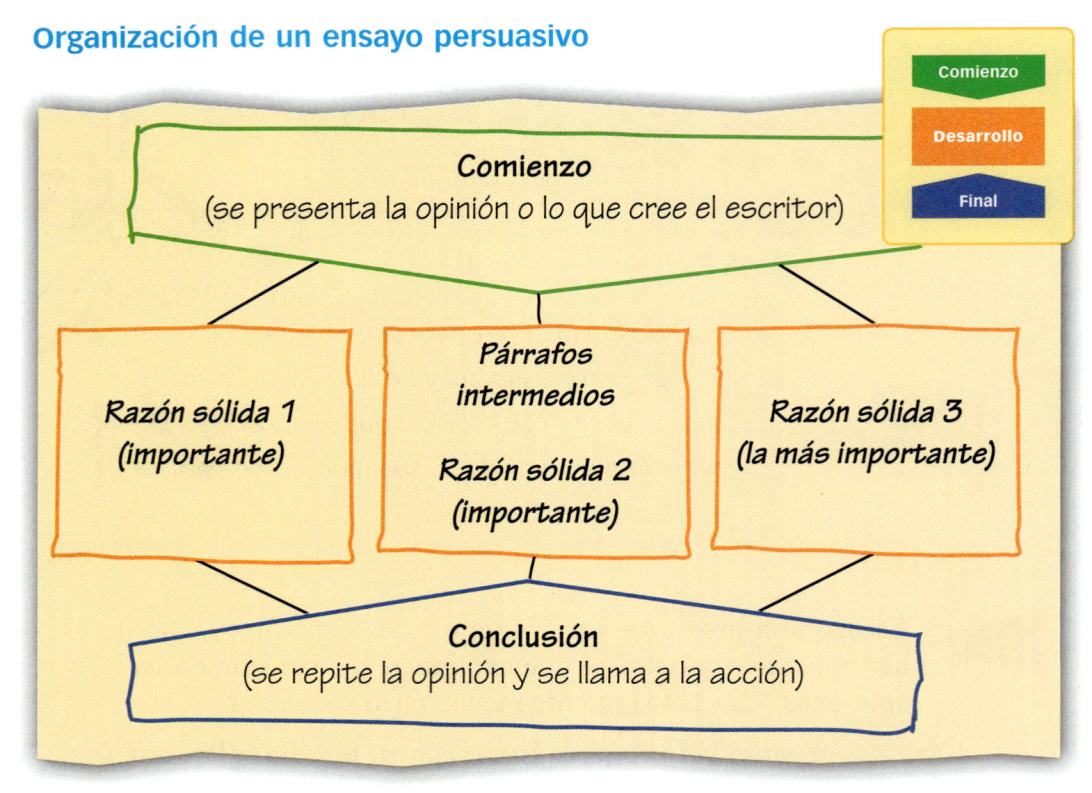

Comienzo
(se presenta la opinión o lo que cree el escritor)

Comienzo
Desarrollo
Final

Razón sólida 1
(importante)

Párrafos intermedios

Razón sólida 2
(importante)

Razón sólida 3
(la más importante)

Conclusión
(se repite la opinión y se llama a la acción)

Turnarse y comentar

Conversa con un compañero acerca de por qué crees que es importante dar razones sólidas en la escritura persuasiva.

Dar razones sólidas es importante porque _____.

Vocabulario: Escritura persuasiva

llamado a la acción	**opinión**	**persuadir**
razón sólida	**apoyo**	**transición**

1 **Di la palabra o frase.** Escucha al maestro mientras lee las palabras y las frases en voz alta. Luego repítelas.

2 **Descubre el significado.** Trabaja con un compañero. Busca algunas de las palabras de vocabulario que están en las páginas **195** y **196**. Observa los recuadros amarillos que están junto a la redacción de ejemplo. Toma apuntes sobre lo que crees que significan.

3 **Aprende más.** Presta atención al maestro mientras explica el significado de las palabras. Toma apuntes y escribe el significado de las palabras que no encontraste. Con tu compañero, controla los significados que escribiste antes y corrígelos si es necesario. Esto te ayudará a entender el significado de cada palabra.

4 **Demuestra tu entendimiento.** Presta atención mientras el maestro lee las preguntas que están a continuación. Consulta tu cuaderno para responder las preguntas. Luego comenta las respuestas con un compañero.

- ¿Cómo se usan las palabras de transición en un ensayo persuasivo?
- ¿Por qué crees que es importante dar razones sólidas?
- ¿Sirve para persuadir al lector un llamado a la acción? ¿Por qué?

5 **Escríbelo y muéstralo.** Puedes escribir sinónimos, o palabras que tienen el mismo significado, en tu cuaderno. Agrega ilustraciones o dibujos para recordar el significado de las palabras. Por ejemplo, para la palabra *apoyo*, podrías hacer un dibujo de ti mismo sosteniendo algo.

Leer el ejemplo de escritura persuasiva

¿Qué sabes?

A continuación, leerás "Dientes blancos como perlas", un ensayo persuasivo sobre lo que se puede hacer para mantener los dientes blancos. ¿Sabías que los dientes blancos suelen compararse con las *perlas*? ¿Por qué hay que cepillarse los dientes? ¿Qué sabes acerca de la higiene bucal?

Desarrollar el contexto

Los dientes son una parte importante del cuerpo. Sirven para morder y masticar la comida, así el cuerpo puede digerirla. Si no los cuidas cepillándolos y limpiándolos con hilo dental, puedes perderlos. Los dientes nuevos son muy caros. Cuando los dientes están torcidos, se usan frenos para enderezarlos y poder morder y masticar bien la comida.

Escuchar

Escucha al maestro o a un compañero mientras lee "Dientes blancos como perlas" en voz alta. Mientras escuchas, toma apuntes sobre las razones sólidas y las opiniones de la autora. Tomar apuntes de los detalles importantes y responder las preguntas te permitirá entender el propósito de la autora.

1. ¿Cuál es la opinión de la autora?
2. Menciona un detalle que usa la autora para apoyar la idea de que se debe usar hilo dental.
3. ¿Qué llamado a la acción hace la escritora en el final?

Frases de transición y palabras persuasivas clave

consejo	siguen	por ejemplo
además	lo más importante	deberían

Observa las palabras del recuadro. Encontrarás estas palabras cuando leas el ensayo persuasivo. Usa las palabras para hablar con un compañero sobre la manera de mantener la salud del cuerpo. Luego haz una lista con tus ideas en orden de importancia, de la más importante a la menos importante.

Sigue la lectura

Ahora te toca leer a ti. Ve a las páginas **195** y **196**. Sigue la lectura mientras el maestro o un compañero lee la redacción de ejemplo en voz alta. Mientras lees, piensa en la manera en que la autora apoya su opinión.

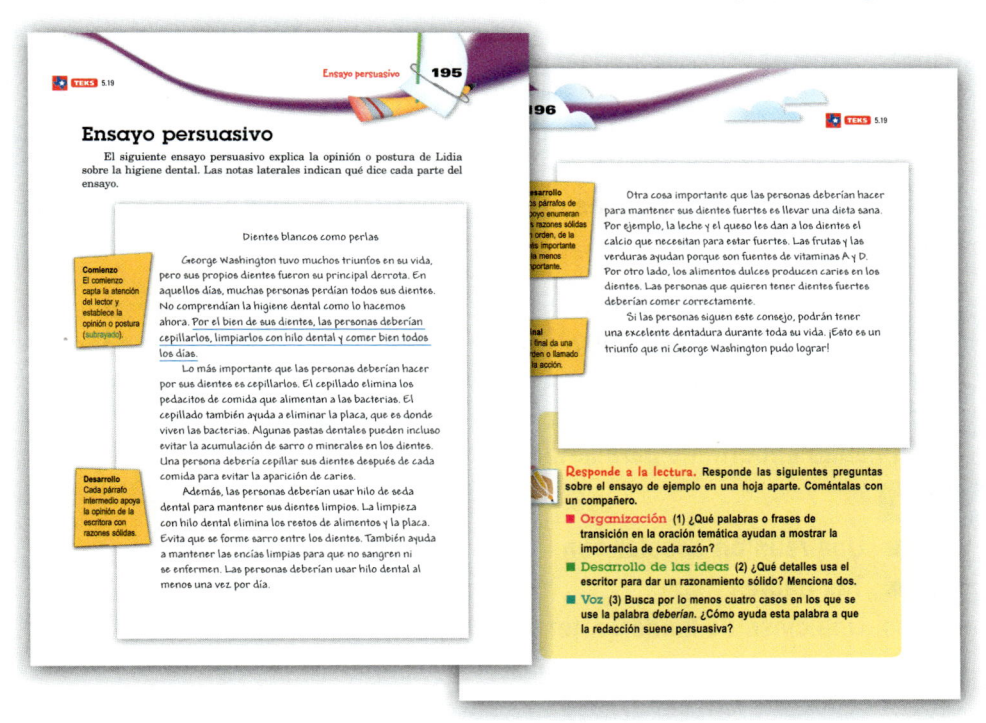

Después de la lectura

Copia el siguiente gráfico en una hoja y complétalo con la opinión de la escritora, sus razones y el llamado a la acción para mantener los dientes limpios. Úsalo para resumir la redacción de ejemplo con un compañero.

Opinión	
Razón 1	
Razón 2	
Razón 3	
Llamado a la acción	

Lenguaje oral: Escritura persuasiva

Las personas que te escuchen o que lean tu redacción forman el público. Cuando hablas o escribes, es importante que escojas las palabras adecuadas para dirigirte a tu público. El tono que usas para expresar tus opiniones, ideas e impresiones debe adecuarse al público.

 **Inténtalo** Lee la siguiente situación. Luego escoge dos públicos de la lista que está sobre la ilustración. Comenta con un compañero cómo cambian las palabras que escoges según el público.

Situación

Con dos compañeras, debes escribir un informe sobre las razones por las cuales hacer ejercicio es bueno para la salud. El informe debe expresar sus opiniones, ideas e impresiones y dar razones sólidas sobre el efecto que tiene sobre el cuerpo hacer ejercicio y por qué es un hábito importante para llevar un estilo de vida saludable.

Públicos

- Una reunión escolar con los maestros y el director
- Tus padres
- Una clase de kindergarten

Comunicarse eficazmente

Cuando respondes una pregunta, puedes usar algunas palabras, una oración o algunas oraciones. Cuando usas más detalles para contar algo, el público entiende mejor lo que quieres decir.

Lee la pregunta y las respuestas que están a continuación. En el primer recuadro, hay una sola palabra. En el segundo, hay una oración corta que responde la pregunta. La tercera respuesta contiene más detalles y responde mejor la pregunta.

¿Por qué es saludable comer frutas y verduras?

vitaminas

Son deliciosas.

Comer frutas y verduras es bueno para el cuerpo. Lo más importante es que tienen muchas vitaminas y nutrientes que el cuerpo necesita para vivir. Además, ¡son deliciosas!

Inténtalo Con un compañero, identifica la frase de transición en la tercera respuesta. Luego piensa en dos o tres razones sólidas más sobre por qué es bueno comer frutas y verduras. Agrega tus ideas al párrafo y conéctalas con frases de transición. Completa el párrafo con una oración final que contenga un llamado a la acción para el lector. Lee tu párrafo en voz alta a otro grupo.

Lenguaje de las respuestas a la lectura

Una respuesta a un texto es una redacción en la que el escritor comenta algo que leyó e incluye pruebas tomadas del texto. El propósito es ayudar al lector a decidir si le gustaría leer el libro. Este tipo de redacción tiene un comienzo, un desarrollo y un final.

Organización de un ensayo de respuesta a la lectura

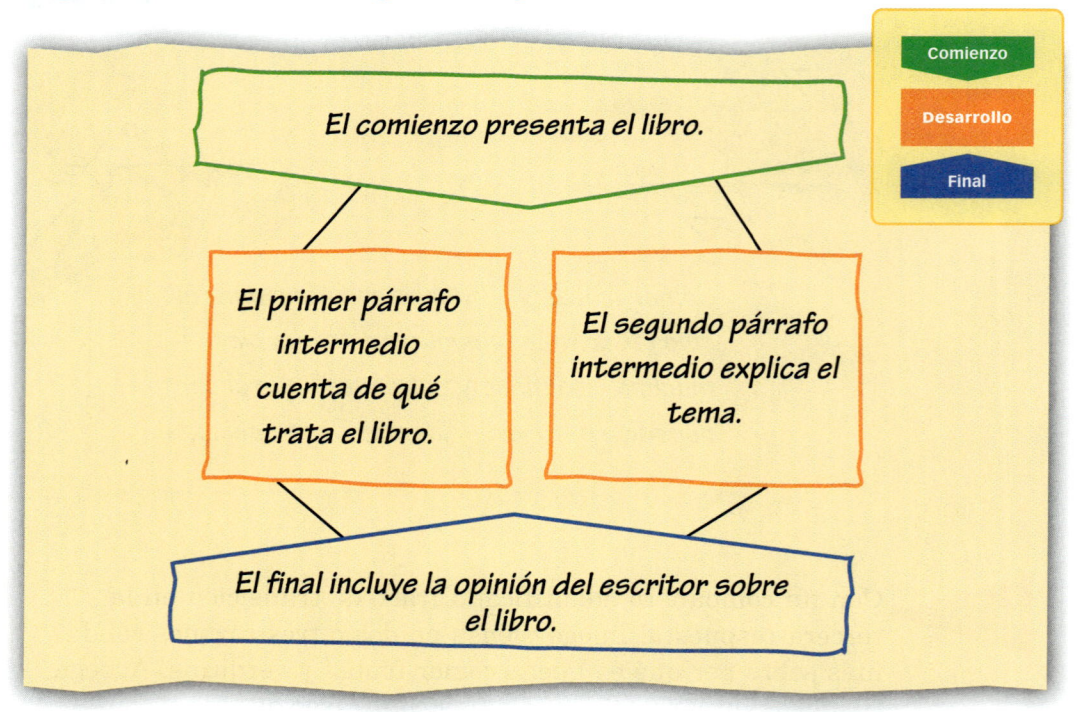

Comienzo

Desarrollo

Final

El comienzo presenta el libro.

El primer párrafo intermedio cuenta de qué trata el libro.

El segundo párrafo intermedio explica el tema.

El final incluye la opinión del escritor sobre el libro.

Turnarse y comentar

¿Qué libro le recomendarías a un amigo? ¿Por qué? Conversa con un compañero.

Recomendaría _____ porque _____ .

Vocabulario: Respuesta a la lectura

autor	reseña de un libro	personaje
ficción	novela	tema

1 **Di la palabra.** Escucha al maestro mientras lee las palabras en voz alta. Luego repítelas. El sonido *r* suave se representa siempre con una sola *r*, como en *claro*. El sonido *r* fuerte se puede representar con una sola *r* (al principio de una palabra o después de *l*, *n*, *s*) o con el dígrafo *rr* (entre vocales), como en *rascar, enredo* y *carro*. ¿Qué palabras de vocabulario tienen *r* suave y *r* fuerte?

2 **Descubre el significado.** Trabaja con un compañero. Busca algunas de las palabras de vocabulario que están en los recuadros amarillos junto a la redacción de ejemplo de las páginas **256** y **257**. Comenta lo que sabes de esas palabras y toma apuntes de lo que crees que significan.

3 **Aprende más.** Presta atención al maestro mientras explica el significado de las palabras. Con tu compañero, amplía tus apuntes del significado general de las palabras. Busca ejemplos de estas palabras en la redacción de las páginas **256** y **257**.

4 **Demuestra tu entendimiento.** Trabaja en grupo para responder las preguntas que están a continuación. Habla con claridad y usa las palabras que aprendiste cuando intercambies ideas. Escucha con atención para entender las ideas principales que expresan los demás integrantes del grupo.

- ¿Cuál es el propósito de una reseña de un libro?
- Menciona un personaje que te guste de un libro que hayas leído. ¿Por qué te gusta ese personaje?
- ¿Cómo te das cuenta de cuál es el tema de un libro?

5 **Escríbelo y muéstralo.** En tu cuaderno, dibuja una escena de una novela sobre la que podría escribirse una reseña. Escribe algunas oraciones sobre el dibujo. Usa palabras de la lista.

Leer el ejemplo de respuesta a la lectura

¿Qué sabes?

A continuación, leerás "La isla del tesoro", una reseña de ejemplo sobre una novela de aventuras, en las páginas **256** y **257**. ¿En qué se diferencian los relatos de aventuras de otros tipos de novelas? ¿Por qué las historias de aventuras son emocionantes? ¿Has leído alguna novela de aventuras? Comenta lo que leíste.

Desarrollar el contexto

Hace mucho tiempo, había piratas que atacaban y robaban los buques mercantes en alta mar. A veces, escondían las mercaderías que robaban en cuevas de las islas cercanas. Después los piratas volvían a la isla a buscar el tesoro escondido.

Escuchar

Escucha al maestro o a tu compañero mientras lee "La isla del tesoro" en voz alta. Luego colabora, o trabaja con otras personas, para comentar lo que piensas sobre el significado de lo que se acaba de leer. Aprovecha la información del contexto para entender cosas de la novela que el autor no dice directamente. Luego comenta tus respuestas a las siguientes preguntas.

1. ¿Por qué es importante el mapa del Capitán en el relato?
2. ¿Qué le parece el libro al autor de la reseña? ¿Qué razones da para apoyar esa opinión?
3. ¿Te da ganas de leer el libro la reseña? ¿Por qué?

Palabras clave que generan interés

aventura	descubre	misterioso
sorpresa	tesoro	valioso

Observa las palabras del recuadro. Encontrarás estas palabras cuando leas la redacción de ejemplo. Con un compañero, usa las palabras para describir una aventura, como ir a un lugar que no conoces o hacer algo que no hayas hecho nunca. Comenta de qué manera estas palabras hacen que tu historia sea más interesante y significativa.

Sigue la lectura

Ve a las páginas **256** y **257**. Sigue la lectura mientras el maestro o un compañero lee el ensayo de ejemplo en voz alta. Mientras lees, piensa en los eventos y el tema de la novela, y en la opinión del autor.

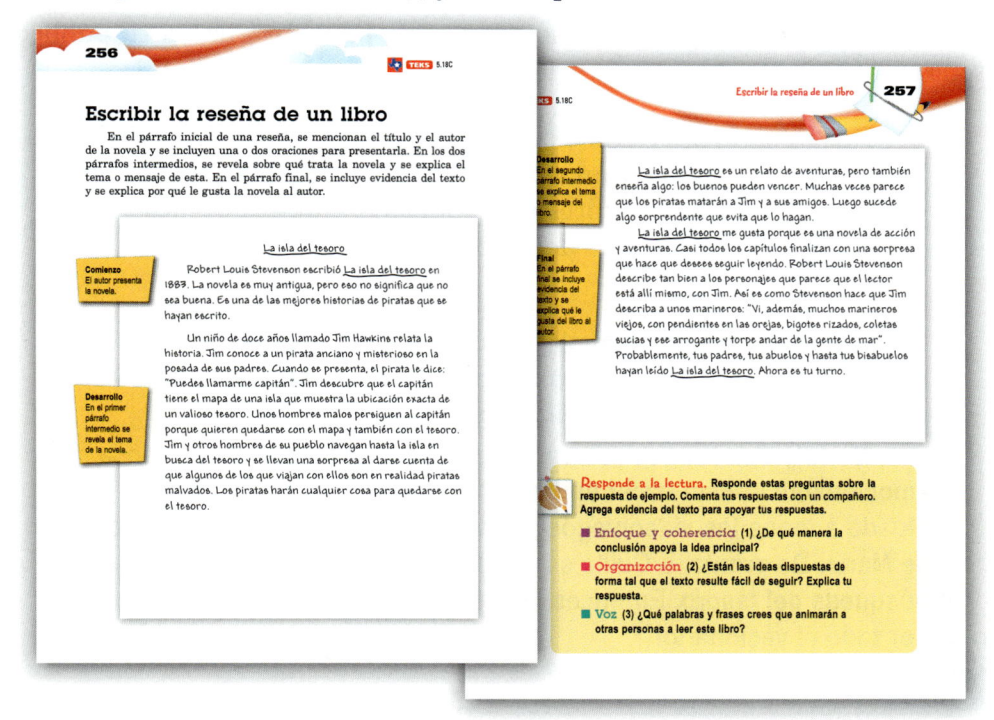

Después de la lectura

Cuando resumes, incluyes las ideas más importantes de algo que has leído. Copia el siguiente gráfico y complétalo. Úsalo para resumir la redacción de ejemplo con un compañero.

La isla del tesoro	
De qué trata el libro	
Qué opina el escritor	

Lenguaje oral: Respuesta a la lectura

Las personas que te escuchen o que lean tu redacción forman el público. Cuando hablas o escribes para expresar tus ideas e impresiones, es importante que escojas las palabras adecuadas para dirigirte a tu público. El tono, o la manera de escribir, también debe adecuarse al público.

 **Inténtalo** Lee la siguiente situación. Luego escoge dos públicos de la lista. Comenta con un compañero cómo cambian las palabras que escoges para expresar tus ideas e impresiones según la edad o la experiencia del público.

Situación

Responde al siguiente relato. Explica qué te relaciona con la historia y los personajes. ¿Qué personajes te resultan interesantes? ¿Has tenido una experiencia similar alguna vez?

Mario y sus amigos estaban aburridos y pensaban en qué cosa emocionante podían hacer en las vacaciones de verano. Ya habían jugado a todos los videojuegos y juegos de mesa que había en la casa de Mario. De pronto, a Guille se le ocurrió la idea de organizar una búsqueda del tesoro. Entonces, ¡el grupo planificó una gran búsqueda por todo el vecindario!

Públicos

- Tus compañeros
- Tu maestro
- Tus familiares

Comunicarse eficazmente

Cuando respondes una pregunta, puedes usar algunas palabras, una oración o algunas oraciones. Cuando usas más detalles para explicar algo, la otra persona entiende mejor lo que quieres decir.

Lee la pregunta y las respuestas que están a continuación. En el primer recuadro, hay una sola palabra. En el segundo, hay una oración corta que responde la pregunta. La tercera respuesta contiene más detalles y responde mejor la pregunta.

¿Qué te relaciona con la historia?

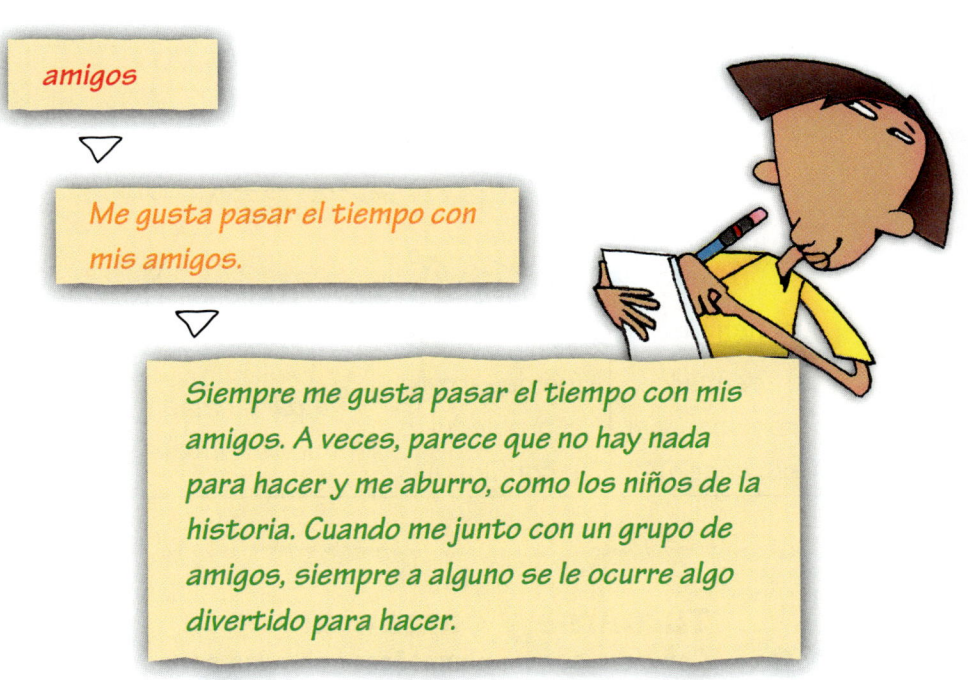

amigos

Me gusta pasar el tiempo con mis amigos.

Siempre me gusta pasar el tiempo con mis amigos. A veces, parece que no hay nada para hacer y me aburro, como los niños de la historia. Cuando me junto con un grupo de amigos, siempre a alguno se le ocurre algo divertido para hacer.

Inténtalo Escoge un relato que hayan leído tú y tu compañero hace poco. Conversen sobre por qué les gusta el relato y qué les resultó interesante. Comenta los detalles que puedes agregar para que la respuesta sea más completa. Escucha con atención y toma apuntes de los detalles. Mientras comentan la pregunta, ayúdense mutuamente a agregar más detalles para explicar mejor sus ideas.

Lenguaje de la escritura creativa

La escritura creativa proviene de la imaginación. Algunos tipos de escritura creativa, como la ficción histórica, parecen reales pero no lo son. Un cuento de ficción comienza con la presentación de los personajes y el escenario. El desarrollo, o el conflicto, presenta un desafío a los personajes. Ese desafío se desarrolla hasta llegar al clímax y luego el desenlace muestra cómo se resuelve.

Organización de la escritura creativa

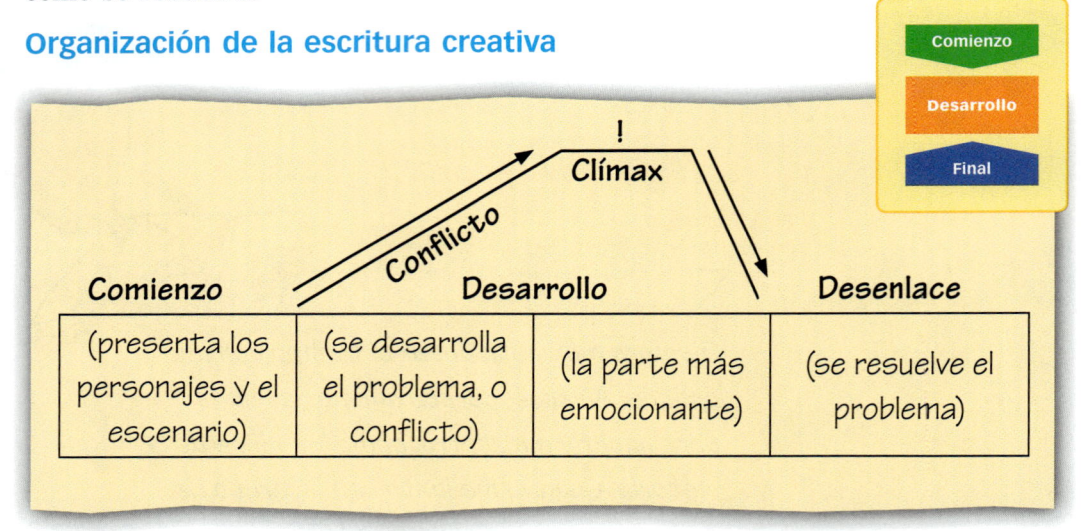

Turnarse y comentar

Conversa con un compañero sobre las partes de este organizador gráfico. Comenta por qué crees que el conflicto se desarrolla hasta llegar al clímax en un cuento de ficción.

El problema se desarrolla hasta llegar al clímax porque _____.

Vocabulario: Escritura creativa

personaje	**problema**	**ficción**
clímax	**conflicto**	**desenlace**

1 **Di la palabra.** Escucha a tu maestro mientras lee las palabras en voz alta. Luego repítelas.

2 **Descubre el significado.** Trabaja con un compañero. Busca algunas de las palabras de vocabulario que están en los recuadros amarillos de las páginas **290** y **291**. Toma apuntes sobre lo que crees que significan.

3 **Aprende más.** Presta atención al maestro mientras explica el significado de las palabras. Agrega a tus apuntes lo que sea necesario y escribe el significado de las palabras que no conocías. Con tu compañero, corrige los significados que escribiste antes.

4 **Demuestra tu entendimiento.** Con un compañero, haz las siguientes preguntas y respóndelas. Consulta tu cuaderno. A medida que tu maestro repase las preguntas, comenta las respuestas.
- ¿Puede un cuento de ficción contar algo que sucedió realmente? ¿Por qué?
- ¿Cuál es el propósito del conflicto en un relato?
- ¿Qué sucede cuando la historia llega al clímax?

5 **Escríbelo y muéstralo.** En tu cuaderno, haz dibujos y agrega apuntes que te sirvan para recordar lo que significan las palabras. Por ejemplo, para *conflicto* puedes dibujar a dos personas que se están gritando. Agrega sinónimos, o palabras que significan lo mismo.

Leer el ejemplo de escritura creativa

¿Qué sabes?

A continuación, leerás "Ben, mi mejor amigo", un cuento sobre un niño y su amigo, Ben Franklin. ¿Qué cosas has hecho con un amigo? ¿Te ha pasado que tú querías hacer algo y tu amigo quería hacer otra cosa? ¿Fue un problema? ¿Cómo lo resolviste?

Desarrollar el contexto

Ben Franklin fue un inventor estadounidense que descubrió la electricidad. Ató una llave de metal a la cuerda de una cometa y la hizo volar durante una tormenta eléctrica. "Ben, mi mejor amigo" es un relato de ficción histórica.

Escuchar

Escucha al maestro o a un compañero mientras lee "Ben, mi mejor amigo" en voz alta. Mientras escuchas, toma apuntes sobre el conflicto, o problema, entre los dos niños. Prepárate para responder las preguntas que están a continuación. Tomar apuntes y responder preguntas te ayudará a entender lo que sucede en el cuento.

1. ¿Cuál es el problema?
2. ¿Cuál es el conflicto?
3. ¿Cómo se resuelve el problema?

Palabras clave

atestada	descubrió	electricidad
genio	nos vemos	resuelve

Observa las palabras del recuadro. Encontrarás estas palabras cuando leas "Ben, mi mejor amigo". Usa las palabras para hablar con un compañero de algo que hayas hecho con un amigo y que comenzó de una manera pero terminó de otra. Comenta tus sentimientos en relación con el problema. ¿Cómo se resolvió?

Sigue la lectura

Ahora te toca leer a ti. Ve a las páginas **290** y **291**. Sigue la lectura mientras el maestro o un compañero lee la redacción de ejemplo en voz alta. Mientras lees, piensa en el problema y en cómo se resuelve.

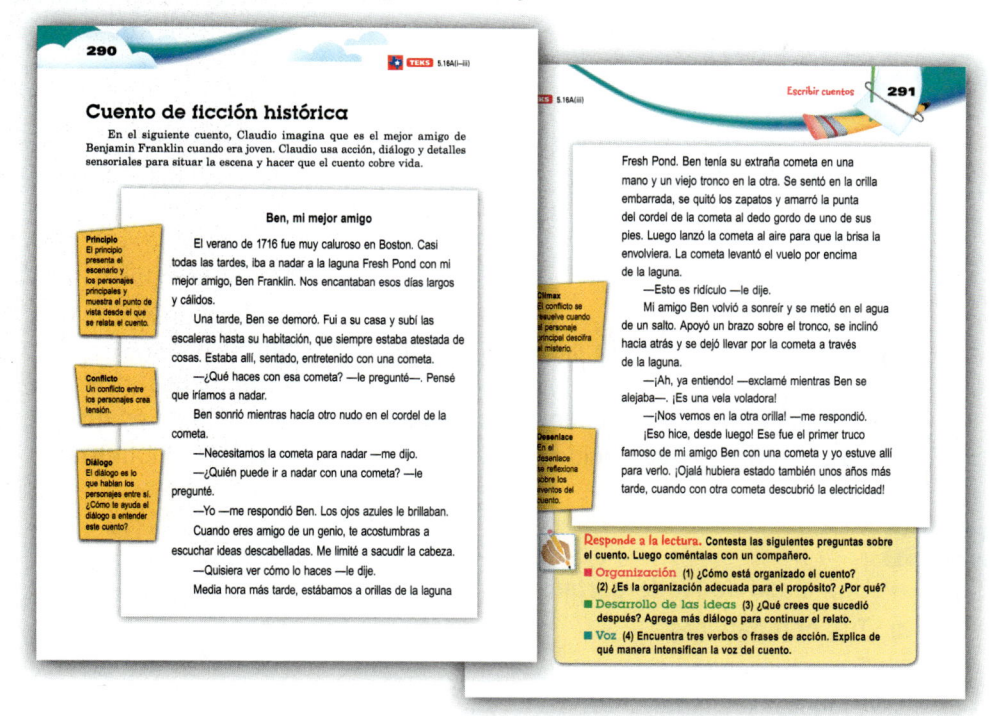

Después de la lectura

Copia el siguiente gráfico en una hoja. Complétalo con los personajes, los conflictos por los que pasa cada uno y la solución. Con un compañero, usa el gráfico para resumir oralmente la redacción de ejemplo. Luego comenta lo que aprendió cada personaje.

Personaje	Problema	Solución

Lenguaje oral: Escritura creativa

Las personas que te escuchen o que lean tu redacción forman el público. Cuando hablas o escribes, es importante que escojas las palabras adecuadas para dirigirte a tu público. El tono, o la manera de escribir, debe adecuarse al público.

 **Inténtalo** Lee la siguiente situación. Luego escoge dos públicos de la lista que está sobre la ilustración. Comenta con un compañero cómo cambian las palabras que escoges para tu redacción según el público.

Situación

Fuiste al museo con tu clase y viste fósiles de dinosaurios. Al observarlos, se te ocurrió una idea para un cuento sobre dinosaurios. Encuentras un dinosaurio bebé y decides cuidarlo. El problema es que no deja de crecer. ¿Qué decides hacer? Relata el cuento para distintos públicos.

Públicos

- Una clase de kindergarten
- Tus compañeros
- Tu maestro

Comunicarse eficazmente

Cuando respondes una pregunta, puedes usar algunas palabras, una oración o algunas oraciones. Cuando usas más detalles para contar algo, el público entiende mejor lo que quieres decir.

Lee la pregunta y las respuestas que están a continuación. En el primer recuadro, hay una sola palabra. En el segundo, hay una oración corta que responde la pregunta. La tercera respuesta contiene más detalles y responde mejor la pregunta.

¿Qué sucedió cuando el dinosaurio bebé creció?

comía

Comía tanto que ya no sabía qué hacer.

Cuando el dinosaurio bebé creció, tuve que resolver qué hacer. Ya no se podía quedar en casa. Decidí llevarlo a un lugar donde otros dinosaurios iban a alimentarse. Quizá pudiera quedarse con ellos.

Inténtalo ¿Cómo responderías la pregunta en azul? Escribe dos o tres ideas y coméntalas con un compañero. Expresar tus ideas te ayudará a decidir cuáles son mejores para tu respuesta. Pregunta a tu compañero qué detalles podrías agregar para que tu respuesta sea más completa. Toma apuntes y agrega los detalles nuevos. Luego lee la nueva respuesta en voz alta. Pregunta a tu compañero si los detalles mejoran tu respuesta y la hacen más interesante.

Lenguaje de la escritura de investigación

La escritura de investigación es un tipo de escritura que presenta datos y las conclusiones a las que ha llegado el escritor acerca de un tema. Investigar es una forma de averiguar más cosas acerca de algo que te interesa. Se busca información en fuentes, como libros, revistas y páginas del Internet, y se usa esa información para escribir un informe. Los informes de investigación comienzan con una oración que contiene la tesis o idea principal. El desarrollo está formado por párrafos intermedios que apoyan la tesis y en el párrafo final se recuerda la tesis al lector.

Organización de un informe de investigación

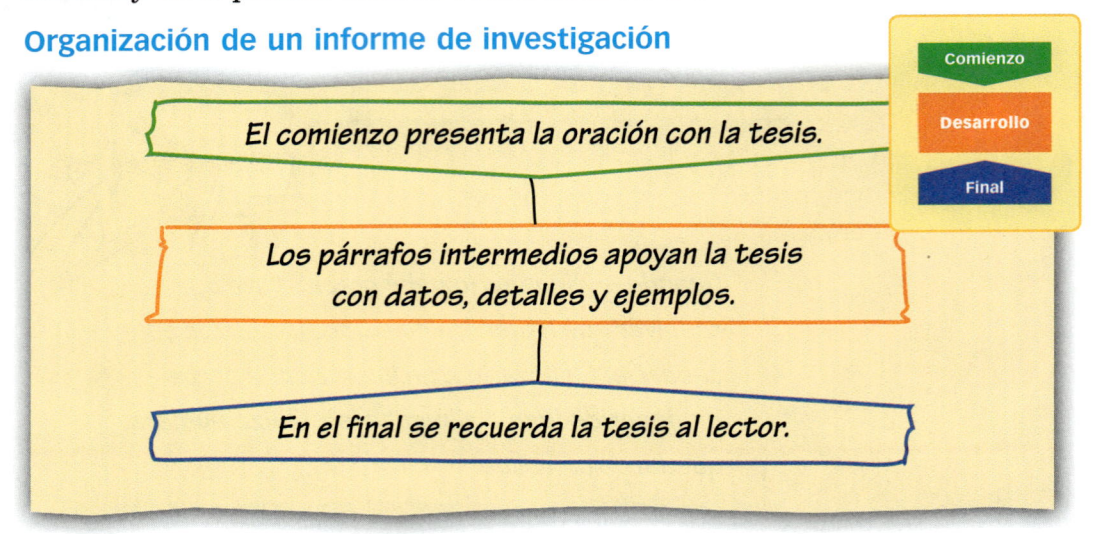

El comienzo presenta la oración con la tesis.

Los párrafos intermedios apoyan la tesis con datos, detalles y ejemplos.

En el final se recuerda la tesis al lector.

Comienzo
Desarrollo
Final

Turnarse y comentar

Trabaja con un compañero. Comenta con él tus opiniones e ideas sobre por qué es importante comenzar y terminar el trabajo con una oración que contenga la tesis.

Comenzar con una oración que contenga la tesis es importante porque _____.

Terminar con una oración que contenga la tesis es importante porque _____.

Vocabulario: Escritura de investigación

oración con la tesis	**evidencia**	**resumir**
obras citadas	**fuente**	**abierta**

1 **Di la palabra.** Escucha a tu maestro mientras lee las palabras en voz alta. Luego repítelas.

2 **Descubre el significado.** Trabaja con un compañero. Busca algunas de las palabras de vocabulario que están en los recuadros de las páginas **326** a **328** junto a la redacción de ejemplo. Comenta las palabras que conoces y toma apuntes sobre lo que crees que significan las demás palabras.

3 **Aprende más.** Presta atención al maestro mientras explica el significado de las palabras. Anota los significados de las palabras que no conocías. Con un compañero, busca ejemplos de algunas de estas palabras en la redacción de ejemplo de las páginas **326** a **328**.

4 **Demuestra tu entendimiento.** Consulta tu cuaderno para responder las preguntas que están a continuación. Tu maestro te dará instrucciones. Cuando sigas instrucciones, presta atención para detectar palabras que indiquen acción, como *busca* y *escribe*. También presta atención a las palabras de vocabulario.

- ¿Cuál es el objetivo de la oración con la tesis?
- ¿Qué tipo de información te puede servir como evidencia?
- ¿Dónde enumeras las fuentes: en una página de obras citadas o en la oración con la tesis?

5 **Escríbelo y muéstralo.** Haz dibujos que te ayuden a recordar el significado de cada palabra en tu cuaderno. Puedes agregar sinónimos, o palabras que significan lo mismo. Por ejemplo, para *oración con la tesis* puedes escribir "idea principal".

Leer el ejemplo de escritura de investigación

¿Qué sabes?

A continuación leerás "Daniel Boone, el explorador" de las páginas **326** a **328**, un informe de investigación de ejemplo. ¿Qué sabes acerca de Daniel Boone? ¿Qué otros exploradores estadounidenses conoces?

Desarrollar el contexto

¿Puedes ubicar los montes Apalaches en un mapa? Antes de 1775, las personas no tenían cómo cruzar esas montañas. La mayoría se quedaba al este de las montañas. Después de un tiempo, la zona se pobló demasiado. Daniel Boone y su grupo de pioneros abrieron el Camino de las tierras vírgenes. Ensancharon y alargaron un sendero de los indígenas y se abrieron camino a través del extenso bosque.

Escuchar

Escucha al maestro o a un compañero mientras lee "Daniel Boone, el explorador" en voz alta. Mientras escuchas, toma apuntes de la oración con la tesis. Responde las siguientes preguntas.

1. ¿Cuál es la oración que contiene la tesis? Vuelve a expresarla con tus propias palabras.
2. ¿Cuál es el dato más interesante que aprendiste?
3. ¿Cuál es una de las fuentes que utilizó la autora?

Palabras clave

exploración	tierras desconocidas	pionero
capturados	asentamiento	población

Observa las palabras del recuadro. Encontrarás estas palabras cuando leas la redacción de ejemplo. Usa las palabras para hablar con un compañero de cómo sería incorporarse al grupo de Daniel Boone. ¿Querrías explorar Kentucky? ¿Te resultarían atemorizantes las tierras desconocidas? Explica tus opiniones y sentimientos en detalle.

Sigue la lectura

Sigue la lectura mientras el maestro o un compañero lee las páginas **326** a **328** en voz alta. Piensa en la idea principal y en los detalles de apoyo.

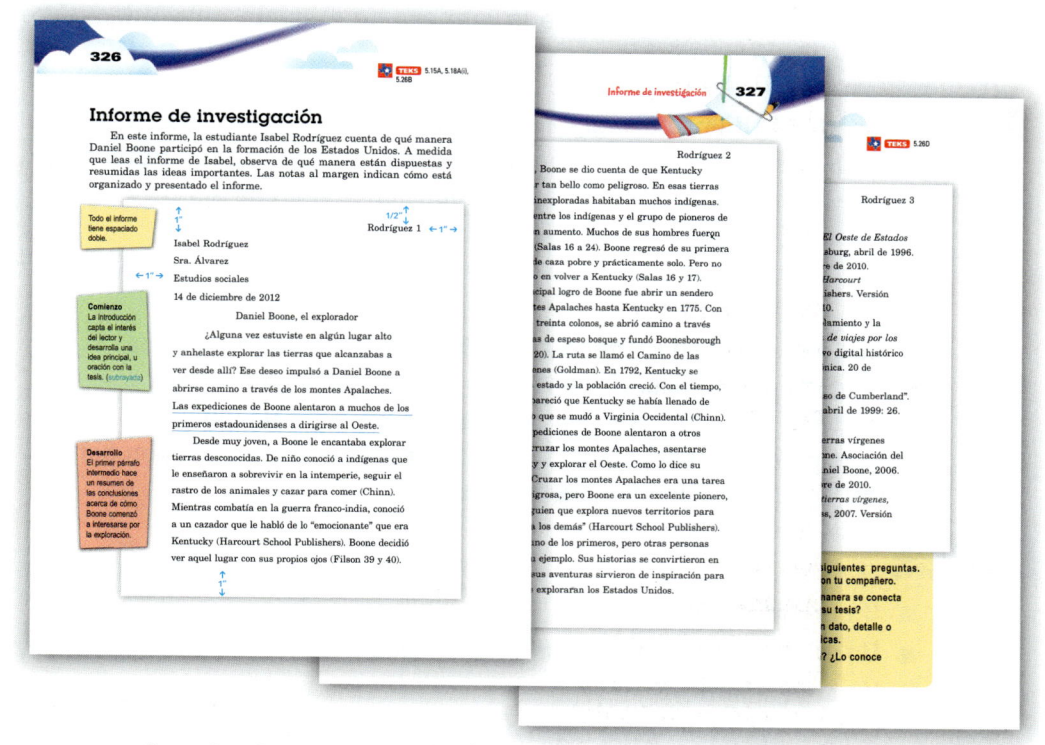

Después de la lectura

Copia el gráfico que está a continuación en una hoja. Toma apuntes con un compañero mientras vuelves a leer la redacción de ejemplo. Luego responde estas preguntas para resumir el informe. El gráfico te ayudará a recordar los detalles.

1. ¿Qué palabras describen la personalidad de Daniel Boone?

2. ¿Por qué Daniel Boone quiso explorar Kentucky?

3. ¿Qué fue lo más importante que hizo Daniel Boone?

Primeros años	Kentucky	Camino de las tierras vírgenes

Lenguaje oral: Escritura de investigación

Las personas que te escuchen o que lean tu redacción forman el público. Cuando hablas o escribes, es importante que escojas las palabras adecuadas para dirigirte a tu público. El tono, o la manera de escribir, debe adecuarse al público.

 **Inténtalo**
Lee la siguiente situación. Luego escoge dos públicos de la lista. Comenta con un compañero cómo cambian las palabras que escoges para expresar tus opiniones e ideas según el público.

Situación

Los jaguares son cazadores muy fuertes que están en la cima de la cadena alimenticia. Sin embargo, son animales en peligro de extinción. ¿Por qué están en peligro de extinción? Usa fuentes impresas o del Internet para buscar datos y detalles que expliquen por qué los jaguares están en peligro de extinción.

Públicos

- Un primo de 5 años
- Un adulto a quien le gustan los animales
- Un compañero

Comunicarse eficazmente

Cuando respondes una pregunta, puedes usar algunas palabras, una oración o algunas oraciones. Cuando usas más detalles para contar algo, el público entiende mejor lo que quieres decir.

Lee la pregunta y las respuestas que están a continuación. En el primer recuadro, hay una sola palabra. En el segundo, hay una oración corta que responde la pregunta. La tercera respuesta contiene más detalles y responde mejor la pregunta.

¿Por qué están en peligro de extinción los jaguares?

> *cazadores*

> *Las personas cazan jaguares porque atacan al ganado.*

> *Cuando se instalaron los primeros ranchos ganaderos en el hábitat del jaguar, los jaguares comenzaron a atacar al ganado. Algunos creyeron que la población de jaguares había crecido. Para proteger al ganado, los ganaderos contrataron personas para que cazaran jaguares.*

 Escoge una pregunta para comentarla con un compañero. Escribe algunas ideas para responder la pregunta. Agrega detalles que ayuden a tu compañero a entender tus ideas. Cuando hable tu compañero, presta atención a los detalles importantes.

1. ¿Por qué los jaguares son tan buenos cazadores?
2. ¿Por qué los hábitats de los jaguares son cada vez más pequeños?

Cómo usar materiales de consulta

En ocasiones, tu redacción va muy bien y de pronto debes detenerte porque no sabes cómo se escribe una palabra. O te das cuenta de que repites la misma palabra una y otra vez. ¿A dónde puedes acudir en busca de ayuda? ¿Cómo puedes lograr que tu redacción sea más atractiva?

En esta sección, aprenderás a usar algunos materiales de referencia muy útiles. Verás ejemplos de una página de diccionario y de una entrada del diccionario de sinónimos, y aprenderás sobre la valiosa información que contienen.

A continuación

- **Consultar un diccionario**
- **Cómo usar un diccionario de sinónimos**

Consultar un diccionario

Consultar un **diccionario** es la manera más rápida de averiguar el significado de una palabra. En los diccionarios encontrarás las siguientes especificaciones y datos.

- **Palabras guía** Estas palabras aparecen en la parte superior de cada página. Indican la primera y la última palabra de esa página.

- **Entradas** Dan la definición de una palabra en una página de diccionario. El significado más común suele se el primero de la lista.

- **Género** Se indica el género de los sustantivos. Generalmente, el género aparece marcado con las abreviaturas *m.* (masculino) y *f.* (femenino).

- **Etimología** Para algunas palabras se incluye el origen de la palabra o los cambios que sufrió a través del tiempo.

- **Ortografía y letras mayúsculas** Si no sabes cómo se escribe una palabra, prueba con variantes posibles (una palabra que empieza con un sonido vocal podría empezar con *h* en realidad, un palabra con el sonido b podría escribirse con *b* o *v*). Si una palabra comienza con una letra mayúscula, escríbela con letra mayúscula cuando la uses.

- **Registro** El diccionario indica cuándo se utilizan ciertas palabras, es decir, si la palabra es formal, informal, vulgar o despectiva.

- **Sinónimos** Se enumeran los sinónimos (palabras con significado igual o parecido). Es posible que también se enumeren los antónimos (palabras con significado opuesto).

- **Elementos gramaticales** El diccionario indica cómo se puede usar una palabra *(sustantivo, verbo, adjetivo)*.

- **Región** El diccionario clarifica si una palabra se usa en una región en particular.

Práctica

Abre un diccionario en cualquier página y haz lo siguiente:

1. Anota las palabras guía de esa página.
2. Anota una palabra que tenga más de un significado.
3. Busca una palabra en la que se indique la región. ¿Tiene la palabra el mismo significado en tu lugar de origen?

Página de diccionario

Palabras guía ⟶ **canguro** ➤ **canilla**

Entrada ⟶ **canguro 1.** m. Mamífero marsupial, herbívoro, propio de Australia, Nueva Zelanda e islas adyacentes. Tiene las patas posteriores más largas que las anteriores, con las que se traslada a saltos; cuando está parado se apoya en ellas y en su robusta cola. **2.** com. Persona joven que cuida de los niños cuando sus padres no están.

Etimología ⟶

Etimología

canguro

Cuando el explorador James Cook llegó a Australia en 1770 y vio a estos animales, creyó oír a los nativos llamarlos *kanguru*. Se supone que los indígenas decían "no entiendo". Del inglés *kangaroo* pasó al español como **canguro**.

canica f. Bola pequeña de barro, vidrio u otro material duro, que usan los niños para jugar al "juego de las canicas" que consiste en hacerlas rodar por el suelo, golpear a una con otra e introducirlas en un hoyo pequeño.

Sinónimos

Sinónimos ⟶ **canica, bolita, bolinche**

Un grupo de niños jugaba a las *canicas* en el parque.
► Compraron *bolitas* de vidrio.
► Los *bolinches* eran de distintos colores.

Género ⟶ **caniche** m. Perro de tamaño pequeño o mediano con abundante pelo rizado y orejas caídas.

Ortografía y letras mayúsculas ⟶ **cánido 1.** m. Se dice de los mamíferos carnívoros de la familia del perro y el lobo. **2.** m. pl. Familia de estos animales. ORTOGR. Escr. con may. inicial.

Elemento gramatical ⟶ **canijo, -a.** adj. y sust. Se dice de la persona o el animal débil o enfermizo.

Registro ⟶ **canilla 1.** f. Cada uno de los huesos largos de la pierna o del brazo. **2.** f. Cada uno de los huesos del ala del ave. **3.** f. coloq. *Am. Mer. y Cuba* Espinilla de la pierna. **4.** f. *Arg., Bol., Par. y Ur.* Grifo o llave.
Región ⟶ **5.** f. *Ec. y Méx.* Fuerza física. **6.** f. *Ven.* Pan en forma de cilindro, estrecho y delgado.

Abreviaturas

adj.	adjetivo
adv.	adverbio
Am. Mer.	América Meridional
Arg.	Argentina
Bol.	Bolivia
coloq.	coloquial
com.	común en cuanto al género
despect.	despectivo
Ec.	Ecuador
f.	femenino
interj.	interjección
m.	masculino
Méx.	México
Par.	Paraguay
pl.	plural
prep.	preposición
sust.	sustantivo
Ur.	Uruguay
v.	verbo
Ven.	Venezuela
vulg.	vulgar

Cómo usar un diccionario de sinónimos

Un **diccionario de sinónimos** es un libro que muestra los sinónimos (palabras con significado parecido) de las palabras. También enumera los antónimos (palabras con significado opuesto). Puedes usar un diccionario de sinónimos para mejorar tu redacción y ampliar tu vocabulario. Un diccionario de sinónimos sirve para:

- encontrar la palabra exacta para una oración en particular y
- evitar la repetición de las mismas palabras.

Entrada de un diccionario de sinónimos

Entrada

Elemento gramatical

Definición

Oración de ejemplo

Sinónimos

reír *verbo* mostrar regocijo con movimientos del rostro
Mamá se ríe de mis chistes.
sonreír hacer el gesto como al reírse pero sin hacer ruido
Mi hermanita sonríe con vergüenza cada vez que alguien la saluda.
carcajear reírse a carcajadas
Carcajeaba sin parar al ver una película de humor.
desternillarse reírse mucho, sin poder contenerse
Siempre nos desternillamos cuando el tío Isaac cuenta la historia de cómo cazó el pavo.

Antónimos llorar, enojarse, ofenderse

Práctica

Busca en la entrada del diccionario de sinónimos anterior el sinónimo correcto de *rió* en la siguiente oración.

Le pregunté al portero dónde quedaba el Hotel Bronx. El hombre rió y me contestó amablemente: "Estás frente a él, hijo".

Gramática básica y redacción

Aprendizaje del lenguaje

Trabaja con un compañero. Lean los significados en voz alta y respondan juntos las preguntas. Escucha atentamente para asegurarte de que tu compañero use oraciones completas.

1. Una función indica para qué se usa algo, o su propósito.
   ¿Cuál es la función de un escritorio? ¿Y la de un libro? ¿Y la de un teléfono?

2. Si una palabra es específica, expresa exactamente lo que quieres decir.
   ¿Qué palabra es más específica: *correr* o *corretear*? Explica por qué.

3. Algo es personal cuando pertenece a una persona en particular.
   Describe algunas de tus pertenencias personales.

4. Algo compuesto está formado por dos o más partes más pequeñas.
   ¿Puedes nombrar una palabra compuesta?

Trabajar con las palabras

¿Buscas algo que hacer una tarde lluviosa? Prueba a resolver un crucigrama. Todos los días, miles de personas ejercitan la mente con estos juegos de palabras.

Nuestro idioma cuenta con ocho tipos de palabras llamados elementos gramaticales. Los elementos gramaticales son los *sustantivos,* los *pronombres*, los *verbos*, los *adjetivos*, los *adverbios*, las *preposiciones*, las *conjunciones* y las *interjecciones*. Este capítulo te ayudará a aprender acerca de los elementos gramaticales y a usar las palabras de forma eficaz en tus redacciones.
¡También te puede ayudar a resolver crucigramas!

Mini-índice

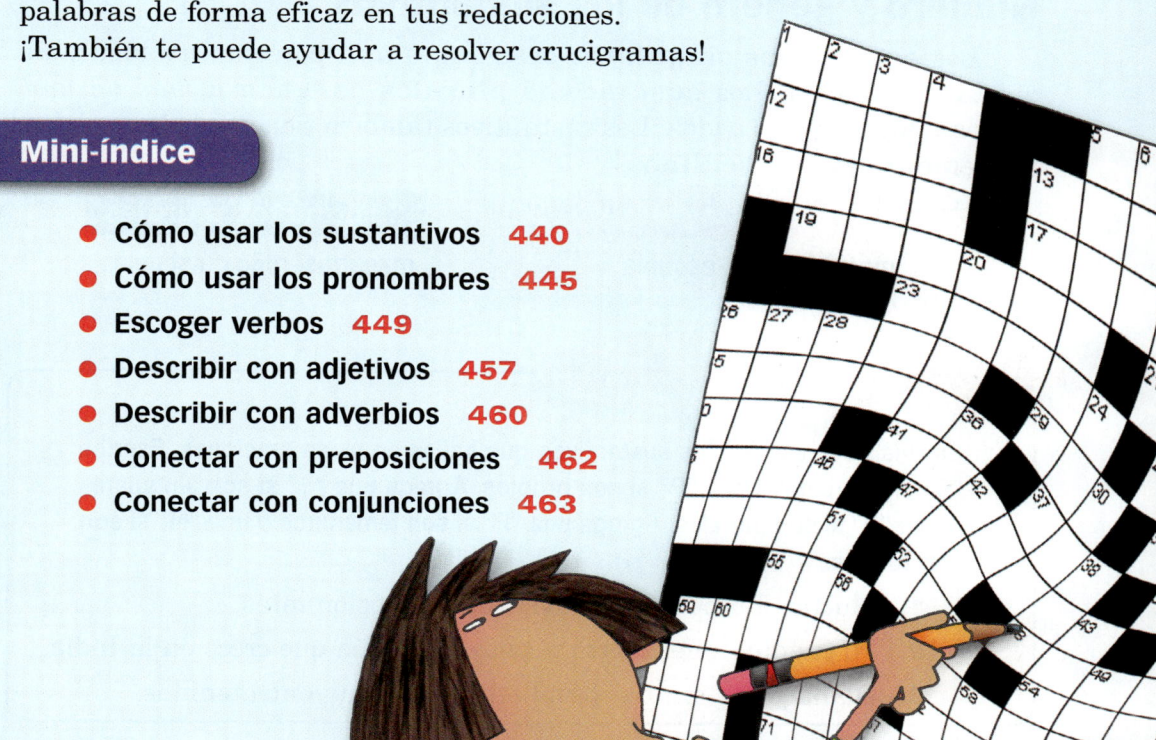

Cómo usar los sustantivos

Un **sustantivo** es una palabra que designa a una persona, un lugar, una cosa o una idea. (Consulta también la página **604**).

Tipos de sustantivos

Hay dos tipos de sustantivos. Los **sustantivos propios** designan a alguien o algo específico. Se escriben con mayúscula. Los **sustantivos comunes** no designan a alguien o algo específico. Se escriben con minúscula.

Sustantivos propios	Sustantivos comunes
Juana, Londres, Día de la Independencia	niña, ciudad, feriado

Número y género de los sustantivos

Los **sustantivos singulares** designan a *una* persona, *un* lugar, *un* objeto o *una* idea. Los **sustantivos plurales** designan a *más de una* persona, lugar, objeto o idea. Los sustantivos también tienen género: pueden ser **femeninos** o **masculinos**.

Sustantivos singulares	Sustantivos plurales
maestra, niño, escuela	maestras, niños, escuelas

Práctica de gramática

En una hoja, escribe los sustantivos que halles en estas oraciones. Escribe "C" si son comunes o "P" si son propios. Agrega una "S" si son singulares o una "P" si son plurales. Agrega una "F" si son femeninos o una "M" si son masculinos.

1. Muchos libros relatan aventuras emocionantes.
2. Mi cuento preferido trata sobre una niña que crece en la India.
3. Diana y sus amigos pasaban tardes muy entretenidas.

Aprendizaje del lenguaje Cuenta a un compañero acerca del lugar donde creciste. Pídele que anote todos los sustantivos que uses y que indique si son comunes o propios, singulares o plurales, femeninos o masculinos.

Sustantivos colectivos

Los **sustantivos colectivos** designan a un grupo de personas, animales u objetos. La palabra *rebaño* es un sustantivo colectivo. Está en singular pero designa a un grupo. Lee el párrafo que está a continuación y busca ejemplos de sustantivos colectivos.

Sustantivos colectivos

Una compañía de actores representó una obra de teatro en la escuela. Invitaron a toda la clase a verla. Después de la función, el elenco respondió las preguntas del público. Fue interesante aprender que la obra estaba basada en los diarios de viaje de una caravana de colonizadores en su viaje hacia el oeste de los Estados Unidos.

A continuación encontrarás más sustantivos colectivos comunes.

Personas	Animales	Objetos
ejército	rebaño	colección
equipo	manada	tanda
compañía	enjambre	manojo
clase	bandada	grupo
público	cardumen	racimo

 Algunos sustantivos colectivos pueden usarse con dos grupos distintos, como una *manada* de lobos y una *manada* de pavos.

Práctica de gramática

Con un compañero, busca un sustantivo colectivo para los grupos que están a continuación. Luego escriban una oración con cada sustantivo colectivo. Por último, escojan otro sustantivo colectivo de la lista anterior y digan una oración.

1. los niños de tercer grado del salón de la maestra Catalina
2. las abejas que forman una colonia
3. los animales que pastan en un campo
4. los árboles de un bosque
5. las cartas que sirven para jugar distintos juegos

Sustantivos concretos y abstractos

Los **sustantivos concretos** designan algo que se puede percibir con los sentidos. Los **sustantivos abstractos** designan algo que no se puede percibir con los sentidos.

Sustantivos concretos
botella
pastel

Sustantivos abstractos
libertad
amistad

Práctica de gramática

En una hoja, escribe los sustantivos que halles en estas oraciones. Luego indica si son concretos o abstractos.

1. Se asomó para alcanzarle una flor.
2. La oscuridad invadía todo el cuarto.
3. No hay mejor virtud que la lealtad.
4. Juan apoyó el bastón y lo miró con ternura.
5. Cuando creció, mi hermanito dejó de tener pesadillas.

Aprendizaje del lenguaje Cuenta a un compañero lo que hiciste durante el día y cómo te sentiste. Pídele que anote los sustantivos que mencionas en tu relato y que luego indique si son concretos o abstractos.

¿Cómo puedo mejorar mi redacción con sustantivos?

Usa sustantivos específicos

Tus redacciones serán más interesantes, claras y precisas si incluyes **sustantivos específicos.** En el siguiente gráfico se muestra cómo puedes usar sustantivos específicos para describir las cosas de forma vívida.

Sustantivos generales
mujer
país
carro
sentimiento

Sustantivos específicos
Harriet Tubman
Tailandia
convertible
alegría

Práctica de gramática

Vuelve a escribir dos veces las oraciones 1 a 5. Cada vez que las reescribas, reemplaza el sustantivo general subrayado por otro más específico. ¡Observa cómo cambian la oración los sustantivos específicos!

■ El hombre se dio vuelta y se marchó.

El oficial de policía se dio vuelta y se marchó.

Nuestro entrenador se dio vuelta y se marchó.

1. Al atardecer, Alicia dio un paseo por el camino.

2. Disfruté mucho el espectáculo.

3. En el recreo, Carlos se ensució la ropa con barro.

4. David estudió el material minutos antes de la prueba.

5. Después de la escuela, nos encontramos en nuestro sitio preferido.

Aprendizaje del lenguaje Di algunas oraciones sobre los sentimientos que te genera un deporte específico. Pide a un compañero que repita las oraciones, reemplazando los sustantivos generales por otros específicos.

Usa sustantivos que den la impresión adecuada

Los sustantivos que incluyes en tus redacciones deben dar la impresión, o **connotación,** adecuada.

Imagina que escribes acerca de un sueño que te asustó mucho. La palabra *sueño* quizá no exprese el sentimiento adecuado para esta situación. Si buscas en un diccionario de sinónimos, encontrarás *fantasía, ilusión* y *pesadilla* como sinónimos de *sueño.* La palabra que expresa el sentimiento correcto es *pesadilla,* porque significa "sueño que atemoriza".

No te conformes con cualquier palabra. Busca la que dé la impresión adecuada.

Práctica de gramática

Escoge un sinónimo para reemplazar cada sustantivo subrayado. Escoge la palabra que mejor describa el sentimiento que se vive en cada situación. Recuerda que el género del sustantivo que escojas puede variar, por lo que tendrás que cambiar el artículo también. Usa un diccionario si necesitas ayuda para escoger la palabra. Explica a un compañero por qué esa palabra es la mejor opción. Luego trabajen juntos y escriban o digan oraciones con las palabras que no escogieron.

■ Todos desilusionamos a nuestra maestra. Cuando nos <u>miró</u> (*observó, contempló, clavó la mirada*), entendimos que estaba muy enojada. Cuando uno clava la mirada, significa que está furioso.

1. Con mi familia, visitamos San Simeón, una <u>casa</u> (*cabaña, mansión, edificio*) enorme y lujosa donde vivió una familia muy rica.

2. Mi papá usa <u>calzado</u> (*zapatillas, botas, zuecos*) con punta de acero cuando trabaja en sitios peligrosos.

3. Creo que voy a estudiar para ser médico, un <u>trabajo</u> (*profesión, puesto, oficio*) que requiere muchos años de estudio.

4. A causa de la <u>lluvia</u> (*llovizna, aguacero, chaparrón*), se suspendió el partido de béisbol.

Cómo usar los pronombres

Un **pronombre** es una palabra que se usa en lugar de un sustantivo. El sustantivo al que reemplaza o al que hace referencia se llama **antecedente** del pronombre. (Consulta también la página **610.1**).

> **Mi maestra se llama Luisa. Ella es muy buena.**
> (*Maestra* es el antecedente del pronombre *ella*).

Pronombres personales

Los **pronombres personales** son los más comunes. (Consulta la lista completa en la página **612**). Estudia estas palabras hasta que las sepas bien.

Pronombres personales						
yo	tú	usted	él, ella	nosotros/as	ustedes	ellos, ellas
me, mí	te, ti	le, la, lo	le, la, lo	nos	les, las, los	les, las, los

Persona, número y género de los pronombres

Los pronombres pueden variar en persona (*primera*, *segunda* o *tercera*), en número (*singular* o *plural*) y en género (*masculino* o *femenino*).

	Singular	Plural
Primera persona (*el que habla*)	Yo **leo.**	Nosotros/Nosotras **leemos.**
Segunda persona (*al que se habla*)	Tú **lees.**	Ustedes **leen.**
Tercera persona (*del que se habla*)	Él/Ella **lee.**	Ellos/Ellas **leen.**

Práctica de gramática

Trabaja con un compañero. Escriban oraciones cuyo sujeto sea el tipo de pronombre que se indica. Subrayen el pronombre que funciona como sujeto. Luego túrnense para decir más oraciones con otros pronombres como sujeto.

■ segunda persona del singular Tú deberías sentarte a mi lado.

1. tercera persona en singular y masculino

2. primera persona en plural y femenino

3. tercera persona en plural y femenino

4. primera persona del singular

 **TEKS** 5.20A(vi)

Pronombres indefinidos

Los **pronombres indefinidos** aluden a personas o cosas de forma imprecisa, o expresan una cantidad que no se puede determinar exactamente. Son pronombres indefinidos los que aparecen solos y no modifican a ningún sustantivo *(Ninguno vio lo que pasó)*. Si un pronombre indefinido, o su forma reducida, modifica a un sustantivo, entonces se trata de un **adjetivo indefinido** *(Ningún niño vio lo que pasó)*. Los pronombres indefinidos pueden ser singulares o plurales, y masculinos, femeninos o neutros.

Pronombres indefinidos	
Singular	algo, alguien, alguno/alguna, cualquiera, nada, nadie, ninguno/ninguna, otro/otra, poco/poca, todo/toda, uno/una
Plural	algunos/algunas, cualesquiera, otros/otras, todos/todas, unos/unas

Cuando usas un pronombre indefinido como sujeto, el verbo debe concordar en número con el pronombre.

Singular: Nadie quiere el menú especial de hoy.

Plural: Pocos madrugan durante las vacaciones.

Cuando usas un pronombre indefinido neutro, el verbo siempre va en singular, aunque se haga referencia a un grupo de personas o cosas.

Alguien levantó la mano.

Práctica de gramática

Escribe los números del 1 al 9 en una hoja de papel. Escribe una oración con cada uno de los siguientes pronombres indefinidos. Subraya el pronombre y el verbo. Luego escoge un pronombre neutro de los mencionados anteriormente y úsalo en una oración. Di la oración a un compañero.

■ todos   Todos quieren que la tarea de matemáticas sea fácil.

1. nada

2. pocos

3. todos

4. otro

5. algunas

6. algo

7. nadie

8. cualquiera

9. unas

¿Cómo puedo usar los pronombres de forma adecuada?

Pronombres posesivos

Los **pronombres posesivos** se usan para indicar pertenencia. Aparecen solos y no modifican a ningún sustantivo.

Encontré un lápiz. ¿Es tuyo? (*Tuyo* es un pronombre posesivo que hace referencia al sustantivo *lápiz*).

Los pronombres posesivos tienen doble concordancia: concuerdan en persona y en número con el sujeto poseedor y concuerdan en género y en número con el objeto poseído.

Formas de los pronombres posesivos

mío(s), mía(s), tuyo(s), tuya(s), suyo(s), suya(s), nuestro(s), nuestra(s)

Él tiene un paraguas. El paraguas **es** suyo.

Yo tengo muchas monedas. Las monedas **son** mías.

Práctica de gramática

Escribe los números del 1 al 5 en una hoja. Observa los pronombres posesivos numerados en el siguiente párrafo. Si son correctos, escribe una "C" después del número. Si son incorrectos, escribe el pronombre que corresponda. Por último, di a un compañero una oración en la que uses un pronombre posesivo correctamente.

1. suya

Fui a la casa de la señora Ramírez a preguntarle si la gatita gris era (1) suyo. Me dijo que le gustaban muchísimo los gatos, pero que esa no era (2) suya. Mi intención era descubrir dónde vivía el animalito, así que fui a la casa de los vecinos de al lado, pero la gatita no era (3) tuya. "¿Esta gata es (4) nuestro?", le pregunté a la señora Pérez. "¡Sí, sí! ¡Es (5) mío!", exclamó aliviado Juan, su hijo menor.

¿De qué manera pueden mejorar mi redacción los pronombres?

Evita repetir los sustantivos

Usa pronombres para no repetir los sustantivos una y otra vez. Esto hará que tus oraciones sean más fluidas. Observa cómo el autor del siguiente párrafo reemplazó algunos sustantivos por pronombres.

John Alden fue uno de los primeros pobladores que llegó al cabo
Cod a bordo del barco *Mayflower* en 1620. ~~John Alden~~ *Él* trabajó como
tonelero durante la travesía. Cuando el barco llegó a destino, ~~Alden~~ *él*
decidió quedarse y no regresar a Inglaterra. Priscilla Mullens era una
jovencita que también se había instalado en la colonia de Plymouth.
Aproximadamente en 1622, ~~Priscilla~~ *ella* y Alden se casaron. ~~John Alden y~~
~~Priscilla~~ *Ellos* tuvieron 10 hijos y se convirtieron en una de las familias más
importantes de Plymouth.

Práctica de gramática

Vuelve a escribir el siguiente párrafo. Reemplaza algunos de los sustantivos subrayados por pronombres para que el párrafo sea más fluido. Luego cuéntale a un compañero sobre alguien que te resulte interesante. Asegúrate de usar los pronombres correctos.

<u>William Bradford</u> fue una de las tantas personas que llegó a <u>Plymouth</u> en busca de libertad religiosa. <u>William Bradford</u> y su esposa, <u>Dorothy</u>, viajaron en el barco *Mayflower*. <u>Dorothy</u> murió trágicamente en la bahía del cabo Cod. <u>Bradford</u> fue escogido para reemplazar al líder de la colonia. Desde ese momento, la vida de <u>Bradford</u> quedó ligada a la colonia de Plymouth. Allí <u>Bradford</u> se casó con su segunda esposa, Anne.

Escoger verbos

Un **verbo** muestra una acción o une el sujeto con otra palabra de la oración. Existen tres tipos de verbos: los verbos de acción, los verbos copulativos y los verbos auxiliares. (Consulta también la página **616**).

Verbos de acción

Un **verbo de acción** indica lo que hace el sujeto. Intenta usar siempre verbos de acción específicos y la voz activa para dar vida a tu redacción. Evita los verbos en voz pasiva.

La abuela cocinó alcachofas.

Verbos copulativos y auxiliares

Un **verbo copulativo** conecta un sujeto con un sustantivo o un adjetivo del predicado.

Las alcachofas son vegetales poco comunes.

(El verbo copulativo *son* conecta el sujeto *alcachofas* con el sustantivo *vegetales*).

Verbos copulativos: ser, estar, parecer

Los **verbos auxiliares** están antes del verbo principal y ayudan a formar los tiempos verbales compuestos, frases verbales y la voz pasiva. (Consulta la página **451**).

Hemos comido alcachofas todo el año.

Verbos auxiliares: ser, estar, haber

Aprendizaje del lenguaje Túrnate con un compañero para inventar oraciones con verbos de acción, copulativos o auxiliares. Escucha a tu compañero y agrega ideas a sus oraciones para crear un relato divertido.

 TEKS 5.20A(i)

Tiempos verbales

El **tiempo** de un verbo indica *cuándo* ocurre la acción. Los tiempos verbales pueden ser simples o perfectos. (Consulta también las páginas **452** y **618**).

Tiempos simples del modo indicativo de verbos regulares e irregulares

Los tiempos **simples** incluyen el **presente**, el **pretérito**, el **imperfecto** o **pretérito imperfecto,** el **futuro** y el **condicional** o **condicional simple.** Pueden ser **regulares,** es decir, que siguen el modelo de su conjugación (*amar, temer, partir*) o **irregulares,** es decir, que alteran la raíz o las terminaciones de la conjugación regular.

El **presente** expresa actualidad; el tiempo de la acción coincide con el momento en que hablamos.

> Regular: Escribo una carta.
> Irregular: Soy estudiante de quinto grado.

El **pretérito** es un tiempo pasado que expresa una acción terminada.

> Regular: Visité Egipto en 2004.
> Irregular: Ayer vimos una película.

El **imperfecto** o **pretérito imperfecto** es un tiempo pasado que expresa una acción pasada mientras transcurre, en su desarrollo. No interesa el principio ni el fin de la acción.

> Regular: Martín paseaba por el parque.
> Irregular: Iba lentamente a su casa.

El **futuro** expresa lo que ocurrirá más adelante.

> Regular: Estudiaré para la prueba.
> Irregular: El viernes sabremos las calificaciones.

El **condicional** o **condicional simple** expresa una suposición. Se usa también para expresar cortesía o deseo.

> Regular: Me encantaría ir de vacaciones.
> Irregular: Querría pedirte algo.

Aprendizaje del lenguaje Di una oración en presente, pretérito, imperfecto, futuro o condicional y pide a un compañero que identifique el tiempo verbal y si el verbo es regular o irregular. Luego túrnense y escucha la oración de tu compañero.

Tiempos compuestos del modo indicativo de verbos regulares e irregulares

Los tiempos **compuestos** incluyen el **perfecto** o **pretérito perfecto compuesto,** el **pretérito pluscuamperfecto** y el **futuro perfecto.** Los tiempos compuestos se forman con el verbo **haber** conjugado y el **participio** del verbo que se conjuga. El participio de un verbo puede ser **regular** (sigue las terminaciones de *amar, temer, partir*) o **irregular** (no sigue la conjugación de los verbos modelo). (Consulta también la página **618**).

El **perfecto** es un tiempo que hace de puente entre el pasado y el presente. Expresa una acción desarrollada en el pasado que tiene un resultado en el presente.

Irregular: Ya he escrito veinte páginas.

El **pretérito pluscuamperfecto** expresa una acción pasada que es anterior a otra acción también pasada.

Regular: Cuando me llamaste, ya había salido.

El **futuro perfecto** expresa una acción que comenzará en el futuro y terminará en un momento específico.

Regular: Para cuando llegue el día del concierto, habrá practicado lo suficiente.

Práctica de gramática

Escribe los números del 1 al 4 en una hoja. Identifica el tiempo de cada verbo subrayado en las siguientes oraciones y si es regular o irregular. Luego escribe otra oración con el mismo tiempo verbal.

■ El maestro de la banda, el Sr. Huan, ha planificado este concierto durante meses. *perfecto, regular*

1. El periodista ha hablado de su viaje.

2. Me había dicho otra cosa la semana anterior.

3. Ha visto la obra muchas veces.

4. Después de este concierto, habrá tocado la obra cinco veces.

Aprendizaje del lenguaje Túrnate con un compañero para compartir una experiencia musical. Habla despacio y usa al menos tres tiempos verbales compuestos diferentes. Si escuchas un error, díselo a tu compañero.

TEKS 5.20B

Verbos regulares e irregulares en presente y pasado del modo subjuntivo

Como ya sabemos, los **verbos regulares** se conjugan siguiendo el modelo propio de su conjugación, es decir, *amar, temer* y *partir*. Los **verbos irregulares** se conjugan alterando la conjugación regular.

El modo indica la actitud del hablante frente a lo que está diciendo. En el **modo subjuntivo,** el hablante presenta la acción del verbo como algo irreal, es decir, como un deseo, una duda o una posibilidad. Usamos este modo en una cláusula subordinada siempre que el verbo principal exprese duda, posibilidad, necesidad, deseo, temor o ignorancia. (Consulta la página **622** para obtener más información).

Regular: Ignoraba que vivieran tantas personas aquí.
Irregular: Temo que me oigan.

Si el verbo principal está en presente, se usa el **presente** de subjuntivo en la cláusula subordinada:

Espero que salgas temprano.

Si el verbo principal está en pasado, se usa el **pasado** o **pretérito imperfecto** de subjuntivo en la cláusula subordinada:

Esperaba que salieras temprano.

Práctica de gramática

Escribe los números del 1 al 4 en una hoja. Identifica el tiempo (presente o pasado de subjuntivo) de cada verbo subrayado en las siguientes oraciones y si es regular o irregular.

■ Tal vez escriba una novela. *presente, regular*

1. Puede ser que no vayamos nunca.
2. Era posible que volvieras.
3. Dudo que encuentre el libro.
4. Me fui antes de que anocheciera.

Aprendizaje del lenguaje Di una oración en modo subjuntivo y pide a un compañero que identifique el tiempo verbal (presente o pasado) y si el verbo es regular o irregular. Escucha la oración de tu compañero.

¿Cómo puedo usar los verbos de forma correcta?

Número y persona de los verbos

Sujeto y verbo deben concordar en todas las oraciones, sean sencillas o compuestas. El verbo debe concordar con el sujeto en número y persona gramatical. Por ejemplo, si usas un sujeto en tercera persona del singular, usa un verbo en tercera personal del singular. (Consulta la página **472**).

Concordancia del sujeto y el verbo

En el siguiente gráfico se muestra la concordancia del sujeto y el verbo.

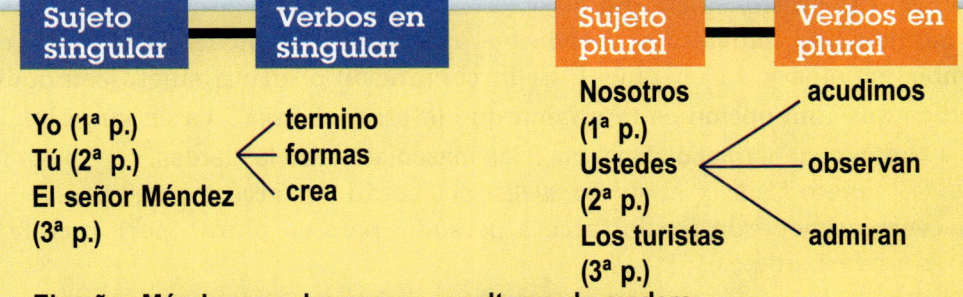

Sujeto singular	Verbos en singular	Sujeto plural	Verbos en plural
Yo (1ª p.) Tú (2ª p.) El señor Méndez (3ª p.)	termino formas crea	Nosotros (1ª p.) Ustedes (2ª p.) Los turistas (3ª p.)	acudimos observan admiran

El señor Méndez crea hermosas esculturas de madera.

(En esta oración sencilla completa, el sujeto *El señor Méndez* y el verbo *crea* están en tercera persona del singular).

Los turistas admiran y compran sus esculturas.

(En esta oración completa compuesta, el sujeto *Los turistas* y los verbos *admiran* y *compran* están en tercera persona del plural).

Práctica de gramática

Une cada sujeto con el mejor verbo. Asegúrate de que el sujeto y el verbo concuerden en número y persona y escribe una oración completa. Comprueba que el sujeto y el verbo concuerden en cada oración.

Sujetos: los gatos, Lila, la entrenadora, los vegetales

Verbos: se queja, duermen, contienen, prepara

Aprendizaje del lenguaje Habla con un compañero sobre un deporte o una actividad favorita. Presta atención a la concordancia del sujeto y el verbo en oraciones sencillas y compuestas. Haz preguntas si escuchas algo que no comprendes.

Concordancia en oraciones con sujeto compuesto

En las oraciones sencillas con un sujeto compuesto conectado por la conjunción *y*, el verbo debe estar en plural.

Laura, Miguel y Juan cantan bien juntos.
(*Laura, Miguel y Juan* es el sujeto compuesto conectado por la conjunción *y*. El sujeto concuerda en número y persona con el verbo en plural *cantan*).

Los espaguetis y los tacos son mis platos favoritos.
(*Los espaguetis y los tacos* es el sujeto compuesto conectado por la conjunción *y*. El sujeto concuerda en número y persona con el verbo en plural *son*).

En las oraciones con un sujeto compuesto conectado por la conjunción *o*, cuando esta indica una alternativa o la otra, el verbo debe concordar con ambos sujetos y va en plural. Si la conjunción *o* en un sujeto compuesto indica que una opción es la misma que la otra, el sujeto va en singular.

Martín o su hermano alimentan a las mascotas todas las tardes.
(El sujeto *Martín* y el sujeto *su hermano* están en tercera persona. El verbo concuerda con la tercera persona, pero en plural, para incluir a ambos sujetos).

El profesor o maestro explica la lección.
(El sujeto *El profesor* y el sujeto *maestro* están en tercera persona y hacen referencia a lo mismo. El verbo concuerda en número y persona solo con *uno* de ellos).

Práctica de gramática

Une cada sujeto compuesto con un verbo con el que concuerde en número y persona. Luego escribe una oración sencilla completa para cada pareja.

Sujetos compuestos	Verbos
Rosa y Pamela	planifican
la dieta y el ejercicio	hacen
los ayudantes o la entrenadora	come
el perro o mascota	mejoran

Aprendizaje del lenguaje Habla con un compañero acerca de tus platos favoritos. Presta atención a la concordancia del sujeto y el verbo, en especial en el caso de los sujetos compuestos. Corrige las oraciones que tengan errores.

Concordancia en oraciones compuestas

En una oración compuesta, cada verbo debe concordar en número y persona con su sujeto. El sujeto y el verbo que están antes de la conjunción deben concordar en número y persona. El sujeto y el verbo que están después de la conjunción también deben concordar. Si la oración compuesta tiene un solo sujeto, todos los verbos deben concordar con ese sujeto.

Presta atención a la concordancia del sujeto y el verbo cuando leas las siguientes oraciones.

Los científicos temen que algunas plantas se extingan, por lo tanto un banco de semillas preserva las semillas.
(*Científicos* y *temen* están en tercera persona del plural; *banco de semillas* y *preserva* están en tercera persona del singular).

La cámara del banco de semillas más grande del mundo contiene más de mil millones de semillas, pero muchas plantas silvestres aún corren peligro de extinción.
(*Cámara* y *contiene* están en tercera persona del singular; *plantas* y *corren* están en tercera persona del plural).

El banco de semillas crece cada año y alberga cada vez más especies.

 No te confundas con las palabras que separan el sujeto del verbo. Táchalas si es necesario.

Práctica de gramática

Escribe cada oración. Escoge el verbo que concuerde con el sujeto.

1. Las semillas *(viene, vienen)* de plantas en peligro de extinción, por lo que algunas *(es, son)* muy raras.

2. La Dra. Smith *(recolecta, recolectan)* semillas en los Estados Unidos y las *(almacena, almacenan)* en un banco de semillas en Oregon.

3. El aire de las cámaras *(es, son)* muy frío y seco, entonces la Dra. Smith y su ayudante *(usa, usan)* abrigos y guantes para trabajar.

Aprendizaje del lenguaje Trabaja con un compañero para inventar tres oraciones completas compuestas acerca del trabajo de los científicos. Asegúrate de que cada verbo concuerde en número y persona con su sujeto.

¿Cómo puedo mejorar mi redacción con verbos?

Verbos

Ya has visto los verbos de acción, los verbos copulativos y los verbos auxiliares. También has repasado los tiempos simples del modo indicativo de verbos regulares e irregulares (presente, pretérito, imperfecto o pretérito imperfecto, futuro y condicional o condicional simple) y los tiempos perfectos (perfecto o pretérito perfecto compuesto, pretérito pluscuamperfecto y futuro perfecto). Por último, has estudiado los verbos regulares e irregulares del modo subjuntivo (presente y pasado o pretérito imperfecto).

Para crear una imagen clara para el lector, es importante que uses el tiempo verbal correcto en tu redacción.

Práctica de gramática

Escribe los números del 1 al 8 en una hoja. Identifica el modo y el tiempo de cada verbo subrayado en las siguientes oraciones y si es regular o irregular.

■ Quiero que <u>venga</u> a la fiesta. *subjuntivo, presente, irregular*

1. Me <u>encantaría</u> ir al parque contigo.
2. Cecilia llegó mientras yo <u>dormía</u>.
3. Mañana <u>cocinaré</u> un plato indio.
4. No <u>he visto</u> la nota.
5. <u>Visito</u> a mi abuela todos los domingos.
6. Preferí que <u>estuvieras</u> presente.
7. El lunes <u>fui</u> a la biblioteca.
8. Cuando llegó Pedro, ya <u>habíamos pedido</u> la comida.

Aprendizaje del lenguaje Di una oración con uno de los tiempos verbales que aprendiste y pide a un compañero que identifique el tiempo verbal y si es regular o irregular. Luego túrnense y escucha la oración de tu compañero.

Describir con adjetivos

Un **adjetivo** es una palabra que describe un sustantivo o un pronombre. (Consulta la página **624**).

Los **adjetivos calificativos** expresan una cualidad o una propiedad del sustantivo al que modifican.

ojos azules
vaso lleno

Los **adjetivos gentilicios** indican la procedencia geográfica de personas o cosas, o su nacionalidad.

una comida mexicana
un pintor francés

Práctica de gramática

Escribe los números del 1 al 7 en una hoja. Anota los adjetivos calificativos y gentilicios que halles en cada renglón. Hay 15 adjetivos de estas clases.

1   Cada año, nuestra ciudad organiza una feria con platos típicos de
2 todo el mundo. Me gusta empezar con las *samosas*, unos pasteles indios
3 que son crocantes por fuera y sabrosos por dentro. Nuestra siguiente
4 parada es la comida japonesa. A mi papá le encanta el sushi fresco, pero
5 mi plato favorito son los fideos *soba*, preparados con una deliciosa salsa
6 de soja y cítricos. Nunca nos olvidamos del restaurante italiano local,
7 que sirve una pizza exquisita y con mucho queso. Guardo un pequeño
8 lugar para el postre: ¡dulces plátanos cubanos!

Di a un compañero una oración con un adjetivo calificativo y un adjetivo gentilicio. Escribe los adjetivos de la oración de tu compañero. Luego escribe una oración nueva con esas palabras.

Formas de los adjetivos

Los **adjetivos positivos** describen un sustantivo sin compararlo con otro: *Mónica es alta*. La **forma comparativa** de los adjetivos compara un sustantivo con otro. La **forma superlativa** de los adjetivos asigna el grado máximo de la cualidad que expresa de manera absoluta o en relación con otras cosas o personas.

Forma comparativa

- de igualdad: *tan... como*   *Mónica es tan alta como Pedro.*
- de superioridad: *más... que*   *Mónica es más alta que Pedro.*
- de inferioridad: *menos... que*   *Mónica es menos alta que Pedro.*

Forma superlativa

- *muy* + adjetivo positivo (absoluta)   *Mónica es muy alta.*
- sufijo *-ísimo* (absoluta)   *Mónica es altísima.*
- *el/la más* + adjetivo (relativa)   *Mónica es la más alta de la clase.*
- *el/la menos* + adjetivo (relativa)   *Mónica es la menos alta de la clase.*

Algunos adjetivos tienen una forma comparativa y superlativa irregular, como *bueno* (*mejor, el/la mejor*) y *malo* (*peor, el/la peor*).

Práctica de gramática

En una hoja aparte, escribe la forma correcta de cada adjetivo.

Llevé a mis tres primos al partido de béisbol. Mi primo (1. joven), Carlos, tenía un guante que era (2. grande) que él. También tenía una sonrisa (3. amplia). El pelotero estrella del otro equipo tuvo su turno en el bate. Era el bateador (4. poderoso) de la liga. Golpeó la primera pelota. Sonó (5. fuerte) un trueno. La pelota voló hacia el campo izquierdo, y Carlos la atrapó para lograr el último *out*. La atrapada de Carlos fue la parte (6. excitante) del partido hasta ese momento. Cuando Juan, otro de mis primos, tuvo que batear, hizo dos carreras. Su doble fue el golpe (7. importante) de la entrada.

¿Cómo puedo mejorar mi redacción con adjetivos?

Usa adjetivos específicos

Los adjetivos deben ser específicos para crear imágenes interesantes y claras para el lector. Evita algunos adjetivos, como *bueno* y *lindo*, porque se usan demasiado. Cuando veas uno de estos adjetivos, reemplázalo por una palabra más adecuada.

Adjetivos muy usados

bueno, lindo, grande, pequeño, hermoso, divertido, feo, malo

Tengo una sensación buena cuando pienso en la casa de mi abuela.

Tengo una sensación acogedora cuando pienso en la casa de mi abuela.

Práctica de gramática

Escribe cada oración dos veces. En cada caso, reemplaza el adjetivo subrayado (muy usado) por un adjetivo más específico.

1. ¡Ese fue un buen almuerzo!
2. El cartel es feo.
3. Mi mamá teje suéteres lindos.
4. Esta es una gran manzana.

Incluye detalles sensoriales

Los adjetivos eficaces a menudo estimulan los sentidos. Cada adjetivo a continuación te ayuda a *ver, oír, oler* y *sentir* un día de otoño.

El cielo de octubre estaba enmarcado por las hojas brillantes y doradas. El aire se sentía húmedo por las hojas polvorosas que crujían bajo mis pies. Soplaba un viento arremolinado, y el ruido crujiente de las hojas secas ahogaba los demás sonidos.

Práctica de gramática

Describe a un compañero tu día favorito. Usa adjetivos que ayuden a tu compañero a ver, oír, oler y sentir la experiencia.

Describir con adverbios

Los **adverbios** son palabras que describen a un verbo, un adjetivo u otro adverbio. Generalmente indican modo, tiempo, lugar, cantidad o frecuencia. (Para obtener más información, consulta la página **628**).

A veces **Carla sale a correr.**

(El adverbio *a veces* indica qué tan a menudo se realiza la actividad; es decir, describe la frecuencia).

Casi **no puedo oírte con tanto ruido.**

(El adverbio *casi* indica cantidad; es decir, describe la intensidad).

Formas de los adverbios

Al igual que los adjetivos, los adverbios pueden tener tres formas diferentes: **positiva, comparativa** y **superlativa.** La forma positiva es la forma base del adverbio, la que no presenta ninguna alteración. La forma comparativa se expresa anteponiendo *más* o *menos*.

Positiva	Comparativa
tarde	más/menos tarde
abajo	más/menos abajo
lejos	más/menos lejos

Pepe se va a la cama más tarde que su hermana.

Carlos vive más lejos de la playa que yo.

 Para formar el superlativo de los adverbios, debes anteponer la palabra *muy* o agregar el sufijo *-ísimo* o *-ísima* al final.

Positiva	Superlativa
temprano	muy temprano/tempranísimo
tarde	muy tarde/tardísimo
cerca	muy cerca/cerquísima

Juan llegó a clase muy temprano. / Vive cerquísima de la escuela.

Aprendizaje del lenguaje Escribe un párrafo sobre una actividad de fin de semana en el que uses las palabras *usualmente* y *mucho*. Lee tu párrafo en voz alta y pide a un compañero que lo vuelva a contar con sus propias palabras.

¿Cómo puedo mejorar mi redacción con adverbios?

Describe acciones

Usa adverbios para describir mejor la acción de una oración. Recuerda que muchos adverbios terminan en *-mente*.

Oración sin adverbio:
Subimos al metro antes de que se cerraran las puertas.

Oración con adverbio:
Subimos al metro justo antes de que se cerraran las puertas.
(El adverbio *justo* hace más clara la acción porque indica exactitud).

Práctica de gramática

Escribe cuatro oraciones interesantes con los siguientes adverbios. Cada adverbio debe describir la acción que se presenta en la oración.

■ gustosamente Gustosamente le di a Esteban algunas semillas de girasol.

1. rápidamente   2. constantemente

3. suavemente   4. cuidadosamente

Modifica adjetivos

También puedes usar adverbios para hacer que el significado de los adjetivos de una oración sea más claro o exacto.

Oración sin adverbio: **Los cuentos de ese escritor son atemorizantes.**

Oración con adverbio: **Los cuentos de ese escritor son usualmente atemorizantes.**

(El adverbio *usualmente* hace que el significado del adjetivo *atemorizante* sea más exacto. Indica frecuencia).

Práctica de gramática

Di a tu compañero cuatro oraciones con estos adverbios de intensidad y de frecuencia. Cada adverbio debe hacer que el significado de un adjetivo sea más exacto.

■ a menudo Los niños pequeños a menudo son ruidosos.

1. a veces   2. usualmente   3. casi   4. mucho

Conectar con preposiciones

Las **preposiciones** son palabras que establecen una relación entre dos palabras e introducen frases preposicionales. Las frases preposicionales suelen proveer detalles acerca del lugar, la hora o tiempo, o la dirección de la acción.

Mi perro se acurrucó bajo **la cama.** (La preposición *bajo* introduce la frase preposicional *bajo la cama*, que indica lugar).

Hago mi tarea por **la tarde.** (La preposición *por* introduce la frase preposicional *por la tarde*, que indica hora o tiempo).

Los niños corrían hacia **la escuela.** (La preposición *hacia* introduce la frase preposicional *hacia la escuela*, que indica dirección).

Las **frases preposicionales** están formadas por una preposición, un complemento (un sustantivo o un pronombre) y todas las palabras que modifican al complemento.

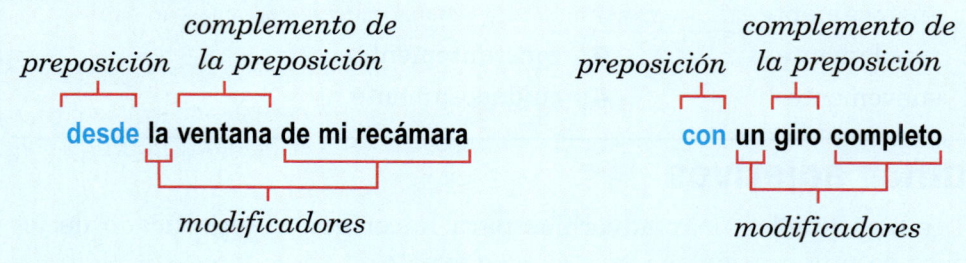

Práctica de gramática

Identifica las frases preposicionales de las siguientes oraciones y qué indica cada una y díselas a un compañero. Luego inventa dos oraciones con las frases preposicionales de las oraciones. Escríbelas y muéstraselas a tu compañero.

■ Juan se rompió la pierna durante el partido. durante el partido, tiempo

1. Lo llevaron rápidamente a la sala de urgencias del hospital.

2. Un médico le tomó radiografías de la pierna.

3. Juan y el médico esperaron los resultados por más de una hora.

4. Una enfermera puso hielo sobre la pierna herida de Juan.

5. El médico le puso un yeso temporario en la pierna.

Conectar con conjunciones

Las **conjunciones** conectan palabras o grupos de palabras.

El río es ancho y profundo.

(La conjunción *y* conecta las palabras *ancho y profundo*).

Podemos tomar el transbordador aunque se puede cruzar a pie.

(La conjunción *aunque* conecta las frases *tomar el transbordador* y *cruzar a pie*).

Tipos de conjunciones

Hay tres tipos de conjunciones. (Consulta también la página **634**).

Coordinantes

Las **conjunciones coordinantes** (y/e, pero, sino, mas) conectan palabras, frases o cláusulas equivalentes:

Anita limpió el patio y Luis lavó el carro.

Disyuntivas

Las **conjunciones disyuntivas** (o/u, o... o, ni... ni, ya (sea)... ya (sea), bien... bien) se usan para expresar una alternativa entre varias posibilidades. Muchas de ellas se usan en parejas:

O se cansaron, o no tuvieron tiempo.

Subordinantes

Las **conjunciones subordinantes** (mientras, aunque, porque, cuando, si) introducen cláusulas subordinadas en oraciones complejas: (Las cláusulas subordinadas son aquellas que por sí solas no expresan una idea completa).

Mientras llegas, preparo la cena.

Práctica de gramática

Escribe oraciones con las siguientes conjunciones. Luego inventa una oración nueva para cada conjunción y dísela a un compañero.

1. aunque **2.** ni... ni **3.** porque **4.** y **5.** si

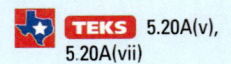

¿Cómo puedo usar preposiciones y conjunciones?

Agrega información

Puedes usar frases preposicionales para agregar información útil.

Sin frases preposicionales: **Benjamín lee muchos libros**.

Con frases preposicionales: **En su tiempo libre**, **Benjamín lee muchos libros sobre exploraciones espaciales**.

Práctica de gramática

Agrega una o más frases preposicionales a estas oraciones para que sean más informativas. Muestra tus oraciones nuevas a un compañero.

1. Julián pateó la pelota.
2. Claudia tocó su canción preferida.
3. El empleado respondió mi pregunta.

Conecta oraciones cortas

Puedes usar conjunciones coordinantes y subordinantes para combinar oraciones cortas. Combinar oraciones cortas hará que tus redacciones sean más fáciles de leer.

Oraciones cortas: **La banda tocó en Rockville. Pedro no asistió.**

Oraciones combinadas: **Aunque la banda tocó en Rockville, Pedro no asistió.**

Práctica de gramática

Combina cada par de oraciones usando la conjunción que está entre paréntesis.

1. *(si)* Ven a mi casa. Te enseñaré mi colección de dibujos.
2. *(porque)* No podemos jugar al hockey. El estanque no está congelado.
3. *(o)* Puedes comerte una manzana. Puedes comerte una naranja.

Aprendizaje del lenguaje Túrnate con un compañero para decir cuatro oraciones nuevas con las conjunciones *mientras*, *aunque*, *o* y *ni... ni*.

Escribir oraciones eficaces

Una oración es como las vías de un tren. Si las vías están incompletas o dañadas, el tren no puede pasar. De la misma forma, si una oración está incompleta o es incorrecta, la idea no puede pasar, es decir, no tiene sentido para el lector.

Escribir oraciones completas y correctas hará que tus ideas vayan por el buen camino. En este capítulo aprenderás a escribir oraciones eficaces.

Mini-índice

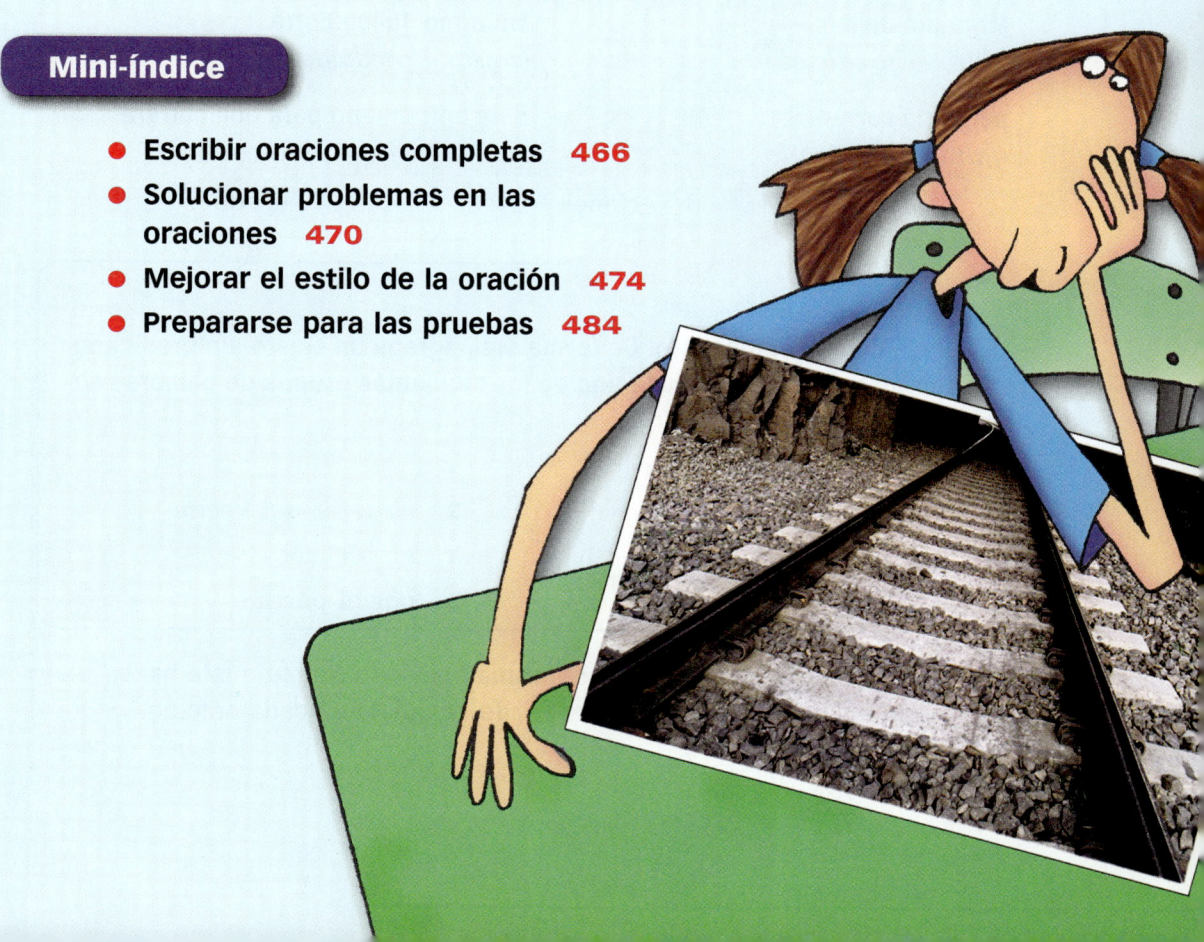

 **TEKS** 5.20C

Escribir oraciones completas

Una **oración completa** es un grupo de palabras que expresa una idea completa.

¿Cómo puedo asegurarme de que mis oraciones estén completas?

Las oraciones deben tener un **sujeto,** que indica quién o qué hace algo, y un **predicado,** que indica qué hace el sujeto o qué se le hace al sujeto. Recuerda que en español el sujeto puede ser tácito, es decir, puede no aparecer en la oración. Las oraciones con sujeto tácito también son oraciones completas.

Idea incompleta	Oración completa
Mi primo Julián *(falta el predicado)*	**Mi primo Julián corre.** *(sujeto y predicado)*
para una carrera *(falta el predicado)*	**Está entrenando para una carrera.** *(sujeto tácito y predicado)*

Práctica de gramática

Trabaja con un compañero. De forma oral, agrega un sujeto, un predicado o ambos para convertir cada uno de los siguientes grupos de palabras en una oración completa.

■ en el verano
  Juego al béisbol en el verano.

1. correr en el patio

2. mi hermano menor

3. el perro del vecino

4. en bicicleta

5. por el parque

Escribe AHORA Escribe cinco oraciones sobre una actividad que te guste hacer. Usa un sujeto completo y un predicado completo en cada oración.

Sujetos y predicados completos

El **sujeto completo** está formado por el núcleo del sujeto (sustantivo o pronombre) y todas las palabras que lo modifican. El **predicado completo** está formado por el núcleo del predicado (verbo) y todas las palabras que lo modifican.

Sujeto completo	Predicado completo
¿Quién o qué hace algo?	*¿Qué se hace?*
El nuevo conductor de nuestro autobús	hace muchas bromas.
Juanita y yo	planeamos un picnic de la clase.
El ruido de fondo	arruinó el concierto.
El señor Carrasco, nuestro vecino,	es muy amable.
(Sujeto tácito)	Salimos a andar en bicicleta.

Práctica de gramática

Copia las oraciones 1 a 5. En cada oración, traza una línea entre el sujeto completo y el predicado completo. Luego di a un compañero una oración nueva que tenga un sujeto completo y un predicado completo.

■ Los miembros de mi equipo y yo visitamos el hospital ayer.

Los miembros de mi equipo y yo | visitamos el hospital ayer.

1. Un voluntario de uniforme azul nos mostró el lugar.

2. Otra persona nos dio a cada uno un folleto de primeros auxilios.

3. El quirófano fue lo más interesante.

4. Todos hicimos algunas preguntas al final.

5. Mis compañeros de equipo y yo aprendimos sobre la medicina del deporte.

Aprendizaje del lenguaje Inventa cinco oraciones sobre un viaje que hayas hecho. Asegúrate de que cada oración tenga un sujeto completo y un predicado completo. Di las oraciones a un compañero.

Núcleo del sujeto y del predicado

El **núcleo del sujeto** (que se muestra en anaranjado) es el sustantivo o el pronombre sin las palabras que lo describen o modifican. El **núcleo del predicado** (que se muestra en azul) es el verbo solo, sin las palabras que lo modifican.

Núcleo del sujeto	Núcleo del predicado
Mi amiga Sofía	compró su boleto en la entrada.
Todo el público	esperó pacientemente.
(Sujeto tácito)	Aplaudimos.

A veces el núcleo del sujeto o del predicado puede funcionar como el sujeto completo o el predicado completo (Carmen canta).

Práctica de gramática

Vuelve a escribir las siguientes oraciones. Subraya con una línea el núcleo del sujeto y con dos líneas el núcleo del predicado.

■ Las cocineras de la escuela anunciaron un nuevo menú.
Las cocineras de la escuela anunciaron un nuevo menú.

1. Los estudiantes hambrientos escogen entre una gran variedad de platos.

2. La escuela copió la idea de los patios de comidas.

3. La mayoría de los estudiantes prefieren la comida sana a la comida chatarra.

4. Las ensaladas son uno de los platos más populares.

5. Las meriendas nutritivas dan energía a los estudiantes.

Aprendizaje del lenguaje Di a tu compañero algunas oraciones acerca del programa de alimentación de tu escuela o de la comida que llevas a la escuela. Pídele que identifique el núcleo del sujeto y el núcleo del predicado de cada oración.

Sujetos y predicados compuestos

Un **sujeto compuesto** está formado por dos o más núcleos. Un **predicado compuesto** está formado por dos o más núcleos. A continuación se indican los núcleos del sujeto (en anaranjado) y los núcleos del predicado (en azul) de cada oración. Cuando una oración tiene un predicado compuesto, pasa de ser una oración sencilla a ser una oración compuesta.

Sujeto compuesto	Predicado compuesto
José y Laura	atraparon y soltaron tres peces.
Mi hermano y mi primo	cantan y bailan en el musical.
Pedro y Carlos	corrieron afuera y jugaron al fútbol después de cenar.

> Los sujetos compuestos y los predicados compuestos suelen estar unidos por "y", "pero" u "o". Recuerda que un predicado compuesto indica que la oración es compuesta.

Práctica de gramática

Escribe estas oraciones. Subraya cada sujeto con una línea y cada predicado con dos líneas. Usa dos o tres de las palabras que subrayaste para escribir una oración nueva con un sujeto compuesto y un predicado compuesto.

■ Joaquín y Elías reunieron y empacaron su equipo de pesca.
  Joaquín y Elías reunieron y empacaron su equipo de pesca.

1. Su tío los llevó al lago y alquiló un bote.
2. Los peces y los mosquitos siempre pican.
3. Los niños atraparon los peces y aplastaron los mosquitos.
4. El tío y sus sobrinos bromearon y rieron mucho.
5. El pequeño bote se mecía y se balanceaba en las aguas picadas.

Aprendizaje del lenguaje Cuenta a tu compañero acerca de una actividad al aire libre. Usa un sujeto compuesto o un predicado compuesto en cada una de tus oraciones.

Solucionar problemas en las oraciones

¿Cómo puedo estar seguro de que mis oraciones sean correctas?

Una forma de comprobar si tus oraciones son correctas es buscar **fragmentos,** u oraciones incompletas. Un fragmento es una oración incompleta a la que le falta el sujeto, el predicado o ambos. Recuerda que las oraciones con sujeto tácito son correctas en español.

Fragmento	Oración
Papas fritas con salsa.	Saúl come papas fritas con salsa.
A muchas personas.	A muchas personas les gustan las papas fritas saladas.
Un refrigerio sano.	Las papas fritas saladas no son un refrigerio sano.

Práctica

Escribe una "C" para las oraciones completas y una "F" para los fragmentos. Vuelve a escribir los fragmentos de modo que sean oraciones completas. Di a un compañero las oraciones nuevas.

■ De la pista de patinaje.
    F Regresamos de la pista de patinaje.

1. Mi hermanita estaba lista para comer el postre.

2. Mauricio y sus amigos después de la escuela.

3. Al final de la clase.

4. Lina y su cachorro ganaron el premio principal.

5. El resto de los perros.

> Un fragmento es parte de una oración, pero no expresa una idea completa.

Escribe AHORA Escribe cinco oraciones sobre tu refrigerio favorito. Asegúrate de usar oraciones completas y con la puntuación correcta.

Comprueba que no haya oraciones seguidas ni oraciones enredadas

Las **oraciones seguidas** son dos o más oraciones que aparecen juntas, ya sea porque están mal separadas con una coma o porque ni siquiera están separadas.

Las **oraciones enredadas** son aquellas en las que se conectan varias oraciones con conjunciones coordinantes o disyuntivas, como *y*, *o* y *pero*.

Oración incorrecta	Oración correcta
Oración seguida: **La exhibición de mascotas fue divertida, a la multitud le encantó la perra de Ana, la dulce Brenda.**	**La exhibición de mascotas fue divertida. A la multitud le encantó la perra de Ana, la dulce Brenda.**
Oración enredada: **Sabía que el loro de Marcela recibiría un premio y también pensaba que el gato de Leo ganaría algo pero no estaba tan segura de que a la perra de Ana le iría tan bien.**	**Sabía que el loro de Marcela recibiría un premio y también pensaba que el gato de Leo ganaría algo. No estaba tan segura de que a la perra de Ana le iría tan bien.**

Comprueba que tus oraciones no tengan demasiadas conjunciones.

Práctica

Vuelve a escribir la oración enredada. Mantén las conjunciones necesarias.

El mono de Tamara le saltó al hombro a David y su perro, Kip, empezó a ladrar y el mono saltó a la espalda de Kip y Kip empezó a dar vueltas tratando de quitarse al mono de encima.

Aprendizaje del lenguaje Cuenta a un compañero algo divertido que te haya ocurrido. No uses oraciones seguidas ni enredadas. Escúchate y piensa dónde debes hacer una pausa.

Presta atención a la concordancia del sujeto y el verbo

Asegúrate de que haya concordancia en persona y en número del sujeto y el verbo en las oraciones que escribes. Por ejemplo, si el sujeto está en primera persona del singular, el verbo también debe estarlo.

Concordancia en singular	Concordancia en plural
Esa niña baila claqué.	Esas niñas bailan ballet.
Tú tienes las entradas.	Sus relojes no están en hora.
Yo hago artesanías.	Nosotras hacemos artesanías.
Papá cocina y mamá hornea el pastel.	Mamá y papá cocinan y nosotros horneamos el pastel.

Recuerda que el sujeto y el verbo deben concordar en persona y en número.

Práctica de gramática

Vuelve a escribir las oraciones de modo que el sujeto o el verbo concuerden con las palabras subrayadas. Luego escribe otras dos oraciones completas, una sencilla y una compuesta. Asegúrate de que los sujetos y los verbos concuerden.

■ Mi mamá (*piensa, piensan*) que necesitamos un purificador de aire.
   piensa

1. Ella (*digo, dice*) que es importante respirar aire puro.

2. (*Yo, mi hermano*) pienso que es una buena idea.

3. Nosotros (*tenemos, tienes*) perro y gato, y (*hace, hacen*) polvo.

4. (*Las ventanas, La ventana*) también se ensucian.

5. Las alfombras (*es, son*) nuevas, pero aun así (*junta, juntan*) polvo.

Aprendizaje del lenguaje Cuenta a un compañero sobre una tarea del hogar. Usa tres oraciones completas sencillas y una compuesta. Usa sujetos en plural y en singular. Asegúrate de que los sujetos y los verbos concuerden.

Evita las negaciones dobles

La **negación doble** es un error que ocurre cuando se usan dos palabras negativas que no pueden ir juntas en la misma oración. Por ejemplo, los adverbios de negación, como *tampoco*, no deben ir acompañados del adverbio negativo *no*.

Incorrecto: Juan tampoco no vino a la fiesta.
Correcto: Juan tampoco vino a la fiesta.

Palabras negativas				
apenas	jamás	no	nunca	nadie
ninguno/a	tampoco	nada	ningún	

En algunos casos, ciertas palabras negativas pueden ir juntas en la misma oración. Por ejemplo: "No sabe nada del tema".

Práctica de gramática

Vuelve a escribir el siguiente párrafo y corrige las negaciones dobles que halles. (Pista: Hay cuatro errores).

■ Casi nadie no vino a la reunión.

Casi nadie vino a la reunión.

Alicia estaba desilusionada porque casi nadie no fue a su fiesta. Nunca antes no había organizado una fiesta y había trabajado mucho. Creía que todo estaba listo, que nada no faltaba. Hasta que encontró una pila de invitaciones en un cajón de su escritorio. Nunca no las había enviado. ¡Alicia jamás volverá a cometer ese error!

Aprendizaje del lenguaje Cuenta a un compañero sobre un error divertido que hayas cometido. Incluye una negación doble en tu relato y pide a tu compañero que identifique el error y lo corrija.

Mejorar el estilo de la oración

¿Cómo puedo lograr que mis oraciones sean más variadas?

A continuación encontrarás cinco formas de mejorar tu redacción al hacer que las oraciones de tus párrafos sean más variadas.

1 Usa una variedad de oraciones.

2 Usa distintos tipos de oraciones.

3 Combina oraciones cortas.

4 Amplía las oraciones con palabras y frases.

5 Toma como ejemplo las oraciones que escribieron otras personas.

Falta de variedad en las oraciones

Me encanta ir a recolectar manzanas. Vamos a un huerto en otoño. Las manzanas que más me gustan son las rojas. A mi hermano le gustan las que son amarillas. Mi mamá prefiere las manzanas verdes. Lo mejor es cuando llegamos a casa. Preparamos pasteles y puré de manzana. También hacemos manzanas acarameladas. Es una época del año muy sabrosa.

Mejorar la variedad en las oraciones

En otoño, me encanta ir a un huerto a recolectar manzanas. Mis manzanas favoritas son las rojas, a mi hermano le gustan las que son amarillas, y mi mamá prefiere las verdes. ¿Sabes qué es lo mejor? Cuando llegamos a casa, preparamos pasteles, puré de manzana y también manzanas acarameladas. ¡Es una época del año muy sabrosa!

Agregar variedad a tus oraciones es una forma sencilla de mejorar el estilo de tus redacciones.

Usa una variedad de oraciones

Puedes usar cuatro tipos de oraciones para lograr que tu redacción sea más variada y vívida.

Tipos de oraciones

Afirmativas .	Se presenta un enunciado sobre una persona, un lugar, una cosa o una idea.	Tengo ganas de ver la película.	Es el tipo de oración más común.
Interrogativas ¿?	Se hace una pregunta.	¿Llegaremos a tiempo?	Una pregunta atrae la atención del lector.
Imperativas . o ¡!	Se da una orden.	Busca tus lentes.	Las órdenes son frecuentes en los diálogos y las instrucciones.
Admirativas ¡!	Se muestra una sensación o un sentimiento fuerte.	¡Nunca llegaremos a tiempo!	Estas oraciones ponen énfasis en algo.

Práctica

Escribe los números del 1 al 5 en una hoja. Coloca la puntuación correcta en las oraciones y rotúlalas con "AF" si son afirmativas, "INT" si son interrogativas, "IMP" si son imperativas y "AD" si son admirativas. Luego di una oración nueva a un compañero. Pídele que identifique qué tipo de oración es.

■ ¿Quieres ver esa película el sábado por la noche? INT

1. Seguramente será muy divertido y nuestros amigos también irán

2. Estás escuchando la radio

3. Permanece en silencio hasta que termine la canción

4. Si todos están listos, nos iremos en una hora

5. Estás seguro de la respuesta

 **Escribe AHORA** En tu hoja, escribe un párrafo sobre una película. Usa al menos una oración de cada tipo. Lee tu párrafo en voz alta a un compañero.

 **TEKS** 5.18A(iv), 5.20D

Usa distintos tipos de oraciones

Hay tres tipos de oraciones: **sencillas, compuestas** y **complejas.** Usa los tres tipos para hacer que tus redacciones sean más variadas.

Usa oraciones sencillas

Una **oración sencilla** es una cláusula independiente. Tiene sujeto y predicado y expresa un pensamiento completo. Recuerda que el sujeto puede ser tácito.

Oraciones sencillas	
Un núcleo del sujeto con un núcleo del predicado	El monte Santa Helena entró en erupción violentamente en 1980.
Un sujeto tácito con un núcleo del predicado	Retumbó en toda la isla.
Un sujeto compuesto con un núcleo del predicado	Los científicos y los fotógrafos tomaron fotografías de la erupción.

Práctica

Copia las siguientes oraciones. En cada una, subraya una vez el núcleo del sujeto, o indica si es tácito, y dos veces el núcleo del predicado. Luego di a un compañero una oración sencilla con la concordancia correcta del sujeto y el verbo.

■ Los Estados Unidos y Canadá se enorgullecen de tener muchos volcanes.

Los Estados Unidos y Canadá se enorgullecen de tener muchos volcanes.

1. Los volcanes y los terremotos nos dan información sobre la Tierra.

2. Sin embargo, rara vez entran en erupción.

3. El monte Santa Helena entró en erupción.

4. Los geólogos y otros científicos miden la actividad volcánica.

 **Escribe AHORA** Escribe cuatro oraciones completas sencillas sobre una tormenta o una inundación que haya ocurrido en la zona donde vives. Incluye sujetos compuestos y asegúrate de que la concordancia del sujeto y el verbo sea correcta.

Forma oraciones compuestas

Una **oración compuesta** está formada por dos o más oraciones sencillas combinadas. Una oración compuesta puede tener un mismo sujeto, pero debe tener más de un núcleo del predicado. Una forma de combinar oraciones sencillas es usar una coma o una conjunción coordinante (*y/e, ni, pero, o/u, sino, de manera que, así que*). Se coloca una coma delante de la conjunción *y* cuando en la oración ya hay otros elementos separados por esa conjunción o cuando el sujeto de la segunda oración puede confundirse con otro elemento. También se coloca una coma delante de las conjunciones *aunque, sino que, de manera que* y *así que*, y opcionalmente delante de *pero*.

> En el zoológico, María se subió a un camello y a un caballo, **y** yo le tomé fotografías. Juan alimentó a las focas, **pero** yo preferí mirar nada más. No me gustan las focas **ni** me gustan los leones. María también quería ir a la jaula de los tigres, Juan quería ver a las jirafas.

> Una conjunción coordinante suele separar dos ideas diferentes.

Práctica

Trabaja con un compañero para combinar los siguientes pares de oraciones. Vuelve a escribir las oraciones con la conjunción coordinante o el signo de puntuación que está entre paréntesis.

▪ Mis padres planearon un viaje. Nos pidieron que sugiriéramos ideas. *(y)*
   Mis padres planearon un viaje y nos pidieron que sugiriéramos ideas.

1. Marina no quería ir al playa. Quería ver la arena. *(ni)*
2. Nevada vale la pena. Tenemos un día de viaje desde casa. *(aunque)*
3. El monte Washington es muy alto. Podríamos subir a la cima en carro o en autobús. *(así que)*
4. Papá dijo que podríamos ver a muchas millas desde la cima. Mamá comentó lo hermosas que eran las vistas. *(,)*

 **Escribe AHORA** **Escribe sobre un lugar que hayas visitado. Incluye oraciones completas sencillas y al menos tres oraciones completas compuestas. Asegúrate de usar la puntuación correcta. Muestra tu trabajo a un compañero.**

Crea oraciones complejas

Una **oración compleja** contiene una cláusula independiente y una o más cláusulas subordinadas. Una cláusula subordinada contiene un sujeto y un verbo, pero no expresa un pensamiento completo. Por lo general, las cláusulas subordinadas comienzan con una conjunción subordinante, como *porque* o *aunque*. (Consulta la página **634** para obtener más información sobre las conjunciones subordinantes).

ORACIÓN COMPLEJA =

Una cláusula subordinada	+	Una cláusula independiente
Después de que cesó la lluvia,		el aire se olía fresco y limpio.

Una cláusula independiente	+	Una cláusula subordinada
Quedamos maravillados con el arco iris		cuando salió el sol.

Usa variedad en la estructura de las oraciones para hacer que tus redacciones sean más interesantes.

Práctica

Escribe los números 1 al 5 en una hoja. Halla la cláusula subordinada de cada oración y escríbela. Luego encierra en un círculo la conjunción subordinante.

■ Como la tormenta provocó fuertes vientos, los daños fueron serios.
   Como la tormenta provocó fuertes vientos

1. Caminamos hasta el parque después de que oscureció.

2. Como hubo un corte de energía, las luces de la calle no funcionan.

3. Los trabajadores de la ciudad intentaban limpiarlo todo, aunque era difícil ver entre los escombros.

4. Cuando veíamos ramas tiradas en el piso, las recogíamos.

5. Mientras trabajábamos, entramos en calor.

Escribe AHORA Escribe un párrafo corto sobre un momento en el que hayas sentido la fuerza de la naturaleza. Luego revisa tu borrador e incluye al menos dos oraciones compuestas y dos complejas.

Combina oraciones cortas

Usa palabras y frases clave

Una forma de combinar oraciones cortas y poco fluidas es mover una palabra o frase clave de una oración a otra.

Oraciones cortas	Oraciones combinadas
Mis zapatos son rojos. Son <u>nuevos</u>. *(La palabra clave está subrayada).*	**Mis zapatos nuevos son rojos.** *(Se movió el adjetivo nuevos a la primera oración).*
Nosotros jugamos al voleibol. Jugamos <u>en canchas de arena</u>. *(La frase preposicional está subrayada).*	**Nosotros jugamos al voleibol en canchas de arena.** *(Se movió la frase preposicional en canchas de arena a la primera oración).*

Práctica

En una hoja, combina los pares de oraciones cortas de los puntos 1 a 5. Mueve una palabra o frase clave de una oración a la otra.

■ Alberto hizo un lanzamiento largo. El lanzamiento fue hacia el campo izquierdo.

   Alberto hizo un lanzamiento largo hacia el campo izquierdo.

1. Ana tiene un suéter nuevo. El suéter es de lana.

2. La chaqueta de Demetrio es nueva. Su chaqueta es de cuero.

3. Nuestro gato se acurruca. Se acurruca en el sillón.

4. Jerónimo limpia su recámara. La limpia los sábados.

5. El niño se deslizó por un tubo ladera abajo. El niño estaba gritando.

Aprendizaje del lenguaje En dos o tres oraciones cortas, describe tu prenda de vestir favorita a un compañero. Pídele que combine las oraciones en voz alta.

Usa una serie de palabras o frases

Puedes combinar oraciones usando una palabra o frase clave. También puedes combinarlas mediante una **serie de palabras o frases.** Todas las palabras o frases de una serie deben ser paralelas (es decir, deben estar expresadas de la misma forma) y deben estar separadas por comas a excepción del último elemento de la serie. (Consulta la página **526.1**).

Oraciones cortas	Oraciones combinadas
A los niños les gusta andar en bicicleta. También andan en patines. Otros niños andan en monopatín.	A los niños les gusta andar en bicicleta, en patines y en monopatín.
Elisa tenía pintura en el cabello. Tenía pintura en la ropa. Tenía pintura debajo de las uñas.	Elisa tenía pintura en el cabello, en la ropa y debajo de las uñas.

Práctica

Combina cada grupo de oraciones con una serie de palabras o frases. (Es posible que haya que cambiar algunas palabras para que las oraciones tengan sentido).

■ Los niños de quinto grado trepan a las barras para hacer ejercicio. Juegan al balompié. Corren por el patio de la escuela.

Los niños de quinto grado trepan a las barras, juegan al balompié y corren por el patio de la escuela para hacer ejercicio.

1. Las niñas de cuarto grado juegan al voleibol en el recreo. Las niñas de quinto grado juegan al voleibol en el recreo. Las niñas de sexto grado también juegan al voleibol.

2. Cuando llueve, nos gusta armar rompecabezas. Leemos libros. Algunos hacemos proyectos artísticos.

3. La enorme goma de mascar verde se cayó del bolsillo de Diana. Rodó por el pasillo. Terminó debajo del escritorio del maestro.

 **Escribe AHORA** Escribe tres oraciones para que un compañero las combine. Asegúrate de que tus oraciones se puedan combinar con una serie de palabras o frases.

Combina oraciones con sujetos y predicados compuestos

A veces puedes combinar dos oraciones moviendo el sujeto o el predicado de una oración a otra. Así se forma un **sujeto compuesto** o un **predicado compuesto.** Recuerda que cuando una oración tiene un predicado compuesto se convierte en una **oración compuesta.** (Consulta la página **469**).

Oraciones cortas	Oraciones combinadas
Rastrillé las hojas. Las apilé.	Rastrillé las hojas y las apilé. (un predicado compuesto)
Carlos salta entre las hojas. Karen también salta entre las hojas.	Carlos y Karen saltan entre las hojas. (un sujeto compuesto)

¡Si combinas oraciones cortas, tus redacciones serán más fluidas y fáciles de leer!

Práctica

Combina las siguientes oraciones cortas. Crea un sujeto o un predicado compuesto. Continúa la historia y dile a un compañero dos oraciones más con sujetos o predicados compuestos.

■ El gimnasio se llenó rápidamente. El gimnasio se colmó de emoción.
   El gimnasio se llenó rápidamente y se colmó de emoción.

1. Mientras se cambiaban, los jugadores se reían. También hacían bromas.

2. El entrenador hizo sonar el silbato. Le dijo al equipo que entrara a la cancha.

3. La multitud aplaudía a su equipo. Gritaban por su equipo.

4. Los árbitros hacían más ruido. Los porristas hacían más ruido.

5. Nuestro equipo jugó bien. Ganamos el partido.

TEKS 5.20A(v)

Amplía las oraciones con frases preposicionales

Una **frase preposicional** puede proveer detalles o agregar información importante sobre el lugar, la hora o tiempo, o la dirección. Entre las preposiciones se encuentran *sobre, en, durante, para, hasta, hacia* y *bajo*. (Consulta también la página **632**).

Frases preposicionales

Busqué mis lentes. (¿Dónde los busqué?)

Busqué mis lentes en el escritorio de papá y debajo de mi cama.

> Las frases preposicionales pueden agregar detalles a tus oraciones.

Práctica

Escribe las frases preposicionales que halles en las siguientes oraciones e indica si expresan lugar, hora o tiempo, dirección o proveen detalles. Crea oraciones nuevas con las frases que hallaste y díselas a un compañero.

■ Dejé mi autorización en la mesa del pasillo.
 en la mesa (lugar), del pasillo (lugar)

1. Haremos una caminata por el bosque.

2. Seguimos el sendero hacia el valle.

3. Tenemos reservas para el campamento.

4. Por la noche, dormimos en los catres de las cabañas.

Escribe AHORA Usa una o dos frases preposicionales para agregar detalles o información a las siguientes oraciones.

1 **Salvador vendrá al campamento.**

2 **Trajo una bolsa de dormir.**

3 **Nos vamos.**

Toma ejemplos

Los artistas estudian las obras de otros artistas para aprender a pintar. Para aprender a escribir oraciones eficaces, puedes estudiar o **tomar como ejemplo** las obras de escritores profesionales. Esto implica adoptar el uso de las palabras, las frases y la puntuación de un escritor en tus propias oraciones.

Ejemplo de un profesional	Ejemplo de un estudiante
Mientras caminaba por el bosque, escuché el viento y apreté el abrigo con más fuerza contra mi cuerpo.	Mientras iba apurado a la escuela, oí que mis amigos me llamaban y me acomodé la mochila mejor sobre la espalda.

Pautas para tomar oraciones como ejemplo

- **Variar el comienzo de las oraciones**

  Intenta comenzar las oraciones con una frase o cláusula subordinadas.

  Cuando el valiente huye, la superchería está descubierta [...].

  —*Don Quijote de la Mancha,* de Miguel de Cervantes, escritor español del s. XVI

- **Alterar el orden de los elementos**

  Puedes dar variedad a una oración si alteras el orden lógico de las distintas partes que la conforman.

  Volverán las oscuras golondrinas / en tu balcón sus nidos a colgar.

  —*Rimas y leyendas,* de G. A. Bécquer, poeta español del s. XIX

- **Repetir una palabra**

  Puedes repetir una palabra o una frase para destacar una idea o un sentimiento específico.

  Cuando quiero llorar, no lloro... / y a veces lloro sin querer...

  —"Canción de otoño en primavera", de Rubén Darío, poeta nicaragüense del s. XX

Práctica

Toma como ejemplo las citas anteriores y escribe tres oraciones propias. Sigue de cerca el patrón de la cita original.

Prepararse para las pruebas

¿Cómo puedo comprobar mi conocimiento de las oraciones?

Lee las siguientes preguntas. Escoge las respuestas correctas.

1 ¿Qué oración está completa?
- Ⓐ Fue al médico y tomó la medicina.
- Ⓑ La tos, la nariz que goteaba y los estornudos.
- Ⓒ A la escuela durante una semana.
- Ⓓ El maestro, el director y los padres.

2 ¿Qué oración tiene la coma en el lugar correcto?
- Ⓐ ¿Qué es lo primero, que harás?
- Ⓑ Después, habrá que alimentar al gato.
- Ⓒ No se comió, toda la comida del plato.
- Ⓓ Creo que el gato, estaba enfermo.

3 ¿En qué oración el sujeto concuerda con el verbo?
- Ⓐ Esas clases se une al equipo todos los años.
- Ⓑ La Sra. Smith quieren que los alumnos participen.
- Ⓒ Tú animamos a todos a que se anoten en un evento.
- Ⓓ Esos niños siempre ganan una mención por la mejor participación en clase.

4 Estás escribiendo acerca de tener una mascota nueva. ¿Qué oración ayuda al lector a formarse la imagen mental más clara de tu mascota?
- Ⓐ Camino a la tienda de mascotas, el tráfico estaba terrible.
- Ⓑ Había cachorritos, gatitos y pajaritos en el primer cuarto.
- Ⓒ Nuestra gatita se parece a una tigresa pequeña con patitas blancas.
- Ⓓ No veíamos la hora de llegar a casa con nuestra mascota.

5 ¿Qué oración es correcta?
- Ⓐ Arriba de la colina y bajó.
- Ⓑ Risa y vuelta a leerlo.
- Ⓒ Los estudiantes de quinto grado terminaron el proyecto antes de tiempo.
- Ⓓ Hora de que todos hicieran.

Escribir párrafos

Un párrafo es un grupo de oraciones que presentan detalles sobre un tema específico. Por lo general, la primera oración de un párrafo identifica el tema, o idea principal, y las otras oraciones dan detalles y datos sobre ese tema.

A continuación se enumeran las cuatro razones principales para escribir un párrafo.

1. **Describir** a alguien o algo.

2. **Contar** un evento o una experiencia.

3. **Explicar** o dar información acerca de un tema.

4. **Dar tu opinión** sobre algo.

Mini-índice

Las partes de un párrafo

Un párrafo tiene tres partes principales. (1) Comienza con una **oración temática** que presenta la idea principal. (2) Las oraciones del **desarrollo** dan detalles sobre la idea principal. (3) La **oración final** resume el mensaje del párrafo.

Una estación cruda

Oración temática

Durante el invierno, la familia Korth de Alaska prácticamente vive de la tierra. Pasan la mayor parte del tiempo poniendo trampas para conseguir pieles. También cazan caribúes o alces para conseguir carne. Almacenan la carne afuera porque las temperaturas se mantienen bajo cero.

Desarrollo

Además, los miembros de la familia rompen el hielo de un río en busca de agua o derriten nieve. Viven en pequeñas cabañas que calientan con la madera que cortan. Si hay una emergencia, alguien de la familia escribe un mensaje gigante en la nieve, y esperan que el piloto de un avión lo vea.

Oración final

Hay pocas personas que pueden vivir de la manera en que vive esta familia.

Responde a la lectura. (1) ¿Cuál es la idea principal de este párrafo? (2) ¿Qué detalles se destacan más? (3) ¿De qué manera se relaciona el título con el párrafo? Coméntalo con un compañero.

Las partes en detalle

La oración temática

La **oración temática** le indica al lector de qué trata el párrafo. Una oración temática eficaz (1) menciona el tema y (2) presenta un detalle o una impresión importante sobre ese tema.

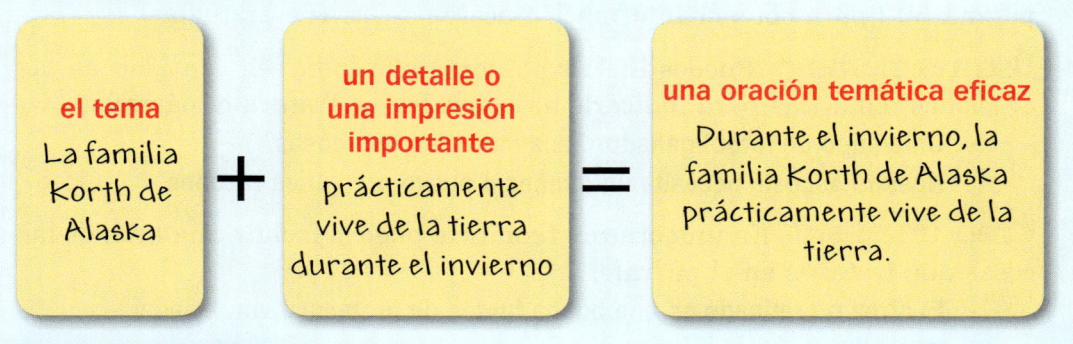

el tema
La familia Korth de Alaska

+

un detalle o una impresión importante
prácticamente vive de la tierra durante el invierno

=

una oración temática eficaz
Durante el invierno, la familia Korth de Alaska prácticamente vive de la tierra.

El desarrollo

Las oraciones del **desarrollo** incluyen la información que necesita el lector para entender el tema.

- **Usa detalles específicos.** Las siguientes oraciones incluyen detalles específicos (en azul):

  Pasan la mayor parte del tiempo poniendo trampas para conseguir pieles. También cazan caribúes o alces para conseguir carne. Almacenan la carne afuera porque las temperaturas se mantienen bajo cero. Además, los miembros de la familia rompen el hielo de un río en busca de agua o derriten nieve.

- **Organiza las oraciones.** Las oraciones del párrafo de la página **486** están organizadas siguiendo un orden lógico. (Consulta las páginas **490** y **491** para obtener información acerca de otros métodos de organización).

La oración final

La **oración final** resume la información del párrafo o le recuerda el tema al lector.

Hay pocas personas que pueden vivir de la manera en que vive esta familia.

Escribir oraciones temáticas convincentes

Un párrafo eficaz comienza con una oración temática convincente. Recuerda que una oración temática debe (1) mencionar el tema y (2) presentar un detalle o una impresión importante sobre ese tema. Usa las siguientes estrategias como ayuda para escribir oraciones temáticas. (Consulta la página **502** para obtener información acerca de otras estrategias).

Usa un número. Puedes incluir palabras que indiquen cantidad en las oraciones temáticas para indicarle al lector de qué tratará el párrafo.

- Un equipo de fútbol ganador hace muy bien tres cosas.
- Nuestra escuela necesita un gimnasio nuevo por varias razones.

Crea una lista. En una oración temática, puedes incluir una lista de las cosas que tratarás en el párrafo.

- El arroz no refinado es una buena fuente de proteínas, vitaminas y minerales.
- Antes de una prueba, revisa tus tareas, vuelve a leer el material y estudia tus apuntes.

Comienza con "para" y un verbo. Puedes usar una oración temática que comience con "para" y un verbo para presentar el tema del párrafo con claridad.

- Para marcar a un buen delantero, el defensor no debe desconcentrarse.
- Para apreciar lo que experimentaron los inmigrantes, visiten la isla Ellis.

Une dos ideas. En una oración temática, puedes combinar dos ideas con una conjunción coordinante: *y, pero, o, sino, mas.*

- Nuestro entrenador quiere que practiquemos por la mañana y a muchos jugadores no les agrada la idea.
- Lewis y Clark tuvieron un viaje complicado pero llegaron al océano Pacífico.

Práctica

Vuelve a leer la información anterior y escribe una oración temática con cada una de las cuatro estrategias enumeradas. Muestra tus oraciones a un compañero.

Usar distintos niveles de detalles

Las oraciones del desarrollo, o cuerpo, de un párrafo bien escrito por lo general contienen al menos tres niveles de detalles.

Nivel 1: Oración temática La oración temática indica de qué tratará el párrafo. La oración final resume las ideas.

> **La Sra. Ramos me enseñó a plantar semillas de lechuga y de rabanitos a principios de año.**

Nivel 2: Oraciones de apoyo El segundo nivel de detalles apoya o clarifica la oración temática.

> **La clave está en plantar las semillas muy cerca de la superficie.**

Nivel 3: Oraciones que completan la idea El tercer nivel de detalles completa la idea secundaria.

> **De esa manera, las semillas recibirán el calor del sol.**

 A continuación se muestra cómo estarían organizados los distintos niveles de detalles en un párrafo eficaz.

> **La Sra. Ramos me enseñó a plantar semillas de lechuga y de rabanitos a principios de año. La clave está en plantar las semillas muy cerca de la superficie. De esa manera, las semillas recibirán el calor del sol. Además, la Sra. Ramos usó algunas semillas de crecimiento rápido y otras de crecimiento lento. Dice que así el jardín crece más rápido y dura más tiempo. ¡La Sra. Ramos y yo no vemos la hora de probar nuestras primeras ensaladas!**

> La **oración temática** se conecta con la **oración final**.

Práctica

Escribe una oración temática sobre una manera de ganar dinero. Agrega al menos una oración de apoyo y una o dos oraciones que completen la idea. Muestra tus oraciones a un compañero. Juntos comenten el propósito de cada nivel de detalles.

TEKS 5.20A(viii)

Patrones de organización

Las oraciones de tu párrafo deben estar organizadas de forma tal que el lector pueda seguir tus ideas. Algunos patrones de organización comunes son el *orden lógico,* el *orden cronológico,* el *orden espacial* y el *orden de importancia.*

Orden lógico

Usa el **orden lógico** en párrafos expositivos para organizar tus detalles de forma que tengan más sentido. El párrafo que está a continuación, tomado de la página **486**, está organizado de esta manera.

> Durante el invierno, la familia Korth de Alaska prácticamente vive de la tierra. Pasan la mayor parte del tiempo poniendo trampas para conseguir pieles. También cazan caribúes o alces para conseguir carne. Almacenan la carne afuera porque las temperaturas se mantienen bajo cero. Además, los miembros de la familia rompen el hielo de un río en busca de agua o...

Palabras de transición que indican orden lógico

también   por lo tanto   de hecho   además   otro/a   por ejemplo

Orden cronológico

Usa el **orden cronológico** en párrafos narrativos o expositivos para organizar los detalles en el orden en que sucedieron.

> La obra que hizo nuestra clase sobre los aztecas tuvo un final sorpresa. Durante el gran momento, Cortés y sus soldados esperaban a Moctezuma II. Luego llegó el líder azteca. Después de que los dos líderes se saludaran, Cortés de repente sacó su espada.

Palabras de transición que indican orden cronológico

durante   luego   segundo   pronto   tercero   después   primero   al final

Orden espacial

Usa el **orden espacial** en párrafos descriptivos. Los detalles pueden ordenarse de izquierda a derecha, de adelante a atrás, etc.

> En la vieja fotografía, el cabello oscuro de mi tatarabuela está recogido en un chongo sobre su cabeza. Debajo del peinado, el rostro parece serio, con ojos oscuros y sin sonrisa. Tiene un vestido largo y negro. Bajo el dobladillo del vestido aparecen sus botas negras estrechas.

Palabras de transición que indican orden espacial

arriba   al lado   adentro   bajo   debajo   en frente de   entre   encima

Orden de importancia

Usa el **orden de importancia** cuando escribas párrafos persuasivos y expositivos. Ordena los detalles del más importante al menos importante, o al revés.

> Los estudiantes deberían poder escoger la ropa con la que van a la escuela en vez de usar uniformes. Una razón es que, si les permitieran usar su propia ropa, se ahorraría dinero. Otra razón es que darles esa opción a los estudiantes es una manera de decirles "Confiamos en ustedes". Y lo más importante es que tener la opción de escoger hace que los estudiantes sean más responsables.

Palabras de transición que indican orden de importancia

una razón   otra razón   lo más importante   además

Práctica

Escribe un párrafo con uno de los patrones de organización que se mostraron en estas dos páginas. Usa algunas de las palabras de transición propias de ese tipo de organización. Con un compañero, escoge otro patrón de organización y di algunas oraciones. ¡No olvides usar las palabras de transición!

Pautas para escribir

Prepararse Escoger un tema

Con frecuencia, el maestro te dará un *área temática general* para que escribas una redacción. Luego tú tendrás que escoger un *tema específico* que realmente te interese. Mira a tu alrededor para inspirarte: palabras en libros, carteles y avisos publicitarios. (Consulta la página **497** para obtener información acerca de las oraciones temáticas). A continuación encontrarás las ideas que se le ocurrieron a Julio.

Área temática general	Tema específico
una experiencia inolvidable	ganar un concurso de arte
el sistema circulatorio	medir el ritmo cardíaco
el camino de Oregon	el guía Jim Bridger
un problema de salud	se deben usar cascos para bicicletas
una maravilla natural	el Gran Cañón

Recopilar y organizar los detalles

Usa la siguiente información para recopilar detalles acerca de tu tema.

Para un...	necesitarás...
párrafo descriptivo	detalles que muestren cómo se ve, suena, se siente, sabe y huele el tema.
párrafo narrativo	detalles acerca de una experiencia: cómo comenzó, continuó y terminó.
párrafo expositivo	detalles que den información o expliquen el tema.
párrafo persuasivo	datos y ejemplos que apoyen tu opinión.

Una vez que hayas recopilado los detalles, escribe una oración temática que presente la idea principal de tu párrafo. (Consulta las páginas **487** y **488**). También decide cuál es la mejor manera de organizar los detalles. (Consulta las páginas **490** y **491**).

Hacer un borrador   **Crear tu primer borrador**

Cuando escribes tu primer borrador, el objetivo es volcar todas tus ideas sobre el papel. Comienza con la oración temática. Luego escribe las oraciones de apoyo y las que completen la idea en el desarrollo del párrafo. Asegúrate de organizar las oraciones en el mejor orden posible. Termina con una oración final que resuma el mensaje del párrafo. (Consulta la página **489**).

Revisar **Mejorar el párrafo**

Usa las siguientes preguntas como guía cuando comiences a revisar el párrafo.

1 ¿Es clara mi oración temática?
2 ¿Incluí los detalles importantes en el mejor orden posible?
3 ¿Parezco interesado en el tema?
4 ¿Uso sustantivos y verbos de acción específicos?
5 ¿Uso oraciones de distinta longitud?
6 ¿Se leen con facilidad mis oraciones?

Corregir **Comprobar que se respeten las convenciones**

Usa las siguientes preguntas como guía para corregir el párrafo revisado y comprobar que se hayan respetado las convenciones.

1 ¿Uso correctamente la puntuación y las letras mayúsculas?
2 ¿Uso la palabra correcta (*haber, a ver*)?
3 ¿Escribí las palabras sin errores de ortografía? ¿Usé la función de verificar la ortografía?

Práctica

Planifica y escribe un párrafo en el que expliques algo sobre una persona excepcional. Consulta el párrafo de la página **486**. Usa las pautas para escribir de estas páginas como guía. Comenta tu párrafo con un compañero.

Recursos para el escritor

Aprendizaje del lenguaje

Trabaja con un compañero. Lean los significados en voz alta y respondan juntos las preguntas.

1. Un género es una forma de escritura.
   ¿Qué género de escritura prefieres: narrativo o expositivo? ¿Por qué?

2. Un organizador gráfico, como un gráfico o un diagrama, es una forma visual de expresar ideas e información.
   Comenta cómo era un organizador gráfico que te haya ayudado a entender algo.

3. Los escritores que se quedan atascados no tienen ideas nuevas.
   Si te quedas atascado, ¿cómo puedes encontrar ideas nuevas?

4. Una transición es un cambio de una idea a otra.
   ¿Qué palabras pueden indicar una transición en la escritura?

Recursos para el escritor

A veces los escritores se quedan atascados y necesitan un poco de ayuda. Hallar un buen tema para escribir o buscar la palabra adecuada puede ser un desafío. Si se te ocurre una pregunta mientras estás en la escuela, puedes pedir ayuda a tu maestro. ¿Pero qué pasa cuando estás en otro lugar, como tu casa?

En este capítulo, encontrarás las respuestas a tus preguntas. Cuando no puedas hallar un tema, no estés seguro acerca de cómo organizar los detalles o pienses que tus oraciones son aburridas, consulta este capítulo.

Mini-índice

Aprenderás a . . .

¿Cómo puedo hallar un buen tema para escribir?

Prueba una estrategia para determinar el tema

Si te quedas atascado, prueba una de las siguientes estrategias para determinar el tema.

Diagrama de detalles Para comenzar un diagrama de detalles, escribe una palabra relacionada con tu tarea en el centro de la hoja. Luego escribe palabras relacionadas a su alrededor, enciérralas en un círculo y conéctalas. (Consulta el diagrama de la página **498**).

Escritura libre Con el tema general en mente, dedica de tres a cinco minutos a escribir libremente. No te detengas a hacer correcciones o buscar datos; solo dedícate a escribir. Mientras lo haces, es probable que halles uno o dos temas que podrías usar.

Carteles de tu entorno Usa carteles de restaurantes o tiendas, avisos publicitarios o señales de alerta que veas en el mundo real para hacer una lluvia de ideas y determinar el tema. Escoge uno que te interese.

Completar comienzos de oraciones Otra forma de desarrollar ideas es completar un comienzo de oración de todas las formas que se te ocurran. Asegúrate de que el comienzo de oración esté relacionado con tu tarea. A continuación encontrarás algunos ejemplos:

Recuerdo cuando...   Me pregunto cómo...
Una cosa que sé es...   Acabo de aprender...

Lista de necesidades básicas de la vida

Observa la lista que está a continuación para hallar más áreas temáticas posibles. Usa la lista de necesidades básicas de la vida de la siguiente forma: (Consulta también la página **138**).

1. Escoge una categoría. *(medio ambiente)*
2. Decide qué aspecto de este tema es más apropiado para tu tarea. *(informe sobre los océanos)*
3. Haz una lista de los temas posibles. *(cultivo de algas y perlas)*

animales	escuela	ropa	deportes	alimentos
amigos	comunidad	familia	fe	medio ambiente
salud	computadoras	juegos	reglas	libros
películas	ciencias	ejercicio	dinero	televisión

¿Qué más puedo hacer para comenzar?

Selecciona una forma de escritura

Recuerda que debes seleccionar la forma, o el género, más apropiado para tu tarea y para expresar el significado deseado a tu público. Los siguientes temas están organizados según las cuatro formas básicas de la escritura. Observa estas listas para hallar ideas sobre el tema y el género.

Escritura descriptiva

Personas: un familiar, un maestro, un amigo, un vecino, tú mismo, alguien con quien pases tiempo, alguien a quien admires, un personaje histórico

Lugares: un cuarto, un garaje, un sótano, un ático, un tejado, un callejón, el gimnasio, la biblioteca, un museo, un lago, el zoológico, un granero, un parque

Cosas: una mascota, un dibujo animado, un videojuego, un cajón con objetos en desuso, una fotografía, un objeto especial, un sitio web, un animal de peluche

Escritura narrativa

Cuenta acerca de... ser atrapado, perderse, cometer un error, ayudar a alguien, recibir una sorpresa, salir en las noticias, aprender a hacer algo

Escritura expositiva

Cómo... hacer un burrito, cuidar una mascota, organizar tu vida, ganar dinero, ponerse en forma, ser un buen amigo, llevar una dieta equilibrada, ensillar un caballo

Las causas de... la contaminación, el óxido, los huracanes, las infecciones, el éxito en la escuela, la felicidad, los accidentes, los volcanes

Tipos de... música, avisos publicitarios, nubes, héroes, ropa, restaurantes, diversión, libros, juegos, animales, casas, vehículos

La definición de... amistad, coraje, héroe, geología, rap, libertad, amor, equipo, familia

Escritura persuasiva

Temas: reglas de la escuela, tareas de la escuela, reciclaje, cascos (para bicicleta, patineta), cosas que deberían mejorar, causas preferidas, motivos de queja, algo que merece apoyo, la necesidad de algo en mayor o menor medida

¿Cómo puedo recopilar detalles para mi redacción?

Prueba con un organizador gráfico

Un organizador gráfico es una buena herramienta para recopilar y organizar detalles para escribir. Usa un **gráfico de las cinco preguntas** (página **79**) si quieres escribir un relato personal o periodístico y un **diagrama de Venn** si se trata de una redacción de comparación y contraste. En estas dos páginas se muestran otros cuatro organizadores gráficos. Escoge el que te resulte más adecuado.

Diagrama de detalles En un diagrama de detalles, o red, puedes recopilar datos e ideas para informes, relatos personales o poemas. Primero escribe el tema en el centro de la hoja. Luego escribe palabras relacionadas a su alrededor. Dibuja un círculo alrededor de las palabras y conéctalas.

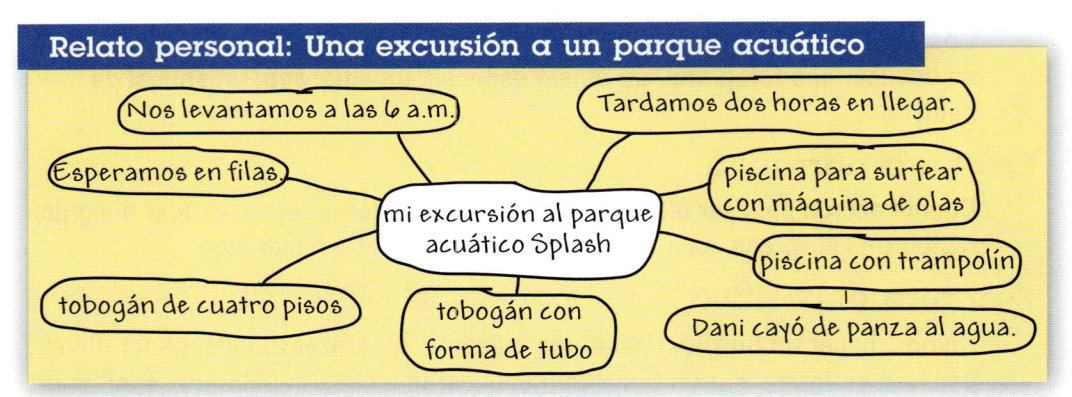

Relato personal: Una excursión a un parque acuático

- Nos levantamos a las 6 a.m.
- Tardamos dos horas en llegar.
- Esperamos en filas.
- piscina para surfear con máquina de olas
- mi excursión al parque acuático Splash
- piscina con trampolín
- tobogán de cuatro pisos
- tobogán con forma de tubo
- Dani cayó de panza al agua.

Gráfico de los sentidos En este organizador puedes recopilar detalles para informes de observación y descripciones. Haz un gráfico con cinco columnas, una para cada sentido. Debajo de cada sentido, haz una lista de los detalles.

Informe de observación: Cómo fermentar la levadura

Vista	Oído	Olfato	Gusto	Tacto
– morena – espesa e hinchada – burbujas que explotan lentamente	– sonidos suaves, como "puf, puf"	– como el pan cuando lo están amasando – un poco como el vinagre	– agria, no dulce	– fría – húmeda

Cronología Las cronologías permiten organizar los eventos en orden cronológico (temporal). Los relatos personales y los ensayos de instrucciones suelen seguir este patrón. Escribe el tema en la parte superior de tu cronología. Luego haz una lista de los eventos o los pasos en orden, del primero al último.

Ensayo de instrucciones: Cómo alimentar a un gato

1 — Compra dos platos hondos: uno para el agua y el otro para el alimento.

2 — Compra alimento seco y nutritivo para gatos.

3 — Coloca el alimento y el agua lejos de la caja higiénica.

4 — Llena cada plato dos veces al día.

Diagrama de proceso En las redacciones relacionadas con las ciencias a menudo se cuenta cómo se conectan los eventos. Para hacer un diagrama de proceso, comienza con el primer evento del proceso. Luego escribe el segundo evento, luego el tercero, etc. Conecta los eventos con flechas.

Informe científico: Cómo hierve el agua

1. El calor pasa del horno a la olla con agua. → 2. El agua circula en la olla.

3. El agua se calienta de manera uniforme.

4. El agua hierve cuando toda la olla alcanza una temperatura de 212 grados.

5. El agua hirviendo pasa de líquido a vapor.

¿Cómo puedo organizar los detalles de forma eficaz?

Ordena las ideas

Después de determinar el tema y recopilar los detalles, debes organizar la información de manera apropiada. Primero escoge una estrategia organizadora y luego haz un esquema. A continuación encontrarás tres formas de ordenar tu información.

Orden cronológico

Resulta fácil seguir las ideas cuando los datos o los eventos están explicados en el orden en que sucedieron *(antes, durante, después)*. El orden cronológico es adecuado para cuentos, explicaciones, instrucciones e informes.

Primero usamos una cuerda para subir la madera hasta el árbol. Luego nuestros padres nos ayudaron a hacer la base para el piso. Después de clavar unas tablas a la base, levantamos las paredes y pusimos el techo.

Orden espacial

Cuando se describen los detalles en el orden en que están ubicados *(arriba, detrás, debajo, al lado),* la descripción suele hacerse de izquierda a derecha o de arriba abajo. El orden espacial sirve para las instrucciones y las descripciones.

El tronco del árbol donde tenemos la casita es tan ancho que no puedo rodearlo con mis brazos. Parece que los patrones de la corteza suben por el árbol y que las puntas de las ramas llegan hasta el cielo.

Orden de importancia

Los relatos periodísticos suelen organizarse por orden de importancia. A menudo el detalle más importante está *al comienzo*, pero puede estar *al final*. La escritura persuasiva y la escritura expositiva también pueden organizarse de esta forma.

Todos los niños necesitan un lugar propio, y una casita en un árbol es el lugar perfecto. Es un lugar para alejarse de la televisión, las computadoras y los hermanos y hermanas menores. Y más importante aún, una casita en un árbol es un lugar para estar con amigos.

Haz un esquema del tema

Después de haber decidido cómo organizar los detalles, puedes hacer un esquema. Primero debes seleccionar las ideas principales que apoyan tu tema. Luego, debajo de cada idea principal, debes hacer una lista de los detalles que ayudan a explicarla. Un *esquema del tema* solo contiene palabras y frases pero, si quieres expresar tus ideas en oraciones completas, puedes hacer un *esquema de oraciones*.

Esquema del tema

I. Primeras aventuras de Daniel Boone
   A. Mudanzas frecuentes
   B. Guerra franco-india
   C. Interés por Kentucky
II. Famoso explorador de Kentucky
   A. Muchos viajes entre 1767 y 1774
   B. Apertura del Camino de las tierras vírgenes
   C. Fundación de Boonesborough
III. Kentucky, hermoso pero peligroso
   A. Tierra de caza y guerras
   B. Oposición de franceses e ingleses
   C. Ataques que sufrieron los colonos

Esquema de oraciones

I. Daniel Boone vivió muchas aventuras.
   A. Se mudaba a menudo cuando era joven.
   B. Luchó en la guerra franco-india.
   C. Se interesó por Kentucky.
II. Boone se convirtió en un famoso explorador de Kentucky.

 TEKS 5.15A

¿Cómo puedo escribir oraciones temáticas eficaces?

Prueba una estrategia especial

Una **oración temática** expresa la idea principal de un párrafo. Una buena oración temática (1) identifica el tema y (2) menciona un detalle, una idea o un sentimiento acerca de él. Las siguientes estrategias te ayudarán a escribir oraciones temáticas geniales.

Usa un número

Usa palabras que indiquen cantidad para mencionar sobre qué tratará el párrafo.

> **Estas son tres razones por las que nuestra clase debería servir una comida en el refugio para personas sin hogar.**

> **Tengo bastantes problemas para entrenar a nuestro nuevo cachorro.**

Crea una lista

Haz una lista de los temas que incluirás en el párrafo.

> **Los árboles aportan belleza a la naturaleza, prestan cobijo a la flora y la fauna, y dan sombra a las personas y a otras plantas.**

> **El escenario de un cuento es el momento y el lugar en que ocurre.**

Usa parejas de palabras

Usa conjunciones que sean pares de palabras para conectar ideas en una oración temática.

> **O amarras a los perros con una correa o los mantienes en un jardín cercado.**

> **Mi médico dice que tanto hacer una dieta equilibrada como hacer ejercicio con regularidad son necesarios para mantenerse sano.**

Parejas de palabras
o... o
no solo... sino también
tanto... como
ya... ya

Cita a un experto

Cita a alguien que sepa mucho sobre el tema.

> **Walt Disney dijo una vez: "Todos nuestros sueños pueden hacerse realidad".**

> **Amelia Earhart dijo: "Es más fácil comenzar algo que terminarlo".**

¿Qué formas puedo usar para mi redacción?

Prueba estas formas de escritura

Es muy importante hallar la forma de escritura, o género, apropiada. Para seleccionar una forma, piensa para *quién* estás escribiendo (tu *público*) y *por qué* estás escribiendo (tu *propósito*). A continuación encontrarás algunas formas de escritura descriptiva, narrativa, expositiva y persuasiva.

Autobiografía	La historia de la vida del propio escritor.
Biografía	La historia de la vida de otra persona.
Cuento corto	Una obra literaria corta con pocos personajes y un solo problema o conflicto (Consulta las páginas **288** a **295**).
Ensayo	Tipo de escritura en la que las ideas se presentan, se explican, se debaten o se describen de forma interesante
Escritura descriptiva	Tipo de escritura en la que se usan detalles para ayudar al lector a imaginar claramente una persona, un lugar, una cosa o una idea determinados (Consulta las páginas **50** a **67**).
Escritura expositiva	Tipo de escritura en la que se presentan los pasos, las causas o los tipos de algo para explicar (Consulta las páginas **128** a **187**).
Escritura narrativa	Tipo de escritura en la que se relata un evento, una experiencia o una historia (Consulta las páginas **68** a **127**).
Escritura persuasiva	Tipo de escritura con la que se pretende persuadir al lector para que esté de acuerdo con el escritor acerca de algo o alguien (Consulta las páginas **188** a **249**).
Reseña de un libro	Tipo de escritura en la que se comparten ideas y sentimientos acerca de un libro (Consulta las páginas **255** a **270**).

 TEKS 5.15C

¿Cómo puedo crear una voz eficaz?

Procura que tu voz sea adecuada para el propósito y el público

La voz de tu escritura será eficaz si es adecuada para tu propósito. Escribe con tu propósito en mente y piensa en tus lectores.

Voz descriptiva

Una buena voz descriptiva suena *interesada*. Una forma de mejorar tu voz descriptiva es seguir esta regla: "*muestra*, no *cuentes*".

- **Contar:** Aquí el escritor cuenta cómo es una mangosta.

  Era una mangosta y se parecía un poco a un gato y un poco a una comadreja. Corría por todos lados y emitía un extraño sonido.

- **Mostrar:** A continuación el escritor Rudyard Kipling describe una mangosta en un cuento de *El libro de la selva*:

  Era una mangosta. Se parecía a un gato por el pelaje y la cola, pero tenía la cabeza y los hábitos de una comadreja. Podía rascarse en cualquier sitio que deseara con cualquiera de sus patas... Mientras se escurría entre la hierba alta, emitía su grito de guerra: ¡*rikk-tikk-tikki-tikki-tchk!*

Voz narrativa

Una buena voz narrativa suena *natural* y *personal*. Tu escritura narrativa debe sonar como si le estuvieras contando la historia a un amigo.

- **Poco natural e impersonal:** Esta narración suena demasiado aburrida.

  El sábado pasado no podía encontrar a Moisés, el hurón que tengo como mascota. Dejé de buscar y me fui a la cama. Más tarde me desperté. Moisés estaba escondido en mi cama.

- **Natural y personal:** A continuación tienes la misma historia contada de forma más personal.

  El sábado pasado no podía encontrar a Moisés, el hurón que tengo como mascota. Temía que se hubiera escapado por la puerta trasera, así que lo busqué durante horas. Finalmente, me di por vencido y me fui a la cama. Cerca de la medianoche me desperté porque algo estaba lamiéndome un dedo del pie. ¡Grité y arranqué las mantas de la cama! Sí, lo que imaginan: Moisés había encontrado un lugar calentito donde esconderse... ¡mi cama!

Voz expositiva

Una voz expositiva debe sonar *bien informada* y *entusiasta*. Usa datos interesantes y detalles específicos para captar y mantener la atención del lector.

- **Poco interesada:** El escritor simplemente presenta la información.

  A veces las algas se sirven como verduras. También se usan en muchas comidas. Algunas de ellas son el helado, la salsa caliente y las frituras.

- **Bien informada y entusiasta:** El escritor suena realmente interesado.

  ¿Has tenido alguna vez un largo trozo de alga enredado en tu pierna en la playa? No temas, ¡no va a comerte! Tú, en cambio, probablemente hayas comido varias formas de alga. Algunos tipos de helado y de salsa caliente se hacen con algas. Las algas también se sirven como verduras. ¡Quizá tu comida frita preferida tenga un poco de esta deliciosa cosa verde!

Voz persuasiva

Una voz persuasiva debe sonar *convincente* y *positiva*. Apoya tu opinión con buenas razones y soluciones positivas.

- **Poco convincente y negativa:** Este escritor solo se queja y no ofrece soluciones.

  Los lunes por la mañana son lo peor. Mi hermano y yo nos tenemos que levantar temprano e ir a la escuela cuando todavía tenemos sueño. Los maestros tampoco están muy contentos. ¿Por qué no hay alguien que haga algo acerca de los lunes por la mañana?

- **Convincente y positiva:** Este escritor tiene una actitud más positiva y propone una solución.

  ¿No sería genial si nuestra clase hiciera algo divertido todos los lunes? Creo que nuestra clase debería tener un espectáculo de talentos los lunes por la mañana. Esa sería una forma de poner de buen humor a los maestros y a los estudiantes para el resto de la semana.

 **TEKS** 5.16A(ii), 5.16A(iii), 5.16B(ii)

¿Cómo puedo "condimentar" mi estilo?

Usa algunas técnicas de escritura

Para desarrollar un estilo de redacción vívido, puedes usar algunos efectos especiales. Por ejemplo, puedes agregar diálogo a tus cuentos o poemas para desarrollarlos y hacer que suenen más naturales y verosímiles. (Consulta las páginas 82, 290 y 291). A continuación encontrarás algunas técnicas adicionales con las que puedes experimentar en tus redacciones.

Detalles sensoriales Detalles que ayudan al lector a *oír, ver, oler, saborear* o *sentir* lo que se describe y crean un escenario específico y verosímil

Cuando los platos cayeron al suelo estrepitosamente, nuestro gato dio un salto de tres pies de alto que me dejó helado.

Exageración Agrandar una verdad para dejar algo en claro

Mi abuelo es el hombre más divertido del mundo.

Expresión idiomática Usar una palabra o una frase con un significado distinto del habitual o del que aparece en el diccionario

Marcos siguió las indicaciones del viejo mapa del tesoro al pie de la letra.
(En esta oración, *al pie de la letra* significa "exactamente").
Dejaremos el paseo para otro día porque hoy está lloviendo a cántaros.
(En esta oración, *a cántaros* significa "mucho").

Metáfora Comparar dos cosas sin usar la palabra *como*

Sus ojos son dos esmeraldas.
La sopa de pollo de mamá era la mejor medicina para mi resfrío.

Personificación Atribuir cualidades humanas a seres inanimados, como una idea, un objeto o un animal

Esa roca testaruda se negaba a moverse.

Símil Comparar dos cosas usando la palabra *como*

Las nuevas hamburguesas de La gran hamburguesa son grandes como una pizza.
Antes de que llegaran los patinadores, el hielo estaba liso como un vidrio.

¿Cómo puedo aprender a hablar sobre mi redacción?

Estudia algunos términos de escritura

En este glosario encontrarás términos que hacen referencia a partes importantes del proceso de escritura. Lee las palabras y su definición en voz alta con un compañero. Túrnense para usar estas palabras para describir algo que hayan escrito.

Detalles de apoyo Detalles específicos que se usan para desarrollar un tema o darle vida a un relato

Diálogo Conversación escrita entre dos o más personas

Estilo La forma en que el autor combina palabras, frases y oraciones

Oración de enfoque La oración que se enfoca en la idea principal e indica la parte específica del tema sobre el que se escribe en un ensayo (Consulta la página 23).

Oración temática La oración que expresa la idea principal de un párrafo (Consulta la página 502).

Propósito La razón principal por la que se escribe algo
describir narrar explicar persuadir

Público Las personas que leen o escuchan tu redacción

Punto de vista El ángulo, o perspectiva, desde el que se relata una historia (Consulta la página 300).

Tema La idea o el mensaje principal de una redacción, o el asunto específico de una redacción

Transición Una palabra o una frase que conecta ideas en ensayos, párrafos y oraciones (Consulta las páginas 515 y 516).

Voz El tono o el sentimiento que un escritor usa para expresar ideas

¿Cómo puedo ampliar mis destrezas de vocabulario?

Usa el contexto

Para descifrar el significado de una palabra desconocida, puedes observar las palabras que la rodean. A continuación encontrarás algunas estrategias que puedes usar.

- Estudia la oración que contiene la palabra desconocida y también las oraciones que están antes y después.

  > En su primer día en la mina, Horacio tomó un elevador hacia las profundidades de la tierra. No sabía que los lugares subterráneos eran tan oscuros. Trabajar bajo tierra sería una aventura. (*Subterráneos* significa "debajo de la tierra").

- Busca **sinónimos** (palabras con el mismo significado).

  > Como quiero ser abogado, papá me llama letrado.
  > (Un *letrado* es un "abogado").

- Busca **antónimos** (palabras con el significado opuesto).

  > Papá dice que pescar es tedioso, pero yo creo que es entretenido.
  > (*Tedioso* significa "aburrido", que es lo opuesto de "entretenido").

- Busca la **definición** de la palabra.

  > Vimos yucas, plantas comunes del desierto, durante nuestro viaje al Gran Cañón. (Las *yucas* son plantas comunes del desierto).

- Busca las **palabras conocidas en una enumeración** con la palabra nueva.

  > En el sur muchas casas tienen veranda, porche o galería.
  > (Una *veranda* es una galería abierta y amplia).

- Observa las **expresiones idiomáticas** (palabras que tienen usos diferentes de los significados comunes que da el diccionario).

  > No pude pegar un ojo en toda la noche. (El significado que da el diccionario para cada una de estas palabras por separado es diferente del significado que la frase tiene en su conjunto: "no poder dormir").

Aprende acerca de las partes de las palabras

Palabras que comienzan con un prefijo

Las palabras están formadas por una **raíz** o palabra base y un afijo. Los **afijos** son partes que aparecen antes o después de la raíz.

Los **prefijos** son afijos que aparecen antes de la raíz o palabra base (el prefijo *pre-* significa "antes") y pueden cambiar el significado de una palabra. Por ejemplo, *agradable* significa "grato". Cuando le agregas el prefijo *des-*, que significa "no", la palabra que se forma, *desagradable*, significa "que no es grato". A continuación encontrarás una lista de prefijos comunes.

ante- *(delante, antes)*
    anteayer (el día anterior a ayer)

des- *(quitar, sacar)*
    desvestir (quitar la ropa)

in- *(sin, ausencia de)*
    invariable (sin variación)

inter- *(entre)*
    internacional (entre dos o más naciones)

mal- *(mal, pobre)*
    maltratar (tratar mal)

pre- *(antes)*
    preoperatorio (antes de la operación)

re- *(otra vez, nuevamente)*
    releer (volver a leer)

semi- *(medio, por la mitad)*
    semicírculo (medio círculo)

sub- *(debajo)*
    submarino (debajo del mar)

Palabras que terminan con un sufijo

Los **sufijos** son los afijos que aparecen al final de la palabra. Un sufijo puede indicar qué elemento gramatical es una palabra. Por ejemplo, muchos adverbios terminan con el sufijo *-mente*. Si agregas el sufijo *-able*, que significa "posibilidad o capacidad", a la palabra *confiar*, se forma la palabra *confiable*, que significa "en lo que se puede confiar". La mayoría de los sufijos proceden del griego o del latín.

A continuación encontrarás una lista de sufijos comunes. En tus redacciones, comprueba haber deletreado correctamente las palabras con sufijos griegos o del latín.

Sufijos griegos

-fobia *(temor)*
  claustrofobia (temor a estar en lugares cerrados)

-ismo *(sistema, movimiento, actitud, deporte)*
  romanticismo (movimiento artístico)
  atletismo (deporte que comprende pruebas de velocidad, saltos y lanzamientos)

-ista *(partidario de, inclinado a, ocupación)*
  deportista (persona inclinada a hacer deportes)

-itis *(inflamación)*
  otitis (inflamación del oído)

-ología *(ciencia de, estudio de)*
  geología (estudio de la composición de la Tierra)

Sufijos del latín

-able *(posibilidad o capacidad)*
  transportable (que se puede transportar)

-ancia *(forma sustantivos femeninos)*
  elegancia (cualidad de elegante)

-ible *(posibilidad o capacidad)*
  comestible (que se puede comer)
  inconfundible (que no se puede confundir)

-oso *(lleno de)*
  curioso (lleno de curiosidad)

-voro *(que come o devora)*
  herbívoro (que come hierbas)

Conocer las raíces

La **raíz** es la parte de una palabra que contiene el significado principal. Si conoces la raíz de una palabra difícil, quizá puedas descifrar su significado. La mayoría de las raíces son griegas o latinas.

Imagina que tu amiga dice: "No entendí lo que dijo el orador porque su voz era *inaudible*". Si sabes que el prefijo *in-* significa "no" y la raíz *audi-* significa "oír o escuchar", sabrás que tu amiga no oyó la voz del orador.

A continuación encontrarás otras raíces. En tus redacciones, comprueba haber deletreado correctamente las palabras con raíces griegas o latinas.

Raíces griegas

auto- *(propio, por uno mismo)*
  autodidacta (que aprende por sí mismo)

bio- *(vida)*
  biografía (libro sobre la vida de una persona)

crono- *(tiempo)*
  cronológico (en orden de tiempo)

demo- *(pueblo)*
  demografía (estudio de las poblaciones)

foto- *(luz)*
  fotosíntesis (la acción de la luz sobre la clorofila)

geo- *(tierra)*
  geografía (estudio de la superficie de la Tierra)

graf(o)- *(escritura)*
  grafía (modo de escribir)

mega- *(grande)*
  megáfono (artefacto que amplifica la voz)

metro- *(medida)*
  perímetro (medida del contorno)

tele- *(a distancia)*
  teléfono (aparato para hablar a distancia)

Raíces latinas

alter- *(otro)*
  alternativa (otra opción)

circun- *(alrededor)*
  circundar (rodear)

dic(t)- *(decir, contar, pronunciar)*
  diccionario (libro que contiene el significado de las palabras)

equi- *(igual)*
  equinoccio (un día y una noche de igual duración)

multi- *(muchos)*
  multicultural (que incluye muchas culturas)

port- *(llevar)*
  exportar (llevar a otro país)

radio- *(radiación, radioactividad)*
  radiografía (fotografía del interior de un cuerpo tomada con el uso de rayos X)

rupt- *(romper)*
  ruptura (acción y efecto de romper)

scrib- *(escribir)*
  transcribir (volver a escribir en otro lugar)

spec- *(ver)*
  espectador (persona que ve algo)

¿Cómo puedo variar mis oraciones?

Estudia los patrones de oraciones

Utiliza varios tipos de patrones de oraciones para que tu redacción sea más interesante. A continuación, hay algunos patrones básicos.

1 Sujeto + Verbo de acción

S   VA
Samanta sonrió. (Algunos verbos de acción, como *sonrió*, no necesitan un complemento directo para expresar un pensamiento completo).

2 Sujeto + Verbo de acción + Complemento directo

S   VA   CD
Santino arrojó la pelota. (Algunos verbos de acción, como *arrojó*, necesitan un complemento directo, como *pelota*, para expresar un pensamiento completo).

3 Sujeto + Verbo de acción + Complemento directo + Complemento indirecto

S VA   CD   CI
Laura dio una moneda a su hermana.

4 Sujeto + Verbo de acción + Complemento directo + Predicativo objetivo

S   VA   CD   PO
El entrenador Alejandro nombró a Rodolfo capitán.

5 Sujeto + Verbo copulativo + Sustantivo predicativo

S   VC   SP
Las ranas son anfibios.

6 Sujeto + Verbo copulativo + Adjetivo predicativo

S   VC   AP
Los sapos son desagradables.

En los patrones de arriba, el sujeto está antes del verbo. En los patrones de abajo, el sujeto está después del verbo.

VC S   SP
7 ¿Es Lina tu hermana? (Una pregunta)

VC   S
8 ¡Aquí está mi chaqueta! (Una oración que comienza con *aquí* o *allí*)

Practica los diagramas de oraciones

Hacer un diagrama de una oración puede darte una idea de cómo se relacionan las partes de la oración. A continuación encontrarás diagramas de las oraciones de la página 513.

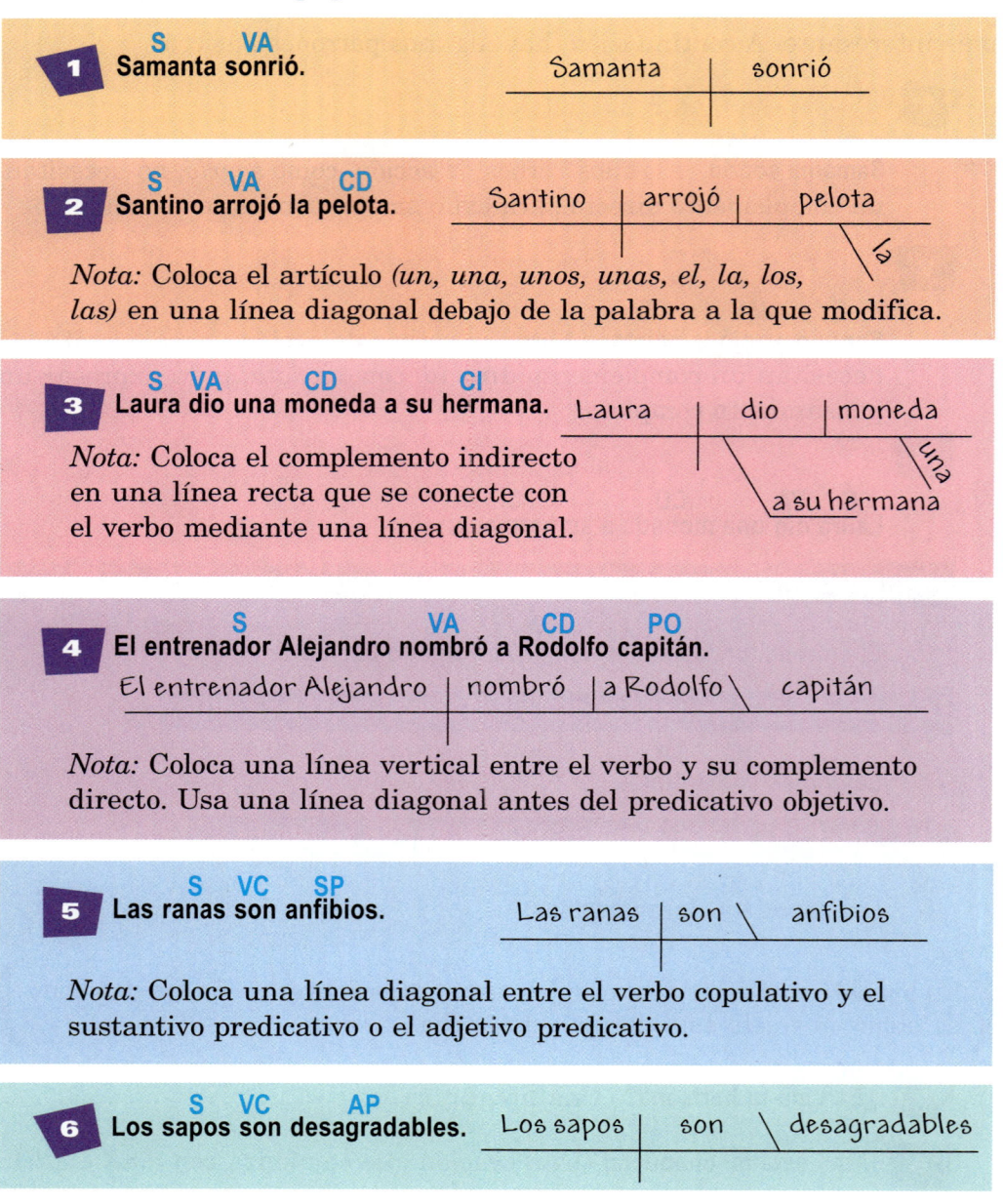

1 **Samanta sonrió.**

S   VA

| Samanta | sonrió |

2 **Santino arrojó la pelota.**

S   VA   CD

Santino | arrojó | pelota
la

Nota: Coloca el artículo (*un, una, unos, unas, el, la, los, las*) en una línea diagonal debajo de la palabra a la que modifica.

3 **Laura dio una moneda a su hermana.**

S   VA   CD   CI

Laura | dio | moneda
una
a su hermana

Nota: Coloca el complemento indirecto en una línea recta que se conecte con el verbo mediante una línea diagonal.

4 **El entrenador Alejandro nombró a Rodolfo capitán.**

S   VA   CD   PO

El entrenador Alejandro | nombró | a Rodolfo \ capitán

Nota: Coloca una línea vertical entre el verbo y su complemento directo. Usa una línea diagonal antes del predicativo objetivo.

5 **Las ranas son anfibios.**

S   VC   SP

Las ranas | son \ anfibios

Nota: Coloca una línea diagonal entre el verbo copulativo y el sustantivo predicativo o el adjetivo predicativo.

6 **Los sapos son desagradables.**

S   VC   AP

Los sapos | son \ desagradables

¿Cómo puedo conectar mis ideas?

Usa transiciones

Las transiciones se pueden usar para conectar oraciones y párrafos. Túrnate con un compañero para contar un cuento tonto. Usa las siguientes palabras de transición para conectar las oraciones y los párrafos. Escribe el cuento.

Palabras que indican ubicación:

a la derecha	afuera	atrás	dentro	fuera
a la izquierda	al lado	cerca	detrás	junto a
a lo largo de	al otro lado	contra	en el centro	lejos
abajo	alrededor	debajo	encima	por todo/a
adentro	arriba	delante	entre	sobre

> Vimos una bandada de patos verdes. Entre ellos había uno blanco.

Palabras que indican tiempo:

alrededor	durante	hasta	ayer	por último
después	primero	mientras tanto	luego	entonces
por la	segundo	hoy	pronto	tan pronto como
antes	tercero	mañana	más tarde	cuando

> El día que tenía que encontrarme con Roberto a las 9:00 a.m., me levanté a las 9:15. Mientras tanto, Roberto dormía plácidamente.

Palabras que indican comparaciones (semejanzas):

de la misma manera	asimismo	igual que	igualmente
del mismo modo	como	también	

> Siempre debes usar gafas protectoras en la pista de patinaje. También debes usar casco cuando andas en bicicleta.

Palabras que indican contraste (diferencias):

| por otra parte | a pesar de | pero | aunque |
| si bien | no obstante | aun así | sin embargo |

A los perros que juegan y se mueven en jardines con césped hay que recortarles las uñas con regularidad. Pero los perros que caminan sobre el pavimento rara vez necesitan que se les recorten las uñas.

Palabras que ponen énfasis:

| nuevamente | verdaderamente | especialmente | por esta razón |
| una vez más | de hecho | en particular | |

El entrenador podría anunciar un cambio de último minuto en un juego. Por esta razón, es importante escuchar atentamente sus órdenes.

Palabras que agregan información:

nuevamente	por ejemplo	y	así como
también	además	entonces	junto con
otro	en otras palabras	por último	además de

La mejor razón para ahorrar energía es hacer que los recursos duren más. Otra razón importante es reducir la contaminación.

Palabras que permiten resumir:

| como resultado | para finalizar | en conclusión |
| por lo tanto | por último | porque |

Los jueces dijeron que Celia pisó la línea durante su servicio. Como resultado, su rival recibió el punto que le hizo ganar el partido.

¿Cómo hago para que mi versión final se vea mejor?

Incluye diagramas y gráficas

Los **diagramas** son dibujos simples que incluyen rótulos.

■ Los **diagramas de dibujos** muestran cómo está formado algo, cómo se relacionan las partes o cómo funciona el objeto.

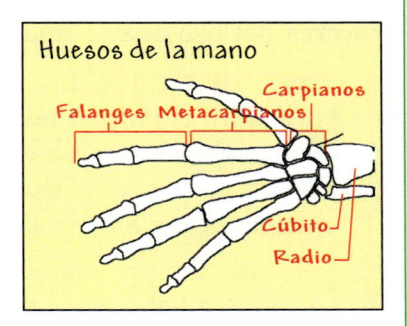

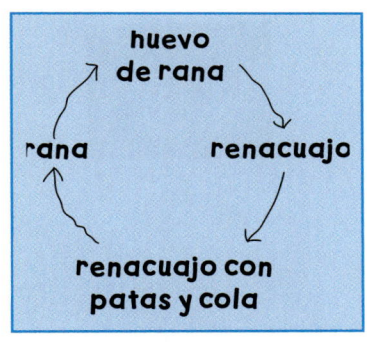

■ Un **diagrama de ciclos** muestra cómo sucede algo a lo largo del tiempo. El proceso siempre conduce al punto de partida.

Las **gráficas** muestran información acerca de cómo se comparan las cosas. La información que muestran incluye una serie de números.

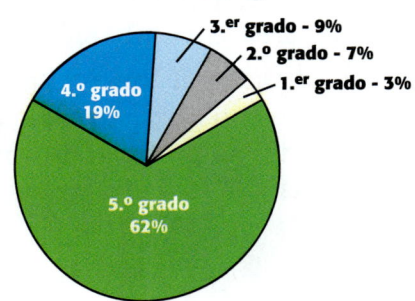

■ Una **gráfica circular** muestra qué parte (o porcentaje) de un número total contiene cada porción.

■ Una **gráfica de barras** compara dos o más elementos en un momento determinado, como si fuera una fotografía. Las barras de la gráfica pueden ser verticales u horizontales.

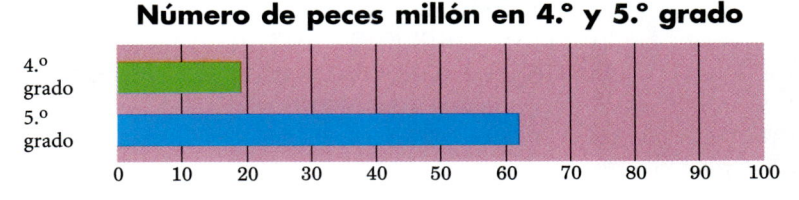

Agrega imágenes

Las ilustraciones harán que tu versión final sea clara e interesante. Usa fotos de revistas o periódicos o descarga ilustraciones del Internet. (*Nota*: Los sitios web, los periódicos y las revistas suelen tener reglamentaciones acerca del uso de sus imágenes. Consulta a tu maestro primero).

■ **Para informar...** Las ilustraciones pueden servir para que los lectores entiendan el tema. Pueden aportar color y detalles interesantes al cuerpo de un informe o de un ensayo o pueden decorar la cubierta de un informe. Puedes colocar el texto junto a una ilustración, como se muestra en este ejemplo de un ensayo de instrucciones:

Si nunca has usado una computadora,
el solo hecho de ver una puede hacer
que se te ocurran muchas preguntas.
¿Cómo hago para encender la pantalla?
¿Para qué son todos los botones? ¿Debo
saber cómo escribir a máquina? ¿Para
qué sirve el ratón? No te preocupes;
las computadoras son fáciles de usar.
Si puedes usar el control remoto de un
televisor, puedes usar una computadora.
Hay tres cosas básicas que debes saber.

■ **Para definir el tono...** Las ilustraciones pueden mostrar al lector cómo te sientes con respecto al tema. La siguiente foto, incluida en un informe acerca de las profesiones, transmite que es divertido ser cocinera. Las palabras y la imagen actúan en conjunto.

¿Alguna vez pensaste en ser cocinero?
Hay muchos trabajos para los cocineros.
Aunque no sepas cocinar, puedes ir a una
escuela para aprender. La paga es buena
y puedes viajar por el país porque hay
restaurantes en todas partes. Lo mejor de
este trabajo es que la buena comida hace
felices a las personas. Ser cocinero podría
ser muy divertido.

¿Cómo debo organizar mi escritura práctica?

Sigue las pautas para escribir una carta

Una **carta informal** y una **carta formal** tienen las mismas partes básicas: *encabezamiento, saludo, cuerpo, despedida* y *firma*. Además, una carta formal incluye la *dirección del destinatario*. Comenta esta carta.

Carta informal

Encabezamiento
Incluye tu dirección y la fecha. (1) ¿Por qué es importante la fecha?

Saludo Escribe un saludo y el nombre de la persona seguido de dos puntos. (2) ¿Qué saludos son más adecuados para una carta informal? ¿Y para una carta formal?

Cuerpo Todos los párrafos tienen sangría. (3) ¿Qué información e ideas presenta Miguel? (4) ¿Cómo termina la carta?

Despedida Escribe la primera palabra con mayúscula inicial y termina con una coma.

Firma
Firma manuscrita

Calle Tolman N.º 1040
Williamsburg, VA 23185
8 de enero de 2010

Querido Felipe:

Me llamo Miguel y soy tu nuevo amigo por correspondencia. Soy estudiante de quinto grado de la Escuela Primaria Page de Williamsburg, Virginia, y tengo once años.

Esto es lo que más me gusta hacer: ponerme en cuclillas al borde de la piscina, escuchar el disparo de largada, luego zambullirme en la piscina y mover los brazos y las piernas a toda velocidad hasta llegar a la meta. Soy nadador y acabo de comenzar a competir contra equipos de otras piscinas. Mi entrenador dice que nadar es muy buen ejercicio. Aumenta la resistencia y los músculos, y quema calorías. ¡Pero yo simplemente creo que es divertido!

Por favor, contéstame a esta carta y cuéntame sobre ti. ¿Qué es lo que mejor haces?

Tu amigo por
correspondencia,
Miguel Fernández

Inténtalo ▶ Escribe una carta a un amigo por correspondencia en la que le cuentes acerca de una actividad que te guste hacer. Expresa tus ideas, incluye información importante y asegúrate de que tu carta tenga todas las convenciones apropiadas que se mencionan arriba (incluida la despedida).

 TEKS 5.18B

Carta formal

Todas las partes de una carta formal comienzan en el margen izquierdo. Observa que hay un espacio entre los párrafos. Lee los apuntes que están a continuación.

Encabezamiento Incluye tu dirección y la fecha. (1) ¿Para qué podría usar esta información una compañía?

Dirección del destinatario El nombre y la dirección de la persona o de la compañía

Saludo Un saludo formal seguido de dos puntos

Cuerpo Expresa tu propósito para escribir y di lo que necesitas. Muestra un sentido de cierre hacia el final. (2) ¿Qué ideas e información importante presentó Luis? (3) ¿Cómo terminó Luis la carta?

Despedida Escribe la primera palabra con mayúscula inicial y termina con una coma.

Firma Incluye una firma manuscrita y el nombre escrito a máquina. (4) ¿Por qué podría ser útil esto?

Calle Park N.º 4824
Richland Center, WI 53581
20 de enero de 2010

Sr. David Costas
Apartado Postal 168
Yellowstone Park, WY 82190

Estimado Sr. Costas:

Con mi familia estamos haciendo un concurso para ver quién puede planificar las mejores vacaciones de verano. Quiero convencer a todos de ir al Parque Nacional Yellowstone. Pienso que ver la estampida de las manadas de búfalos junto a nuestro carro y observar la erupción del géiser Old Faithful sería mucho más emocionante que ir a la playa.

Le agradecería toda la ayuda que me pueda brindar. Me interesaría recibir folletos con fotos y mapas del parque. También necesitaría información acerca de los lugares donde podríamos pasar la noche y las actividades especiales que podríamos hacer en el parque.

Gracias por su ayuda. Tal vez lo conozca el próximo verano.

Atentamente,

Luis Juárez
Luis Juárez

Inténtalo Escribe una carta formal para pedir información acerca de un lugar que te gustaría visitar. Expresa tus ideas e incluye información importante. Asegúrate de que tu carta tenga todas las convenciones apropiadas que se mencionan arriba y concluye tu carta con una despedida amable.

Marcas editoriales y de corrección

Usa los símbolos y las letras que están a continuación para mostrar dónde y cómo corregir tu redacción. Tu maestro también puede usarlos para señalar errores en tu redacción.

Símbolo	Significado	Ejemplo	Ejemplo corregido
≡	Cambiar una letra minúscula por una mayúscula	Roald Dahl escribió el libro *el Gran Gigante Bonachón* (El GGB).	Roald Dahl escribió el libro *El Gran Gigante Bonachón* (El GGB).
/	Cambiar una letra mayúscula por una minúscula	Sofía es Huérfana.	Sofía es huérfana.
⊙	Insertar (agregar) un punto	Un gigante saca a Sofía de su cama⊙	Un gigante saca a Sofía de su cama.
◯ u *ort.*	Corregir la ortografía	El gigante se (leva) a Sofía.	El gigante se lleva a Sofía.
ℰ	Borrar (quitar) o reemplazar	El gigante él se la lleva al país de los gigantes.	El gigante se la lleva al país de los gigantes.
∧	Insertar aquí	Sofía tiene miedo de que el gigante se la quiera comer.	Sofía tiene miedo de que el gigante se la quiera comer.
∧ ∧̣ ∧̦	Insertar coma, dos puntos o punto y coma	Como el gigante le dice que no la quiere lastimar Sofía se tranquiliza.	Como el gigante le dice que no la quiere lastimar, Sofía se tranquiliza.
⩒ ⩒ ⩒	Insertar comillas	⩒¡Menos mal!⩒ piensa Sofía.	"¡Menos mal!", piensa Sofía.
¿? ¡! ∧∧ ∧∧	Insertar signos de interrogación o de admiración	¿Quién sopla los sueños a través de una trompeta?	¿Quién sopla los sueños a través de una trompeta?
∼	Intercambiar el lugar de letras o palabras	Sofía y el gran gigante bonachón tratan de impedir que los malos gigantes se lleven a los niños.	Sofía y el gran gigante bonachón tratan de impedir que los gigantes malos se lleven a los niños.
¶	Comenzar un párrafo nuevo	El gran gigante bonachón y Sofía necesitan ayuda. ¶A la mañana siguiente . . .	El gran gigante bonachón y Sofía necesitan ayuda. A la mañana siguiente. . .

Guía del corrector

Aprendizaje del lenguaje

**Trabaja con un compañero. Lean los significados
en voz alta y respondan juntos las preguntas.**

1. Una guía proporciona información.
   **¿Para qué podría ser útil una guía de
   tu pueblo o de tu ciudad?**

2. Si algo es básico, es simple, pero aun así, es una
   parte importante.
   Menciona una regla de ortografía básica.

3. Imaginar es formar imágenes en tu mente.
   **Cuando piensas en el verano, ¿qué
   es lo primero que imaginas?**

Corregir para respetar las convenciones mecánicas

Punto

El **punto** se usa para finalizar las oraciones. También se usa después de las iniciales y de las abreviaturas, y como punto decimal.

523.1
Al final de una oración

Usa el punto al final de una oración cuando esta sea una afirmación, una orden o un pedido.

> **Teo ganó la competencia de lanzamiento.** (afirmación)
>
> **Tómale una fotografía.** (orden)
>
> **Por favor, préstame tu gorra de béisbol.** (pedido)

523.2
Después de una inicial

Usa el punto después de la inicial del nombre de una persona. (La inicial es la primera letra de un nombre).

> **B. B. King** (músico de blues)
>
> **G. A. Bécquer** (poeta)

523.3
Como punto decimal

Usa el punto como punto decimal y para separar los dólares de los centavos.

> **Roberto está 99.9 por ciento seguro de que el abono para el autobús cuesta $2.50.**

523.4
En abreviaturas

Usa el punto después de una abreviatura. (Consulta la página **562** para obtener más información sobre las abreviaturas).

> **núm.   Dra.   págs.   a. C.   Atte.   Sr.**

Usa solo un punto cuando la abreviatura es la última palabra de una oración.

> **En las bibliotecas hay libros, CD, DVD, revistas, etc.**

Signos de interrogación

Los **signos de interrogación** se usan al comienzo y al final de una pregunta directa (una oración interrogativa). Algunas veces, se usa un signo de interrogación de cierre entre paréntesis para mostrar duda o incertidumbre acerca de la exactitud de un detalle.

524.1

En preguntas directas

Pon un signo de interrogación al comienzo y al final de las preguntas directas.

¿Son más seguros los carros que tienen frenos ABS?

No se usan signos de interrogación en las preguntas indirectas. (En una pregunta indirecta, hablas sobre una pregunta que has hecho tú u otra persona).

Le pregunté si eran más seguros los carros que tienen frenos ABS.

524.2

En preguntas de coletilla

Pon un signo de interrogación al comienzo y al final de las preguntas cortas que se añaden al final de una afirmación para buscar confirmación. (Este tipo de preguntas se llaman *preguntas de coletilla*).

Este siglo acabará en 2099, ¿no?

524.3

Para mostrar duda

Coloca un signo de interrogación de cierre entre paréntesis para mostrar que no estás seguro de que la información sea correcta.

El barco llegó a Boston el 23 (?) de julio de 1652.

Signos de admiración

Los **signos de admiración** se usan para expresar un sentimiento intenso. Pueden encerrar una palabra, una frase o una oración, pero siempre deben ir al comienzo y al final.

524.4

Para mostrar un sentimiento intenso

¡Sorpresa! (palabra)
¡Feliz cumpleaños! (frase)
¡Voy enseguida! (oración)

NOTA: No uses signos de admiración adicionales (¡¡¡Buenísimo!!!) en tareas escolares de redacción ni en cartas formales.

Práctica

Puntuación de apertura y cierre

Escribe los signos de apertura y cierre correctos (punto, signos de interrogación o signos de admiración) y cualquier punto que haga falta en las siguientes oraciones.

Ejemplo: ¿Sabes cuál es la capital de Ohio?

1. Ah, sí, lo sé, lo sé: es Salem

2. No, no te pregunto la capital de Oregon

3. Dalia, mejor dime tú la respuesta

4. La capital de Ohio es Columbus

5. Qué ciudad es la capital de Carolina del Sur

6. Te daré la misma pista que nos dio el Sr Correa en la clase de ayer

7. El nombre comienza igual que el de la capital de Ohio

8. Es parecido al de un país de Suramérica

9. Es acaso Columbia

10. Sí, correcto

Paso siguiente: Escribe una pregunta sobre la capital de un estado. Luego escribe otra oración que la responda. Incluye una abreviatura en la pregunta o en la respuesta. Asegúrate de usar la puntuación correcta.

Comas

Las **comas** evitan que se confundan las palabras y las ideas. Las comas le indican al lector dónde hacer una pausa para que el texto sea más fácil de entender.

526.1
Para separar elementos de una enumeración

Coloca comas entre las palabras, frases o cláusulas que constituyan una enumeración. No coloques una coma delante de la *y* que introduce el último elemento de la enumeración. (Una enumeración está constituida por tres o más elementos seguidos).

> **A Ana le gustan la salchicha, la piña, el huevo y las aceitunas en la pizza.** (palabras)

> **En el verano leo cuentos de misterio, paseo en bicicleta y juego al baloncesto.** (cláusulas)

526.2
Cuando se omite un verbo

Debes colocar una coma en lugar del verbo cuando omites el verbo porque lo has mencionado antes o porque se sobreentiende.

> **Mario trajo la comida; César, las bebidas.**

> **Los niños, por aquella puerta.**

526.3
En oraciones compuestas

Usa coma en oraciones compuestas cuando las cláusulas no estén unidas por una conjunción coordinante como *y, o, pero*.

> **Los niños cantaban, las niñas bailaban.**

Usa coma en oraciones compuestas antes de *y* u *o* si estos conectan elementos que ya tienen esas conjunciones.

> **Corrimos y saltamos, y después regresamos a casa.**

NOTA: Usa coma antes de la *y* que conecta dos oraciones coordinadas cuando el sujeto de la segunda se pueda confundir con el complemento de la primera.

> **Manu y Ana estudiaban con Leo, y Sonia leía con su primo.**

Usa coma en oraciones compuestas delante de oraciones coordinadas introducidas por *pero, aunque, sino (que), así que, de manera que,* etc.

> **Ya terminaste la tarea, así que puedes salir a jugar.**

Práctica

Comas 1

- ■ **Para separar elementos de una enumeración**
- ■ **Cuando se omite un verbo**
- ■ **En oraciones compuestas**

Debajo de cada oración, escribe la palabra o las palabras después de las cuales es necesaria una coma. También escribe la coma.

Ejemplo: Gloria tenía una cita con el médico y luego con el dentista y quería llegar puntual a esta última.

dentista,

1. El Dr. Bob explicaba Gloria escuchaba.

2. "El calcio la vitamina D y la vitamina C son esenciales para la salud de tus dientes".

3. "Casi todos saben que la leche tiene calcio y vitamina D y todo esto es bueno para ti".

4. "Las naranjas los pimientos verdes y las fresas son fuentes importantes de vitamina C".

5. "El calcio y la vitamina D fortalecen tus dientes; la vitamina C tus encías".

6. Gloria prometió seguir una dieta saludable al dentista y a su mamá le pareció estupendo.

Paso siguiente: Imagina o investiga cómo seguiría la información que el dentista da a su paciente. Escribe cuatro oraciones, de las cuales al menos dos sean compuestas. Coloca las comas correctamente.

Comas...

Usa una coma para separar una frase larga o una cláusula colocada antes de la parte principal de la oración.

> **Después de revisar mis rodilleras, comencé a practicar.** (frase)

> **Si practicas con frecuencia, patinarás con soltura.** (cláusula)

En general, no necesitas colocar una coma cuando la frase o la cláusula están después de la parte principal de la oración.

> **Patinarás con soltura si practicas con frecuencia.**

Generalmente, tampoco necesitas la coma después de una cláusula inicial corta.

> **Pronto descubrirás que tienes muchas ganas de practicar.** (La coma no es necesaria después de *Pronto*).

Usa comas para separar las diferentes partes de una dirección. (*No* uses coma entre la calle o avenida y el numero).

> **La dirección de mi familia es calle de la Campana numero 2463, La Paloma codigo postal 30200, Uruguay.**

Coloca comas entre números que indiquen cientos, miles, millones y mil millones.

> **Como el carro de Agustín ya tiene 200,000 millas recorridas, intenta venderlo por apenas $1,000.**

No uses coma en un número cuando este sea el número de una calle, un código postal o un año. Además, puedes escribir los números en millones y miles de millones de esta manera: 7.5 millones, 16 mil millones. (Consulta la página 566.2).

> **Brasil tiene 184 millones de habitantes.**

Práctica

Comas 2

■ **Para separar frases y cláusulas introductorias**

■ **En direcciones**

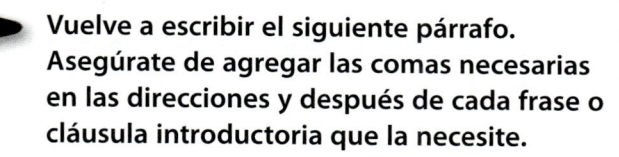

Vuelve a escribir el siguiente párrafo. Asegúrate de agregar las comas necesarias en las direcciones y después de cada frase o cláusula introductoria que la necesite.

Ejemplo: Cuando papá era joven y
soltero jugaba al béisbol.

Cuando papá era
joven y soltero,

1   Antes mi papá pertenecía a la Liga Juvenil de Béisbol.

2 Entre los demás jugadores él se destacaba por ser muy

3 veloz para buscar la pelota. Una vez su equipo fue a un

4 campeonato en el que participaban cientos de adolescentes.

5 La sede central fue en el Parque de los Deportes, que

6 quedaba en el bulevar Cinco de Mayo N.º 2070 Jalisco

7 México. El equipo de mi papá salió en tercer lugar. Siempre

8 que cuenta el momento en que le entregaron la medalla mi

9 papá se emociona mucho. A mí me pone muy orgulloso.

Paso siguiente: Escribe dos oraciones sobre un amigo al que le
gusten los deportes. Usa una frase o cláusula
introductoria e incluye la dirección donde vive.

Comas...

Usa comas para separar una digresión, es decir, una palabra, una frase o una cláusula que interrumpen la idea principal de una oración.

> **Podrías, por ejemplo, llevar a pasear al perro en lugar de mirar televisión.**

Esta es una lista de palabras y frases que puedes usar para interrumpir pensamientos principales.

por ejemplo	**para estar seguro**	**por otra parte**
sin embargo	**en realidad**	**de hecho**

PRUEBAS: Usa una de estas pruebas para comprobar si una palabra o frase interrumpe una idea principal:

1. Elimina la palabra o la frase. El significado no debe cambiar.

2. Mueve la palabra o la frase a otro lugar de la oración. El significado no debe cambiar.

Usa una coma para separar una interjección o una exclamación débil del resto de la oración.

> **¡Ah, mira ese amanecer!**

> **¡Eh, nos levantamos temprano!**

Pero ten en cuenta que muchas interjecciones también se usan encerradas entre signos de admiración.

> **¡Ey! Mejor vayamos más despacio.**

Las siguientes palabras se usan con frecuencia como interjecciones.

eh	**caramba**	**ah**
ojalá	**vaya**	**oh**
ay	**bueno**	**uf**

Usa comas para separar del resto de la oración a los sustantivos que funcionan como vocativos (que sirven para dirigirse o nombrar a la persona a la que se habla).

> **—Emiliano, algunas computadoras no necesitan teclado.**

> **—Ya lo sé, Ingrid. Responden a la voz.**

Práctica

Comas 3

■ Para separar digresiones

■ Para separar interjecciones

Debajo de cada oración, escribe la palabra o las palabras después de las cuales es necesaria una coma. También escribe la coma.

Ejemplo: Vaya ¿sabías que las estaciones del año en los Estados Unidos son opuestas a las de Australia?

Vaya,

1. ¡Bueno es verdad!

2. En Australia por ejemplo el invierno transcurre de junio a agosto.

3. En la mayoría de las regiones de Australia sin embargo incluso las temperaturas del invierno no bajan de 50 grados Fahrenheit.

4. En la parte sur de Argentina por otro lado hace bastante frío en julio y en agosto.

5. ¡Oh puedes ir a esquiar a una montaña entonces!

6. Uf eso sería un asunto muy diferente.

Paso siguiente: Escribe dos oraciones en las que describas tu estación favorita. Usa una digresión en una de ellas y una interjección en la otra. Usa las comas de forma correcta.

★ **TEKS** 5.18B

Comas...

532.1

Para separar adjetivos de igual función

Usa comas para separar dos o más adjetivos que tengan igual función, siempre que no estén unidos por la conjunción *y*.

> **Pablo parecía triste, desilusionado.** (Los adjetivos *triste* y *desilusionado* están separados por una coma porque tienen igual función).

> **Dos enormes ojos lo contemplaban fijamente.** (Los adjetivos *dos* y *enormes* no están separados por una coma porque no tienen igual función).

PRUEBAS: Usa una de las siguientes pruebas para decidir si los adjetivos cumplen igual función.

1. Cambia el orden de los adjetivos. Si la oración sigue siendo clara, los adjetivos tienen igual función.

2. Coloca la palabra *y* entre los adjetivos. Si la oración es clara, los adjetivos tienen igual función.

Recuerda: No debes usar coma entre el sustantivo y el adjetivo cuando estos son contiguos.

532.2

Para separar frases explicativas y aposiciones

Usa una coma para separar frases explicativas del resto de la oración. (*Explicativa* significa "que explica").

> **Sonia, al regresar de Florida, trajo regalos para todos.**

Usa comas para separar aposiciones. Una aposición es una palabra o frase que nombra de otra manera al sustantivo o pronombre que va delante de ella. (Consulta la página **602.5**).

> **El Sr. Paz, nuestro maestro de ciencias, dice que el Sol es una fuente de energía importante.**

> **La energía solar y la energía eólica, dos fuentes de energía no contaminantes, deberían aprovecharse más.**

532.3

En las cartas

Coloca una coma después del saludo de despedida en las cartas formales e informales.

> **Cariños,   Atentamente,**

Práctica

Comas 4

- ■ Para separar adjetivos de igual función
- ■ Para separar aposiciones
- ■ En las cartas

Debajo de cada oración, escribe la palabra o las palabras después de las cuales es necesaria una coma y también la coma.

Ejemplo: Claudio mi hermano estaba en la feria.

Claudio, mi hermano,

Querida Analía:

1. En la feria, Claudio vio un payaso un sujeto corpulento y pelirrojo que vendía globos de helio.

2. El payaso había atado alrededor de 30 vistosos globos al viejo oxidado poste de una cerca.

3. De repente el Sr. Fernández nuestro vecino gritó: "Los globos se están volando".

4. Claudio corrió tan rápido como pudo para intentar alcanzar el brillante etéreo manojo de colores.

5. Mientras Claudio aferraba los cordeles, Ricardo nuestro primo mayor gritaba: "¡No Claudio! ¡Déjalos ir!".

6. Resultó ser una divertida ajetreada tarde.

7. Saludos

Camilo

Paso siguiente: Inventa otro final para la carta e incluye una aposición o dos adjetivos de igual función y el saludo. Coloca las comas correctamente.

Rayas

El **guión largo** o **raya** se usa para introducir diálogos e intervenciones del narrador en narraciones. También se usa para encerrar frases que interrumpen el discurso.

534.1

Para encerrar frases

Usa las rayas para encerrar frases aclaratorias o incisos que interrumpan el discurso. (Consulta la página **548** para obtener más información sobre el uso de la raya para aclaraciones e incisos).

> **Omar recordaba que en el establecimiento de Tito ——esa antigua tienda de la esquina—— había pasado momentos inolvidables.**

534.2

En diálogos

Usa la raya en los diálogos para señalar el cambio de interlocutor en un diálogo. Coloca la raya delante de cada una de las intervenciones de cada interlocutor sin dejar un espacio entre la raya y la intervención. Cada intervención debe ir en un párrafo aparte sangrado. La normas de puntuación son las mismas que para una oración cualquiera.

> **——¿Adónde vas?**
> **——A llevarle unos dulces a la abuela.**

Práctica

Rayas 1

- ■ **Para encerrar frases**
- ■ **En diálogos**

En los siguientes diálogos y oraciones, identifica los sitios en los que debería ir una raya y agrégala. Presta atención a la puntuación y el espaciado. Escribe las oraciones de forma correcta en tu hoja.

Ejemplo: ¿Qué estás escuchando?
Un CD que me regalaron.
—¿Qué estás escuchando?
—Un CD que me regalaron.

1. ¿Sabes quién inventó el CD?
   Fue James Russell.

2. No le gustaban los ruidos —tan molestos que hacían los discos de vinilo.

3. Para él, el buen sonido cualidad que valoraba sobre todo— era algo vital.

4. ¿Duran mucho los discos de vinilo?
   —No, se estropean con el tiempo.

5. Russell pensó que un láser no dañaría la superficie —como lo hacían las agujas en el vinilo y el formato sería más duradero.

6. ¿Crees que inventarán un nuevo formato?
   —Es probable.
   Quizá lo invente uno de nosotros.

 **TEKS** 5.21B(ii)

Rayas...

Usa la raya en las narraciones para encerrar los comentarios del narrador que se intercalan en las intervenciones de los personajes.

Si las palabras del personaje no continúan inmediatamente después de la intervención del narrador, coloca una sola raya delante del comentario. Deja un espacio antes de la raya que inicia el comentario del narrador, pero no dejes espacio después.

> —**Hola Roberto, ha pasado mucho tiempo** ——**dijo Patricio con alegría.**

Si tras el comentario del narrador el discurso del personaje continúa, coloca dos rayas, una de apertura y una de cierre. Deja un espacio antes de la raya de apertura y otro tras la raya de cierre, pero no dejes espacio entre las rayas y el comentario del narrador.

> —**Me pasa cada vez que lo veo** ——**suspiró**——. **Me entran ganas de adoptarlo, pero ya tenemos un gatito.**

El signo de puntuación de la intervención del hablante (ya sea coma, punto y coma, dos puntos o punto) se coloca detrás de la raya de cierre para la intervención del narrador.

> —**Usaremos tres colores** ——**indicó Sabrina**——: **el rojo, el blanco y el azul.**

NOTA: Si la intervención del hablante acaba con un signo de admiración o interrogación, el inciso del narrador comienza con minúscula y se coloca un punto tras la raya de cierre.

> —*¿Para qué?* —*preguntó Noelia*—. *No vale la pena todo esto.*

Práctica

Rayas 2

■ **En narraciones**

En la siguiente narración, identifica los sitios en los que falta una raya y agrégala. Agrega también los signos de puntuación necesarios. Escribe las oraciones de forma correcta en una hoja aparte.

Ejemplo: —¿Hay alguien ahí? preguntó Roberto al oír el timbre de la puerta

—¿Hay alguien ahí? —preguntó Roberto al oír el timbre de la puerta.

1. —Traigo una pizza para la familia Mota contestó una voz al otro lado de la puerta

2. Aquí no vive la familia Mota —respondió Roberto pero también habíamos pedido una pizza.

3. —¡Qué raro! contestó el repartidor ¿Qué ingredientes pidieron para su pizza?

4. Pedimos tres ingredientes explicó Roberto— pimientos, cebolla y queso.

5. ¿Qué nombre dieron? —siguió indagando el repartidor La que llevo tiene esos ingredientes.

6. Familia Mita replicó Roberto— Creo que se han equivocado.

7. —Sí, tiene razón concluyó el repartidor Volveré a la tienda.

Paso siguiente: Escribe unas líneas de diálogo entre dos amigos (uno pregunta una cosa y el otro le responde). Verifica que hayas usado el espaciado y la puntuación correcta para las rayas.

TEKS 5.21B(ii)

Comillas

Usa las **comillas** para enmarcar citas textuales y reproducir los pensamientos de los personajes en narraciones. Úsalas también para indicar que ciertas palabras se han utilizado de manera especial y para citar títulos de ciertos tipos de texto.

538.1
Para citas textuales

Usa las comillas para transcribir citas textuales. Escríbelas al comienzo y al final de la cita. Normalmente, se colocan dos puntos y se deja un espacio antes de la cita enmarcada entre comillas. No debe haber espacio entre las comillas y la cita que enmarcan. El signo de puntuación de la cita se escribe *después* de las comillas de cierre, excepto si se trata de un signo de interrogación o admiración, que se coloca *antes*.

> Fue Descartes quien dijo: "Pienso, luego existo".

> Cuando Arquímedes descubrió la clave para un problema matemático grito: "¡Eureka!".

538.2
Para reproducir pensamientos

En los textos narrativos, usa las comillas para reproducir los pensamientos de los personajes.

> "Tengo que salir temprano para alcanzar el autobús", pensó Virginia antes de dormirse.

NOTA: Consulta el apartado anterior para obtener información sobre la puntuación y el uso de comillas.

538.3
Para citar títulos

Usa las comillas para citar el título de un artículo, un poema, un capítulo de un libro o un reportaje.

> En su poema "Marinero en tierra", Rafael Alberti compara su blusa marinera con la vela de un barco.

538.4
Para palabras especiales

Usa las comillas para indicar que una palabra o expresión es impropia, vulgar, procede de otra lengua o se utiliza irónicamente o con un sentido especial.

> Dijo que la comida llevaba muchas "especies".

⭐ **TEKS** 5.21B(ii)

Práctica

Comillas

- **Para citas textuales y pensamientos**
- **Para citar títulos**
- **Para palabras especiales**

En las siguientes oraciones, identifica los sitios en los que deberían ir comillas y agrégalas. Agrega también los signos de puntuación necesarios. Luego escribe debajo el texto que debería ir encerrado entre comillas con la puntuación incluida.

Ejemplo: Me encanta bailar, pensó Tere.

"Me encanta bailar", pensó Tere.

1. Tere recordó que su maestra le había dicho Escribe sobre algo que te guste.

2. Decidió escribir un poema titulado Danza libre.

3. Le gustó el título porque danza le recordaba a cuando jugaba a ser bailarina con su papá, director de orquesta.

4. El poema comienza así Danza sin parar hasta llegar al mar.

5. Su maestra la atrapó in fraganti acabando el poema en clase.

6. La maestra lo leyó y pensó Es muy bueno.

7. Tere recordó más tarde que la maestra le había dicho Sigue escribiendo, tienes talento.

8. Al día siguiente empezó a escribir otro poema titulado Escribe libre.

Paso siguiente: Piensa en cuatro citas que hayas leído u oído sobre un tema y escribe unas líneas sobre ese tema en el que incluyas las citas. Verifica que hayas usado el espaciado y la puntuación correcta para las citas.

Guiones

El **guión** se usa para dividir palabras al final de un renglón. También se usa en palabras compuestas, para indicar períodos de tiempo y en las fechas.

540.1 Para dividir palabras

Usa un guión para dividir una palabra al final del renglón cuando no hay suficiente espacio para que entre de forma completa.

escri-tura

Una palabra solo se puede dividir en sílabas, o golpes de voz (*ex-plo-ra-dor*). Algunas pautas para dividir palabras son:

- Nunca dividas una palabra de una sola sílaba (*fin, gol, mar*).
- Trata de no dividir una sílaba de una letra del resto de la palabra (*aparta-mento,* no *a-partamento*).
- Nunca dividas abreviaturas (*Srta., Dr.*).

540.2 En palabras compuestas

Usa un guión para unir los elementos que forman palabras compuestas.

estudio histórico-crítico

enfoque teórico-práctico

540.3 Para indicar períodos de tiempo

Usa un guión entre el año inicial y el año final de un acontecimiento, de un proceso o de la vida de una persona, para indicar transcurso del tiempo.

la Primera Guerra Mundial (1914-1918)

Jorge Luis Borges (1899-1986)

540.4 En fechas

Puedes usar guiones para escribir fechas.

24-10-1981

Práctica

Guiones

- **Para dividir palabras**
- **En palabras compuestas**

Identifica en los siguientes ejemplos si una palabra al final de un renglón está mal dividida o si una palabra compuesta debe llevar guión. Escribe las palabras de forma correcta en tu hoja.

Ejemplo: El tío Javier, el cuñ-
ado de mamá, es artista.
cu-ñado o cuña-do

1. Hace algunos años, hizo un curso teórico práctico de pintura realista.

2. Él dice que el curso fue excelente en cuanto a la relación calidad precio.

3. Mamá le pidió que pintara un mural en un cuarto s-in ventanas.

4. El tío Javier dijo que pintaría algunas ventan-as con paisajes detrás de ellas.

5. Primero, mamá pintó todo el cuarto de color cel-este.

6. Después, el tío Javier usó una paleta con muchos color-es más para hacer el mural.

7. Mamá invitará a sus amigas a tomar el té para mo-strarles el mural.

8. Mi tío ahora dice que quiere ser pintor escultor.

Dos puntos

Los **dos puntos** pueden usarse antes de una enumeración, una ejemplificación, una cita textual o para introducir un diálogo. También se usan en el encabezamiento de cartas y entre los números que indican la hora.

542.1
Antes de una enumeración o una ejemplificación

Usa los dos puntos antes de una enumeración al final de una oración completa.

> Para construir casas, se pueden usar distintos materiales: madera, piedras, tierra y arena.

Los dos puntos también suelen usarse a continuación de frases que introducen una ejemplificación, como *a saber* o *por ejemplo*.

> Cuando estoy en casa, hago varias cosas, por ejemplo: leo, juego en el patio, hablo por teléfono con mi primo.

NOTA: Es incorrecto usar dos puntos después de una preposición.

542.2
Antes de una cita textual o una intervención

Usa los dos puntos antes de una cita textual en estilo directo.

> El presidente Lincoln concluyó el Discurso de Gettysburg con estas famosas palabras: "...el gobierno del pueblo, por el pueblo y para el pueblo no desaparecerá de la Tierra".

También puedes usar dos puntos para introducir una intervención de diálogo.

> El joven levantó la vista y dijo: —Yo lo haré.

542.3
En cartas

Usa los dos puntos en las cartas formales e informales después del saludo.

> Estimado Sr. Peralta:
>
> Querida tía Adela:

542.4
Entre los números de la hora

Usa dos puntos entre la partes de un número que indica la hora.

> 7:30 a. m.   1:00 p. m.

Práctica

Dos puntos

- Antes de una enumeración o una ejemplificación
- En cartas
- Entre los números de la hora

En la siguiente carta informal, identifica qué palabra debería estar seguida de dos puntos o entre qué números deben usarse dos puntos. Escríbelo de forma correcta en tu hoja.

Ejemplo: Ayer partimos a las 800 para bajar el río sobre llantas.

8:00

1. Querido Luis

2. Si algún día bajas un río sobre llantas, asegúrate de que llevas todo lo necesario un traje de baño, una camiseta, una gorra y calzado.

3. También es recomendable llevar elementos de protección, por ejemplo bálsamo labial, gafas de sol, filtro solar.

4. El sol es muy fuerte entre las 1100 a. m. y las 200 p. m.

5. Para mí, estas son algunas palabras que describen cómo es bajar el río sobre llantas divertido, relajante y pintoresco.

6. Regresamos alrededor de las 600 p. m.

7. Espero verte pronto y que hagamos cosas juntos, a saber andar en bicicleta, jugar al baloncesto y ¡bajar el río sobre llantas!

Cariños,

Malena

Paso siguiente: Escribe una carta formal en la que cuentes lo que se necesita para practicar un deporte o una actividad que te guste. Incluye enumeraciones y horas recomendadas para hacer ese deporte o actividad. Asegúrate de usar los dos puntos correctamente.

Punto y coma

El **punto y coma** a veces funciona de la misma forma que una coma. Otras veces, funciona como un punto y seguido e indica una pausa más larga.

544.1
Para unir dos cláusulas independientes

Puedes unir dos cláusulas independientes con punto y coma cuando están relacionadas por el sentido. (Consulta la página **600.2** para obtener más información sobre cláusulas).

> En el futuro, algunas ciudades quedarán sumergidas en los océanos**;** otras, flotarán como islas.

> El hombre se dirigió, como había prometido, hacia el puente**;** allí lo esperaba una agradable sorpresa.

NOTA: La mayoría de las cláusulas independientes tienen sentido por sí solas, es decir, podrían ser una oración por sí mismas.

544.2
Para separar elementos en una enumeración que ya tiene comas

Usa punto y coma para separar elementos que ya contienen comas en una enumeración.

> Cruzamos el arroyo**;** desempacamos los almuerzos, las cámaras y los diarios**;** y finalmente descansamos.

(La segunda cláusula contiene comas).

Puntos suspensivos

Los **puntos suspensivos** (tres puntos seguidos) se usan para indicar que se han omitido palabras u oraciones o para señalar duda o una pausa en el diálogo.

544.3
Para indicar la omisión de palabras

Usa puntos suspensivos entre corchetes para indicar que se han omitido una o más palabras en una cita.

> "Denme la libertad o denme la muerte".

> "Denme la libertad o **[...]** la muerte".

544.4
Para señalar duda o una pausa

Usa los puntos suspensivos para señalar una duda o una pausa en un diálogo. Los puntos suspensivos van pegados a la palabra que tienen delante.

> Debería decírselo**...** pero ¿cómo?

> —¡Es**...** increíble! —exclamé.

Práctica

Punto y coma

En las siguientes oraciones, escribe las palabras que deberían separarse con punto y coma. Escribe el punto y coma, también.

Ejemplo: La familia de Tomás hizo un viaje único fueron a Iqaluit.

único; fueron

1. Iqaluit es la capital de Nunavut este territorio canadiense se fundó en 1999.

2. Allí Tomás visitó un museo y un teatro hizo ejercicio en una pista de patinaje, un gimnasio y una piscina y comió en restaurantes muy buenos.

3. Iqaluit está ubicada al norte de Quebec tiene un clima ártico eso significa que hay nieve nueve meses al año.

4. Los visitantes pueden comer almejas, langostinos y caribú viajar en trineos tirados por perros, kayaks y trineos a motor y ver osos polares, focas y morsas.

5. La mayoría de las personas de Iqaluit son esquimales es uno de los pueblos nativos de las regiones que están más al norte.

Paso siguiente: Escribe una oración compuesta en la que describas un lugar inusual. Usa un punto y coma para unir las cláusulas independientes.

Letra cursiva y subrayado

La **letra cursiva** es un tipo de letra que está ligeramente inclinada, como en esta palabra: *niña*. Se usa para algunos títulos y palabras especiales. Si usas una computadora, debes usar letra cursiva. Si estás escribiendo a mano, usa el **subrayado** para las palabras que deberían estar en letra cursiva.

546.1
En títulos

Usa letra cursiva (o subrayado) para los títulos de libros, obras de teatro, poemas muy largos, revistas y periódicos; películas (en vídeo o DVD) y álbumes de música (en casete o CD); y nombres de barcos, aviones y naves espaciales. (Consulta la página **538.3** para obtener más información sobre títulos).

Hamlet O Hamlet (libro)

Naturaleza y vida O Naturaleza y vida (revista)

Buscando a Nemo O Buscando a Nemo (película)

Tinkerbell y el tesoro perdido O Tinkerbell y el tesoro perdido (CD)

Los Angeles Times O Los Angeles Times (periódico)

Titanic O Titanic (barco)

Discovery O Discovery (nave espacial)

546.2
En palabras especiales

Usa letra cursiva (o subrayado) para nombres científicos y para palabras o letras sobre las que se están hablando o que se están usando de forma especial.

El nombre científico de las caléndulas es *Tagetes*.

La palabra *amigo* significa cosas distintas para cada persona.

546.3
Para dar énfasis

Usa letra cursiva (o subrayado) para dar énfasis a una palabra o idea clave.

El pequeño brote era un símbolo de vida, de esperanza, de nuestro *futuro*.

Habíamos estado atascados en el tránsito durante horas, pero ahora éramos *libres*.

Práctica

Letra cursiva y subrayado

Escribe las palabras que deberían estar en letra cursiva de cada oración y subráyalas.

Ejemplo: Amy leyó el libro El expreso polar.

El expreso polar

1. Dijo que estaba very good y sé que eso significa "muy bien".

2. Tom Hanks actúa en la película basada en este libro; también actuó en la película El náufrago.

3. Mi madre leyó una crítica de la película en el Diario de San Antonio, el periódico que suele leer.

4. Me dijo que la película no trata del Ursus maritimus, el oso polar.

5. —Lo sé —le dije—. Es el nombre de un tren, como Queen Elizabeth II es el nombre de un barco.

6. —¿Has estado leyendo mi revista Cruceros del mundo? —me preguntó.

7. —No, pero me encantaría ir a un crucero —le respondí.

8. —¿Acaso podrías soportar no ir a la escuela? —me dijo en broma.

Paso siguiente Escribe una oración en la que incluyas el nombre de un libro conocido. Recuerda subrayar el título para indicar que va en letra cursiva. Cuéntale tu opinión a un compañero.

Rayas

El **guión largo** o **raya**, además de para el diálogo en narraciones, se usa para intercalar aclaraciones e incisos que interrumpen el discurso en una oración.

548.1

Para intercalar aclaraciones e incisos

Usa la raya para intercalar, o encerrar, aclaraciones o incisos que interrumpen el discurso. Se coloca una raya al principio y otra, al final. Cada raya va unida, sin dejar espacio, a la primera y a la última palabra de la aclaración o inciso, respectivamente. Debes dejar un espacio antes de la primera raya y después de la última.

> **Gracias a las computadoras, nuestro mundo ——así como la forma de vida de todos—— ha cambiado enormemente.**

> **Con una computadora ——hoy en día hay cientos de modelos—— las personas se conectan al Internet.**

> **Puedes encontrar mucha información sobre aduanas, carreras, deportes, meteorología ——casi todas las áreas tienen información publicada—— en el Internet.**

Paréntesis

Los **paréntesis** se usan para encerrar palabras que agregan información adicional a la oración o que clarifican una idea.

548.2

Para agregar información

Usa los paréntesis cuando quieras agregar información o clarificar una idea.

> **Accidentalmente dejé las llaves del carro de mi madre (un convertible azul) en la butaca delantera.**

> **Cinco estudiantes hicieron la música de fondo (un suave tarareo) para la cantante.**

Práctica

Rayas y paréntesis

En cada oración, indica si usarías paréntesis o rayas para separar las palabras subrayadas.

Ejemplo: Los ingredientes con los que se rellena la tortilla de maíz los únicos tres ingredientes para hacer un taco de verdad son carne, cebolla y picante.

rayas

1. Se hacen diferentes tipos de salsas con *chipotle* pimienta ahumada de jalapeño.

2. Aunque los frijoles llegaron por primera vez a los Estados Unidos desde Guatemala, su nombre en inglés *lima beans* proviene de Lima, Perú.

3. En Costa Rica se come *gallo pinto* un plato a base de arroz y frijoles en el desayuno, el almuerzo y la cena.

4. El mango una fruta nativa de la India se usa en muchas comidas en Latinoamérica.

5. El *gazpacho* es una sopa hecha con tomate, pepino y ajo que se sirve fría.

6. En España, una tortilla se hace con huevos no es el pan chato y fino que se conoce en los Estados Unidos y se le suele añadir papas y cebolla.

Paso siguiente: Escribe una oración en la que describas una comida poco común. Añade información adicional entre paréntesis.

Uso de las letras mayúsculas

550.1
Sustantivos propios

Escribe con **letra mayúscula** inicial todos los sustantivos propios. Un sustantivo propio designa a una persona, un lugar, una cosa o una idea específicos.

> puente Golden Gate
>
> premio Nobel
>
> Día de Acción de Gracias

550.2
Nombres de personas (incluidas las iniciales)

Escribe con letra mayúscula inicial los nombres de personas (sustantivos propios), así como las iniciales o abreviaturas de sus nombres.

> Juan Suárez   Horacio Torres
> C. S. León   Sacagawea

550.3
Títulos o cargos de personas

Escribe con letra mayúscula inicial los títulos o cargos *(papa, rey, presidente)* cuando estas palabras no aparezcan junto al nombre de la persona y se refieran específicamente a la persona que actualmente ejerce el cargo.

> **El Presidente visitará hoy la ciudad. (**el presidente actual)
>
> **El Papa dio su bendición**. (el papa actual)

NOTA: No uses letras mayúsculas cuando estas palabras que indican títulos o cargos aparezcan junto al nombre de la persona: *el presidente Obama, el papa Benedicto XVI.*

550.4
Abreviaturas, acrónimos e iniciales

Escribe con letras mayúsculas las abreviaturas, incluidas las de títulos, los acrónimos y las iniciales.

> **J. R. López**   **Lic.** (licenciado/licenciada)
> **Atte.** (Atentamente)
>
> **ONU** (Organización de las Naciones Unidas)
>
> **OEA** (Organización de los Estados Americanos)

550.5
Organizaciones

Escribe con letra mayúscula inicial los nombres de organizaciones, asociaciones y partidos políticos.

> **Girl Scouts**   **el Consejo Nacional de Maestros**
> **el Partido Demócrata**   **el Partido Republicano**

TEKS 5.20E, 5.21A(i-iii)

Práctica

Uso de las letras mayúsculas 1

- Abreviaturas y acrónimos
- Nombres e iniciales
- Organizaciones

En las siguientes oraciones, escribe correctamente todas las palabras en las que no se hayan usado adecuadamente las letras mayúsculas.

Ejemplo: Mi vecina, la sra. hernández, es periodista gráfica.
Sra. Hernández

1. Escribió un libro interesante sobre la nasa y el programa espacial.

2. El superintendente c. p. garcía la presentó en una conferencia que hubo en la escuela la semana pasada.

3. El director julio sábato elogió mucho a la sra. hernández y a su libro.

4. La había escuchado hablar en una convención de la onu.

5. Algunos miembros de la cámara de comercio estaban entre el público.

6. El alcalde también estaba allí.

7. Después de su presentación, la sra. hernández ofreció un dvd con sus fotografías para quienes quisieran comprarlo.

8. Mi amiga b. j. sánchez compró uno para usarlo en un informe.

Aprendizaje del lenguaje Comenta con un compañero por qué las personas usan abreviaturas. Haz una lista de las abreviaturas y acrónimos que conozcas e intercámbiala con tu compañero. Comprueba haber usado las letras mayúsculas de forma correcta.

Uso de las letras mayúsculas...

Escribe con letra mayúscula inicial los sustantivos comunes que se utilizan para designar a una persona en lugar del nombre propio.

el Sabio (Salomón)   **el Magnánimo** (rey Alfonso V)

También se escriben con letra mayúscula inicial los sustantivos comunes que se refieren a Dios o a figuras reverenciadas.

el Creador   el Mesías

Escribe con letras mayúsculas los nombres de fiestas y feriados, tanto religiosos como civiles.

Navidad	**Día de la Independencia**	**Halloween**
Año Nuevo Chino	**Yom Kippur**	**Cinco de Mayo**

NOTA: Recuerda que no debes usar letras mayúsculas para los meses del año ni los días de la semana en otros casos.

Escribe con letras mayúsculas los sobrenombres, apodos y seudónimos.

Pedro el Grande

el Greco

NOTA: El artículo que va delante de los seudónimos, apodos y sobrenombres debe escribirse con letra minúscula; si el artículo va precedido de las preposiciones *a* o *de,* forma con ellas las contracciones *al* y *del.*

Me gusta mucho este cuadro del Greco.

Escribe con letras mayúsculas los nombres oficiales de empresas o productos (marcas comerciales).

cereales Croqui   pasta dental Blanque   Empresa Nacional de Gas

NOTA: No escribas con letras mayúsculas palabras como *pasta dental* cuando acompañan al nombre del producto.

Práctica

Uso de las letras mayúsculas 2

■ Fiestas y feriados
■ Nombres oficiales

En las siguientes oraciones, vuelve a escribir las palabras que deben ir con letra mayúscula inicial.

Ejemplo: En esta publicidad, se afirma que las botas hombre de montaña te protegen de las mordeduras de serpiente.
    Hombre de Montaña

1. Las fabrica la empresa botas fuertes.

2. Trabajan todos los días del año menos en navidad.

3. El carro preferido de Nayeli es el modelo nuevo de carromóvil.

4. El día de acción de gracias sus padres le prometieron comprarle uno.

5. Su abuelo trabajaba para la compañía eléctrica luz clara.

6. El 4 de julio se festeja el día de la independencia de los Estados Unidos.

7. El 1 de enero se festeja el año nuevo, el primer día del año, en muchas partes del mundo.

8. Mis cereales preferidos son los croqui, pero si no hay, como cualquier otro.

Paso siguiente: Escribe una oración en la que describas un producto que te gusta usar. Usa las letras mayúsculas correctamente.

Uso de las letras mayúsculas...

554.1
Nombres de lugares

Usa letra mayúscula inicial para escribir los sustantivos, adjetivos o artículos que forman parte del nombre de un lugar, pero usa minúsculas para el nombre genérico del lugar. Si hay alguna preposición o artículo que no forma parte del nombre, estos van en minúsculas también.

Planetas y cuerpos celestes	**la Tierra, Júpiter, la Vía Láctea**
Continentes	**Europa, Asia, Suramérica, África**
Países	**México, Haití, Grecia, Chile, Jordania**
Estados	**Texas, Ohio, Delaware**
Provincias	**Alberta, Quebec, Ontario**
Ciudades	**Montreal, Los Angeles**
Condados	**condado de Wayne, condado de Dade**
Masas de agua	**bahía de Hudson, mar Mediterráneo, océano Pacífico, río Orinoco, Golfo de México**
Formaciones de la tierra	**montañas Rocosas, Gran Cañón**
Rutas y carreteras	**Interestatal 80, avenida Central**
Edificios	**el Pentágono, el Coliseo Will Rogers, el edificio Empire State**
Monumentos	**la Torre Eiffel, la Estatua de la Libertad**

554.2
Zonas del país

Escribe con letra mayúscula inicial los nombres de zonas del país.

Gran parte de la población de los Estados Unidos vive en la Costa Este. (La *Costa Este* es una zona del país).

la cocina de Oriente

en el lejano Oeste

No uses letras mayúsculas para escribir palabras que solo indican dirección.

Si sigues conduciendo hacia el oeste, llegarás al océano Pacífico. (dirección)

Brasil occidental

vientos del noroeste

Práctica

Uso de las letras mayúsculas 3

■ **Nombres de lugares**

En las siguientes oraciones, vuelve a escribir la palabra o palabras que deberían escribirse con letra mayúscula inicial.

Ejemplo: Un grupo de personas se había reunido en el cruce de la avenida villa y la calle luna.

Villa, Luna

1. Esperaron en línea para comprar entradas para cruzar el lago erie en bote.

2. Iban a hacer un viaje tranquilo desde los estados unidos hasta canadá.

3. El trasbordador lleva pasajeros desde cleveland, ohio, hasta stanley, ontario.

4. El río kettle bordea la ciudad y desemboca en el lago a la altura de la playa embarcadero.

5. Los canadienses que viajan a cleveland seguramente quieran visitar el museo de arte de cleveland.

6. El monumento a los soldados y marines de 125 pies de altura está en la plaza public square.

7. También hay muchas actividades para hacer en el parque lakefront de cleveland.

Paso siguiente: Escribe una o dos oraciones en las que describas un viaje e indica dónde comenzó y dónde terminó.

Uso de las letras mayúsculas...

556.1
Eventos históricos

Escribe con letra mayúscula inicial los nombres de eventos y documentos históricos, así como las edades o períodos de la historia, y las fechas históricas.

> **Motín del Té**
>
> **Proclamación de Emancipación**
>
> **Edad del Hielo**
>
> **14 de Julio**

556.2
Títulos

Escribe con letra mayúscula inicial solamente la primera palabra de los títulos, así como los sustantivos propios que aparezcan incluidos.

> *Muy interesante* (revista)
>
> **"La isla bonita"** (canción)
>
> *La bella y la bestia* (película)
>
> *El ingenioso hidalgo don Quijote de la Mancha* (libro)

556.3
Palabras iniciales

Escribe con letra mayúscula inicial la primera palabra de cada oración.

> **Mañana jugaremos nuestro primer partido de baloncesto.**

Escribe con letra mayúscula inicial la primera palabra de una cita directa.

> **Jaime gritó: "¡Sigan jugando!".**

Escribe con letras mayúsculas	No escribas con letras mayúsculas
México, Canadá	mexicano, canadiense
el Sabio (como nombre)	un sabio
el Alcalde	alcalde García
el Presidente	presidente Washington
Escuela Primaria Ida B. Wells	la escuela primaria local
4 de Julio	las tardes de julio
el Oeste (zona del país)	vamos hacia el sur (dirección)
el planeta Tierra	un montículo de tierra (suelo)

Práctica

Uso de las letras mayúsculas 4

■ Eventos históricos
■ Títulos

En las siguientes oraciones, vuelve a escribir las palabras que deberían escribirse con letra mayúscula inicial.

Ejemplo: Un buen libro sobre un viaje al espacio es *nuestro programa espacial*.

Nuestro

1. En cierta forma, los astronautas son como los exploradores de la expedición de lewis y clark.

2. Algunos misiles construidos durante la segunda guerra mundial se usaron para lanzar los primeros satélites.

3. Las Naciones Unidas crearon el tratado del espacio exterior en 1967, en el que se promueve la exploración pacífica del espacio.

4. Un artículo de la revista *muy interesante* explica los numerosos peligros a los que se enfrentan los astronautas.

5. La película *apollo 13* también mostró lo peligroso que puede ser el espacio.

6. Millones de personas todavía miran la antigua serie de televisión *star trek*.

7. El libro *rescate en el tiempo* trata de estudiantes que viajan atrás en el tiempo para rescatar a un profesor.

Paso siguiente: Haz una lista de algunas revistas que tengas en casa, libros que hayas leído y eventos históricos sobre los que hayas aprendido. Usa las letras mayúsculas correctamente.

Plurales

558.1
Sustantivos y adjetivos que agregan -s

Agrega una -s al final para formar el plural de la mayoría de los sustantivos y adjetivos que terminan en vocal.

casa—casas   café—cafés

blanca—blancas   té—tés

NOTA: Los adjetivos que terminan en vocal pueden variar de género según el sustantivo al que acompañen, tanto si están en plural como si están en singular. El adjetivo *hermoso/hermosa* tendrá como plurales *hermosos/hermosas*.

558.2
Sustantivos y adjetivos que agregan -es

Agrega -es al final para formar el plural de los sustantivos y adjetivos que acaban en consonante o *y*.

pared—paredes   valor—valores

legal—legales   rey—reyes

También agrega -es al final para formar el plural de los sustantivos y adjetivos que acaban en -*í* o -*ú* tónicas, es decir, cuando el acento recae sobre estas vocales. (Consulta la página **560.1** para obtener más información sobre este tema).

ñandú—ñandúes   iraquí—iraquíes

colibrí—colibríes   hindú—hindúes

558.3
Sustantivos y adjetivos que terminan en -z

Algunos sustantivos y adjetivos tienen plurales irregulares, es decir, no siguen las reglas anteriores.

Para formar el plural de los sustantivos y adjetivos terminados en -*z*, tienes que cambiar la -*z* por una -*c* y agregar la terminación -*es*.

lápiz—lápices   vez—veces

raíz—raíces   capaz—capaces

fugaz—fugaces   nariz—narices

NOTA: Recuerda que, en español, los sustantivos siempre tienen género, aunque no terminen en -*a* o en -*o*, y aunque sean invariables.

Práctica

Plurales 1

- Sustantivos y adjetivos que agregan -s
- Sustantivos y adjetivos que agregan -es
- Sustantivos y adjetivos que terminan en -z

Escribe la forma plural de las siguientes palabras.

Ejemplo: almuerzo tentador

almuerzos tentadores

1. abstracta

2. tenaz

3. lealtad

4. bambú

5. sofá

6. disfraz

7. bondad

8. ley

9. cicatriz

10. colosal

11. marroquí

12. roedor

13. convoy

14. voz

15. sagaz

16. dominó

17. buey

18. israelí

19. emperador

20. emperatriz

Aprendizaje del lenguaje: Haz una lista de cuatro o cinco sustantivos que terminen en consonante, -z o -y. Di a un compañero una oración con un sustantivo en plural y otro, en singular.

Plurales...

560.1
Sustantivos que terminan en -í, -ú

Algunos sustantivos que terminan en *-í* o *-ú* tónicas forman el plural agregando una *-s*.

menú—menús	**canesú—canesús**
champú—champús	**popurrí—popurrís**

Otros sustantivos que terminan en *-í* o *-ú* admiten tanto la forma del plural con *-es* (consulta la página **558.2**) como la forma con *-s*.

jabalí—jabalís o jabalíes

maniquí—maniquís o maniquíes

iglú—iglús o iglúes

esquí—esquís o esquíes

560.2
Sustantivos y adjetivos que cambian el acento ortográfico

Algunos sustantivos y adjetivos varían la posición de la sílaba tónica, es decir, sobre la que recae el acento, al formar el plural. Esto se debe a que la sílaba tónica de estas palabras siempre es la misma, por lo tanto, si se agrega una sílaba más (la de la terminación de plural), la acentuación varía y la palabra puede perder el acento ortográfico, o agregarlo.

canción—canciones	**examen—exámenes**
simplón—simplones	**joven—jóvenes**

NOTA: Hay tres excepciones en las que la sílaba tónica cambia de lugar al forma el plural: *carácter—caracteres, espécimen—especímenes, régimen—regímenes.*

560.3
Sustantivos invariables

Algunos sustantivos son invariables en español, es decir, no varían al formar el plural. Este es el caso de los sustantivos que terminan en *-s* o *-x* y que son palabras graves o esdrújulas. Para saber si estas palabras están en singular o en plural, hay que observar el artículo que las acompaña.

el análisis— los análisis	**el clímax— los clímax**
la crisis— las crisis	**el tórax— los tórax**

NOTA: Las palabras agudas que terminan en *-s* o *-x* agregan *-es* para formar el plural: *fax—faxes, tres—treses.*

Práctica

Plurales 2

■ Sustantivos y adjetivos que cambian el acento ortográfico
■ Sustantivos invariables

En las siguientes oraciones, escribe correctamente la forma plural de la palabra que está subrayada. Recuerda que si la palabra va precedida de un artículo, también tienes que cambiarlo a su forma plural o eliminarlo si no es necesario.

Ejemplo: Para dormirse, mi abuelo se imagina un montón de oveja y las cuenta.

montones

1. La oficinas se inauguraron con un brindis.

2. El jefe dio una orden a los empleados para organizar el trabajo después de las vacaciones.

3. Todos juntos cantaron una canción de Navidad.

4. Acordaron jugar un partido de baloncesto el martes.

5. Es importante estar ágil para ganar el partido.

6. Al día siguiente se organizó otra fiesta para celebrar el cumpleaños.

7. Aunque estoy de vacaciones, tengo que prepararme para el examen.

Aprendizaje del lenguaje: Escribe una o dos oraciones en las que uses la forma de plural correcta de las palabras *paréntesis* y *compás*. Di a un compañero otra oración con la forma plural de una palabra.

Abreviaturas

Una **abreviatura** es una forma de representar una palabra por escrito con solo una o varias de sus letras.

562.1
Abreviaturas comunes

En general, las abreviaturas se escriben con letras minúsculas. Sin embargo, las formas de tratamiento o expresiones de respeto, así como la mayoría de las abreviaturas de direcciones comienzan con letra mayúscula. Las abreviaturas siempre terminan con punto y llevan acento ortográfico si la palabra desarrollada lo lleva. En textos formales, *no* debes usar abreviaturas. Tampoco debes usar símbolos (%, $) en lugar de palabras.

NOTA: Las siguientes abreviaturas se pueden usar tanto en textos formales como informales:

Sr.	**Sra.**	**Srta.**	**Dr.**	**D.**	**D.ª**
Lic.	**a. C.**	**d. C.**	**a. m.**	**p. m.**	

El plural se forma agregando *-s* o *-es: Sres., Sras.*

562.2
Acrónimos

Un **acrónimo** se compone de la primera letra o letras de las palabras de una frase. Se pronuncia como una palabra y se escribe con letras mayúsculas y sin puntos. A veces, se usa para las organizaciones.

ONU (**O**rganización de las **N**aciones **U**nidas)
OTAN (**O**rganización del **T**ratado del **A**tlántico **N**orte)

562.3
Iniciales

Las **iniciales** son iguales a los acrónimos, excepto que las letras que las forman se pronuncian por separado (no como una palabra). A veces, se usan para las organizaciones.

TV (**t**ele**v**isión)   **PMA** (**P**rograma **M**undial de **A**limentos)

CD (*compact disc*) **ADN** (**á**cido **d**esoxirribo**n**ucleico)

Abreviaturas comunes

a. C.	antes de Cristo	**ej.**	ejemplo	**pág.**	página
a. m.	ante merídiem (antes del mediodía)	**etc.**	etcétera	**p. ej.**	por ejemplo
		gral.	general	**pl.**	plural
atte.	Atentamente	**Lic.**	licenciado/a	**s.**	siglo
bco.	banco	**n.º o N.º**	número	**sg.**	singular
cía.	compañía	**p. m.**	post merídiem (después del mediodía)	**tel.**	teléfono
d. C.	después de Cristo				

Práctica

Abreviaturas 1

- Abreviaturas comunes
- Acrónimos
- Iniciales

Lee las siguientes oraciones, identifica la abreviatura, acrónimo o inicial y escribe la palabra o las palabras que representan. Usa las letras mayúsculas correctamente.

Ejemplo: El Sr. Alí Gátor hizo algunos amigos en el pantano.
Sr., señor

1. Todos los viernes se reunían a las 2:30 p. m.

2. Si no podían acudir, avisaban por tel.

3. Todos los días jugaban a algo, p. ej., a anotar cuántas lanchas pasaban en una hora.

4. Rellenaron cinco págs. en una sola tarde.

5. Al día siguiente, D.ª Pequeña Batracia saltó y dijo: —¿Alguien quiere escuchar música?

6. —Tengo un CD nuevo —explicó.

7. —Mejor vamos a mirar TV —respondieron.

8. —Hoy dan dos reportajes muy interesantes: uno sobre la NASA y otro sobre la ONU.

Paso siguiente: Escribe dos oraciones sencillas con dos abreviaturas, un acrónimo e iniciales. Al menos una debe ser de una organización. Luego escribe qué representa cada cosa. Asegúrate de usar las letras mayúsculas correctamente.

Abreviaturas...

564.1
Abreviaturas de direcciones

Puedes usar las abreviaturas de direcciones cuando escribes una dirección en una carta o un sobre. Usa mayúsculas y punto final. Recuerda que no debes utilizar estas abreviaturas en oraciones. En los sobres, escribe todo con mayúsculas.

En una carta:
C. Cerro N.º 2323
La Palma (C. P. 52133), Panamá

En un sobre:
AV. PRIMERA N.º 7828
Lima (C. P. 04403), Perú

En oraciones:
Javier vive en la calle Cerro número 2323, La Palma, Panamá.
Sus abuelos viven en avenida Primera número 7828, Lima, código postal 04403, Perú.

En las abreviaturas de los estados de los Estados Unidos, usa mayúsculas en ambas letras y no uses punto.

Símbolos o abreviaturas postales de los estados de los Estados Unidos

Alabama	**AL**	Idaho	**ID**	Missouri	**MO**	Pennsylvania	**PA**
Alaska	**AK**	Illinois	**IL**	Montana	**MT**	Rhode Island	**RI**
Arizona	**AZ**	Indiana	**IN**	Nebraska	**NE**	South Carolina	**SC**
Arkansas	**AR**	Iowa	**IA**	Nevada	**NV**	South Dakota	**SD**
California	**CA**	Kansas	**KS**	New Hampshire	**NH**	Tennessee	**TN**
Colorado	**CO**	Kentucky	**KY**	New Jersey	**NJ**	Texas	**TX**
Connecticut	**CT**	Louisiana	**LA**	New Mexico	**NM**	Utah	**UT**
Delaware	**DE**	Maine	**ME**	New York	**NY**	Vermont	**VT**
District of		Maryland	**MD**	North Carolina	**NC**	Virginia	**VA**
Columbia	**DC**	Massachusetts	**MA**	North Dakota	**ND**	Washington	**WA**
Florida	**FL**	Michigan	**MI**	Ohio	**OH**	West Virginia	**WV**
Georgia	**GA**	Minnesota	**MN**	Oklahoma	**OK**	Wisconsin	**WI**
Hawaii	**HI**	Mississippi	**MS**	Oregon	**OR**	Wyoming	**WY**

Abreviaturas de direcciones

avenida	**Av. o Avda.**	distrito federal	**D. F.**	Instituto	**Inst.**	plaza	**Pza. o Plza.**
calle	**C.**	distrito postal	**D. P.**	izquierda	**izq.**	provincia	**Prov.**
capital	**Cap.**	departamento	**Depto.**	norte	**N**	sur	**S**
código postal	**C. P.**	derecha	**dcha.**	número	**n.º o N.º**	sin número	**s. n.**
carretera	**Ctra.**	este	**E**	oeste	**O**	Universidad	**Univ.**
ciudad	**Cdad.**						

Práctica

Abreviaturas 2

■ Abreviaturas de direcciones

Imagina que estás escribiendo direcciones en encabezados de cartas o indicaciones informales para que un amigo llegue a un lugar. Vuelve a escribirlas usando las abreviaturas correctas. Asegúrate de usar las letras mayúsculas correctamente.

Ejemplo: avenida Insurgentes S. número 3999
Colonia Juárez, México D. F., código postal 60085, México
Av. Insurgentes S. N.º 3999
Colonia Juárez, México D. F. (C. P. 60085), México

1. carretera Sur 187 número 620
   San Juan, código postal 75019, Puerto Rico

2. plaza de Saturno sin número
   Tegucigalpa, código postal 08810, Honduras

3. Toma la carretera Central hasta la Universidad de Bolívar, luego dobla en la plaza Verde hasta el número 520 de la avenida Álamos.

4. calle Puerto Bueno número 2256, departamento 7 izquierda
   San Pedro Cholula, código postal 30096, México

5. Llega hasta la plaza Jiménez, dobla a la derecha y sigue por la carretera en dirección a Quito.

Paso siguiente: Escribe tu dirección como si la estuvieses escribiendo en una carta. Recuerda usar las mayúsculas correctamente en las abreviaturas.

Números

566.1 Números que se escriben con letras

En general, se escriben con letras:

- Los números que están al comienzo de la oración.

  Tres estudiantes ganaron un premio de literatura.

- Los números que pueden escribirse en una sola palabra, es decir, del *cero* al *veintinueve*, las decenas y las centenas.

  uno   dieciocho   treinta   cien   doscientos

- Los números redondos que pueden escribirse en dos palabras y los números que se escriben en dos palabras unidas por la conjunción *y*.

  trescientos mil   dos millones   ochenta y siete

- Los números que indican una cifra aproximada o que se usan en frases con intención expresiva o frases hechas.

  Creo que ganó más de dos mil dólares.

  ¡Te lo dije mil veces!

NOTA: No se deben mezclar números escritos en letras con números escritos en cifras en una misma oración. Si uno de los dos números es complejo, es mejor que escribas todos los números con cifras.

En la biblioteca hay 18 libros manuscritos y 24,380 libros impresos.

566.2 Números que se escriben con cifras

En general, se escriben con cifras:

- Los números que, por su longitud, se escribirían con más de cuatro palabras.

  En verano más de 15,688 personas viajaron al exterior del país.

- Los números que tienen decimales y los que expresan porcentajes mayores de diez.

  El banco tiene una reserva de 14.5 millones de dólares.

  Votó el 93% de la población.

- Los números que acompañan a un sustantivo y que generalmente se usan para identificar un elemento dentro de una serie.

  Leí el libro hasta la página 12.

Práctica

Números

■ Números que se escriben con letras
■ Números que se escriben con cifras

En cada oración, escribe el número correctamente. Si ya está escrito correctamente, escribe "C".

Ejemplo: 26 gallinas se escaparon ayer de la granja de los Juárez.

Veintiséis

1. Se escaparon del corral diecinueve.

2. Doce de las 25 gallinas cruzaron la carretera.

3. Algunas de ellas se escondieron en los arbustos que hay a quince punto seis metros del granero.

4. A la 1 de la tarde ya estaba cansada de perseguir gallinas.

5. 10 gallinas todavía estaban sueltas.

6. El Sr. Blaya repitió 1,000 veces que no descansaría hasta encontrar a todas las gallinas.

7. Por suerte pudimos encontrar veinticuatro gallinas antes del anochecer.

8. La última gallina había entrado en la granja de al lado, que tiene 1,239 gallinas.

9. El Sr. Blaya descansó al saber que el cien % de las gallinas ya estaban en su corral.

Paso siguiente: Escribe un párrafo breve en el que cuentes lo que pasó una vez que perdiste algo. Incluye una oración que empiece con un número.

Mejorar la ortografía
Acentuación

El **acento prosódico** es la mayor fuerza con que se pronuncia una sílaba dentro de una palabra. La sílaba sobre la que recae este acento se llama **sílaba tónica**. Según en qué posición dentro de la palabra esté la sílaba tónica, las palabras pueden ser *agudas, graves, esdrújulas* o *sobresdrújulas*. El **acento ortográfico** (´) es la representación gráfica del acento prosódico.

568.1
Palabras agudas

Las **palabras agudas** llevan el acento prosódico en la última sílaba.

va**lor**   mo**ral**   na**riz**

Escribe acento ortográfico en las palabras agudas que terminen en *-n, -s* o vocal.

com**pás**   ca**fé**   coli**brí**   a**vión**
pa**pá**   so**fá**   li**món**   perfec**ción**

568.2
Palabras graves

Las **palabras graves** llevan el acento prosódico en la penúltima sílaba.

su**ti**les   **mar**tes   **ca**non

Escribe acento ortográfico en las palabras graves que *no* terminen en *-n, -s* o vocal.

álbum   **ú**til   ca**rác**ter   **ár**bol
césped   es**tiér**col   **lá**piz   **már**mol

568.3
Palabras esdrújulas

Las **palabras esdrújulas** llevan el acento prosódico en la antepenúltima sílaba. *Siempre* se escriben con acento ortográfico.

pájaro   **sí**laba   o**cé**ano   **cás**cara
te**lé**fono   eco**ló**gico   mate**má**ticas   **ré**gimen

568.4
Palabras sobresdrújulas

Las **palabras sobresdrújulas** llevan el acento prosódico en la sílaba anterior a la antepenúltima. *Siempre* se escriben con acento ortográfico.

de**vuél**vemelo   re**gá**laselas   ex**plí**caselo

Práctica

Acentuación 1

■ **Palabras agudas**
■ **Palabras graves**

En las siguientes oraciones, identifica las palabras agudas y graves que tienen errores ortográficos. Deletréalas correctamente y subraya la sílaba tónica.

Ejemplo: Pedro soñaba con ganar una medalla doráda en los Juegos Olímpicos.

do_ra_da

1. Con esa ilusion, entrenó durante muchos meses.

2. Pedro se despidió de su mádre y subió al avión que lo llevaría a los Juegos Olímpicos.

3. Una vez alli, conoció a otros atletas que también deseaban ganar.

4. Cuando pisó el cesped del estadio, Pedro sintió una gran emoción.

5. Su caracter firme lo empujó a luchar por alcanzar la gloria.

6. Alba guarda en un album varias fotos en las que su hijo luce orgulloso la hermosa medalla dorada.

Paso siguiente: Escribe dos oraciones en las que incluyas tres palabras agudas y tres palabras graves. Asegúrate de colocar el acento ortográfico cuando sea necesario.

 **TEKS** 5.22A(iii-iv)

Práctica

Acentuación 2

■ **Palabras esdrújulas**
■ **Palabras sobresdrújulas**

Identifica las palabras esdrújulas y sobresdrújulas de las siguientes oraciones. Deletréalas correctamente con el acento ortográfico donde corresponda y subraya la sílaba tónica.

Ejemplo: Nico leyó un cuento en el que unos piratas enterraban un tesoro en una isla perdida en el oceano.

océano

1. Nico se imaginó que era un arqueologo que buscaba un tesoro ¡en el jardín de su casa!

2. Javier, su hermano, se quedó atonito al ver semejante pozo en el jardín.

3. Sería una catastrofe si su madre llegaba a verlo.

4. Javier le quitó la pala y Nico gritó: —¡Devuelvemela!

5. Javier le respondió: —Esta vez pasaste el limite.

6. La colera se desvaneció: —Solo estaba jugando a que buscaba un tesoro.

7. Nico ya no se sentía el heroe de un cuento sobre riquezas escondidas.

8. Para colmo, su hermano dijo seriamente: —Explicaselo a mamá.

9. Mientras tanto, un pajaro sacaba lombrices de la tierra que Nico había removido.

Paso siguiente: Escribe dos oraciones en las que incluyas una palabra esdrújula y una palabra sobresdrújula. Asegúrate de colocar el acento ortográfico correctamente.

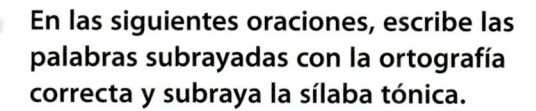

Repaso de la acentuación

En las siguientes oraciones, escribe las palabras subrayadas con la ortografía correcta y subraya la sílaba tónica.

ÁREA DE ESTUDIO

1. Danilo se sentó en el <u>area</u> de estudio de la biblioteca.

2. Acomodó sus libros y tomó un <u>lapiz</u>.

3. Primero resolvió los ejercicios de <u>matematicas</u>.

4. Danilo es <u>habil</u> cuando se trata de números.

5. No sucede lo mismo con su <u>redaccion</u>.

6. <u>Ademas</u>, todavía debe mejorar su ortografía.

7. Luego Danilo se dispuso a estudiar la <u>leccion</u> de ciencias.

8. Aprendió que el salmón nace en aguas dulces, migra al <u>oceano</u>, pero regresa donde nació para reproducirse.

9. Más tarde, cuando le contó lo que había aprendido, el papá de Danilo dijo: —<u>Comentaselo</u> a tu hermano.

10. Al día siguiente, su amigo de <u>Peru</u> se acercó a saludarlo.

11. Quedaron de acuerdo en ir juntos al cine el <u>sabado</u> por la tarde.

12. Cuando salieron del cine, eran casi las seis y llovía a <u>cantaros</u>.

 TEKS 5.22B

Acentuación de verbos conjugados

Los verbos conjugados siguen ciertos patrones de acentuación que debes conocer.

572.1
Imperfecto

En el imperfecto o pretérito imperfecto de los verbos que terminan en *-ar*, se acentúa la primera persona del plural.

> **Pa**sá**bamos las tardes sentados debajo de la arboleda.**

En el caso de los verbos que terminan en *-er* o *-ir*, todas las personas llevan acento ortográfico en la *i* de las terminaciones *-ía, -ías, -íamos, -ían*.

> **Mirta ten**ía **un lápiz azul y tú ten**ías **uno negro.**
>
> **Todos segu**íamos **el discurso con emoción.**
>
> **Jorge y Mario com**ían **muy despacio.**

572.2
Pretérito

En el pretérito, debes acentuar la última sílaba de la primera y la tercera persona del singular, que terminan en *-é, -í* u *-ó*.

> **El niño co**rrió **hacia el jardín y Carina se asus**tó**.**
>
> **Sa**lí **muy temprano y visi**té **a mis tíos.**

572.3
Futuro

En el futuro, debes acentuar la última sílaba de todas las personas, excepto la primera del plural: *-é, -ás, -á, -án*.

> **Yo compra**ré **los libros y Lucas compra**rá **los lapiceros.**
>
> **Los niños sal**drán **un poco más tarde de la escuela.**
>
> **¿Cuándo me trae**rás **el libro que te presté?**
>
> **Esta noche cenaremos en casa de la abuela.** (La primera persona del plural no lleva acento ortográfico).

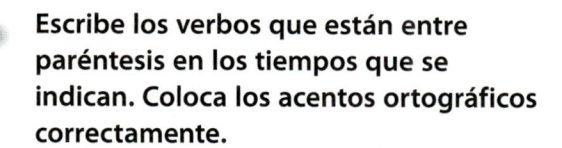

Acentuación de verbos conjugados 1

- **Imperfecto**
- **Pretérito**
- **Futuro**

Escribe los verbos que están entre paréntesis en los tiempos que se indican. Coloca los acentos ortográficos correctamente.

Ejemplo: Ayer, Natacha *(pronunciar, pretérito)* un discurso en la escuela.

pronunció

1. Al principio, Natacha no *(querer, imperfecto)* hacerlo porque es tímida.

2. El discurso *(consistir, imperfecto)* en dar la bienvenida a los estudiantes de otra escuela de la ciudad.

3. Todos nosotros *(pensar, imperfecto)* que era una tarea difícil y el maestro finalmente *(escoger, pretérito)* a Natacha.

4. Los niños *(decir, imperfecto):* —Natacha lo *(hacer, futuro)* muy bien.

5. Natacha *(escribir, pretérito)* el discurso y lo *(repasar, pretérito)* una y otra vez hasta aprenderlo de memoria.

6. Ayer, Natacha *(recibir, pretérito)* muchos aplausos y los *(agradecer, pretérito)* con una enorme sonrisa.

7. Seguro que Natacha *(escribir, futuro)* muchos discursos más y las personas *(disfrutar, futuro)* de ellos.

Paso siguiente: Escribe tres oraciones sobre algo que te costó hacer pero de lo que te sientes orgulloso. Incluye los tiempos *imperfecto, pretérito y futuro.* Coloca los acentos ortográficos correctamente.

Acentuación de verbos conjugados...

574.1
Condicional

En el condicional o condicional simple, debes escribir acento ortográfico en todas las personas. El acento recae sobre la *i* de las terminaciones *-ía, -ías, -íamos, -ían.*

¡Claro que me encantaría ir a tu fiesta!

Ellos vendrían antes si se lo pidieras.

¿A qué hora dijiste que volverías?

Si supiéramos que está en su casa, pasaríamos a saludarlo.

574.2
Perfecto

El perfecto o pretérito perfecto compuesto no lleva acento ortográfico en ninguna de las personas. Se forma con el presente del verbo auxiliar *haber (he, has, ha, hemos, han)*, que no va acentuado, y el participio del verbo que se conjuga *(amado, temido, partido)*, que tampoco lleva acento ortográfico.

he llamado   ha llegado   hemos dicho   han visto

574.3
Pretérito pluscuamperfecto

En el pretérito pluscuamperfecto, debes escribir acento ortográfico en todas las personas. El acento recae sobre la *i* de las terminaciones *-ía, -ías, -íamos, -ían* del verbo auxiliar *haber*. El participio que acompaña a estas formas no va acentuado.

Cuando Miguel llamó, todavía no habíamos terminado de desayunar.

Los niños habían regresado muy cansados de la playa.

Nadie nos había dicho nada del asunto.

Yo había estudiado para el examen de ciencias y tú habías estudiado para el de matemáticas.

Práctica

Acentuación de verbos conjugados 2

- **Condicional**
- **Perfecto**
- **Pretérito pluscuamperfecto**

Escribe los verbos que están entre paréntesis en los tiempos que se indican. Coloca los acentos ortográficos correctamente.

Ejemplo: Si pudieran, Carla y Manu *(ir, condicional)* de campamento más a menudo.

irían

1. Carla y Manu *(ir, pretérito pluscuamperfecto)* de campamento con sus padres el verano pasado.

2. Como siempre, Carla y su mamá se *(encargar, pretérito pluscuamperfecto)* de preparar algunos sándwiches.

3. —¿*(armar, perfecto)* una tienda alguna vez? —le preguntó Carla a Manu.

4. —No, nunca lo *(hacer, perfecto)* —respondió Manu.

5. —*(deber, condicional)* probar algún día —añadió Carla.

6. —Me *(gustar, condicional)* intentarlo, pero ya *(empezar, pretérito pluscuamperfecto)* cuando iba a proponerlo.

7. Con la ayuda de Manu, Carla y su mamá armaron la tienda. Nunca vieron que un oso se estaba comiendo los sándwiches que ellas *(preparar, pretérito pluscuamperfecto)*.

Paso siguiente: Escribe cuatro oraciones sobre algo que hiciste el verano pasado. Usa los tiempos *condicional*, *perfecto* y *pretérito pluscuamperfecto*. Coloca los acentos ortográficos correctamente.

 TEKS 5.22D

Diptongos y hiatos

Las vocales se clasifican en abiertas *(a, e, o)* y cerradas *(i, u)*. Dos vocales juntas forman un **diptongo** cuando se unen en una misma sílaba. Dos vocales juntas forman un **hiato** cuando cada una pertenece a una sílaba distinta.

576.1 Diptongos

Se forma un diptongo cuando se unen **una vocal abierta y una vocal cerrada, y viceversa**, siempre que la vocal cerrada no sea tónica. (Consulta la sección **576.2** de esta página).

bai-le   pau-sa   rei-na   coin-ci-dir

sa-lió   pia-no   cua-der-no   mue-lle

También se forma un diptongo cuando se unen **dos vocales cerradas distintas**.

ciu-dad   cui-da-do   viu-da   cons-ti-tui-do

NOTA: La *y* al final de la palabra tiene el mismo sonido que la vocal *i*. Por lo tanto, se la considera vocal cerrada y forma diptongo:

vi-rrey

NOTA: La *h* no impide que se forme un diptongo.

ahi-ja-do

576.2 Hiatos

Se forma un hiato cuando se unen **dos vocales abiertas**.

ca-o-ba   te-a-tro   re-o   bo-a

po-e-ma   le-er   to-a-lla   a-le-te-o

También se forma un hiato cuando se unen **una vocal cerrada tónica y otra abierta, y viceversa**. En este caso, la vocal cerrada tónica, es decir, sobre la que recae el acento, siempre lleva un acento ortográfico, aunque no lo pidan las reglas generales de acentuación.

pa-ra-í-so   ba-úl   re-ír

tran-se-ún-te   san-grí-a   pú-a

Por último, también se forma un hiato cuando se unen **dos vocales cerradas iguales**.

chi-i-ta   fri-í-si-mo

TEKS 5.22D

Diptongos y hiatos

- Diptongos
- Hiatos

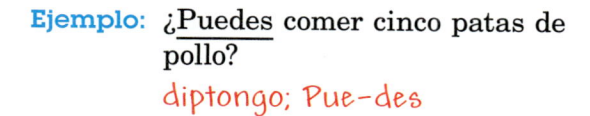

En las siguientes oraciones, indica si las vocales de las palabras subrayadas forman un diptongo o un hiato. Luego separa la palabra en sílabas.

Ejemplo: ¿<u>Puedes</u> comer cinco patas de pollo?

diptongo; Pue-des

1. El <u>rey</u> estaba malhumorado.

2. Carlos buscaba algo en el <u>baúl</u>.

3. Las calles de la <u>ciudad</u> lucen vacías los domingos.

4. <u>Nadie</u> dijo nada.

5. ¡Este helado está <u>friísimo</u>!

6. Maru olvidó su <u>cuaderno</u> sobre la mesa.

7. Escribe un <u>poema</u> sobre la amistad.

8. Elisa visitó a su <u>abuela</u>.

9. <u>Reírse</u> es bueno para la salud.

10. Esta noche iremos al <u>teatro</u>.

Aprendizaje del lenguaje Escribe dos oraciones sobre tu comida favorita. Incluye al menos dos palabras con diptongos y dos con hiatos y léelas en voz alta. Pide a tu compañero que identifique las palabras con diptongos o hiatos y que las deletree. Luego haz lo mismo con las oraciones de tu compañero.

Cómo verificar la ortografía

Existen distintos recursos que puedes utilizar para determinar y verificar la ortografía de tus trabajos. Es importante que los conozcas todos y que sepas cuál es el más adecuado para cada caso.

578.1 Patrones ortográficos

Los **patrones ortográficos** tienen que ver con la relación que hay entre la ortografía y los sonidos de las palabras. Ejemplos:

- El sonido /k/ se representa con *c* delante de *a, o, u* y con el dígrafo *qu* delante de *e, i (casa, cuna, queso, máquina)*.
- Siempre se escribe *m* antes de *b* y *p*, y *n* antes de *f* y *v (ambiente, invitado, imperio, infeliz)*.

578.2 Reglas ortográficas

Las **reglas ortográficas** son convenciones que todos debemos usar para hacer que la comunicación sea más sencilla. Ejemplos:

- Reglas de acentuación, como *Todas las palabras esdrújulas y sobresdrújulas llevan acento ortográfico (cántico, dígaselo)*.
- Los sufijos *-ble* y *-bilidad* se escriben con *b (amable, disponibilidad)*.

578.3 Fuentes impresas

Hay muchas **fuentes impresas** que pueden ayudarte a determinar y verificar la ortografía. Cuando no estés seguro de cómo escribir una palabra, consulta un **diccionario** o un **glosario** acerca del tema sobre el que estés escribiendo. Un **manual de ortografía** es imprescindible para despejar dudas sobre patrones y reglas ortográficos.

578.4 Fuentes electrónicas

Entre las **fuentes electrónicas**, se encuentran los diccionarios y glosarios digitales, que puedes usar de la misma forma que los impresos.

También puedes usar la **función de verificar la ortografía** en el procesamiento de texto, aunque debes comprender sus **limitaciones**: esta función no detecta todos los errores. Por ejemplo, si escribes *Juan se quitó las votas*, el corrector no detectará el error en *votas* porque la palabra es correcta en español (del verbo *votar*). Por eso, no es suficiente revisar un texto con la función de verificar la ortografía. Debes utilizar también otros recursos.

Práctica

Cómo verificar la ortografía

- Patrones ortográficos
- Reglas ortográficas
- Fuentes impresas
- Fuentes electrónicas

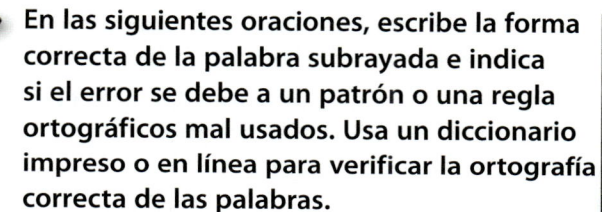

En las siguientes oraciones, escribe la forma correcta de la palabra subrayada e indica si el error se debe a un patrón o una regla ortográficos mal usados. Usa un diccionario impreso o en línea para verificar la ortografía correcta de las palabras.

Ejemplo: Ayer nació un <u>quocodrilo</u> en el zoológico.

cocodrilo; patrón ortográfico

1. Fuimos los primeros en llegar a la <u>comferencia</u> sobre reptiles.

2. Luego la ponente nos <u>imvitó</u> a merendar sobre el césped.

3. Su <u>amavilidad</u> nos sorprendió a todos.

4. Nos contó que los reptiles son <u>sociavles</u>.

5. También nos dijo que los <u>pajaros</u> son muy inteligentes.

6. Los niños <u>ceríamos</u> agradecerle su gentileza.

7. Le cantamos una bonita canción sobre los <u>arboles</u>.

Aprendizaje del lenguaje Piensa en dos palabras que la función de verificar la ortografía no detectaría si se intercambiaran en un texto. Escribe un párrafo breve sobre tu animal preferido y usa esas dos palabras. Usa un diccionario impreso o en línea para verificar la ortografía correcta de las palabras.

Guía del corrector para mejorar la ortografía

Ten paciencia. Tener buena ortografía lleva tiempo y práctica. Aprende las reglas ortográficas básicas.

Revisa la ortografía con un diccionario o una lista de palabras que suelen escribirse con errores.

Busca en el diccionario el significado de las palabras. Conocer el significado te ayudará a usarlas y escribirlas correctamente.

Busca en el diccionario la etimología de las palabras. Conocer el origen de una palabra te servirá para recordar cómo se escribe.

Estudia la palabra en el diccionario. Luego pon a un lado el diccionario e imagina la palabra mentalmente. A continuación, escríbela. Por último, revisa la ortografía con el diccionario. Repite estos pasos hasta que puedas escribir la palabra correctamente.

Crea un diccionario de ortografía. En un cuaderno especial, escribe las palabras que sueles escribir con errores de ortografía.

A

abandonar
abogado
abordar
abreviar
abril
absoluto
accidente
aceptar
acercarse
acogedor
aconsejar
acre
actitud
actual
acuerdo
adición
adivinar
adjuntar
admirar

adorable
afortunado
agarrar
agosto
agradable
agradecer
agradecido
ajustar
alcalde
alcanzar
alentar
algo
alguno
aliento
aliviar
allí
alrededor
altura
aluminio
amarillo
ambulancia

amigo
ángel
ángulo
animal
aniversario
ansioso
antártico
antecedente
antes
antiguo
anual
anunciar
aparato
apariencia
apartamento
apetito
apreciar
aprobación
aproximado
apuesto
argumento

aritmética
armario
arquitecto
arrastrarse
arreglar
arriba
ártico
artículo
artificial
asignar
asociación
asociar
aspirar
asumir
asustado
asustar
atacar
atención
atleta
atlético
atractivo

aunque
ausencia
ausente
automóvil
autor
autoridad
avenida
aventura
avergonzar
aviso
ayer
ayudar
azúcar

B

balance
barrera
barril
bastante

batería
belleza
biblioteca
bicicleta
bien
bienvenida
bonito
borde
breve
brillante
brisa

C

cacao
cada
café
calendario
callejón
cambiar
campeón
campo
canal
cancelar
candidato
canoa
cansado
cantidad
cañón
capitán
capullo
cara
caro
carpintero
cartón
casamiento
casi
catálogo
celebración
celoso
cementerio
centavos
certificado
chaqueta
chocolate
ciencia
cientos

cierto
cincuenta
círculo
cita
ciudad
ciudadano
claro
cliente
clima
cobertura
cociente
colaborar
color
columna
combustible
comedia
comercial
comienzo
comité
compañía
comparación
competitivo
completo
comportamiento
comportarse
compró
comprometerse
comprometido
común
comunicar
comunidad
concierto
concreto
concurrencia
condado
condición
conectar
conferencia
confianza
conocimientos
construir
construyó
continuar
continuo
contra
convencer
conveniente
convertirse

coraje
coro
corrección
correcto
creencia
creer
criterio
criticar
cruel
cual
cualquiera
cuando
cuarenta
cuarto
cuchillo
cuenta
culpable
curiosidad
curioso

D

debajo
decidir
decir
decisión
decorar
definición
definitivo
deletrear
delicioso
delincuente
dentro
desafío
desaparecer
desarrollar
desastroso
desayuno
describir
descripción
descubrir
desde
después
detrás
diario
diccionario
dice

dicho
diciembre
diecinueve
diferencia
diferente
dificultad
dirección
disciplina
disculparse
discusión
discutir
diseño
disponible
distancia
diversos
dividir
división
doctor
dólar
doler
domingo
donde
dormido
duda
durante

E

ejercicio
elección
electricidad
eléctrico
elefante
emergencia
enero
enfermedad
enfrente
enojado
enojo
enorme
entero
enterrar
entrada
entre
entrenador
entretener
entusiasmado

enviar
equipaje
equipo
equivocado
escapar
escenario
escoger
escribir
escribiste
escuchar
especial
especialmente
espejo
esquiar
estadounidense
estatua
estirar
estómago
estribillo
estudiando
estudios
exactamente
excelente
exhausto
éxito
experiencia
experimentar
explicación
explicar
extinguirse
extraño
extremo

F

fabricar
fácil
fácilmente
familia
familiar
famoso
fantasma
favor
favorito
febrero
felicidad
felicitar

feriado
feroz
finalmente
físico
fondo
fotografía
frágil
frecuentemente
fuente
fuerza
funcionar

G

garantizar
general
generoso
genio
genuino
geografía
gimnasio
globo
gobernador
gobierno
gracioso
graduación
gramática
gran
grupo
guardia

H

hábitat
hacia
hasta
hebilla
hermano
hermoso
hielo
higiene
hija
historia
honor
hornear
horrible

horroroso
hospital

I

ideal
idéntico
iglesia
igual
ilustrar
imaginar
imaginario
imitación
imitar
impaciente
importante
imposible
inconsciente
increíble
independencia
independiente
indicador
individuo
informal
inicial
inmediatamente
inmigrante
inocencia
inocente
inquieto
inteligencia
inteligente
intento
interés
interrumpir
inusual
invitación
isla

J

jaqueca
jefe
joven
joyas
jueves

julio
junio
juntos

K

kilo
kilómetro

L

ladrón
lamentable-
  mente
lengua
lenguaje
levantar
licencia
liga
límite
líquido
listo
llegada
lloró
lluvia
longitud
lunes

M

maestro
mañana
máquina
martes
marzo
matemáticas
material
mayo
medicina
medida
mensaje
mesa
mientras
miércoles

mil
millones
miniatura
minuto
misterioso
mitad
moda
molestar
montaña
mucho
mujeres
multiplicación
músculo
música
músico

N

nacional
nada
nadie
natural
necesario
negocio
nervioso
ninguno
noveno
noviembre
nuclear
nuevo

O

obedecer
ocasión
ocho
ocio
octavo
octubre
ocupado
ocurrir
oferta
oficial
oficina
ojos
opinión

oportunidad
opuesto
oración
original
otoño
otro

P

paciencia
pagó
país
paquete
paralelo
párrafo
participar
particular
partir
pasear
pasillo
peligro
peligroso
peluquero
pena
pensamiento
perfecto
periódico
permanente
pero
personaje
personal
personas
persuadir
pertenecer
pesado
peso
placentero
podría
popular
por
porque
poseer
posible
práctica
prácticamente
precioso
preocupación

preparación
presidente
presupuesto
primo
privilegio
probablemente
probado
problema
producir
programa
promedio
proteína
próximo
público
puente
punto
puntual

que
quejarse
queso
quien
quitar

radiante
rápidamente
raro
rasgar
razón
real
realizar
realmente

rebotar
receptor
receta
recibir
recomendar
reconocer
recordar
recto
reír
relámpago
repentinamente
reseña
respirar
responsabilidad
respuesta
restaurante
revista
ridículo
riesgo
rimar
ritmo
rodear
roer
ropa
rótulo
rugoso
ruidoso
ruta

sábado
salario
salud
secretaria
según
seguridad

seguro
sentido
separar
septiembre
serio
sido
siempre
siglo
significar
silencioso
similar
sinceramente
singular
síntoma
sistema
sobrina
soldado
solo
sorpresa
sótano
suave
suceder
sucedió
suelto
suficiente
supo
sustracción

tamaño
tambor
tararear
teatro
techo
temeroso
temperatura

temprano
tenedor
terrible
tesoro
tiempo
tienda
tijeras
tocar
todos
torpe
tos
totalmente
trajo
trastorno
travesura
trepar
triste
triunfar
tropezar
tubo
tuyo

único
universidad
universo
usualmente

va
vacaciones
vagón
valiente
valioso

varios
vecino
vegetal
vehículo
vela
venda
veneno
ventisca
verdadera-
  mente
vez
viaje
viernes
violencia
visitante
volumen
voluntario
voz

ya
yema

zapato
zorro

Cómo usar la palabra correcta
Raíces griegas

La **raíz** de una palabra es el elemento que contiene el significado principal de la palabra. Las palabras formadas solo por la raíz, sin prefijos ni sufijos, se denominan **palabras base**. Muchas palabras del español tienen raíces griegas. Si se conoce la ortografía y el significado de las raíces griegas más comunes, se puede deducir el significado y deletrear correctamente muchas otras palabras que provienen del griego.

584.1
tele-

La raíz *tele-* significa "distante" o "a lo lejos".

televisión (aparato que transmite imágenes a distancia)

telecomunicación (comunicación a distancia)

Vivimos en la era de las **telecomunicaciones**.

584.2
foto-

La raíz *foto-* significa "luz".

fotografía (reproducción de imágenes mediante el uso de la luz)

fotosíntesis (proceso que se lleva a cabo por acción de la luz)

Las plantas obtienen oxígeno mediante la **fotosíntesis**.

584.3
graf(o)-

La raíz *graf(o)-* significa "escribir".

cali**graf**ía (arte de escribir con letra bella y bien formada)

biblio**graf**ía (conjunto de libros o escritos sobre un tema)

Ese libro sobre reptiles tenía una **bibliografía** muy interesante.

584.4
metro-

La raíz *metro-* significa "medida".

termó**metro** (aparato que mide la temperatura)

perí**metro** (medida del contorno de una superficie)

El **perímetro** del campo de fútbol americano es mayor que el de la piscina.

 **Práctica**

Raíces griegas

■ tele-, foto-, graf(o)-, metro-

En las siguientes oraciones, escoge la palabra adecuada de cada par e indica qué raíz griega contiene y qué significa. Usa un diccionario impreso o en línea si lo necesitas.

Ejemplo: Mi mamá me puso el *(termómetro/barómetro)* para ver si tenía fiebre.

termómetro; raíz griega <u>metro-</u>; *que mide la temperatura*

1. Debes mejorar tu *(caligrafía/gráfico)* porque es imposible leer lo que escribes.

2. Me gusta mirar un programa que dan los domingos por la tarde en la *(televisión/telecomunicación)*.

3. Le saqué una *(fotografía/radiografía)* a la gatita del Sr. Barrios.

4. ¿A quién le puede interesar leer la *(biografía/ortografía)* de alguien tan aburrido?

5. ¿Sabías que Bell no inventó el *(teléfono/telepatía)*, sino que fue el primero en patentarlo?

6. La obra de teatro que vimos anoche tenía una *(escenografía/monografía)* muy costosa.

7. Saqué una *(fotocopia/fotonovela)* de la página del libro para poder estudiarla mañana.

8. El *(telescopio/telégrafo)* sirve para ver objetos que están muy lejos, como las estrellas.

9. El *(cronómetro/perímetro)* indicaba que había batido su récord.

Aprendizaje del lenguaje Busca en un diccionario cuatro palabras nuevas que tengan las raíces griegas *tele-, foto-, graf(o)-* y *metro-*. Escribe una oración con cada una. Asegúrate de deletrearlas correctamente.

Raíces latinas

Muchas palabras del español tienen raíces latinas. Si se conoce la ortografía y el significado de las raíces latinas más comunes, se puede deducir el significado y deletrear correctamente muchas otras palabras que provienen del latín.

586.1
spec-

La raíz *spec-* significa "ver".

e**spec**tador (persona que ve algo)

El doctor usó un e**spéc**ulo (instrumento para ver o examinar ciertas partes del cuerpo) para examinar al paciente.

586.2
scrib-

La raíz *scrib-* significa "escribir".

tran**scrib**ir (escribir en una parte lo que está escrito en otra)

in**scrib**ir (escribir el nombre de las personas para algún fin)

Me gustaría in**scrib**irme en el concurso de relatos.

586.3
rupt-/rum-

La raíz *rupt-* o *rum-* significa "romper".

exab**rup**to (dicho o ademán que rompe con lo adecuado)

ir**rum**pir (entrar violentamente en algún lugar)

I**rrum**pió en el cuarto como un vendaval.

586.4
port-

La raíz *port-* significa "llevar".

trans**port**ar (llevar de un lugar a otro)

im**port**ación (acción de introducir algo en un país)

Las im**port**aciones de bananas han aumentado este año.

586.5
dic(t)-

La raíz *dict-* significa "contar".

dictado (acción de decir palabras para que otros las escriban)

dicción (manera de decir o pronunciar las palabras)

Declamó el poema con una **dic**ción perfecta.

TEKS 5.22C(ii)

Práctica

Raíces latinas

■ spec-, scrib-, rupt-/rum-, port-, dic(t)-

En las siguientes oraciones, escoge la palabra adecuada de cada par e indica qué raíz latina contiene y qué significa. Usa un diccionario impreso o en línea si lo necesitas.

Ejemplo: El maestro me pidió que leyera la redacción delante de la clase y alabó mi *(dicción/ diccionario)*.

dicción; raíz latina dic(t)–; manera de decir o pronunciar

1. El *(espectáculo/espectador)* me sorprendió por la abundancia de colores.

2. Debes corregir los errores ortográficos en tu *(dictado/ dictamen)*.

3. El lunes ya puedes *(inscribirte/transcribirte)* para la competencia.

4. El barco *(transportaba/importaba)* una gran cantidad de mercancías.

5. Lamento *(interrumpir/corromper)*, pero el llamado parece urgente.

6. ¿Puedes *(describir/escribir)* el cuarto?

Aprendizaje del lenguaje Busca en el diccionario cinco palabras nuevas que tengan las raíces latinas *spec-, scrib-, rupt-/rum-, port-* y *dict-*. Comenta sus significados con un compañero. Escribe una oración con cada una. Asegúrate de deletrearlas correctamente.

Sufijos griegos y sufijos del latín

Un **afijo** es una o más letras que se añaden al principio o al final de la raíz y que le agregan significado. Si las letras van al final de la raíz, es un **sufijo**.

Muchas palabras del español tienen sufijos griegos y del latín. Si se conoce la ortografía y el significado de los sufijos griegos y del latín más comunes, se puede deducir el significado y deletrear correctamente las palabras que provienen del griego o del latín.

Sufijos griegos

588.1
-ología

El sufijo *-ología* significa "ciencia de".

climat**ología** (ciencia que estudia el clima)

ge**ología** (ciencia que estudia la composición de la tierra)

588.2
-fobia

El sufijo *-fobia* significa "temor".

hidro**fobia** (temor al agua)   foto**fobia** (temor a la luz)

588.3
-ismo

El sufijo *-ismo* significa "sistema" o "movimiento".

clasic**ismo** (movimiento artístico)

imperial**ismo** (sistema a favor del imperio)

588.4
-ista

El sufijo *-ista* significa "partidario de", "inclinado a", "ocupación".

tax**ista** (persona cuya ocupación es conducir un taxi)

pacif**ista** (persona que es partidaria de la paz)

Sufijos del latín

588.5
-able, -ible

Los sufijos *-able* e *-ible* significan "posibilidad o capacidad", "cualidad".

respons**able** (cualidad de quien actúa con responsabilidad)

comest**ible** (que se puede comer)

588.6
-ancia

El sufijo *-ancia* forma sustantivos femeninos de significados muy variados.

const**ancia** (cualidad de ser constante)

concord**ancia** (acción y efecto de concordar)

 **TEKS** 5.22C(iii-iv)

Práctica

Sufijos griegos y sufijos del latín

■ -ología, -fobia, -ismo, -ista, -able/-ible, -ancia

En las siguientes oraciones, escoge la palabra adecuada de cada par e indica qué sufijo griego o del latín contiene. Indica también lo que significa. Usa un diccionario impreso o en línea si lo necesitas.

Ejemplo: Sara tenía que hacer un trabajo sobre el *(clasicismo/egoísmo)* en el arte.

clasicismo; sufijo griego –ismo; movimiento que sigue los modelos clásicos

1. Algunos hongos no son *(comestibles/invencibles)*.
2. Ese tenista es el mejor *(deportista/analista)* de la actualidad.
3. Debe haber *(concordancia/alternancia)* entre el sujeto y el verbo de una oración.
4. Lidia usa siempre gafas oscuras porque padece *(fotofobia/aracnofobia)*.
5. Silvia es la persona más *(amigable/detestable)* y generosa que conozco.
6. Los *(pacifistas/vanguardistas)* portaban carteles que exigían el fin del conflicto armado.
7. En el lago había *(abundancia/arrogancia)* de peces.
8. Luisa se sintió mal en el ascensor: padece *(claustrofobia/agorafobia)*.
9. El *(egoísmo/modernismo)* es lo contrario del altruismo.
10. Ana le preguntó al *(taxista/oficinista)* cuánto costaría su viaje hasta la terminal de autobuses.

Aprendizaje del lenguaje Busca en un diccionario otras seis palabras con los sufijos griegos *-ología, -fobia, -ismo, -ista* y los del latín *-able/-ible* y *-ancia*. Escribe una oración con cada una. Asegúrate de deletrearlas correctamente.

Términos que usualmente se confunden

590.1
asimismo,
así mismo

Los países acordaron **asimismo** acatar la resolución. (también)

Cuéntaselo **así mismo** a Lucía cuando la veas. (de ese mismo modo)

590.2
bote, vote

Un **bote** los esperaba en la playa. (embarcación)

El joven prometió: "El que mañana **vote** por mí no se equivocará". (participe para escoger algo o a alguien)

590.3
hayamos,
hallamos

Cuando **hayamos** encontrado el tesoro, seremos realmente ricos. (presente de subjuntivo del verbo *haber*)

Seguimos las indicaciones del mapa y finalmente **hallamos** las ruinas. (pretérito de indicativo del verbo *hallar*)

590.4
hierba, hierva

En primavera la pradera se cubre de **hierba** y de coloridas flores silvestres. (vegetal)

Para hacer un rico té no hay que dejar que el agua **hierva**. (llegue al punto de ebullición)

590.5
ola, hola

Una **ola** gigante me arrastró hasta la costa. (movimiento de agua)

Todos lo miraron sorprendidos cuando dijo: "¡**Hola**! ¿Llego muy tarde?". (saludo)

590.6
porque, por qué

No me gusta salir cuando llueve **porque** me mojo. (*porque* indica la causa por la que sucede algo).

¿**Por qué** no lo llamas y le preguntas? (*por qué* pregunta por la causa por la que sucede o no sucede algo).

590.7
rayado/a,
rallado/a

Antonio compró una camisa **rayada** en azul y blanco. (con rayas)

Papá siempre guarda el pan **rallado** en ese cuenco. (desmenuzado)

590.8
sino, si no

No me dijo que lo comprara, **sino** que lo sacara de la biblioteca. (*sino* indica un contraste entre dos ideas).

Si no te decides, te quedarás sin ninguno de los dos. (*Si no* introduce una oración condicional en la que se exponen las consecuencias de que *no* se haga algo).

590.9
también,
tan bien

Me gusta mucho leer novelas y **también** poemas. (además)

Hizo su trabajo **tan bien** que todos lo felicitaron. (muy bien)

Práctica

Términos que usualmente se confunden 1

■ asimismo, así mismo; **bote, vote;** hayamos, hallamos; **hierba, hierva;** ola, hola; **porque, por qué;** rayado/a, rallado/a; **sino, si no;** también, tan bien

Observa las palabras subrayadas en las siguientes oraciones. Escribe las oraciones en una hoja de papel. Escribe "C" al lado de la oración si la palabra está usada correctamente. Si no es así, escríbela de manera correcta.

Ejemplo: Miguel dijo que no podía ir al cine por qué no se sentía bien.

 porque

1. Violeta me envió un regalo en un sobre rallado.
2. El sobre contenía una entrada para la última película de mi superhéroe favorito. Incluía asimismo una foto de él.
3. Adoro a mi superhéroe favorito porque es más rápido que un rayo, ve a través de las paredes y tan bien levanta objetos muy pesados.
4. —Si no vas, te arrepentirás —me dijo mi mamá.
5. A la salida del cine, fui a dar un paseo en bote.
6. Me sentí tan bien remando que no me quería ir.
7. Luego me senté en la hierva que rodea el lago.
8. De repente, alguien me saludó: —¡Ola!
9. Era Violeta, que había salido a dar un paseo. Tenía puesto un vestido rayado.
10. También llevaba un sombrero para protegerse del sol.

Aprendizaje del lenguaje Escribe un párrafo breve sobre un día que pasaste al aire libre. Usa las palabras *porque, sino* y *tan bien*.

 **TEKS** 5.22E

Términos que usualmente se confunden...

592.1
caso, cazo

—El **caso** está resuelto —dijo el detective satisfecho. (asunto)

—Es fácil —dijo el sapo—, yo **cazo** las moscas con mi lengua larga y pegajosa. (atrapo)

592.2
cierra, sierra

Cuando te vayas a dormir, **cierra** bien todas las ventanas. (no dejes abiertas)

El carpintero tomó la **sierra** y cortó todas las tablas del mismo largo. (herramienta)

592.3
consejo, concejo

Si sigues mi **consejo**, todo será más fácil. (aviso amistoso)

El **concejo** del pueblo llegó a un acuerdo. (grupo gobernante)

592.4
cocido, cosido

No olvides sacar el pavo del horno cuando esté **cocido**. (cocinado)

El dobladillo estaba **cosido** de manera muy prolija. (hecho con aguja e hilo)

592.5
e, he

La película me pareció fabulosa **e** increíble. (conjunción que sustituye a la *y* cuando la siguiente palabra empieza por *i*)

He hecho todo lo posible para que me entiendas; no sé qué más decir. (presente del verbo *haber*)

592.6
paces, pases

Gigantes y enanos hicieron las **paces** y de allí en más vivieron en armonía. (se amigaron)

No **pases** a la cocina porque el piso está mojado. (entres)

592.7
peces, peses

A Malena le regalaron dos raros **peces** tropicales. (animales)

No creo que **peses** tantas libras. (presente de subjuntivo del verbo *pesar*)

592.8
siento, ciento

Siempre **siento** frío cuando duermo destapado. (tengo esa sensación)

El mapa del tesoro tenía **ciento** veinte años de antigüedad. (100)

592.9
sueco, zueco

El barco **sueco** zarpó al amanecer. (que proviene de Suecia)

El **zueco** de madera de Cenicienta era del mismo tamaño que el zapatito de cristal. (tipo de calzado)

592.10
vellos, bellos

El gigante tenía largos **vellos** dorados en los brazos. (pelo)

Los poemas que han escrito son muy **bellos**. (hermosos)

Práctica

Términos que usualmente se confunden 2

- **caso, cazo**; **cierra, sierra**; **consejo, concejo**; **cocido, cosido**; **e, he**; **paces, pases**; **peces, peses**; **siento, ciento**; **sueco, zueco**; **vellos, bellos**

En las siguientes oraciones, escoge la palabra correcta de cada par y escríbela.

Ejemplo: Esta es la historia de un joven *(sueco/zueco)* que se convirtió en el héroe de su comarca.

sueco

Hace mucho tiempo, un gran dragón morado con dientes afilados como una **(1)** *(sierra/cierra)* **(2)** *(e/he)* increíblemente grandes vivía escondido en un bosque **(3)** *(zueco/sueco)*, junto a un lago. Era tan grande que comía **(4)** *(ciento/siento)* noventa **(5)** *(peces/peses)* de los más **(6)** *(bellos/vellos)* del lago por día. Como en el lago ya casi no quedaba ninguno, un joven propuso una solución al **(7)** *(concejo/consejo)* de ancianos de la comarca para solucionar el problema. Fueron por las casas recolectando **(8)** *(suecos/zuecos)* de madera y botas de goma. Pusieron todo al fuego dentro de un recipiente de barro lleno de agua y lo revolvieron hasta que todo estuvo bien **(9)** *(cocido/cosido)*. Entonces el joven le dijo al dragón:

—El **(10)** *(caso/cazo)* es que hemos cazado diez renos gordos con los que hemos hecho una rica sopa para que tú la comas.

Y el dragón la comió por completo.

—¡Me **(11)** *(siento/ciento)* como si hubiera comido mil zapatos!

—Sigue mi **(12)** *(consejo/concejo)* —le dijo el joven—, hagamos las **(13)** *(pases/paces)*. Yo no te **(14)** *(e/he)* molestado más de lo que tú lo hiciste con nosotros. Mejor vivamos en paz.

Aprendizaje del lenguaje Describe una escena de una película a un compañero. Usa las palabras *bello*, *siento* y *caso*. Explica a tu compañero qué significan estas palabras y cómo cambiaría el sentido de tu descripción si hubieras usado *vello*, *ciento* y *cazo*.

 **TEKS** 5.22E

Términos que usualmente se confunden...

594.1
a ver, haber

Vino **a ver** qué estábamos haciendo. (a observar)

Cuando vayas, ya no va a **haber** entradas. ¡Mejor apúrate! (infinitivo)

594.2
Asia, hacia

China es el país más poblado de **Asia**. (continente)

Todos corrieron **hacia** la playa para ver quiénes llegaban en el bote. (en esa dirección)

594.3
azar, asar

Encontré el álbum de fotos por **azar**. (de casualidad)

Me gusta **asar** manzanas en invierno. (cocinar)

594.4
beses, veces

Me gusta que me **beses** en la mejilla antes de irte a la cama. (me des un beso)

Lo he leído tantas **veces** que me lo sé de memoria. (ocasiones)

594.5
ha, ah

La caja **ha** sido entregada sin demora. (presente del verbo *haber)*

¡**Ah**! ¡Que hermoso libro de estampas! (interjección que muestra sorpresa)

594.6
hay, ay, ahí

Todavía **hay** muchas manzanas en el árbol. (existen)

La zorra dijo: "¡**Ay**! ¡Qué altas están las uvas!" (interjección que muestra pena)

Creo que dejé el libro **ahí**, sobre la mesa. (en ese lugar)

594.7
vallas, vayas

Juanita entrena a su caballo para saltar **vallas** altas. (cercas)

Cuando **vayas** a la biblioteca devuelve también estos libros. (presente de subjuntivo del verbo *ir)*

594.8
vez, ves

Cada **vez** que viene la tía Amalia, nos cuenta historias fabulosas. (ocasión)

Si no **ves** bien, deberías ir al oculista. (presente del verbo *ver)*

TEKS 5.22E

Términos que usualmente se confunden 3

■ a ver, haber; Asia, hacia; azar, asar; beses, veces; ha, ah; hay, ay, ahí; vallas, vayas; ves, vez

En las siguientes oraciones, escribe la palabra correcta del par de palabras que se da entre paréntesis.

Ejemplo: A *(veces, beses)* me olvido de llevar el paraguas y me mojo.

veces

1. Dobló en la esquina *(hacia, Asia)* la derecha.

2. En toda la cuadra solo *(ay, hay)* un árbol grande.

3. Lo *(ves, vez)* en cuanto entras en la calle.

4. Está junto a la *(vaya, valla)* que separa mi casa de la de mi vecino.

5. Otra vez es otoño y *(ahí, hay)* una gruesa alfombra de hojas secas en el suelo.

6. ¡*(Ah, ha)*! ¡Quién pudiera limpiarlas con un fuerte soplido!

7. *(Uso, Huso)* todas mis fuerzas para soplar, pero no resulta.

8. Es mejor que vaya *(haber, a ver)* si encuentro el rastrillo.

9. En cuanto termine, pienso entrar a *(azar, asar)* castañas.

Aprendizaje del lenguaje Di a un compañero oraciones que tengan las palabras *azar*, *hay* y *vez*. Explica el significado de cada una de ellas. Luego escribe una oración usando la palabra *vaya*.

Comprender las oraciones

Una **oración** expresa una idea completa. Las oraciones generalmente tienen un sujeto y un predicado, aunque en español el sujeto puede ser tácito, es decir, no estar presente. Además, empiezan con mayúscula y terminan con un punto, o empiezan y terminan con un signo de interrogación o un signo de admiración.

Partes de una oración

596.1
Sujeto

El **sujeto** es la parte de la oración (un sustantivo o un pronombre) que hace referencia a la persona o la cosa que está realizando una acción.

Marisa horneó un pastel de chocolate.

El sujeto también puede ser la parte sobre la que se habla.

Ella es una cocinera maravillosa.

El sujeto puede ser tácito, es decir, no estar presente, porque ya se ha dado información antes para entender de quién o qué se habla.

(sujeto tácito) **Se comió el pastel con sus amigos.**

596.2
Núcleo del sujeto

El núcleo del sujeto es el sujeto sin las palabras que lo describen o modifican.

La hermanita de Marisa es muy servicial.

596.3
Sujeto completo

El sujeto completo es el núcleo del sujeto junto con las palabras que lo describen.

La hermanita de Marisa es muy servicial.

596.4
Sujeto compuesto

Un sujeto compuesto tiene dos o más núcleos del sujeto unidos por una conjunción *(y, o).*

Marisa y su hermana armaron el rompecabezas.

TEKS 5.20C

Práctica de gramática

Partes de una oración 1

- **Sujetos**

Escribe el sujeto completo de las siguientes oraciones y subraya el núcleo (o los núcleos) del sujeto, o indica si el sujeto es tácito.

Ejemplo: Mamá y papá me construyeron una casita en el árbol.

<u>Mamá</u> y <u>papá</u>

1. Mi casita está sobre nuestro cedro.

2. Tres ramas del árbol sostienen la estructura.

3. Una escalera de madera hecha a mano me permite subir.

4. Algunas personas construyen casas en los árboles para vivir allí.

5. Son como casas donde los adultos pueden jugar.

6. Esas casas tienen electricidad y cañerías.

7. La mayoría de las casas de los árboles para niños también tiene luz: ¡del sol y de la luna!

8. Mis amigos y yo leemos, escribimos, conversamos y soñamos en mi casa del árbol.

9. También comemos bocadillos.

10. Este lugar privado nos ofrece un espacio para poder ser nosotros mismos.

Aprendizaje del lenguaje Escribe dos oraciones en las que describas un lugar especial. Subraya el sujeto completo y encierra en un círculo el núcleo del sujeto. Di una nueva oración a un compañero e identifica el sujeto completo.

 **TEKS** 5.20C

Partes de una oración...

El **predicado** es la parte de la oración que contiene el verbo. El predicado muestra una acción al indicar lo que está haciendo el sujeto.

> Marisa horneó el pastel para mi cumpleaños.

El predicado también puede decir algo sobre el sujeto.

> Ella es una buena cocinera.

El núcleo del predicado es el verbo sin ninguna de las demás palabras que lo modifican.

> Marisa horneó el pastel ayer.

El predicado completo es el verbo junto con todas las palabras que lo modifican o completan.

> Marisa horneó el pastel ayer.
>
> Ella también preparó magdalenas.

Un predicado compuesto tiene dos o más verbos.

> Decoró el pastel y lo escondió en una caja en el armario.

NOTA: Recuerda que una oración con un predicado compuesto es una oración compuesta.

Un modificador es una palabra (generalmente un adjetivo o un adverbio) o un grupo de palabras que describe a otra palabra.

> Mi familia organizó una fiesta sorpresa. (*Mi* modifica a *familia*; *una* y *sorpresa* modifican a *fiesta*).
>
> Se escondieron detrás de la puerta y esperaron en silencio. (*Detrás de la puerta* modifica a *escondieron*; *en silencio* modifica a *esperaron*).

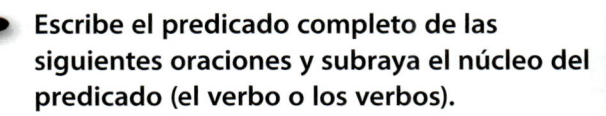
Práctica de gramática

Partes de una oración 2

■ **Predicados**

Escribe el predicado completo de las siguientes oraciones y subraya el núcleo del predicado (el verbo o los verbos).

Ejemplo: Angelita pidió un deseo.
<u>pidió</u> un deseo

1. Su deseo era tener diamantes.

2. El diamante es uno de los materiales más duros que se conocen.

3. Un diamante puede rayar casi cualquier cosa.

4. Los diamantes se forman a partir de depósitos de carbono.

5. La antracita, un tipo de carbón negro y brillante, también es una forma de carbono.

6. La presión subterránea constante y el calor pueden provocar un cambio en un depósito de carbono.

7. A veces se transforma en un cristal incoloro que se llama diamante.

8. La antracita no produce diamantes.

9. Este tipo de carbón usualmente se quema para generar calor o energía.

10. Se quema de una forma muy limpia.

Aprendizaje del lenguaje Escribe una oración sobre los diamantes. Subraya el predicado completo. Encierra en un círculo el núcleo del predicado. Luego di otra oración a un compañero. Identifica el predicado completo y el núcleo del predicado.

Partes de una oración...

600.1
Cláusulas

Una **cláusula** es un grupo de palabras que tiene un sujeto (que puede ser tácito) y un predicado. Las cláusulas pueden ser independientes o subordinadas.

600.2
Cláusulas independientes

Una cláusula independiente expresa una idea completa y puede funcionar por sí sola como una oración.

> **Voy a la escuela en bicicleta.**

> **A Bernardo lo lleva su papá.**

600.3
Cláusulas subordinadas

Una cláusula subordinada no expresa una idea completa, de modo que no puede funcionar por sí sola como una oración. Las cláusulas subordinadas comienzan con conjunciones subordinantes tales como *cuando* o *porque*. (Consulta la página **634.2**).

> **cuando el día está soleado**

Algunas cláusulas subordinadas comienzan con pronombres relativos tales como *que* o *quien*. (Consulta la página **614.1**).

> **que trabaja cerca de nuestra escuela**

Una cláusula subordinada debe estar unida a una cláusula independiente. El resultado de esta unión es una oración compleja.

> **Cuando el día está soleado, voy a la escuela en bicicleta. A Bernardo lo lleva su papá, que trabaja cerca de nuestra escuela.**

Práctica de gramática

Partes de una oración 3

◼ **Cláusulas**

Escribe una "I" para indicar que las siguientes cláusulas son independientes o una "S" si son subordinadas.

Ejemplo: todos los amigos de Gabriela usaban gafas para el sol

I

1. porque su conjunto era muy brillante

2. Gabriela habitualmente usa ropa colorida

3. una vez se tiñó el cabello para que hiciera juego con su conjunto

4. que era un vestido a lunares rosados

5. la primavera pasada, si era un día lluvioso

6. usaba un impermeable amarillo fluorescente

7. cuando fuimos al zoológico a hacer un trabajo de campo

8. Gabriela se vistió como para ir a un safari

9. dice que heredó su gusto por la moda de su abuela

10. quien viajó por todo el mundo

Aprendizaje del lenguaje Con un compañero, escoge una cláusula subordinada de la lista anterior. Túrnense para agregarle palabras de manera tal que formen oraciones completas.

Partes de una oración...

602.1
Frases

Una **frase** es un grupo de palabras relacionadas. A diferencia de las oraciones, las frases no pueden expresar por sí solas una idea completa, ya que *no* tienen un sujeto y un predicado.

602.2
Frases nominales

Una frase nominal no tiene predicado. Está formada por un sustantivo y los adjetivos que lo describen.

el estudiante nuevo

602.3
Frases verbales

Una frase verbal no tiene sujeto. Se compone de un verbo principal y uno o más verbos auxiliares.

podría haber escrito

602.4
Frases preposicionales

Una frase preposicional no tiene sujeto ni predicado. Sin embargo, puede agregar información importante a la oración. (Consulta la página **632**).

sobre George Washington

602.5
Frases apositivas

Una frase apositiva es otra forma de referirse o volver a nombrar el sustantivo o el pronombre que tiene delante.

George Washington, nuestro primer presidente

NOTA: Cuando unes estas frases, formas una oración.

El estudiante nuevo podría haber escrito sobre George Washington, nuestro primer presidente.

🌟 **TEKS** 5.20A(v)

Práctica de gramática

Partes de una oración 4

■ **Frases**

Identifica las frases que aparecen subrayadas. Escribe una "N" si se trata de una frase nominal, una "V" si se trata de una frase verbal, una "P" si la frase es preposicional y una "A" si es apositiva.

Ejemplo: Mira este libro que muestra las banderas del mundo.
P

1. Una bandera puede tener rayas horizontales o verticales.

2. ¡He visto esa bandera muchas veces antes!

3. El rojo, un color común en las banderas, se encuentra en las banderas de los tres países más grandes de América del Norte.

4. Nuestra clase tendrá su propia bandera al final de la semana.

5. La bandera de tu familia puede flamear en el frente de tu casa.

6. También puedes colgarla en la puerta del refrigerador.

7. La bandera de Jorge tiene un dragón de Komodo, el lagarto más grande del mundo.

8. A mi hermano mayor le gustaría tener esa bandera.

Aprendizaje del lenguaje Comenta con un compañero el diseño que escogerías para una bandera propia. Trata de incluir todos los tipos de frases (nominales, verbales, preposicionales y apositivas) en tu descripción. Pide a tu compañero que identifique las frases.

Cómo usar los elementos gramaticales

Sustantivos

Un **sustantivo** es una palabra que designa a una persona, un lugar, una cosa o una idea.

Tipos de sustantivos

604.1
Sustantivos propios

Los sustantivos propios designan a alguien o algo específico. Se escriben con mayúscula.

Roberta Fischer   Parque Millenium   *Shrek*   El Gran Cañón

604.2
Sustantivos comunes

Los sustantivos comunes no designan a alguien o algo específico. Se escriben con minúscula.

mujer   parque   película   lugar

604.3
Sustantivos concretos

Los sustantivos concretos designan una cosa que se puede captar a través de alguno de los cinco sentidos. Los sustantivos concretos pueden ser comunes o propios.

revista   rosa   la Estatua de la Libertad   chocolate

604.4
Sustantivos abstractos

Los sustantivos abstractos designan cosas en las que puedes pensar pero que no puedes ver, oír ni tocar. Los sustantivos abstractos son sustantivos comunes.

amor   democracia   judaísmo   miércoles

604.5
Sustantivos compuestos

Un sustantivo compuesto está formado por más de una palabra.

bocacalle   quitamanchas   guardabosques   sacacorchos

604.6
Sustantivos colectivos

Un sustantivo colectivo designa a un conjunto de individuos o cosas de la misma especie.

Personas: clase   equipo   clan   familia
Animales: manada   bandada   rebaño   enjambre   cardumen
Cosas: manojo   tanda   colección

Práctica de gramática

Sustantivos 1

■ Sustantivos comunes, propios, concretos, abstractos y colectivos

 **En cada oración, indica si el primer sustantivo subrayado es común o propio.**

Ejemplo: ¿Cuál es el precio razonable de una entrada de cine?

común

1. En los Estados Unidos, la riqueza se mide en dólares.

2. El billete de un dólar tiene una imagen de George Washington en el dorso.

3. La imagen de Sacagawea, una mujer indígena que ayudó a Lewis y a Clark en su expedición, se encuentra en la moneda de un dólar.

4. La mayoría de los billetes y las monedas tienen poco valor real en sí mismos.

5. Para que el dinero tenga valor, las personas deben adoptarlo como símbolo de un intercambio justo.

6. Los estadounidenses acordaron que Ben Franklin sería la persona cuya imagen aparecería en el billete de 100 dólares.

7. Cuando cambias ese billete por 10 entradas para el Parque Nacional Yellowstone, ¡determinas el valor de esos 100 dólares!

Aprendizaje del lenguaje Escribe si el segundo sustantivo subrayado es concreto o abstracto. Luego menciona algunos sustantivos colectivos. Di a un compañero una oración en la que uses un sustantivo colectivo.

Sustantivos...
Número de los sustantivos

606.1

Sustantivos singulares

Los sustantivos singulares designan a una sola persona, lugar, cosa o idea.

cuarto   papel   compañero   esperanza

606.2

Sustantivos plurales

Los sustantivos plurales designan a más de una persona, lugar, cosa o idea.

cuartos   papeles   compañeros   esperanzas

Género de los sustantivos

606.3

Género de los sustantivos

El género de los sustantivos puede ser *femenino*, *masculino* o *invariable*, es decir, de género común.

Femenino: madre, vaca, silla, amistad, mar

Masculino: padre, toro, carro, sentimiento, río

Invariable: pianista, dentista, estudiante

NOTA: El género de los sustantivos invariables lo determina el artículo que lo acompaña: *el/la pianista, los/las pianistas.*

Práctica de gramática

Sustantivos 2

- ■ **Número de los sustantivos**
- ■ **Género de los sustantivos**

Identifica los sustantivos subrayados en cada oración con una "F" si son femeninos, una "M" si son masculinos o una "I" si son invariables.

Ejemplo: Francisco quería ir a pescar.
M

1. Tomó las cañas de pescar y la carnada.

2. Se dirigió hacia el muelle.

3. Antes de llegar, oyó que su mamá lo llamaba.

4. Miró su reloj y se dio cuenta de que era hora de pasear a los perros de la vecina.

5. Lo malo era que la vecina de Francisco, la Sra. Menéndez, estaba trabajando en su consultorio de dentista.

6. Y su marido estaba enfermo y no podía pasear a los perros.

7. Francisco vio a uno de sus amigos pasar en bicicleta.

8. Le gritó: —¡Diego! ¿Me prestas la bicicleta para ir a casa de la Sra. Menéndez?

9. Diego le dijo: —¡Claro! Yo iba a casa de mi primo, a solo unas cuadras de aquí.

10. ¡Lo importante es que Francisco llegó a tiempo para pasear a los perros de su vecina!

Aprendizaje del lenguaje Relata a un compañero un cuento sobre alguien que cuida a una mascota. Usa tres sustantivos singulares y tres sustantivos plurales en la historia. Pide a tu compañero que diga qué sustantivos son singulares y cuáles son plurales.

Sustantivos...
Usos de los sustantivos

608.1

Sustantivos en función de sujeto

Un sustantivo puede ser el sujeto de una oración. (El sujeto es la parte de la oración que realiza la acción o sobre la que se habla).

José se escapó de la abeja.

608.2

Sustantivos en función de predicativo

El sustantivo es predicativo cuando está a continuación de alguna de las formas de los verbos *ser*, *estar* o *parecer* y vuelve a nombrar al sujeto.

El libro es una novela.

608.3

Sustantivos en función de complemento

Complemento directo: El complemento directo es la palabra que nos dice *qué* o *quién* recibe la acción del verbo. El complemento directo completa el significado del verbo.

Nadia gastó todo su dinero. (¿*Qué* gastó Nadia? El verbo *gastó* no sería claro sin el complemento directo, *dinero*).

Complemento indirecto: El complemento indirecto nombra a la persona *a quién* o *para quién* se dirige la acción.

Juan le dio el libro a Nadia. (¿*A quién* se le dio el libro? El libro se le dio *a Nadia*, el complemento indirecto).

Complemento de una preposición: El complemento de una preposición es parte de una frase preposicional. (Consulta la página **632**).

Nadia puso el libro en el estante. (El sustantivo *estante* es el complemento de la preposición *en*).

Práctica de gramática

Sustantivos 3

■ **Usos de los sustantivos**

Trabaja con un compañero. En cada oración, decidan si los sustantivos subrayados funcionan como sujeto, como complemento o como predicativo.

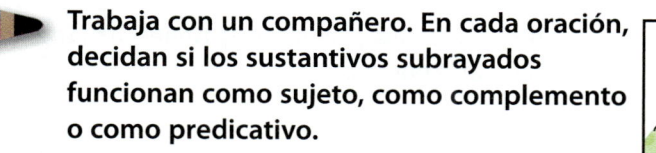

Ejemplo: A las personas les gusta mirar hacia el <u>cielo</u>.
complemento

1. Hace mucho tiempo, las <u>personas</u> creían que ciertos grupos de estrellas parecían osos, leones o personas.

2. Un <u>grupo</u> de siete estrellas es conocido como la Osa Mayor.

3. Tres estrellas brillantes en hilera son <u>parte</u> de Orión, el Cazador.

4. En áreas rurales, hasta 2,500 estrellas pueden verse a simple <u>vista</u>.

5. Los que viven en la <u>ciudad</u> no pueden ver tantas estrellas.

6. Una <u>mujer</u> de la ciudad pintó estrellas en su casa.

7. En su mayoría, las estrellas son simplemente grandes <u>esferas</u> de gas.

8. Al igual que el Sol, las estrellas producen <u>energía</u> como resultado de reacciones nucleares.

Aprendizaje del lenguaje Comenta con un compañero qué sustantivos predicativos podrían usar para completar esta oración: *Cuando miré hacia el cielo, las estrellas parecían* _____ .

Pronombres

Un **pronombre** es una palabra que se usa para reemplazar a un sustantivo.

610.1 Antecedentes

El antecedente es el sustantivo al que se refiere o reemplaza el pronombre. Todos los pronombres tienen un antecedente.

El hermano de Andrés practica saltos con su patineta. Él es todo un experto.

(*hermano* es el antecedente del pronombre *él*).

Número de los pronombres

610.2 Pronombres singulares y plurales

Los pronombres pueden ser singulares o plurales.

Yo tomé los patines y me fui con Leandro.

Nosotros íbamos a la pista de patinaje.

Persona de los pronombres

La *persona* de un pronombre nos indica si el antecedente del pronombre es quien habla, a quien se habla o sobre quien se habla.

610.3 Pronombres de primera persona

Un pronombre de primera persona se usa en lugar del nombre de la persona o las personas que hablan.

Melina dijo: —Yo quiero un helado de frambuesa.

(*Yo* reemplaza al nombre *Melina*, la persona que está hablando).

610.4 Pronombres de segunda persona

Un pronombre de segunda persona nombra a la persona o las personas a las que se habla.

Ana, ¿decidiste qué sabor quieres tú? (*tú* reemplaza al nombre *Ana*, la persona a la que se habla).

610.5 Pronombres de tercera persona

Un pronombre de tercera persona se usa para nombrar a la persona, personas, cosa o cosas sobre las que se habla.

Los primos dijeron que ellos querían helado de chocolate porque ese era su favorito. (*ellos* hace referencia a *primos*, las personas sobre las que se habla, y *ese* hace referencia a *helado*, la cosa sobre la que se habla).

610.6 Pronombres femeninos y masculinos

Los pronombres pueden ser femeninos o masculinos.

La recámara más grande es la nuestra.

De todos los colores, este es el que más me gusta.

Práctica de gramática

Pronombres 1

■ Número de los pronombres
■ Persona de los pronombres

En las siguientes oraciones, indica si el pronombre subrayado es de primera, segunda o tercera persona.

Ejemplo: —¿Tú recogerás a Esteban en el aeropuerto? —le preguntó Carmen a la tía Alicia.

segunda persona

1. —Sí —dijo ella.

2. —¿Nosotros podemos ir contigo? —preguntó Tatiana.

3. —¿Pero están listas ustedes? —preguntó la tía Alicia.

4. Cuando llegaron al aeropuerto, ellas esperaron el avión de Esteban.

5. —¡Yo me muero de ganas de ver a Esteban! —dijo Carmen.

6. —Me pregunto si él se verá distinto —dijo Tatiana.

7. —¡Quizá no nos reconozca! —se preocupó Carmen.

8. Cuando Esteban bajó del avión, recogió las maletas equivocadas; las suyas estaban en otra cinta transportadora.

9. La tía Alicia, Carmen y Tatiana estaban allí esperándolo, y Esteban las saludó de inmediato.

10. —¡Qué bien me siento ahora! —exclamó Carmen.

Aprendizaje del lenguaje Comenta con un compañero acerca de una persona a la que te gustaría visitar. Usa al menos dos pronombres singulares y luego indica el género de cada uno.

Pronombres...
Usos de los pronombres

612.1

Pronombres en función de sujeto

Un pronombre en función de sujeto se usa como sujeto de una oración.

Yo sé contar buenos chistes.

Ellos divierten mucho al público.

612.2

Pronombres en función de complemento

Un pronombre en función de complemento se usa como complemento directo, como complemento indirecto o como complemento de una preposición.

El señor Echeverría **nos** regaló un libro de matemáticas. (complemento indirecto)

El señor Echeverría **lo** hizo de corazón. (complemento directo)

Hice una tarjeta de Navidad para **él**. (complemento de la preposición)

612.3

Pronombres posesivos

Un pronombre posesivo indica a quién o a qué pertenece algo. Los pronombres posesivos, a diferencia de los adjetivos posesivos, funcionan de manera independiente.

Gloria terminó de escribir **su** cuento.

(*su* está antes del sustantivo *cuento*; es un adjetivo posesivo, no un pronombre posesivo).

La idea de la trama fue **mía**. (*mía* puede funcionar de manera independiente; es un pronombre posesivo).

Pronombres posesivos: *mío(s)/mía(s), tuyo(s)/tuya(s), suyo(s)/suya(s) (3ª persona singular), nuestro(s)/nuestra(s), suyo(s)/suya(s) (2ª persona plural), suyo(s)/suya(s) (3ª persona plural)*

Usos de los pronombres personales

	Pronombres singulares			Pronombres plurales		
	Pronombres en función de sujeto	Pronombres posesivos	Pronombres en función de complemento	Pronombres en función de sujeto	Pronombres posesivos	Pronombres en función de complemento
Primera persona	yo	mío(s)/mía(s)	me/mí	nosotros/nosotras	nuestro(s)/nuestra(s)	nos
Segunda persona	tú	tuyo(s)/tuya(s)	te/ti	ustedes	suyo(s)/suya(s)	los/las/les/se/sí
Tercera persona	él/ella/ello	suyo(s)/suya(s)	lo/la/le/se/sí	ellos/ellas	suyo(s)/suya(s)	los/las/les/se/sí

Práctica de gramática

Pronombres 2

■ **Usos de los pronombres**

En cada oración, escribe "S" si el pronombre subrayado funciona como sujeto, "C" si funciona como complemento o "P" si es un pronombre posesivo.

Ejemplo: ¿Esta fruta es <u>tuya</u>?
            P

1. <u>Yo</u> adoro las manzanas.

2. Mamá ama las naranjas; <u>las</u> come todos los días.

3. Papá <u>le</u> regaló una canasta llena de frutas.

4. ¡<u>Ella</u> estaba tan emocionada!

5. Dijo: —¿Dónde están las <u>mías</u>? Las naranjas y los duraznos son mis favoritas.

6. Luego compartió el resto con <u>nosotros</u>.

7. Enseguida, <u>las</u> habíamos repartido todas.

8. <u>Las</u> saboreamos mientras contábamos historias.

9. Pobre papá; ¡no dejamos ninguna para <u>él</u>!

10. Mamá le dijo: —La próxima vez <u>te</u> guardaré una.

Aprendizaje del lenguaje Túrnense con un compañero para contar un relato acerca de su fruta favorita. Usen al menos tres pronombres personales. Luego vuelvan a contar lo que dijo su compañero.

Pronombres...
Tipos de pronombres

614.1
Pronombres relativos

Un pronombre relativo une una cláusula subordinada con una palabra que está en otra parte de la oración.

Los estudiantes de quinto grado que quieran formar parte de la banda deben hablar con Carlos.

Pronombres relativos: *que* (puede estar precedido por un artículo o una preposición), *cual/cuales* (puede estar precedido por *el/los, la/las, lo*), *quien/quienes, cuyo(s)/cuya(s)*

614.2
Pronombres interrogativos

Un pronombre interrogativo hace una pregunta.

¿Quién tocará el teclado?

Pronombres interrogativos: *¿qué?, ¿quién/quiénes?, ¿cuál/cuáles?, ¿cuánto(s)/cuánta(s)?*

614.3
Pronombres demostrativos

Un pronombre demostrativo señala o se refiere a un sustantivo sin nombrarlo. Los pronombres demostrativos son *este/esta, estos/estas, esto, ese/esa, esos/esas, eso, aquel/aquella, aquellos/aquellas* y *aquello*.

¡Esa me parece una idea genial!

NOTA: Cuando *este/esta, estos/estas, ese/esa, esos/esas, aquel/aquella, aquellos/aquellas* se usan antes de un sustantivo, son adjetivos. En casos confusos, se coloca un acento ortográfico en el pronombre *(Dijo que ésta vendrá con él)*.

614.4
Pronombres reflexivos

Un pronombre reflexivo se refiere a la misma persona, cosa o animal que el sujeto.

Carlos se lava las manos.

614.5
Pronombres indefinidos

Un pronombre indefinido se refiere a personas o cosas que no se mencionan o no se conocen. (Consulta la página **446**).

Nada le hará cambiar de opinión.

Pronombres indefinidos: *algo, alguien, nada, nadie, alguno/alguna, algunos/algunas, ninguno/ninguna, todo/toda, todos/todas, poco/poca, pocos/pocas, otro/otra, otros/otras, cualquiera, quienquiera*

Práctica de gramática

Pronombres 3

■ Pronombres relativos, demostrativos e indefinidos

En las siguientes oraciones, escribe "R" si el pronombre subrayado es relativo, "D" si es demostrativo o "I" si es indefinido.

Ejemplo: Los osos panda, <u>cuyo</u> hábitat natural está en China, pueden comer hasta 30 libras de bambú por día.

R

1. <u>Algunos</u> pueden comer más de 80 libras en un día.

2. ¡<u>Eso</u> es muchísima comida, incluso para un animal de 300 libras!

3. Pregúntale a <u>alguien</u> qué tipo de animal es un panda.

4. Casi <u>todos</u> dirán que el panda es un oso.

5. <u>Otros</u> dirán que pertenece a la familia de los mapaches.

6. Con una dieta tan liviana, los pandas no logran acumular la grasa <u>que</u> necesitan para un largo período de hibernación.

7. <u>Esto</u> los hace diferentes a la mayoría de los demás osos.

8. También suelen andar por las noches, <u>que</u> es cuando andan los mapaches.

9. <u>Cualquiera</u> se entristecería al enterarse de que los osos panda son una especie en peligro de extinción.

Aprendizaje del lenguaje Escribe una oración en la que describas a otro animal poco corriente. Usa un pronombre indefinido. Di a un compañero otra oración en la que uses otro pronombre indefinido.

Verbos

Un **verbo** expresa una acción o une el sujeto con otra parte de la oración. El verbo es la palabra principal, o núcleo, del predicado.

Tipos de verbos

616.1
Verbos de acción

Los verbos de acción indican qué hace el sujeto.

> El niño juega.

> El perro corre por el parque.

616.2
Verbos copulativos

Los verbos copulativos funcionan como un nexo entre el sujeto y un sustantivo o un adjetivo que se encuentra en el predicado de la oración.

> Ese carro es descapotable. (El verbo *es* conecta el sujeto *carro* con el adjetivo *descapotable*).

> Ese carro parece nuevo. (El verbo *parece* conecta el sujeto *carro* con el adjetivo *nuevo*).

616.3
Verbos auxiliares

Los verbos auxiliares aparecen delante del verbo principal y le dan un significado más específico.

> Leo está escribiendo en su diario. (El verbo *está* indica que la acción se está llevando a cabo en este momento).

> Leo ha estado escribiendo en su diario. (Los verbos *ha* y *estado* indican que la acción se desarrolló en el pasado y que se extendió durante un tiempo no especificado).

Verbos copulativos

ser, estar, parecer, semejar, ponerse, resultar, yacer, encontrarse, sentirse, volverse, quedarse

Verbos auxiliares

haber, estar, poder, deber, tener, ir, seguir, andar, querer

Práctica de gramática

Verbos 1

■ **Tipos de verbos**

En las siguientes oraciones, indica si el verbo subrayado es un verbo de acción, un verbo copulativo o un verbo auxiliar.

Ejemplo: Mis perros, Carlos y Carla, <u>aprendieron</u> a "cantar".
verbo de acción

1. <u>Pueden</u> ladrar en varios tonos.

2. El "guau" grave de Carlos <u>proporciona</u> las notas graves.

3. Carla <u>es</u> la soprano del dúo.

4. ¡<u>Resultan</u> tan graciosos!

5. <u>Han</u> participado en las exhibiciones locales de talentos.

6. <u>Se volvieron</u> muy populares.

7. El público <u>se queda</u> asombrado al verlos.

8. Todos <u>siguen</u> aplaudiendo durante varios minutos después de la función.

9. ¡Los perros <u>aman</u> tener toda la atención!

10. Quizás algún día <u>sean</u> famosos.

Aprendizaje del lenguaje Di a un compañero qué opinas sobre los perros. Usa al menos dos verbos copulativos.

Verbos...

Tiempos simples del modo indicativo

El **tiempo** de un verbo indica cuándo se realiza la acción. Los tiempos simples del modo indicativo son el *presente*, el *pretérito*, el *imperfecto*, el *futuro* y el *condicional*.

El **modo** indica la actitud del hablante frente a lo que está diciendo. En el **modo indicativo**, el hablante presenta las acciones como reales. (Consulta la página **450**).

Hay **verbos regulares** (que se conjugan como los verbos modelo *amar, temer, partir*) y **verbos irregulares** (que no se conjugan como los verbos modelo).

618.1
Presente

El **presente** expresa acciones actuales, es decir, acciones que ocurren en el momento en que se habla.

> Hoy jugamos al fútbol. *(verbo regular)*
>
> Somos un buen equipo. *(verbo irregular)*

618.2
Pretérito

El **pretérito** es un tiempo pasado que expresa una acción pasada que está terminada.

> Ayer visitamos a la abuela. *(verbo regular)*
>
> También anduvimos en bicicleta. *(verbo irregular)*

618.3
Imperfecto

El **imperfecto** o **pretérito imperfecto** es un tiempo pasado que expresa una acción que se desarrolla en el pasado, pero no se especifica cuándo comienza ni cuándo termina.

> Cada mañana paseábamos por el bosque. *(verbo regular)*
>
> Por las tardes íbamos al cine. *(verbo irregular)*

618.4
Futuro

El **futuro** expresa una acción que se realizará más adelante.

> Mañana lavaré la ropa. *(verbo regular)*
>
> Pasado mañana me pondré el vestido rojo. *(verbo irregular)*

618.5
Condicional

El **condicional** o **condicional simple** expresa una suposición; su uso más frecuente es en oraciones condicionales.

> Dijo que me ayudaría siempre. *(verbo regular)*
>
> Si pudiera, saldría de vacaciones. *(verbo irregular)*

Práctica de gramática

Verbos 2

■ **Tiempos simples del modo indicativo**

En las siguientes oraciones, indica en qué tiempo está el verbo subrayado.

Ejemplo: A Isabel le <u>encanta</u> la ropa.

presente

1. Mañana me <u>mostrará</u> su nuevo poncho.

2. <u>Vio</u> unos estilos nuevos estupendos en la revista *Latina*.

3. Muchas de sus prendas <u>eran</u> negras, pero ahora prefiere el color.

4. Le <u>gustan</u> las faldas con tonos verdes, violetas, anaranjados y amarillos.

5. Sin el toque latino, las colecciones de diseñadores como Carolina Herrera y Oscar de la Renta no <u>serían</u> lo mismo.

6. Ellos <u>mezclaron</u> distintas texturas en una sola prenda.

7. Algunas personas famosas <u>diseñaban</u> sus propias líneas de ropa.

8. Muchos <u>querrían</u> usar este tipo de ropa, pero probablemente no se animan.

Aprendizaje del lenguaje Cuéntale a un compañero cuál es tu tipo de ropa preferido. Usa dos tiempos verbales diferentes e identifica si son regulares o irregulares. Pregúntale a tu compañero acerca de sus gustos. Comparen sus respuestas.

 TEKS 5.20A(i)

Verbos...
Tiempos compuestos del modo indicativo

Entre los tiempos compuestos del modo indicativo están el *perfecto*, el *pretérito pluscuamperfecto* y el *futuro perfecto*.

620.1 Perfecto

El **perfecto** o **pretérito perfecto compuesto** expresa acciones que se desarrollan en el pasado pero que tienen resultados en el presente.

> **He estudiado** mucho. *(verbo regular)* (La acción que se lleva a cabo en el pasado, *he estudiado mucho*, tiene resultados en el presente, pues yo ahora sé lo que he estudiado).
>
> **Juan se ha roto** el tobillo. *(verbo irregular)* (La acción que se lleva a cabo en el pasado, *se ha roto el tobillo*, tiene resultados en el presente, pues Juan sigue al día de hoy con el tobillo roto).

620.2 Pretérito pluscuamperfecto

El **pretérito pluscuamperfecto** expresa una acción pasada que es anterior a otra acción pasada. Por eso, a veces se lo llama "el pasado del pasado".

> **Cuando salí de casa, ya había empezado** a llover. *(verbo regular)* (La acción principal, *había empezado a llover*, es anterior a otra acción, *salí de casa*, que a su vez es también una acción que se desarrolla en el pasado).
>
> **Te llamé a las cinco, porque me habías dicho** que no te **llamara** antes. *(verbo irregular)* (La acción *me habías dicho* es anterior a la acción principal, *llamé*, que es a su vez una acción pasada).

620.3 Futuro perfecto

El **futuro perfecto** expresa una acción futura que es anterior a otra acción futura, es decir, expresa una acción pasada en el futuro. Por eso, a veces se lo llama "el pasado del futuro".

> **Cuando regreses del trabajo, ya habremos partido**. *(verbo regular)* (Las dos acciones, *regreses del trabajo* y *habremos partido*, son futuras, pero *habremos partido* es anterior a *regreses del trabajo*).
>
> **Cuando termines la universidad, ya habrás escrito** muchos **informes**. *(verbo irregular)* (Las dos acciones, *termines la universidad* y *habrás escrito muchos informes*, son futuras, pero *habrás escrito muchos informes* es anterior a *termines la universidad*).

Práctica de gramática

Verbos 3

■ Tiempos compuestos del modo indicativo

En las siguientes oraciones, indica si el verbo es regular ("R") o irregular ("I") y el tiempo en el que está conjugado.

Ejemplo: La mamá pata <u>ha tenido</u> tres patitos.
R, perfecto

1. Hasta ahora, no le <u>ha hecho</u> falta un paraguas para protegerlos.

2. Los patitos <u>han desarrollado</u> unas plumas que los protegen.

3. Cuando sean adultos, <u>habrán desarrollado</u> todo su plumaje.

4. Un día que se <u>había nublado</u>, mamá pata guió a los pequeños hasta el lago.

5. Los patitos todavía no <u>han ido</u> al lago solitos.

6. Dentro de cincuenta o sesenta días, ya <u>se habrán independizado</u>.

7. Mamá pata ya <u>había cambiado</u> su plumaje el verano pasado, pero este verano lo hará otra vez.

8. Los patitos también <u>han aprendido</u> a nadar muy bien.

9. Antes de aprender a nadar, ya <u>habían aprendido</u> a graznar.

Aprendizaje del lenguaje Piensa en algo que te haya pasado recientemente. Relátaselo a un compañero y usa al menos dos oraciones en las que incluyas el tiempo perfecto. Explica a tu compañero por qué has usado ese tiempo en cada caso.

Verbos...
Presente y pasado del modo subjuntivo

En el modo subjuntivo, el hablante presenta la acción del verbo como algo irreal, es decir, como un deseo, una duda o una posibilidad. Este modo se usa en las cláusulas subordinadas siempre que el verbo principal exprese duda, posibilidad, necesidad, deseo, temor o ignorancia.

622.1
Presente

Si el verbo principal está en presente de indicativo, se usa el **presente** de subjuntivo en la cláusula subordinada.

> **Espero que estudies mucho para la prueba.** *(verbo regular)*
> (El verbo principal, *espero*, está en presente de indicativo; el verbo de la cláusula subordinada, *estudies*, está en presente de subjuntivo).
>
> **Dudo que sepa la respuesta.** *(verbo irregular)* (El verbo principal, *dudo*, está en presente de indicativo; el verbo de la cláusula subordinada, *sepa*, está en presente de subjuntivo).

El modo subjuntivo también se usa en oraciones simples con expresiones como ojalá, tal vez, quizá, que.

> **Ojalá llamen pronto.** *(verbo regular)*
> **Quizá vaya al cine.** *(verbo irregular)*

622.2
Pasado

Si el verbo principal está en un tiempo pasado, se usa el **pasado** o **pretérito imperfecto** de subjuntivo en la cláusula subordinada.

> **Temía que no acudieras a la cita.** *(verbo regular)* (El verbo principal, *temía*, está en pasado; el verbo de la cláusula subordinada, *acudieras*, está en pasado de subjuntivo).

El pasado de subjuntivo también se usa en las oraciones condicionales cuyo verbo principal está en condicional.

> **Si vinieras, me gustaría enseñarte mi colección de dibujos.** *(verbo irregular)* (El verbo principal, *gustaría*, está en condicional; el verbo de la cláusula subordinada, *vinieras*, está en pasado de subjuntivo).

También se usa el pasado de subjuntivo en oraciones con expresiones como ojalá, tal vez, quizá cuando indican que algo se desea repetir periódicamente o que hay una probabilidad muy remota de que ocurra.

> **Ojalá pudiera dar la vuelta al mundo.** *(verbo irregular)*

Práctica de gramática

Verbos 4

■ Presente y pasado del modo subjuntivo

En las siguientes oraciones, escribe la forma correcta del verbo que está entre paréntesis.

Ejemplo: Si *(poder)*, saldría a caminar al parque todos los días.
pudiera

1. Si Sara *(comer)* un sándwich antes de cenar, después no tendría hambre.

2. La profesora le dijo a Jazmín que *(poner)* el diccionario sobre la mesa.

3. Ojalá Juan *(pasar)* a visitarnos.

4. Dudo que Omar *(dejar)* el periódico en casa.

5. Temo que Olivia no *(regresar)*.

6. Es posible que Juanita *(venir)* y *(quedarse)* a dormir.

7. Mi padre siempre quiso que yo *(tener)* una ardilla como mascota, pero a mí me dan miedo.

8. Ojalá *(tener)* la casa llena de mascotas.

Aprendizaje del lenguaje Escribe dos oraciones, una con el verbo en presente de subjuntivo y otra con el verbo en pasado de subjuntivo. Identifica si los verbos que escogiste son regulares o irregulares y coméntalos con un compañero.

Adjetivos

Los **adjetivos** son palabras que modifican (describen) a sustantivos o pronombres. (Consulta las páginas **457** y **459**).

624.1
Artículos

Los adjetivos *un/una, unos/unas, el/la, los/las* se llaman artículos. Se usan siempre delante del sustantivo al que modifican y deben concordar con él en género y en número.
> **El** mochuelo es **un** búho pequeño.

624.2
Adjetivos calificativos y frases calificativas

Los adjetivos calificativos indican cualidades o propiedades de los sustantivos a los que modifican. Siempre deben concordar en género y en número con el sustantivo.
> **Unos caminos** sinuosos **conducían a la casa.**

Los gentilicios son un tipo de adjetivos calificativos que indican la procedencia geográfica de personas o cosas.
> **La madre de Amir preparó comida** árabe.

Las frases calificativas están formadas por un adjetivo y una frase preposicional que lo modifica.
> **María regresó a su casa** llena de alegría.

NOTA: Ciertos adjetivos calificativos cambian su significado según estén ubicados antes o después del sustantivo.
> **un hombre** *pobre* (un hombre necesitado, humilde)
> **un** *pobre* **hombre** (un hombre desdichado, infeliz, triste, etc.)

624.3
Adjetivos predicativos

Los adjetivos predicativos describen al sujeto y se usan a continuación de verbos copulativos.
> **Las manzanas son** jugosas.

624.4
Adjetivos posesivos

Los adjetivos posesivos indican pertenencia. Se usan antes del sustantivo al que modifican. Deben concordar en persona y en número con el sujeto poseedor.
> **Mis** libros están en la escuela.

624.5
Adjetivos demostrativos

Los adjetivos demostrativos se usan para indicar la distancia relativa (es decir, mayor o menor proximidad) entre dos o más personas u objetos. Siempre se colocan delante del sustantivo al que modifican. (Si funcionan sin acompañar a un sustantivo, entonces son pronombres).
> **En** este **nido hay cuatro huevos y en** aquel **nido hay dos.**

Práctica de gramática

Adjetivos 1

- Adjetivos calificativos
- Adjetivos predicativos

En las siguientes oraciones, indica con una "C" si el adjetivo subrayado es calificativo o con una "P" si es predicativo.

Ejemplo: Mi perra Ramona hace algunos sonidos que son bastante <u>extraños</u>.
P

1. ¡Ojalá supiera lo que el <u>pobre</u> animal está tratando de decirme!

2. Ramona ladra mucho, pero es muy <u>dulce</u>.

3. Es una pastora <u>alemana</u>.

4. Los perros de su raza tienen el pelaje <u>suave</u>.

5. Además, son <u>musculosos</u> y tienen mucha energía.

6. Cuando lanzo una pelota, Ramona da unos saltos <u>increíbles</u> para atraparla.

7. Los perros de su raza también son muy <u>protectores</u>.

8. Con un <u>pequeño</u> gruñido, Ramona nos avisa si un extraño se acerca a nuestra casa.

Aprendizaje del lenguaje Escribe dos oraciones en las que describas a una mascota. Usa un adjetivo calificativo en una de las oraciones y un adjetivo predicativo en la otra. Luego di otra oración a un compañero en la que uses un adjetivo que describa a tu mascota.

Adjetivos...

626.1

Adjetivos indefinidos

Los adjetivos indefinidos indican cantidad de forma vaga o aproximada (no exacta).

> A **muchos** estudiantes les gusta el verano.
> **Algunos** días llueve, pero **pocos** días son aburridos.

Formas de los adjetivos

626.2

Adjetivos positivos

Los adjetivos positivos describen un sustantivo sin compararlo con otro. (Consulta la página **458**).

> El colibrí tiene un tamaño **pequeño**.

626.3

Forma comparativa de los adjetivos

La forma comparativa de los adjetivos compara un sustantivo con otro. Las construcciones comparativas pueden ser:

-de igualdad   El colibrí es **tan pequeño como** el gorrión.

-de superioridad   El colibrí es **más pequeño que** el gorrión.

-de inferioridad   El gorrión es **menos colorido que** el colibrí.

626.4

Forma superlativa de los adjetivos

La forma superlativa de los adjetivos asigna el grado máximo o mínimo de la cualidad que expresa a una o varias personas o cosas. Pueden ser de forma absoluta (superlativo absoluto) o en relación con las demás de un conjunto determinado (superlativo relativo).

Superlativo absoluto:

- *muy + adjetivo positivo*   El colibrí es **muy colorido**.

- sufijo *-ísimo*   El colibrí es **pequeñísimo**.

Superlativo relativo:

- *el/la más + adjetivo*

El colibrí es el ave **más interesante** que conozco.

- *el/la menos + adjetivo*

El gorrión es el ave **menos interesante** que conozco.

626.5

Formas irregulares

Hay ciertos adjetivos cuyas formas comparativa y superlativa son irregulares, es decir, son palabras diferentes que no siguen las construcciones mencionadas anteriormente.

Positivo	Comparativo	Superlativo
bueno	mejor	el/la mejor
malo	peor	el/la peor

Esta película es buena, pero la que vi anoche es **mejor**.

Práctica de gramática

Adjetivos 2

■ Adjetivos indefinidos
■ Formas de los adjetivos

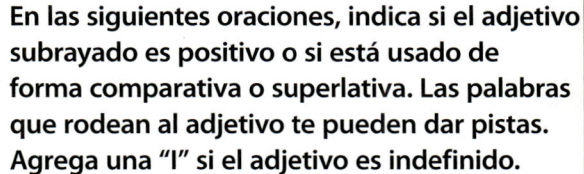

En las siguientes oraciones, indica si el adjetivo subrayado es positivo o si está usado de forma comparativa o superlativa. Las palabras que rodean al adjetivo te pueden dar pistas. Agrega una "I" si el adjetivo es indefinido.

Ejemplo: <u>Muchos</u> teatros tienen funciones por la tarde. positivo, I

1. El público de los espectáculos vespertinos es más <u>pequeño</u> que el público de los espectáculos nocturnos.

2. Como por la tarde hay <u>poquísimos</u> espectadores, es fácil encontrar un buen asiento.

3. <u>Algunas</u> personas van al cine los fines de semana.

4. Para mí, son los <u>peores</u> días para ir al cine.

5. La <u>mejor</u> película que vi es la nueva versión de *Charlie y la fábrica de chocolate*.

6. Es más <u>fiel</u> al libro que la versión anterior.

7. Por ejemplo, los Oompa Loompas tenían la piel <u>anaranjada</u> en la versión anterior pero no en el libro.

8. Cuarenta años después de que Roald Dahl escribiera el libro, continúa siendo una historia muy <u>divertida</u>.

Aprendizaje del lenguaje Escribe dos oraciones. Usa un adjetivo comparativo en una de las oraciones y un adjetivo superlativo en la otra. Di a un compañero dos oraciones más en las que uses los mismos tipos de adjetivos.

TEKS 5.20A(iv)

Adverbios

Los **adverbios** son palabras que modifican (describen) a verbos, adjetivos u otros adverbios. (Consulta también las páginas 460 y 461).

El equipo de fútbol entrena concienzudamente.
(*Concienzudamente* modifica al verbo *entrena*).

El entrenamiento de ayer fue demasiado largo.
(*Demasiado* modifica al adjetivo *largo*).

Anoche los jugadores se durmieron muy rápido.
(*Muy* modifica al adverbio *rápido*).

Tipos de adverbios

628.1
Adverbios de tiempo

Los adverbios de tiempo indican *cuándo* ocurre un suceso o se realiza una actividad.

Mi hermana Candela empezará el kindergarten mañana.

También pueden indicar *con qué frecuencia* ocurre un suceso o se realiza una actividad. Este tipo de adverbios recibe el nombre de adverbios de frecuencia.

Ella usualmente está con mi papá.

628.2
Adverbios de lugar

Los adverbios de lugar indican *dónde* ocurre un suceso o se realiza una actividad.

El kindergarten queda cerca de mi casa.

Candela estará allí algunas horas.

628.3
Adverbios de modo

Los adverbios de modo indican *de qué manera* ocurre un suceso o se realiza una actividad.

¡Ella espera ansiosamente que llegue el gran día!

Yo estoy segura de que se adaptará fácilmente.

628.4
Adverbios de intensidad

Los adverbios de intensidad indican *en qué grado* se manifiesta una cualidad o un estado.

Mamá casi no podía hablar de la emoción.

Y yo me alegro mucho por Candela.

Práctica de gramática

Adverbios 1

■ **Tipos de adverbios**

Identifica el tipo de adverbio subrayado. Escribe "T" si es de tiempo, "L" si es de lugar, "M" si es de modo o "I" si es de intensidad.

Ejemplo: Mi hermano menor <u>ayer</u> metió un sándwich de crema de cacahuate en nuestro reproductor de DVD.

T

1. Le dijo a mamá que no lo había puesto <u>allí</u>.

2. Karina descifró el enigma <u>ingeniosamente</u>.

3. Nelson <u>jamás</u> había ido al cine.

4. Cuando llegamos a la avenida, Ramón gritó: —¡Dobla <u>aquí</u>!

5. Emilio estaba <u>completamente</u> agotado.

6. Había estudiado <u>mucho</u> para la prueba.

7. Debes deslizar los pies hacia <u>atrás</u> para bailar este ritmo.

8. <u>Casi</u> no había dormido y ya tenía que levantarme.

9. El entrenador dijo: —<u>Después</u> podremos hacer un descanso.

Aprendizaje del lenguaje Identifica si alguno de los adverbios subrayados es también un adverbio de frecuencia. Luego di a un compañero una oración en la que uses un adverbio de frecuencia, y otra en la que uses una adverbio de intensidad.

Adverbios...

Formas de los adverbios

630.1

Adverbios positivos

Los adverbios positivos modifican a un verbo, un adjetivo o un adverbio sin establecer una comparación. (Consulta la página **460**).

Lucas corre rápido.

630.2

Forma comparativa de los adverbios

La forma comparativa de los adverbios compara cómo se hacen dos cosas. Las construcciones comparativas pueden ser:

-de igualdad	**Lucas corre tan rápido como Valentín.**
-de superioridad	**Lucas corre más rápido que Valentín.**
-de inferioridad	**Lucas corre menos rápido que Valentín.**

630.3

Forma superlativa de los adverbios

La forma superlativa de los adverbios asigna el grado máximo o mínimo del adverbio de forma absoluta o relativa.

Superlativo absoluto:

-*muy + adverbio positivo*	**Lucas corre muy rápido.**
-sufijo *-ísimo*	**Lucas corre rapidísimo.**

Superlativo relativo:

-*más/menos + adverbio positivo*
Lucas es el estudiante que corre más rápido.

630.4

Formas irregulares

Hay ciertos adverbios cuya forma comparativa es irregular, es decir, son palabras distintas.

Positivo	Comparativo	Superlativo
bien	mejor	mejor
mal	peor	peor

Andrea canta mal, pero su prima canta peor.

NOTA: No debe confundirse *bien* con *bueno*. Bueno es un adjetivo, mientras que *bien* generalmente es un adverbio. (Consulta la página **626.5**).

Práctica de gramática

Adverbios 2

■ **Formas de los adverbios**

En las siguientes oraciones, escribe las formas comparativa o superlativa de los adverbios que se indican entre paréntesis.

Ejemplo: ¡Mi gata podría pronosticar el clima (*bien*) que el meteorólogo del canal 29!

mejor

1. Pienso que Debra Lynch, la meteoróloga del canal 6, es la que pronostica el clima (*bien*).

2. Cuando leímos en voz alta en clase, pensé que yo era el que leía (*despacio*).

3. Rubén leyó después de mí y lo hizo incluso (*despacio*) que yo.

4. El zoólogo nos dijo que podíamos pararnos (*cerca*) de la serpiente de lo que estábamos.

5. Renata fue la más valiente: fue la que (*cerca*) se paró.

6. Cuando Cristian me explicó la tarea de matemáticas, la entendí (*claramente*).

7. Él es el estudiante que explica matemáticas (*claramente*).

Aprendizaje del lenguaje Escribe oraciones en las que uses las formas comparativa y superlativa de *cerca*. Luego di a un compañero oraciones en las que uses la forma comparativa *más lento* y la forma superlativa *lentísimo*.

Preposiciones

Las preposiciones son palabras que establecen una relación entre dos palabras. Se usan para expresar lugar, hora y tiempo, dirección o para proveer detalles.

Nuestros gatos hacen lo que quieren en casa.

632.1 Frases preposicionales

Las frases preposicionales están formadas por una preposición, un complemento de la preposición (un sustantivo o un pronombre) y todas las palabras que modifican al complemento.

Pelusa juega con un ovillo. (*Con* es la preposición y *ovillo* es el complemento de la preposición. *Un* modifica a *ovillo*).

Trapito se esconde en un rincón. (*En* es la preposición y *rincón* es el complemento de la preposición. *Un* modifica a *rincón*).

Trapito se quedó escondido hasta el día siguiente. (*Hasta* es la preposición y *día* es el complemento de la preposición. *El* y *siguiente* modifican a *día*).

Lista de preposiciones

a	de	hacia	según
ante	desde	hasta	sin
bajo	durante	mediante	so
cabe	en	para	sobre
con	entre	por	tras
contra			

Práctica de gramática

Preposiciones

Escribe la frase preposicional de cada oración. (Hay dos frases preposicionales en dos de las oraciones). Subraya la preposición en cada frase.

Ejemplo: Cuando aprendes sobre las fracciones, te preguntas si alguna vez las vas a usar.

<u>sobre</u> las fracciones

1. Imagina que estás preparando un pastel para un amigo.

2. Haz un pastel de mayor tamaño; así puedes compartirlo.

3. La receta lleva 2 1/4 tazas de harina y 2/3 tazas de azúcar.

4. ¿Cómo sumas una fracción a la otra?

5. Usa lo que aprendiste en la clase de matemáticas.

6. Has aprendido mucho hasta el momento.

7. Sabes que el denominador está tras la barra.

8. Mientras haya un denominador común, solo debes sumar los números que están en el numerador.

Aprendizaje del lenguaje Escribe cuatro oraciones acerca de alguna otra materia de la escuela. Usa una preposición o frase preposicional que indique *lugar*, *hora* o *tiempo, dirección* o que *provea detalles* en cada una de ellas. Comenta las oraciones con un compañero.

 TEKS 5.20A(vii)

Conjunciones

Las **conjunciones** conectan palabras o grupos de palabras.

634.1 Conjunciones coordinantes

Una conjunción coordinante conecta partes iguales: dos o más palabras, frases o cláusulas.

> **El río es ancho y profundo.** (palabras)
>
> **Podemos pescar por la mañana o por la noche.** (frases)
>
> **El río desciende por el valle y recorre la pradera.** (cláusulas)

634.2 Conjunciones subordinantes

Las conjunciones subordinantes por lo general se usan para introducir una cláusula subordinada (que no es independiente) en una oración compleja. Las cláusulas que introducen pueden colocarse antes o después de la cláusula principal. Si van antes, hay que separarlas con una coma.

> **Nuestro viaje se retrasó porque se desató una tormenta de nieve.**
>
> **Mientras siguió nevando, tuvimos que quedarnos en la ciudad.**
>
> **Si queríamos viajar, teníamos que hacerlo por nuestros propios medios.**

NOTA: Los pronombres relativos también se pueden usar para conectar cláusulas. (Consulta la página **600.3**).

634.3 Conjunciones disyuntivas

Las conjunciones disyuntivas se usan de dos en dos.

> **Ni la nieve ni el viento consiguieron disuadir a algunos de emprender el viaje.**

Conjunciones comunes

Conjunciones coordinantes
y/e, o/u, pero, sino, mas

Conjunciones disyuntivas
o/o, ni/ni, ya (sea)/ya (sea), bien/bien

Conjunciones subordinantes
después, aunque, como, mientras, porque, antes, si, a fin de, entonces, de manera que, a menos que, cuando, en cuanto, a pesar de que

Conjunciones

- Conjunciones coordinantes
- Conjunciones subordinantes

Escribe la conjunción que aparece en las siguientes oraciones. Luego escribe una "C" si se trata de una conjunción coordinante o una "S" si se trata de una conjunción subordinante.

Ejemplo: Ricardo y Alberto se fueron de campamento con su grupo de niños exploradores.

Y, C

1. Los niños conversaron alrededor de la fogata mientras oscurecía.

2. Alberto salió lentamente de la tienda porque oyó un ruido.

3. Cuando miró al cielo, ¡vio un platillo volador!

4. Ricardo salió de la carpa y vio que Alberto miraba fijamente el objeto.

5. Ricardo había puesto un teléfono celular en un lugar visible, a fin de encontrarlo fácilmente.

6. Estaba nervioso, pero al final encontró el teléfono.

7. Aunque la policía llegó rápido, tardaron un poco en descubrir el origen de la "nave espacial".

8. Como unos niños más grandes habían estado en una colina cercana, ahora había un platillo volador de juguete en el suelo.

Aprendizaje del lenguaje Escribe dos oraciones. En una, usa una conjunción coordinante, y en la otra, una conjunción subordinante. Di a un compañero otras dos oraciones con esos tipos de conjunciones.

Interjecciones

Las **interjecciones** son palabras o frases que expresan un sentimiento intenso. Para separar las interjecciones del resto de la oración, se usan comas o signos de admiración.

¡Huy, mira esas montañas!

¡Eh! ¡Concéntrate en la carretera!

Guía rápida: Elementos gramaticales

Sustantivos Palabras que nombran a una persona, un lugar, una cosa o una idea (**Valentín, oficina, cartelera, confusión**)

Pronombres Palabras que se usan en lugar de los sustantivos (**yo, mí, ella, ellos, quien, que, esos, me, algunos**)

Verbos Palabras que expresan una acción o indican un estado (**correr, saltar, ser, estar**)

Adjetivos Palabras que describen un sustantivo o un pronombre (**alto, silencioso, tres, el, prolijo**)

Adverbios Palabras que describen a un verbo, un adjetivo u otro adverbio (**suavemente, fácilmente, rápido, muy**)

Preposiciones Palabras que indican lugar, hora o tiempo, o dirección e introducen frases preposicionales (**sobre, ante, con, para**)

Conjunciones Palabras que conectan palabras o grupos de palabras (**y, o, porque, aunque**)

Interjecciones Palabras (separadas del resto de la oración con comas o signos de admiración) que expresan emoción o sorpresa (**¡Ah!, ¡Oh!, ¡Ay!**)

Práctica de gramática

Repaso de los elementos gramaticales

Escribe qué elemento gramatical corresponde a la palabra o las palabras subrayadas en las siguientes oraciones.

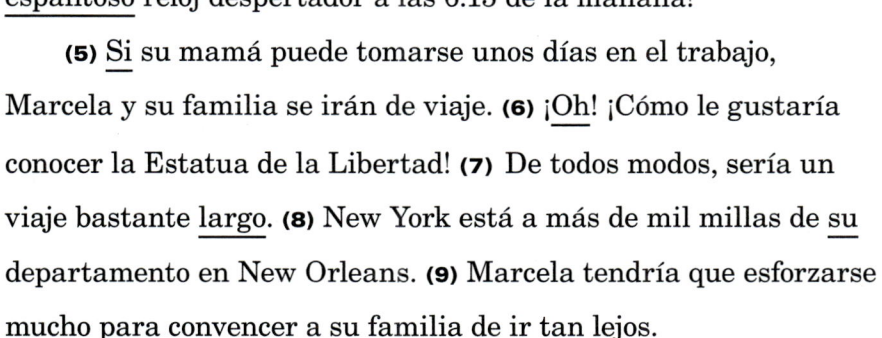

(1) Marcela sueña con sus <u>vacaciones</u> de verano. **(2)** Sabe que <u>nadará</u> mucho. **(3)** Hará caminatas <u>por</u> caminos boscosos cerca de su casa. **(4)** ¡Además no tendrá que programar su <u>espantoso</u> reloj despertador a las 6:15 de la mañana!

(5) <u>Si</u> su mamá puede tomarse unos días en el trabajo, Marcela y su familia se irán de viaje. **(6)** ¡<u>Oh</u>! ¡Cómo le gustaría conocer la Estatua de la Libertad! **(7)** De todos modos, sería un viaje bastante <u>largo</u>. **(8)** New York está a más de mil millas de <u>su</u> departamento en New Orleans. **(9)** Marcela tendría que esforzarse mucho para convencer a su familia de ir tan <u>lejos</u>.

(10) Marcela también espera tener tiempo para estar <u>con</u> sus amigos. **(11)** Podrían alquilar películas <u>y</u> escuchar música. **(12)** Podría pasar tiempo con <u>ellos</u> en el patio de su casa. **(13)** <u>A veces</u> podrían ir a pescar. **(14)** Seguramente también irán seguido a la <u>biblioteca</u>. **(15)** <u>Marcela</u> está segura de que disfrutará mucho este verano.

Credits

Text: Texas Essential Knowledge and Skills copyright © Texas Education Agency

Photos: P. cover, 73, 133 (b), 136 (b), 465, 596 ©Corbis; iv, 3, 9, 18, 51, 69, 113 (t,c), 189, 325 (b), 373 (l), 379, 387, 630 ©Comstock/Getty Images; v, 21, 43, 193, 606, 638 ©Ingram Publishing/ Getty Images; vi, 63 ©PhotoObjects.net/Jupiter; x, 31, 133 (t), 136 (t), 251, 271, 301, 311 (books), 318, 396, endsheet ©Photodisc/Getty Images; xviii ©Alaskan Express/Jupiter Images; 55, 434 ©Ablestock.com/Jupiter Images; 113 (b) ©Aspix/Alamy; 129, 426, 432 ©Hemera Technologies/ Jupiter/Getty Images; 173, 307 (l) ©Artville/Getty Images; 233, 325 (t), 373 (r) ©Stockbyte/Getty Images; 255 ©Digital Vision/Getty Images; 302, 304 ©Jupiter Images; 307 (r) John Langford/ HRW; 308 ©Radius Image/Corbis; 311 (keyboard, monitor, plug, taco shell) ©Eyewire/Getty Images; ©Comstock/Getty Images; 367 ©Hemera/Jupiter Images; 402 ©moodboard/Corbis; 408 ©Andersen Ross/Blend Images/Getty Images; 414 HMH Collection; 420 ©Toby Burrows/ Photodisc/Getty Images; 485 ©Alaskan Express/Jupiter Images; 518 (t) Sam Dudgeon/HRW; 518 (b) Harcourt.

Conocimientos y destrezas esenciales en Texas (TEKS) para las Artes del Lenguaje

Los TEKS son las destrezas que tienes que aprender en quinto grado. En la primera columna de la tabla siguiente se enumeran los TEKS para las Artes del Lenguaje en español. En la segunda columna se indica en qué páginas del programa *Fuente de escritura para Texas* se enseñan esas destrezas.

TEKS 5.15 Expresión escrita/Proceso de Escritura

Los estudiantes utilizan los elementos del proceso de escritura (planificar, hacer borradores, revisar, corregir y publicar) para componer un texto. Se espera que los estudiantes:

A planifiquen un primer borrador seleccionando un género apropiado para expresar a un público el significado deseado determinando los temas apropiados a través de una variedad de estrategias (ej., discusión, lecturas preparatorias, intereses personales, entrevistas) y desarrollen una tesis o una idea principal;

páginas 5, 6, 11, 53, 58, 65, 67, 70, 71, 78, 115, 119, 123, 126, 130, 131, 137, 138, 175, 176, 183, 186, 191, 198, 235, 245, 248, 258, 260, 326, 329, 330, 341, 386, 496, 497, 502, 503

B desarrollen borradores escogiendo una estrategia organizadora apropiada (ej., secuencia de eventos, causa-efecto, comparar-contrastar) y desarrollen sus ideas para crear una redacción enfocada, organizada y coherente;

páginas 25, 52, 54, 56, 57, 59, 60-62, 64-67, 70, 72, 75, 76, 80, 84-88, 117, 119, 132, 143-148, 174, 176, 204, 205, 207, 208, 278, 346, 386, 500

C revisen los borradores para clarificar el significado, mejorar el estilo, incluir oraciones sencillas y compuestas y mejorar las transiciones agregando, suprimiendo, combinando y reorganizando las oraciones o unidades textuales más amplias después de reconsiderar lo bien que se han tratado las cuestiones del propósito, del público y del género;

páginas 5, 7, 14, 15, 54, 83, 89, 91-93, 103, 126, 143, 149, 150, 152-158, 162,163, 186, 203, 209-212, 214, 216, 217, 248, 265, 349, 351-355, 386, 478, 504, 505, 515, 516

D corrijan la gramática, las convenciones mecánicas y la ortografía en los borradores; y

páginas 16, 54, 72, 100, 101, 104, 119, 160, 161, 164, 219-221, 224, 248, 254, 266, 279, 283, 287, 295, 364, 386

páginas 100-103, 105-107, 112, 200, 201, 202

E corrijan el borrador final después de recibir reacciones de sus compañeros y del maestro y publiquen las redacciones para el público apropiado.

páginas 7, 15, 41, 62, 98, 105, 158, 165, 218, 225, 241, 305, 358, 365, 386

*Páginas del *Libro del estudiante*
*Páginas del *Libro de destrezas*
*Páginas de la *Guía de ortografía*

🔷 TEKS 5.16 Escritura/Textos literarios

Los estudiantes escriben textos literarios para expresar sus ideas y sentimientos sobre personas, eventos e ideas reales o imaginarias. Se espera que los estudiantes:

A escriban cuentos imaginativos que incluyan: *páginas 290-300, 506*
  - (i) un enfoque, una trama y un punto de vista claramente definidos;
  - (ii) un escenario específico y verosímil creado a través de detalles sensoriales; y
  - (iii) un diálogo que desarrolle el cuento;

B escriban poemas utilizando: *páginas 302, 304-309, 506*
  - (i) las técnicas poéticas (ej., aliteración, onomatopeya);
  - (ii) el lenguaje figurativo (ej., símiles, metáforas); y
  - (iii) los elementos gráficos (ej., letras mayúsculas, longitud de línea).

🔷 TEKS 5.17 Escritura

Los estudiantes escriben acerca de sus propias experiencias. Se espera que los estudiantes escriban un relato personal que exprese los pensamientos y sentimientos de alguna experiencia. *páginas 74, 81, 84, 86-88, 94*

🔷 TEKS 5.18 Escritura/Textos expositivos e instructivos

Los estudiantes escriben textos expositivos e instructivos o textos relacionados con empleos para comunicar ideas e información a públicos específicos con propósitos específicos. Se espera que los estudiantes:

A creen ensayos de varios párrafos para expresar información sobre el tema que: *páginas 103, 131, 135, 136, 139-148, 150, 151, 153-155, 162, 163, 174, 177, 184-187, 326, 327, 342-347, 474-478, 513, 515, 516*
  - (i) presenten introducciones efectivas y párrafos finales;
  - (ii) guíen e informen al lector de su entendimiento de las ideas claves y la evidencia;
  - (iii) incluyan datos, detalles y ejemplos específicos en una estructura apropiadamente organizada; y
  - (iv) utilicen varios tipos de oraciones y una variedad de transiciones para conectar párrafos;

B escriban cartas formales e informales que expresen ideas, incluyan información importante, muestren sentido que hay una despedida y utilicen convenciones apropiadas (ej., fecha, saludo, despedida); y *páginas 120, 121, 240-243, 284-286, 519, 520, 532, 533, 542, 543*

*Páginas del *Libro del estudiante*
*Páginas del *Libro de destrezas*
*Páginas de la *Guía de ortografía*

C   escriban respuestas a textos literarios o expositivos y demuestren entendimiento utilizando pruebas del texto.

páginas 252, 254, 256, 257, 261-264, 268-270, 272, 273, 276-278, 280-282, 286

TEKS 5.19 Escritura/Textos persuasivos

Los estudiantes escriben textos persuasivos para influenciar las actitudes o acciones de un público específico, sobre temas específicos. Se espera que los estudiantes escriban ensayos persuasivos para públicos apropiados que establezcan una postura e incluyan razonamiento sólido, evidencia detallada y relevante y la consideración de alternativas.

páginas 190, 192, 194-202, 204, 205, 207, 215, 234-237, 246-249

TEKS 5.20 Convenciones del lenguaje oral y escrito/Convenciones

Los estudiantes entienden la función y el uso de las convenciones del lenguaje académico al hablar y escribir. Los estudiantes continúan aplicando los estándares previos con mayor complejidad. Se espera que los estudiantes:

A   utilicen y entiendan la función de los siguientes elementos gramaticales en el contexto de la lectura, la escritura y la oratoria:

(i)   los verbos regulares e irregulares (en los tiempos pasado, presente, futuro y perfecto del modo indicativo);

(ii)   los sustantivos colectivos (ej., manada, rebaño);

(iii)   los adjetivos (ej., calificativos, incluyendo aquellos que expresen origen (gentilicios): auto *francés*, dólar *americano*) y sus formas comparativas y superlativas (ej., bueno, mejor, la mejor);

(iv)   los adverbios (ej., frecuencia: usualmente, a veces; intensidad: casi, mucho);

(v)   las preposiciones y las frases preposicionales para expresar lugar, hora, dirección o proveer detalles;

(vi)   los pronombres indefinidos (ej., todos, juntos, nada, cualquier);

(vii) las conjunciones subordinantes (ej., mientras, porque, aunque, si); y

(viii) las palabras de transición (ej., también, por lo tanto);

páginas 93, 136, 146, 147, 161, 200, 201, 206, 207, 213, 220, 221, 360, 361, 364, 441, 446, 450-451, 456, 457-458, 460-464, 478, 482, 490, 491, 515, 516, 602-605, 614, 615, 618-621, 624-635

páginas 94, 95, 112, 113, 130-131, 133, 140, 155-156, 164-167, 170-171, 174, 175-176, 179-180, 181-188, 191-196, 198, 199

B   se familiaricen con los verbos regulares e irregulares en los tiempos presente y pasado del modo subjuntivo (ej., que diga; que dijera);

páginas 452, 456, 622-623
páginas 168, 169, 172-173, 174

C   usen el sujeto completo y el predicado completo en una oración;

páginas 101, 466, 467, 596-599
páginas 90, 91

D   usen oraciones completas, tanto sencillas como compuestas, con la concordancia correcta del sujeto y el verbo; y

páginas 100, 101, 453-455, 472, 476
páginas 108, 109-110, 111-112, 113

*Páginas del *Libro del estudiante*
*Páginas del *Libro de destrezas*
*Páginas de la *Guía de ortografía*

E identifiquen y lean abreviaturas (ej., Sr., Atte.).
páginas 523, 525, 550-551, 562-565
páginas 57-58, 59

 **TEKS 5.21 Convenciones del lenguaje oral y escrito/Caligrafía, letras mayúsculas y signos de puntuación**

Los estudiantes escriben con letra legible y usan correctamente las letras mayúsculas y los signos de puntuación en sus composiciones. Se espera que los estudiantes:

A utilicen letras mayúsculas para:
páginas 550, 551, 562-565
páginas 49-54, 57-58, 59
  (i)   las abreviaturas;
  (ii) las iniciales y los acrónimos; y
  (iii) las organizaciones;

B reconozcan y utilicen signos de puntuación, incluyendo:
páginas 102, 477, 526, 527, 534-539
páginas 6-7, 17-18, 20-28, 43-46, 61, 62, 190
  (i)   las comas en las oraciones compuestas; y
  (ii) la puntuación apropiada y el uso del espaciado para las citas y el guión largo o la raya; y

C utilicen las convenciones mecánicas apropiadas, incluyendo letra cursiva en los títulos de libros.
páginas 254, 362, 364, 546, 547
páginas 36-40, 64

TEKS 5.22 Convenciones del lenguaje oral y escrito/Ortografía

Los estudiantes deletrean correctamente. Se espera que los estudiantes:

A deletreen palabras con reglas y patrones ortográficos más avanzados, incluyendo:
páginas 568-571
páginas 67-68, 71-72
páginas 2-17, 58-59
  (i)   las palabras que tengan acento prosódico u ortográfico en la última sílaba (palabras agudas) (ej., feliz, canción);
  (ii) las palabras que tengan un acento prosódico u ortográfico en la penúltima sílaba (palabras graves) (ej., casa, árbol);
  (iii) las palabras que tengan un acento ortográfico en la antepenúltima sílaba (palabras esdrújulas) (ej., último, cómico, mecánico);
  (iv) las palabras que tengan un acento ortográfico en la sílaba antes de la antepenúltima sílaba (palabras sobresdrújulas);

B pongan acentos ortográficos apropiados al conjugar verbos en los tiempos pretérito, imperfecto, perfecto, condicional y futuro (ej., corrió, jugó, tenía, gustaría, vendrá);
páginas 572-575
páginas 69-70, 71-72
páginas 40-49, 60-61

*Páginas del *Libro del estudiante*
*Páginas del *Libro de destrezas*
*Páginas de la *Guía de ortografía*

C deletreen palabras con: páginas 510, 511-512, 584-589

    (i)   las raíces griegas (ej., tele-, foto-, grafo-, metro-);   páginas 75-78

    (ii)   las raíces latinas (ej., spec, scrib, rupt, port, dict);   páginas 24-39

    (iii)   los sufijos griegos (ej., -ología, -fobia, -ismo, -ista); y

    (iv)   los sufijos del latín (ej., -able, -ible, -ancia);

D deletreen correctamente palabras que contengan hiatos y diptongos   páginas 576-577
(ej., le-er, rí-o, quie-ro, vio);   páginas 18-23, 60-61

E distingan entre términos que usualmente se confunden (ej., porque,   páginas 160, 590-595
por qué; asimismo, así mismo; sino, si no; también, tan bien);   páginas 79-84

                                                              páginas 50-53

F utilicen patrones y reglas ortográficas y fuentes impresas y electrónicas páginas 578-579
para determinar y verificar la ortografía correcta; y   página 73

                                                         páginas 2-17, 18-23, 40-49

G sepan cómo usar la función de verificar la ortografía en el procesamiento páginas 578-579
de texto y comprendan sus limitaciones.   página 74

                                                        páginas 54-57

⭐ TEKS 5.23 Investigación/Plan de investigación

Los estudiantes formulan preguntas abiertas de una determinada investigación y desarrollan un plan para responderlas. Se espera que los estudiantes:

A tengan una lluvia de ideas, consulten con otros, determinen el tema   páginas 131, 138, 139, 253, 258, 312,
y formulen preguntas abiertas que traten con el tema principal de la   329-332
investigación; y

B generen un plan de investigación para recopilar información relevante   páginas 139, 175, 312, 329, 333
acerca del tema principal de la investigación.

⭐ TEKS 5.24 Investigación/Recopilación de recursos

Los estudiantes determinan, localizan y exploran todas las fuentes relevantes para responder a una pregunta y sistemáticamente registran la información recopilada. Se espera que los estudiantes:

A sigan el plan de investigación para recopilar datos de una variedad   páginas 139, 175, 259, 261, 312, 314,
de fuentes impresas y electrónicas en español (ej., textos de consulta,   316-321, 334-336, 338
publicaciones, páginas web, fuentes del Internet) y datos de los expertos;

B distingan entre fuentes primarias y secundarias;   páginas 312, 315, 333, 337

*Páginas del *Libro del estudiante*
*Páginas del *Libro de destrezas*
*Páginas de la *Guía de ortografía*

C documenten datos, utilizando tecnología disponible (ej., procesadores de texto) para ver las relaciones entre las ideas y para convertir datos gráficos/visuales (ej., gráficos, diagramas, cronologías) en apuntes escritos;	páginas 180, 181, 313, 321, 336, 338, 341, 342
D identifiquen la fuente de los apuntes (ej., el autor, el título, el número de la página) y documenten información bibliográfica acerca de esas fuentes según un formato estándar; y	páginas 312, 324, 340, 348, 363
E distingan entre el parafraseo y el plagio e identifiquen la importancia de citar fuentes de información válidas y fidedignas.	páginas 312, 313, 314, 316, 322, 323, 334, 337, 339

⭐ TEKS 5.25 Investigación/Síntesis de la información

Los estudiantes clarifican preguntas de investigación y evalúan y sintetizan la información recopilada. Se espera que los estudiantes:

A perfeccionen la pregunta de investigación, si es necesario, guiados por las respuestas de unas preguntas secundarias; y	páginas 313, 331, 332, 338
B evalúen el significado, la validez y la confiabilidad de las fuentes utilizadas en la investigación.	páginas 313, 314, 323, 337

⭐ TEKS 5.26 Investigación/Organización y presentación de ideas

Los estudiantes organizan y presentan sus ideas y su información de acuerdo al propósito de la investigación y de su público. Se espera que los estudiantes sinteticen la investigación en una presentación oral o escrita que:

A recopile información importante de una variedad de fuentes;	páginas 139, 140, 141, 313, 333, 344-347, 369, 376, 377
B desarrolle una oración temática, haga un resumen de las conclusiones y utilice pruebas para apoyar las conclusiones;	páginas 313, 326, 327, 329, 338, 339, 341, 342, 345, 346, 368-370, 372, 375, 377
C presente las conclusiones en un formato constante; y	páginas 313, 344-347, 369, 371, 372, 374-377
D use citas para apoyar ideas y una forma de documentación apropiada para reconocer las fuentes (ej., bibliografía, obras citadas).	páginas 313, 324, 327, 328, 340, 345-348, 357, 363, 369, 375-377

*Páginas del *Libro del estudiante*
*Páginas del *Libro de destrezas*
*Páginas de la *Guía de ortografía*

Índice

Con este **índice** podrás hallar información específica en el libro. Las entradas en cursiva son palabras de la sección "Cómo usar la palabra correcta". Los recuadros de colores contienen información que usarás con frecuencia.